Banquetes & Catering
Arte ~ Ciência ~ Tecnologia

Raffaele De Giuseppe
Franco Luise
Vito Matarrese
Luciano Parolari
Andrea Quagliarella
Giuseppe Vaccarini

Fotografias de Stefano Scatà
Tradução de Monika Ottermann e Valéria Vicentini

Editora Senac São Paulo – São Paulo – 2015

Administração Regional do Senac no Estado de São Paulo

Presidente do Conselho Regional: Abram Szajman
Diretor do Departamento Regional: Luiz Francisco de A. Salgado
Superintendente Universitário e de Desenvolvimento: Luiz Carlos Dourado

Editora Senac São Paulo

Conselho Editorial: Luiz Francisco de A. Salgado
Luiz Carlos Dourado
Darcio Sayad Maia
Lucila Mara Sbrana Sciotti
Jeane dos Reis Passos

Gerente/Publisher: Jeane dos Reis Passos (jpassos@sp.senac.br)
Coordenação Editorial: Márcia Cavalheiro Rodrigues de Almeida (mcavalhe@sp.senac.br)
Comercial: Marcelo Nogueira da Silva (marcelo.nsilva@sp.senac.br)
Administrativo: Luís Américo Tousi Botelho (luis.tbotelho@sp.senac.br)

Edição de Texto: Adalberto Luis de Oliveira, Luiz Guasco
Preparação de Texto: Janaina Lira
Revisão Técnica: Olívio Tangoda Martins (Viko)
Revisão de Texto: Heloísa Hernandez (coord.), Patricia B. Almeida
Projeto Gráfico: Olivier Maupas e Nathan Vicari
Editoração Eletrônica: Marcio S. Barreto, Sandra Regina Santana
Fotografias: Stefano Scatà (outros créditos, ver página 493)
Impressão e Acabamento: Finaliza Editora e Indústria Gráfica Ltda.

Título original: *Banqueting & Catering ~ Arte ~ Scienza ~ Tecnologia*
Primeira publicação em 2009 por Bibliotheca Culinaria S. r. l.
Viale Genova 2/B
26900 Lodi – Itália
www.bibliothecaculinaria.it
Texto e *layout* © Bibliotheca Culinaria
Fotografias © Stefano Scatà
Copyright da tradução © 2015 por Editora Senac São Paulo

Proibida a reprodução sem autorização expressa
Todos os direitos desta edição reservados à
Editora Senac São Paulo
Rua 24 de maio, 208 – 3º andar – Centro – CEP 01041-000
Caixa Postal 1120 – CEP 01032-970 – São Paulo – SP
Tel. (11) 2187-4450 – Fax (11) 2187-4486
E-mail: editora@sp.senac.br
Home page: http://www.editorasenacsp.com.br

Edição brasileira © 2015 Editora Senac São Paulo

Dados Internacionais de Catalogação na Publicação (CIP)
(Jeane dos Reis Passos – CRB 8ª/6189)

Giuseppe, Raffaele de
    Banquetes & catering: arte, ciência, tecnologia / Raffaele de Giuseppe, Franco Luise, Vito Matarrese, Luciano Parolari, Andrea Quagliarella e Giuseppe Vaccarini; tradução de Monika Ottermann e Valéria Vicentini; fotografias de Stefano Scatà. — São Paulo: Editora Senac São Paulo, 2015.

    Título original: Banqueting & Catering

    Bibliografia.
    ISBN 978-85-396-0893-5

    1. Banquetes 2. Catering 3. Refeições para ocasiões sociais e públicas
I. Luise, Franco. II. Matarrese, Vito. III. Parolari, Luciano. IV. Quagliarella, Andrea.
V. Vaccarini, Giuseppe. VI. Título.

15-337s	CDD-642.4
	BISAC BUS080000

Índice para catálogo sistemático:

1. Banquetes: Refeições para ocasiões sociais e públicas   642.4
2. Catering: Refeições para ocasiões sociais e públicas   642.4

Sumário

Nota do Editor	5
Prefácio à edição brasileira	6
Prefácio de Natale Rusconi	9
O banquete dá as suas voltas	10
Banqueting & catering: duas realidades em confronto	18
Em busca de sucesso nas operações de *banqueting & catering*	22
Banqueting & marketing	24
Os quatro pilares do *banqueting*	30
O *banqueting kit*	32
Alergias e intolerâncias alimentares	78
Da criação do *banqueting kit* à sua venda	82
Tipos de contrato	84
Banqueting event order (BEO)	102
Grand Hotel Villa d'Este, Cernobbio	
Gala em rosa – *chef* executivo Luciano Parolari	106
A gestão dos recursos humanos	136
Contratar	138
Formar	174
Relações interdepartamentais	182
A grande cozinha	186
O coração da empresa	188
Fazenda Montalbano, Ostuni	
Casamento sob as estrelas – *chef* executivo Raffaele De Giuseppe	270
Stewarding: organizar e guardar o equipamento	296
O sistema *easy storage*	298
Da aquisição das matérias-primas ao seu preparo	312
Banqueting & aquisições	314
Banqueting & food cost	318
Banqueting & menu engineering	326
A importância dos preços e da comparação	330
Preparação, cocção e/ou regeneração	334
Villa La Massa, Florença	
Cúpula gerencial – *chef* executivo Andrea Quagliarella	336

Banqueting & beverage	354
Da aquisição ao serviço, um percurso articulado	356
O local do evento	404
A evolução dos costumes	406
Banqueting	408
Catering	416
Organizar-se para os deslocamentos	426
Entrando em cena	436
Cada evento é um clipe comercial	438
O espaço do evento e a sua preparação	440
A apresentação da comida	448
Cronometragem	454
Molino Stucky Hilton, Veneza	
Business banqueting na Laguna – *chef* executivo Franco Luise	456
Terminou a festa	484
Estratégias para um bom encerramento	486
Índice remissivo	492
Bibliografia	494
Sobre os autores	495
Agradecimentos	496

Nota do Editor

Empresas de *banqueting* e de *catering* atuam em diversos eventos, como cerimônias oficiais, eventos culturais, programações corporativas e, claro, festas familiares. Os serviços que prestam, porém, não se limitam ao fornecimento de alimentos preparados e de bebidas. Tornar a ocasião especial para a sensibilidade de anfitriões e de convidados faz parte da concepção geral que está por trás da organização de ocasiões que se tornam memoráveis.

No entanto, apesar desse amplo espectro de ação e de responsabilidades, existem poucos livros que tratam do tema.

Banquetes & Catering, lançamento do Senac São Paulo, almeja colaborar para o preenchimento dessa lacuna, abordando as atividades de *banqueting* e de *catering* de maneira ampla e expondo os vários aspectos da estruturação de empresas dedicadas ao setor: da administração de estoques ao gerenciamento de pessoal em diferentes postos; dos equipamentos necessários ao preparo e conservação de alimentos à maneira de servi-los, passando também pela decoração do ambiente.

Na presente tradução, o termo *banqueting* foi vertido como *banquete*, sempre que possível, para designar esse tipo de evento. Já para indicar as muitas ações que envolvem a preparação de um banquete, foi mantida a palavra *banqueting*. Assim também, os nomes de alguns equipamentos, bem como os moldes de contratos e os valores utilizados são baseados no cenário europeu, mas serão de grande valia para os profissionais brasileiros que desejarem adaptá-los.

O Senac São Paulo, por meio desta publicação, espera satisfazer a necessidade de informação específica de profissionais e estudantes das áreas de hotelaria, gastronomia e enologia, para os quais sua leitura será particularmente proveitosa.

Prefácio à edição brasileira

Viko

Servir um almoço à francesa para trezentas pessoas, entre elas o presidente da República e alguns ministros de Estado, em um trem em movimento nos confins do Mato Grosso. Manter a salada fresca por mais de 48 horas seguidas sob um calor de 40 °C. Cozinhar em galpões sem qualquer ponto de tomada ou em saídas de emergência. Esses são alguns dos desafios que acabam se tornando rotina na vida de quem decide trabalhar com *banqueting* e *catering* – que o diga François Vatel, lá nos idos do século XVII, ou qualquer outro cozinheiro que até hoje tem de aprender quase exclusivamente na prática todos os mistérios e meandros de um serviço cada vez mais imprescindível e acessível.

Ainda que muito do sucesso se deva à boa dose de sensibilidade para entrar na mente do cliente e materializar, em sensações gustativas, em aromas e em experiências táteis e visuais os sentimentos mais intrínsecos das pessoas, não é possível desprezar a importância de ter bem azeitada toda a estrutura de base necessária para que as ideias se concretizem. Daí a importância de *Banquetes & Catering: arte, ciência, tecnologia*, que chega para preencher uma lacuna na formação de quem envereda pelas aventuras e desafios da área. Com os conhecimentos fundamentais sistematizados e formalizados por profissionais de larga experiência, este livro se torna um guia essencial para encurtar o processo de aprendizado no segmento.

Quem procura uma empresa de *banqueting* ou *catering* para cuidar de um evento não quer simplesmente alimentar os convidados. Quer entregar um pouco de si mesmo para degustação não só pelo tempo em que durar a música, mas pelas horas e pelos dias que se seguirem depois de que toda a cenografia já não mais estiver ali. Daí a importância de se pensar em cada detalhe, do público que se deseja atingir ao espaço, às condições da cozinha, ao custo, à equipe e ao transporte necessários.

Tudo isso deve ser considerado na hora de se preparar um evento. Sim, porque o serviço muitas vezes se funde com o próprio *marketing* do cliente, indo muito além do menu – ainda que este possa significar, sozinho, a ruína do evento se não apresentar boa qualidade ou deixar a desejar ao apetite e às expectativas dos convidados.

O sucesso requer empresas e profissionais multifacetados, cada vez mais preparados para atender com agilidade e qualidade às questões mais diversas. Já não há mais espaço para amadores, tampouco razões que justifiquem o desconhecimento. Não há mais tempo para o "aprender fazendo"; cada minuto se torna cada vez mais caro.

Àqueles que estão iniciando na área de *catering* e de *banqueting*, e também aos que já tiveram de trilhar boa parte desse caminho sozinhos, os *chefs* Raffaele De Giuseppe, Franco Luise, Vito Matarrese, Luciano Parolari e Andrea Quagliarella, e o *sommelier* Giuseppe Vaccarini trazem nesta obra um alívio. Um verdadeiro guia facilitador para a tarefa que abraçaram – ou que planejam seguir.

Intercalando assuntos às vezes áridos, mas de suma importância – como segurança alimentar, logística, formação de funcionários e tipos de contrato –, esses mestres dividem conhecimentos técnicos e histórias de vida para provar a complexidade e a aura de magia existente por trás de cada evento. Seja ele um *coffee break*, um almoço campal, um bufê por vinte horas seguidas na Marquês de Sapucaí ou um banquete com todas as formalidades possíveis em um trem em movimento, todos, à sua maneira, refletem um determinado momento histórico e ajudam a revolucionar o próprio universo do *catering* e do *banqueting*, ao propor novas combinações de sabor, de serviço, de apresentação ou de ambientação. Estes são elementos de uma delicada, mas saborosa equação, pela qual certamente você também se apaixonará após finalizar a leitura desta obra.

Concebido originalmente na Itália, *Banquetes & Catering: arte, ciência, tecnologia* tem em sua raiz um caráter universal. Ainda assim, contou com um cuidadoso olhar local, em parceria com a Editora Senac São Paulo. Cada detalhe passou por minha peneira de mais de 25 anos de *catering* e *banqueting* no Brasil para garantir maior clareza e acuidade técnica perante a realidade do mercado nacional.

Saboreie, estude e conserve-o sempre à mão para consulta.

Prefácio

Natale Rusconi

Banquetes & Catering: arte, ciência, tecnologia é certamente um título bastante complexo para este esplêndido volume, uma verdadeira suma de informações a serem abraçadas com grande disposição e ânimo aberto. Nele, serão tratados dois elementos importantes da gastronomia no sentido mais amplo, abordados em um momento fascinante – a época em que vivemos –, que é de transformação, mas também de redescoberta ou recuperação da tradição, dessa vez interpretada por *homines novi*. Uma vez que esses elementos, em cada momento significativo da história (no caso, a história da gastronomia e da hotelaria), se expressaram sempre mesclando passado, presente e futuro, podemos concluir com certa razão que este livro oferece um conjunto coerente de capítulos que ilustram as principais fases da gastronomia moderna.

Após a introdução interessante e culta de Stefano Scansani e a comparação sintética entre os dois mundos do *banqueting* e do *catering*, abordaremos uma parte mais técnica do assunto, que tem como principal autor o *chef* executivo do Molino Stucky Hilton de Veneza, Franco Luise, especialista em aspectos administrativos da cozinha e do mundo F&B (*Food & Beverage* – Alimentos & Bebidas, A&B). Ao longo dos capítulos, serão tratados assuntos importantes, como o *marketing*, a criação do *banqueting kit*, a elaboração dos contratos e da *banqueting event order* (ordem de serviço), bem como todos os assuntos relacionados com o *food cost* (custo do alimento servido). Não faltarão seções dedicadas a temas importantes, mas muitas vezes negligenciados, como as funções do departamento de serviços gerais (*stewarding*), a política de contratações e os aspectos práticos da organização e dos deslocamentos.

O capítulo "A grande cozinha" foi escrito por Vito Matarrese, um técnico de vanguarda na criação de cozinhas de grande e pequeno porte. Ele ajuda a conceber e a gerir cozinhas à altura dos novos tempos, especialmente preocupadas com aspectos de higiene, segurança, qualidade dos produtos e respeito às leis mais recentes a serem observadas por operadores e clientes. As informações contidas nestas páginas são de importância vital, tanto para quem atua diretamente no setor como para quem ministra cursos em escolas de gastronomia e hotelaria e deseja estimular a carreira de seus alunos.

O tema *beverage*, confiado a Giuseppe Vaccarini, presidente da Associação Italiana de Sommeliers Profissionais (em italiano, *Associazione della Sommellerie Professionale Italiana* – ASPI), inclui instruções fundamentais para *sommeliers*, *chefs* e garçons.
A seção "Local do evento" centra-se, por sua vez, nas novas exigências da clientela, que pede cada vez mais espaços diferentes e não convencionais para seus eventos.

Também não faltam capítulos ricamente ilustrados e dedicados a quatro realidades italianas esplêndidas que, por um lado, deixam a sólida estrutura técnica do livro mais leve e, por outro, descrevem peculiaridades que podem servir de exemplo: a elegância e a eficiência no grande luxo de Villa d'Este (recentemente premiado como o melhor hotel de luxo do mundo), a apresentação acolhedora e imaginativa do produto na Fazenda Montalbano, a simplicidade serena da histórica Villa La Massa e, por fim, a funcionalidade moderna do Hotel Molino Stucky Hilton.

Enquanto aplaudo a competência e o empenho de todos os que contribuíram para a realização deste livro, faço votos de que esta válida obra possa ser útil não só para os profissionais que já atuam no setor, como também para os jovens que estão iniciando sua carreira no âmbito da gastronomia e hotelaria.

O banquete dá as suas voltas

Stefano Scansani

Estava para se casar a moça mais emancipada da família. Foi nos anos 1960, pouco antes dos Beatles e das revoltas estudantis. Ela decide algo que deixa os pais boquiabertos, as mulheres da cozinha, estupefatas, e os homens da casa, completamente desorientados. Para seu casamento, a moça pede que o banquete seja oferecido em casa, na sala de jantar, e não em um restaurante. Uma escolha que, naquela época e no âmbito do tradicionalismo italiano, burguês, católico e do bom garfo, foi um salto mortal com gressino.

Gressino? Como ele entrou aqui? Foi porque aquele bastão de pão torrado, receita típica de Turim e de recente lançamento industrial, teve um papel deflagrante. A moça moderna não só conseguiu que não fossem ao restaurante. Ela também chegou a revolucionar o cardápio, a começar pelas entradas, até então concebidas como uma imersão em frios fatiados, variações de picles e consomês em que boiavam ingredientes quaisquer.

Ela introduziu as "tochas": gressinos com uma fatia de presunto na ponta superior. Meu Deus, que tentação, que heresia! Os convidados começaram o almoço de casamento em pé, sem talheres nem pratos, experimentando aqueles gressinos com presunto. E, já que eram chamados de tochas, os comensais os seguraram com o devido cuidado, de punho fechado e braço esticado, presunto para cima e bem longe dos trajes de festa.

A consumação da inversão definitiva da tendência foi o aparecimento dos canapés iniciais e a reforma completa dos pratos seguintes. E a moça, com uma hora de casada, concluiu sua ação revolucionária mudando também o nome da refeição. Não mais almoço de casamento. Mas banquete de casamento. Assim, os alimentos e todo o resto acabaram mudando de sabor e ficaram mais gostosos. Foi o início de uma nova época.

Os dicionários

As grandes novidades nunca chegam sozinhas. Costumam irromper aos pares. Lembro-me de algumas: Gargântua e Pantagruel, Sodoma e Gomorra, direita e esquerda, salão e cozinha, *cash and carry*, material e espiritual e, justamente aqui, *catering* e *banqueting*. Estes últimos são os nomes conferidos a dois fenômenos paralelos que revolucionaram a arte e a técnica do banquete com um gressino, e não só com ele.

Devo me livrar o quanto antes do esforço de definir bem os dois termos. Para tanto, recorro à precisão dos dicionários, e assim poderei contar mais rápido o que era antes e o que aconteceu quando se começou a propagar essas duas novas doutrinas da hospitalidade.

A diferença entre *catering* e *banqueting* é extremamente sutil. Tão sutil e nítida que o legislador, a administração pública, os que ditam as normas e os que moldam a burocracia precisavam regulamentá-la. A Itália é uma grande cozinheira de sofismas, e os lexicólogos definiram os dois termos, como segue.

Banqueting: substantivo inglês, em italiano (e português) substantivo masculino. O conjunto de operações de aprovisionamento, preparação e serviço de alimentos e bebidas realizado por uma organização especializada em ocasiões de gala ou de representação (derivado de *[to] banquet*, "oferecer um banquete").

Catering: substantivo inglês, em italiano (e português) substantivo masculino. O conjunto de operações de aprovisionamento de alimentos e bebidas realizado por uma organização especializada em servir aviões, trens, restaurantes, hotéis, cantinas e clientes privados, e que oferece, se necessário, também equipamentos e gestão de cozinhas em locais onde não existam estruturas adequadas para a preparação de alimentos (derivado de [*to*] *cater*, "provisionar víveres").

Curtir a vida

Nada nem ninguém vai me tirar aqueles anos, tão importantes e tão críticos. Refiro-me aos últimos anos da década de 1950 e aos primeiros da década de 1960 do século XX – anos que eu não chamaria de *boom*, porque o termo é demasiadamente usado e industrialista, mas de passagem da fome difusa ao bem-estar confuso. Anos do bendito salto qualitativo das necessidades materiais para os apetites sociais, portanto, gastronômicos e, consequentemente, estéticos. Em poucas palavras: a liberdade de curtir a vida.

Antes do *catering* reinava a era vulgar de realizar um almoço ou jantar importante na casa de quem o ofereceu e, mais tarde, em um restaurante. Pedir comida de qualidade pronta-entrega em domicílio ou encomendar uma recepção, inclusive cadeiras e garçons, em lugares como o topo de uma montanha, são fenômenos recentes, pelo menos em termos de maior difusão, frequência e disponibilidade – ou seja, em termos de democracia. Certamente, em todas as épocas passadas, os atos de *to cater* e *to banquet* ocorreram, financiados pelos cofres de imperadores, papas e reis, e inclusive pelo espírito empresarial recente, mais ou menos iluminado. Contudo, tornaram-se fenômenos mais costumeiros somente na época contemporânea, paralelamente ao crescimento econômico, às novas convenções sociais, ao saber, ao poder e ao gosto finalmente libertado.

Libertado de quê? Das condições econômicas, das convenções e das conveniências que marcaram, até ontem, o tempo e os limites dos momentos de convívio. Encontramos uma confirmação na formação escolar das mulheres. Procurei e encontrei na biblioteca o manual escolar de Elisabetta Randi, *Economia Domestica per le scuole di avviamento a tipo industriale femminile* (*Economia doméstica para as escolas de formação industrial para mulheres*), editado em 1952 pela Editora Marzocco. O início do capítulo dedicado à mesa parece querer modelar as futuras donas de casa à frente da pia e do fogão:

"As conveniências da mesa são de suma importância. Diz um provérbio famoso: 'É na mesa que se conhece o senhor!' Isto significa que, estando à mesa, jamais se pode, mesmo distraidamente, agir de modo inconveniente, pois comer e beber são atos extremamente complexos e delicados."

Com seu belo italiano didático, a professora Randi trata dos assim chamados afazeres femininos, mas com um tom de quem procura elevar e educar, arrancar da área de serviço, tirar da miséria e do analfabetismo das boas maneiras (a guerra havia terminado apenas sete anos antes):

"De fato, o modo de preparar a comida, de servir a mesa, de apresentar os pratos aos convidados, de responder a um convite de almoço, de vestir-se, de apresentar-se, de sentar-se, de comer, de beber, de conversar, de despedir-se e de comportar-se em geral requer constante vigilância e domínio sobre si mesmo, o que, para quem não tem prática, acaba sendo um grave constrangimento, quando não uma enorme fadiga."

Essas preocupações, elencadas como numa ladainha, confirmam a longa e obstinada falta de uma ideologia do convívio, da preparação de alimentos e da organização de um banquete. É fácil imaginar que semelhante carência educativa dizia respeito tanto a quem preparava a refeição como a quem a consumia. A confirmação perpassa aquele manual extraordinário, nos dois capítulos subsequentes dedicados às "Conveniências da mesa para quem convida" e "Conveniências da mesa para quem é convidado". Era preciso refazer a Itália também nestes aspectos: da *mise-en-place* na mesa ao modo de servir, por exemplo, a sopa (o que, até então, costumava ser feito, arcaicamente, em tigelas).

Bank, banco, banquete

Não que a Itália fosse naquela época somente a Itália de *O comedor de feijão* de Annibale Carracci (obra-prima da pintura de gênero e do realismo da fome, de 1513). Basta consultar duas entradas lexicais para perceber como a arte do comer e do servir à mesa foi importante, mas única e exclusivamente para determinadas classes sociais, naturalmente as da elite e sempre as mesmas. A palavra "banquete" aparece na literatura italiana pelo menos desde o século XVI e coincide com a moda do *meeting* moderno que se formava exatamente naquele século.

Contudo, a raiz do termo existia na península italiana já pelo menos desde o século IX, ou seja, desde a época da dominação franca, isto é, carolíngia (Carlos Magno era um grande banqueteador).

Banchetto, "banquete", é o diminutivo de "banco" ou *bank*, termo que deu origem a uma incrível série de palavras como banco, banca, bancada, banqueta, banquinho, banquete, banquisa, etc. As pessoas sentavam-se, simplesmente, e no nosso caso em particular, ao redor de um banco, de uma mesa, para festejar e, inevitavelmente, comer juntos. Essas ocasiões, mais frequentes e abundantes para os aristocratas, os burgueses e o clero monástico, tornaram-se tão sofisticadas que transformaram um simples banco em banquete. E este, consequentemente, não podia estar ao alcance de todos.

Adoro buscar paralelos entre a esfera gastronômica social e as artes visuais. Por exemplo, Pieter Bruegel, o Velho, pintou em 1568 seu célebre *Banquete de casamento*, cujo realismo é um hino em alto e bom som ao *bank*-banco mais rústico que existe, denso de odores, gracejos e apetites rurais. O artista faz a obra fervilhar de tocadores de cornamusa, misturadores de vinho e servidores de comida que, carregando uma padiola, distribuem aos comensais uma espécie de mingau amarelo. Popular e nostálgico. Bruegel faz transparecer a cena típica de uma aldeia.

Já Paolo Caliari, dito o Veronese, está do outro lado. Na obra *Bodas de Caná*, de 1564, usa o pretexto do episódio bíblico para retratar um evento mundano: o *bank*-banquete, mas agora excepcional, luxuoso, brilhante, dos ricos. A cena é inserida numa arquitetura faustosa e no abraço de uma mesa em U, repleta de convivas abastados, de músicos, de criados, com um serviço de mesa completo e uma toalha de tecido adamascado. Moderno e na moda. O Veronese mostra claramente que este é um serviço profissional.

O banco e o banquete dividiram o mundo. O século XVI foi apenas uma fase disso, um aperfeiçoamento. Desde sempre, as elites tiveram seu *banqueting* especial e específico. Basta lembrar-se do mundo grego, com o *Simpósio* de Platão, ou da civilização romana, com "O banquete de Trimalquião", narrado por Petrônio no *Satíricon*, ou ainda do magnífico banquete evocado por Boccaccio no *Decamerão* e, finalmente, dos banquetes autocelebrativos na Versalhes de Luís XIV ou do *déjeuner sur l'herbe* (almoço no prado) tão caro ao século XIX francês e britânico. E foi justamente naquele século que entrou na linguagem cotidiana italiana a palavra *banchettatore*, "banqueteador", mais precisamente no ano de 1803. Um "banqueteador" é alguém que participa de um banquete, mas é de uma classe bem diferente da classe do comensal, palavra derivada do latim *mensa* que indicava os pratos do povo, antigamente feitos de pão.

E assim, o termo *banqueting* deu as suas voltas cheias de desvios. Penetrou na Itália na Alta Idade Média com o franco *bank* e voltou da França e das ilhas britânicas como *banchetto*, *banquete*. Este, por sua vez, retornou ricocheteando ao Belpaese ("país belo", a Itália) e foi documentado na linguagem oral como *banqueting* somente em 1919. Durante o fascismo, a palavra foi eliminada dos dicionários italianos em virtude de seu teor estrangeiro, anglo-saxônico, inimigo.

Já o termo *catering* tem uma história etimológica mais recente e de ascensão veloz. O termo enfiou-se no idioma italiano em 1971, quando o francês tinha perdido a supremacia e as pessoas e empresas começaram a usar ou garantir exatamente aquele *to cater*, o "prover alimento". Mas digamos a verdade. Também nesta circunstância, os súditos de Sua Majestade Britânica pescaram na panela da romanidade. O termo vem diretamente do latim *capere,* captar, servir-se. Servir-se de quê? Naturalmente de *Food & Beverages*, de alimentos e bebidas.

O ritual garantido

Em seu quadro *Banquete de casamento*, Bruegel fixou pictoricamente o estereótipo do almoço comemorativo que permaneceu intacto pelos séculos dos séculos, amém. Aquele modo de estar juntos e de se divertir à mesa ganhou sinônimos como comezaina, patuscada, jantarada, churrascada, ou foi simplesmente chamado de "casamento", porque o prazer de se fartar à mesa prevalecia sobre o rito religioso. E continuou mais ou menos assim na Itália até o ano fatídico de 1971, quando se começou a falar de *catering* e a realizar a contínua e formidável inversão da tendência da cultura, do gosto, do estar à mesa.

Antes, e para a maioria das pessoas ansiosas pela festa, tudo era igual, repetitivo, invariável. E entendo por festa socioalimentar, além do clássico casamento, também o batismo e até mesmo a refeição pós-funeral, ou seja, qualquer ocasião ou cerimônia. Enfim, o ritual do comer para celebrar os eventos da vida, primeiro realizado em casa e depois, após as revoluções econômicas e políticas, transferido para as pousadas, tabernas e restaurantes.

Uma civilização conservadora repete gestos e prefere as coisas sempre iguais. O ritual é garantido pela repetição. Tanto que também eu, ainda pequeno, tive que experimentar a tradição do salame com picles, o caldo de carne com aquelas bolhinhas amarelas de gordura, o corte da gravata do noivo, o bolo de pão de ló com chantili e o viva aos noivos com a valsa final. Não sou do tempo de Bruegel. Registro os acontecimentos por volta de 1971 segundo minhas lembranças vivas. Testemunha sensorial total.

O lugar do evento

Agora uma presunção minha: como este excelente livro será lido principalmente por quem atua profissionalmente na área, proponho a subversão de considerá-lo do ponto de vista de quem deseja lê-lo por prazer. E cometerei outro gesto de arrogância territorial: falarei da minha experiência aBC (antes de *banqueting* e *catering*) naquela planície lombardo-veneta-emiliana remota que se chama Valpadana.

Se eu falasse a partir de um conhecimento geral da Itália, estaria traindo a verdade, pois a Itália é feita de inúmeros fragmentos extraordinários. Eu falarei do meu, você acrescentará o seu. Então, no meu caso, era assim:

Menu: era o aspecto mais relevante da cadeia da festa, como sempre fora até então. E calórico. Ia-se a um casamento para comer e, se possível, para comer muito e comer bem. "Servidas e sentadas", diziam as donas de casa o tempo inteiro. Por isso, nos casamentos de muitos convidados e de grandes promessas alimentares, enfiavam-se também os desconhecidos. Naquele tempo, a parentela era grande e ampla. Um falso primo de segundo grau ou um tio-avô clandestino não suscitavam suspeitas. O cardápio era invariável, porque ele "fazia" o casamento, fosse em maio ou em setembro. Uma revisão do protocolo dos pratos servidos teria tornado a festa tão irreconhecível como a falta do rito de lançar arroz ou de gritar "Beijo, beijo!". Portanto, tive que aguentar o prato pronto das entradas, já ressequidas pelo clima: variedades de salames sobre os quais rolavam azeitonas, picles e cebolinha branca agridoce com cogumelo no meio. Inevitáveis eram na Itália setentrional também massas recheadas e servidas em caldo de carne, a saber, *ravioli* de carne, que substanciavam o prato canônico das solenidades. Nos almoços de casamento mais evoluídos entrou a temível moda do trio de sopas ou massas, derramadas, todas juntas, no mesmo prato. Por exemplo, lasanha ou canelones, risoto e *ravioli* na manteiga. O tormento dos segundos pratos, por sua vez, começava com as carnes cozidas (vitela, frango capão, língua, cabeça, cudiguim), acompanhadas de espinafre na manteiga e purê de batatas. Nas versões mais provocativas não faltavam as mostardas e os molhos picantes, tão apreciados pelos paladares nortistas que desconheciam a malagueta. A seguir, assados de carne, de porco e de aves, que vinham prontamente com batatas fritas e salada. Vinhos tintos e brancos. Final com lascas de queijo, frutas (se havia), bolo, espumante. Amêndoas confeitadas. Café e grapa. É interessante notar que todo esse cardápio era respeitado para o almoço tanto em casa como no restaurante.

Duração: o sucesso da festa era calculado de acordo com a fartura e boa qualidade da comida, mas também com a sua duração. Quanto mais prolongado o evento, tanto maior a sua chance de ter sucesso. No mostruário dos excessos, o prolongamento do almoço até o jantar era extremamente importante. É uma maratona que ainda hoje goza do favor dos italianos tradicionais. A mesa é o lugar da performance. Um deleite extremo, antigamente mais do que hoje. E sempre no mesmo ambiente. Na mesma cadeira. No mesmo lugar.

Arrumação do local: os noivos no fundo, com os pais e padrinhos na mesma mesa. E depois, de frente e nas laterais, uma multidão de outras mesas em que as linhas descendentes e ascendentes da parentela ou grupos de amigos se entrecruzavam numa estratégia de lugares geralmente casual. Assim, a gente podia ficar na frente de um desconhecido calado e antipático ou do lado de uma bisbilhoteira irrefreável. Durante horas. Toalhas e guardanapos brancos. Não raramente três pratos, já montados. Dois copos (se fossem três, a desorientação da maioria dos convidados seria imediata). Talheres que, quando abundantes e especializados, se tornavam agressivos, como as ferramentas de um antigo dentista.

Serviço: os garçons adoravam a brilhantina, andavam com um pano branco dobrado sobre o braço, suavam e vestiam paletós sempre muito largos. Eram acrobatas de conchas de sopa e prestigiadores de pilhas de pratos equilibradas com polegar, úmero e cúbito. Lembro-me deles com a borboleta torta, com as bandejas e as terrinas no temível aço inox. Ao sair da cozinha, levaram impregnados no corpo os cheiros das fervuras e das frituras, e eram de poucas palavras: "Mais um pouco? Vai, não faça cerimônia! Força, depois não tem mais..." Notícia alarmante! Atacava-se, então, o bis do trio.

Ambiente: o restaurante da minha memória? Era uma sala comprida, compridíssima, cheia de mesas. Os convidados enfileiravam-se pelas paredes laterais e ali ficavam encurralados por horas, comprimidos e sitiados pelos braços e flancos dos garçons, cutucados e assediados pelas bandejas. Sem saída. Nas paredes, alguns quadros, fotos do centro histórico, condecorações do cozinheiro, retratos do fundador com os autógrafos dos clientes mais famosos. No teto, luminárias de néon. O barulho entontecia mais que o vinho. De vez em quando explodia um aplauso em meio a uma enxurrada de palavras, abafadas pelo barulho do metal dos talheres, do vidro dos copos, da louça dos pratos e do *poff* das rolhas. Alienante para quem ficou num lugar na parede, num canto ou até mesmo debaixo de um cabideiro. Não arredar pé da mesa caracterizava naquela época pelo menos três motivos que estou recuperando do subconsciente: a ideia de poder dispor de uma grande quantidade de comida e de aproveitar ao máximo; a percepção de participar de um ritual coletivo de duração e não de velocidade; a convicção de que outra oportunidade igual viria, mas provavelmente não tão cedo.

Festa sob medida

Eis por que a moça emancipada da família, introduzindo o gressino com uma fatia de presunto enrolada na ponta dele, revolucionou o ritual sentado, preso à mesa, empratado, imobilizado. Ela jogou o almoço de casamento tradicional de pernas para o ar e libertou o cardápio, os convidados e o serviço, dando asas ao tempo e às sensações. Aquele gressino com presunto foi o pai de todas as coisas deliciosas e práticas que chamamos hoje de *finger food*, comida segurada com os dedos e saboreada de pé, à espera de outras surpresas. A moça emancipada, ao pretender fazer o almoço em sua casa e chamá-lo de banquete, assumiu a responsabilidade e a glória de conceber uma festa sob medida. Exclusivamente dela.

Desde então, a cultura contemporânea do banquete deu voltas, deparando-se com fracassos e sucessos, perdas e ganhos. Quer exemplos? O uso do plástico, com copos bambos e pratos moles. O império dos palitos de dente que impedem o colapso da estrutura dos canapés. O mito de que comer em pé num bufê alivia a sensação do peso da comida e do limite atingido (legado da escravidão do lugar fixo à mesa).

O sobressalto dos novos alimentos

A história pioneira do *catering* e do *banqueting* está repleta de aventuras, porque desmamou as pessoas dos lugares comuns. Dos lugares próprios. A minha primeiríssima experiência com um serviço de *catering* foi no início dos anos 1970 (mais precisamente em 1971), bem longe do típico restaurante e da tradicional cozinha caseira. Entre Milão e Varese, parentes meus celebraram em sua própria casa uma reunião de família, rompendo com o esquema hierárquico do velho cardápio. Parentes com as mesmas origens alimentares fundamentalistas. E, ainda assim...

Canapés quentes e crocantes com patês, *ravioli* recheados de cogumelo *porcini*, salmão em gelatina acompanhado de amêndoas, torta Saint-Honoré, champanhe. Nada de primeiros e segundos pratos, trios de massas, confusão de acompanhamentos, atordoamento de carnes. O almoço rápido cativou meus pais também por causa da lareira acesa. Espetacular. Inexplicável: a única coisa que meu pai e minha mãe não entendiam era por que também os radiadores estavam ligados... O sobressalto maior, porém, foi quando descobriram que os "novos" pratos não vinham da cozinha, mas da porta de entrada, trazidos por homens de avental que apareciam discretamente e entregavam à dona da casa a refeição pronta. Notem a relocalização. Concentrem-se na lareira acesa e nos pratos já preparados, vindos de fora. A lareira garante o clima (calor/lar/hospitalidade) e deu, assim, crédito àqueles alimentos que não eram preparados na cozinha, o lugar que, até poucos minutos antes, era no imaginário geral o centro motor da casa. Estamos falando de *catering*.

Cozinha, paisagem, arquitetura

Depois disso, podem acreditar, tornei-me um verdadeiro *expert*. E tenho experimentado tudo, *caterings* e *banquetings*. Por exemplo, aquele realizado num museu de arte contemporânea, em meio a suas dependências, com as iguarias dispostas verticalmente e mimetizadas entre as peças criativas. E outro, em Paris, cujo cardápio oferecia tudo em formato "pequeno", como ovos de codorna, camarões e *tartines* de *camembert*, já que foi no Petit Palais (Palácio Pequeno). E ainda o banquete dedicado às terras do Ártico, com a comida debaixo do gelo, pratos e copos congelados e o pessoal de serviço em uniforme de esquimó. Ainda não decidi se prefiro uma festa de casamento à noite numa floresta, um jantar renascentista num palácio completamente reanimado ou uma recepção em algum caravançarai de Istambul, entre abóboras cristalizadas, candeias e tapetes.

Assim, e menos mal, a festa mudou. Ou melhor, a festa dá suas voltas, desloca-se, é polimorfa, nunca tem a mesma estrutura, o mesmo cenário. As mesas e os garçons escalam montanhas ou andam de barco. E você se descobre alimentando-se de comida, paisagem, arquitetura, pintura, jardim e teatro. Dá para imaginar que o primeiro passo de tudo isso foi um gressino?

Banqueting & *catering*: duas realidades em confronto

Este livro foi inspirado com base em uma curiosa comparação de dados: tanto as páginas de internet como os anuários que catalogam as empresas de *banqueting* e *catering* registram aumentos exponenciais, enquanto o banco de dados de livros impressos na Itália para o mesmo setor assinala apenas uma dúzia de textos (entre os quais encontramos as mesmas referências). Será que estamos diante de um "ofício" tão transparente e evidente em todas as fases de sua execução que ele não precisa de instrumentos didáticos, ou diante de uma profissão em grande parte baseada na improvisação e em métodos empíricos?

É divertido imaginar uma propensão à hospitalidade no DNA italiano, mas é preocupante constatar quantas pessoas acreditam que realizar operações de *banqueting* ou exercer a atividade de *catering* esteja ao alcance de todos.

Diante das dimensões da lacuna, preenchê-la com um único texto seria uma tentativa irrealizável, mas lançar as bases para uma análise mais sistemática da matéria talvez não seja um objetivo igualmente inatingível. Claro, o setor inclui faixas heterogêneas que vão desde a indústria afim até a restauração coletiva e aos vários restaurantes que "fazem banqueteria", desde os inúmeros laboratórios de produção que fornecem tudo quanto necessário para recepções em lugares cada vez mais diferentes até as empresas com atividades híbridas (na própria sede ou fora dela), desde os "*chef*s em domicílio" até outras tantas declinações deste tema. Essa barafunda de empresas tem dimensões, mercados e métodos diferentes, e dialogar de modo eficaz com cada tipo de realidade ultrapassa o objetivo desta obra, cujo propósito é encontrar um fio condutor que una os dois ramos numericamente mais presentes no território italiano:

- As empresas de gastronomia/hotelaria que atuam quase exclusivamente no interior da própria estrutura *fixa*, tornando o lucro proveniente desse segmento de mercado complementar à própria atividade primária de gastronomia em hotéis ou restaurantes (*banqueting*).
- As empresas de gastronomia que preparam e acondicionam a comida em uma base operacional, mais ou menos distante do lugar onde será servida, e que se ocupam inclusive da fase final do serviço. Sua fonte de renda principal está vinculada à condição de serem *móveis* (*catering*).

A semântica, porém, é bastante insidiosa. Tecnicamente, em eventos com estruturas de grandes dimensões (e sobretudo nos países anglo-saxões), os dois termos, *banqueting* e *catering*, são utilizados indiferentemente, especialmente quando existem várias cozinhas e a comida é feita em uma delas para depois ser levada (*catering*) ao local do banquete, com a ajuda de carros de serviço e de câmaras quentes, permitindo efetuar as operações inerentes ao evento (*banqueting*) em lugares relativamente distantes do ponto de produção.

No entanto, à primeira vista, não são as características comuns entre os dois setores que se sobressaem. Os pontos divergentes são talvez os que mais pesam nas escolhas empresariais. O que mais orientará a escolha entre os dois modelos será o orçamento disponível, a avaliação do fator de risco e a predileção por constância ou mudanças.

Banqueting

- Imóveis e sistemas requerem significativos investimentos iniciais.
- A escolha do local é crítica: deve-se avaliar a área atingida, a concorrência, a facilidade de acesso, bem como a possibilidade de que esses fatores possam mudar ao longo do tempo.
- A estrutura fixa apresenta uma série de garantias: ótimo controle na fase da realização das receitas (e mesmo na fase seguinte, da apresentação, no prato ou sob a forma de bufê); uma dispensa e uma adega próximas oferecem flexibilidade para satisfazer pedidos especiais ou mudanças de última hora; um estoque de pratos no próprio local neutraliza qualquer falta ou dano. Essas provisões conferem aos garçons e *maîtres* maior segurança e tranquilidade para exercerem suas tarefas.
- A estrutura fixa própria permite a oferta de uma gama extremamente ampla de menus, não influenciável por problemas logísticos ou pela dificuldade de recriar protocolos de certificação HACCP – Hazard Analysis & Critical Control Points (Análise de Perigos e Pontos Críticos de Controle) em situações precárias.
- Operar nos horários consagrados no setor, sem ter que calcular horas adicionais para as fases delicadas de embalagem, carga e transporte, torna mais fácil construir uma equipe estável e unida.

Catering

- Investimentos iniciais não necessariamente elevados garantem maior flexibilidade nos modelos de crescimento e em seu desenvolvimento.
- A condição *móvel* confere certa fluidez de identidade: a mesma empresa pode realizar eventos formais e informais, com um sistema tradicional ou futurista e com estilos de serviço bem diferentes, uma vez que são os diferentes locais que determinam o caráter dos eventos.
- O recurso à opção de aluguel de equipamentos de cozinha e salão oferece vantagens e desvantagens logísticas e econômicas que conduzem a uma análise detalhada da fonte do lucro.
- Empresas bem organizadas podem atender a vários eventos simultaneamente; portanto, não estão condicionadas a um número de salões e/ou a um organograma mais ou menos fixo.

Paradoxalmente, uma vez escolhido o caminho a seguir, os segmentos de *banqueting* e *catering*, aparentemente tão distintos entre si, acabam percorrendo trilhos paralelos e às vezes idênticos em muitas fases operacionais. Por isso, este livro está voltado para as diferentes figuras profissionais que formam uma empresa de sucesso: gerente de *marketing*, gerente de eventos, *chef* de cozinha, *maître*, coordenador de logística, etc.

A realidade do mercado italiano, repleto de empresas de pequeno e médio porte, obriga muitas vezes a fusão de um ou mais segmentos, com a consequência de privilegiar algumas funções em detrimento de outras. A leitura linear, acompanhando a sequência dos capítulos que se seguem – altamente recomendada, mas certamente não obrigatória –, deverá induzir à análise das próprias estratégias e sistemas operacionais. O livro, deliberadamente sem receitas, pretende estimular os operadores do setor a ficarem menos focalizados na oferta gastronômica específica e mais cientes da importância de uma série de outras escolhas – administrativas, tecnológicas, organizativas, de recursos humanos e de *marketing*. Não é por acaso que o primeiro tema abordado é o *marketing*. Sem uma visão clara da própria posição no mercado e dos instrumentos eficazes para se apresentar ao público, é impossível tomar decisões importantes acerca dos equipamentos ou da própria oferta.

Para compreender melhor a teoria, é necessário aprofundá-la por meio de exemplos concretos, e para falar de um setor que apresenta comparações convincentes com o mundo do espetáculo, um texto sem imagens resultaria árido. Por esse motivo, o elenco dos capítulos técnicos é permeado de reportagens sobre eventos bem diversificados. Esses "livros dentro do livro" oferecem janelas para os bastidores de eventos reais e completam o percurso.

Em busca de sucesso nas operações de *banqueting & catering*

Franco Luise

Banqueting & marketing

Como construir o sucesso do segmento dedicado a banquetes

A importância econômica de uma correta operação de *banqueting/catering* em uma empresa que realiza eventos demonstra que, em muitas atividades, mesmo não tendo planejado uma oferta para congressos e/ou banquetes na fase de abertura, tende-se a olhar para este segmento de mercado, avaliando positivamente o impacto remunerativo de tais operações.

Seja na fase de abertura de uma nova estrutura, seja na fase de renovação e de reposicionamento de uma atividade já iniciada e operativa, será necessário analisar com extremo cuidado todas as potencialidades econômicas e operacionais de que a empresa poderá aproveitar-se na sua atividade comercial, criando as bases indispensáveis para um planejamento estratégico de inserção no mercado do próprio produto e da sua oferta.

O PLANO DE *MARKETING*

Instrumento indispensável para alcançar os objetivos predefinidos, o plano de *marketing* é composto de quatro fases operacionais que podem ser sintetizadas segundo o gráfico seguinte:

Ciclo do marketing *vencedor*

Pesquisa

Fase preliminar na qual devem ser analisados os diferentes segmentos de mercado relativos às potenciais operações de *banqueting/catering*, a concorrência e os próprios pontos fortes e fracos.

Análise da clientela

- Perfil demográfico de cada segmento.
- Identificação dos potenciais clientes para cada segmento:
  - banqueteria para congressos;
  - grandes eventos;
  - banqueteria para comemorações importantes (casamentos, aniversários, formatura, etc.);
  - *catering*.

- Razões pelas quais os potenciais clientes poderiam se interessar pelo produto oferecido:
  - localização;
  - preço;
  - tamanho do local;
  - reconhecimento e notoriedade do local;
  - fidelidade.
- Mudanças das expectativas futuras dos clientes.
- Identificação de um nicho de clientes suficientemente grande que pode ser assegurado por meio de uma política correta na proporção entre preços e oferta gastronômica.

Análise da concorrência

- Conhecer a própria vantagem competitiva:
  - o que nos distingue dos nossos concorrentes?
- Conhecer a concorrência na área limítrofe:
  - quem são os maiores concorrentes, neste momento e em um período de cinco anos?
- Quais as estratégias, os objetivos e os sucessos dos maiores concorrentes?
- Em que medida uma faixa de mercado específica pode ser importante para cada concorrente?
- Quais os pontos fortes e fracos de cada concorrente?
- Quais defeitos poderiam tornar os concorrentes vulneráveis?
- Quais renovações os concorrentes poderão querer realizar em suas futuras estratégias de mercado?
- Qual impacto terão as ações empreendidas pela concorrência nas atuais interações no mercado e quais os efeitos sobre nossas próprias estratégias?
- Se não formos suficientemente criativos, melhor imitar! Não sejamos orgulhosos: quando uma ideia é boa, podemos copiá-la e melhorá-la.

Uma pequena história...
"Dois jovens alpinistas deparam-se pelo caminho com um urso enorme e feroz. Os dois largam rapidamente as mochilas para ficarem mais leves e poderem fugir mais depressa. Um deles tira as botas de escalada e calça um tênis. O outro, maravilhado: 'Que absurdo! Nunca vamos poder correr mais rápido que o urso! Eles correm a 30 km por hora e conseguem subir nas árvores!'. O primeiro: 'Ah, não preciso correr mais rápido que o urso, apenas mais rápido que VOCÊ!'."
A moral: mesmo que o mercado se apresente difícil para todos, o importante é conseguir identificar as estratégias vencedoras que permitam correr mais rápido do que os nossos adversários.

Análise SWOT (FFOA)

Convém incluir na fase da pesquisa uma autoanálise, um ato de *marketing* conhecido pela sigla formada a partir das seguintes palavras:

Strengths (**F**orças)
Weaknesses (**F**raquezas)
Opportunities (**O**portunidades)
Threats (**A**meaças)

Esse estudo pode ser ilustrado com o seguinte gráfico:

O gráfico evidencia com grande clareza a importância dos próprios pontos fortes e das oportunidades que essas vantagens podem ter para potencializar a faixa de mercado e os lucros da empresa (seta para cima). Essas possibilidades podem se desfazer em decorrência de fraquezas e ameaças, internas ou da concorrência, afastando os objetivos da empresa (seta para a direita).

Por meio de exemplos práticos, é possível identificar alguns dos pontos mais importantes a serem evidenciados nas quatro áreas delimitadas pelas duas setas.

- *Strengths* (pontos fortes):
  - cozinha e serviço de alta qualidade;
  - supremacia na inovação do produto;
  - local: possibilidade de oferecer salões ou locais de acordo com as diferentes exigências (terraços ou jardins no verão, salões internos aconchegantes e refinados);
  - localidade turística particularmente badalada (*first destination*, destino de primeira opção);
  - forte atração graças à solidez da marca ou da história do local;
  - *feedback* positivo da clientela;
  - posição dominante no mercado;
  - departamento de vendas eficiente e dinâmico;
  - *banqueting kit* bem estruturado, com boa documentação do custo dos menus e dos serviços oferecidos.
- *Weaknesses* (pontos fracos):
  - identificação inadequada dos segmentos de clientela e dificuldade de colocar a oferta de banqueteria no mercado;
  - oferta gastronômica pobre e/ou nível desconforme do serviço oferecido;
  - oferta gastronômica desatualizada em relação às novas tendências culinárias;
  - não avaliação das expectativas da clientela;
  - estrutura empresarial frágil e alta rotatividade de pessoal no departamento de A&B;
  - não quantificação dos objetivos;
  - dificuldade de chegar ao local;
  - falta de comunicação voltada para a oferta de *banqueting/catering*.
- *Opportunities* (oportunidades):
  - promoções voltadas para a qualidade e a potencial clientela;
  - contratação de pessoal qualificado;
  - eficientes operações de relações públicas que possam melhorar a comunicação com o público em geral e permitir a conquista de novos segmentos de mercado;
  - melhorias nas estruturas receptivas e operacionais.
- *Threats* (ameaças):
  - concorrência conhecida e afirmada no mercado;
  - concorrência dinâmica e com uma organização capaz de rápidas mudanças de estratégia;
  - situação econômica e política desfavorável;
  - perda não previsível de pessoal qualificado.

Planejamento

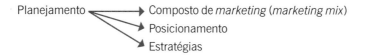

Depois de reunir os dados necessários, provenientes das pesquisas realizadas, passa-se à importante fase de planejamento, analisando as melhores estratégias aplicáveis ao seu produto.

As pessoas mais envolvidas nas operações de *banqueting/catering* da empresa deverão conhecer os resultados da pesquisa e apresentar ideias e sugestões acerca dos objetivos que são a meta final do plano de *marketing*.

Os objetivos a alcançar são:

Marketing mix (composto de *marketing*)

A definição do termo pode ser ilustrada pelas seguintes etapas:

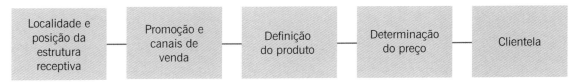

- Localidade e posição da estrutura receptiva: ampliar ao máximo o conhecimento das potencialidades provenientes do *layout* da estrutura e da localidade na qual se encontra; identificação do mercado local de referência.
- Promoção e canais de venda: comunicação voltada para a identidade e o estilo do produto por meio dos principais canais de comunicação (imprensa, TV, rádio, *merchandising* interno, cartazes publicitários).
- Definição do produto: tipo de oferta gastronômica a oferecer à clientela e número de *couverts* que podem ser servidos, com base na disponibilidade operacional da empresa de gastronomia.
- Determinação do preço: faixas de preço médio por *couvert/menu*, posicionamento das faixas de preços de venda dos vários tipos de menu. Esta operação pode ser feita seguindo os passos elencados na sequência:
  – estabelecer os objetivos do preço (cobertura dos custos, retorno do investimento);
  – determinar as procuras;
  – conhecer a concorrência e os preços por ela aplicados;
  – estabelecer a linha estratégica na qual basear o próprio preço: na altura da concorrência ou preços estrategicamente mais baixos para conquistar uma determinada faixa de mercado em pouco tempo;
  – selecionar o preço final.
- Clientela:
  – possibilidade de criar uma clientela habitual ou capaz de ser um meio de atrair novos clientes pelo boca a boca;
  – conhecer bem os seus clientes;
  – procurar ir além das expectativas dos clientes;
  – criar uma relação construtiva com os clientes;
  – avaliar qual aspecto o cliente valoriza mais: qualidade da culinária, dimensão do local, localidade, tradição.

Posicionamento

Entende-se por posicionamento a colocação do produto e a oferta de serviços de *banqueting/catering* em uma parte do mercado na qual se conseguirá receber retornos favoráveis em comparação com produtos análogos da concorrência. Esta fase, altamente associada às ações e análises do *marketing mix*, aproveita a definição das estratégias escolhidas para posicionar o seu produto no mercado.

O diagrama a seguir mostra o processo de posicionamento da oferta de *banqueting* de uma empresa por meio de vários passos necessários para alcançar a etapa crucial da determinação final dos preços.

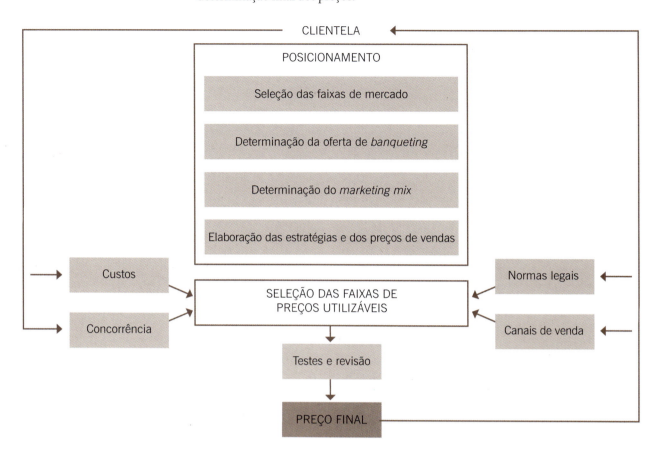

"*Encontrar as melhores estratégias é sempre uma operação difícil e complexa. Por isso, reúno toda a minha equipe numa sala, e todas as ideias que surgem do nosso brainstorming[1] são anotadas em grandes folhas de papel e afixadas nas paredes. Quando temos que tomar nossas decisões, levantamos e relemos os vários pontos discutidos. No fim, a solução para o nosso dilema se encontra numa das páginas afixadas nas paredes. Esse wall test leva-nos sempre a encontrar a melhor ideia.*"

Katharina, Hilton Molino Stucky, Veneza

---

[1] **Brainstorming**, termo inglês que significa literalmente "tempestade cerebral", indica a troca de ideias e opiniões, frutos de uma reunião construtiva de pessoas envolvidas nos mesmos problemas e na procura de soluções.

Estratégias

Os dados obtidos pela análise SWOT (FFOA) permitem planejar e organizar os investimentos e as operações necessárias para posicionar a oferta no mercado, aproveitando as oportunidades encontradas. O planejamento deve levar em consideração as fraquezas que poderiam dificultar os bons rendimentos das forças empregadas, sem deixar de elaborar um plano de defesa, prevendo a eventual necessidade de retirar e corrigir o produto diante de ameaças que poderão surgir.

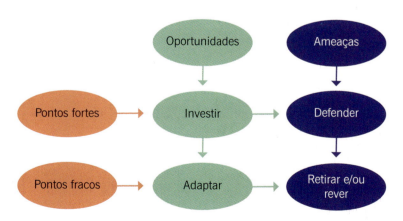

A oferta pode precisar de um reposicionamento se:
- intervier, durante o posicionamento original no mercado, um erro que comprometa os resultados empresariais;
- mudarem os gostos e as preferências dos clientes;
- surgirem novas faixas de clientes com preferências totalmente diferentes da oferta disponível.

Implementação e verificação

"Se você tiver uma vantagem competitiva sobre a concorrência, você a perderá! Para ter sucesso, você deve continuar a procurar novas fontes que te diferenciam e renovam e te trazem novos lucros."
Cheki Dev, Cornell University, Ithaca

Agora falta somente colocar em prática todas as decisões tomadas nas fases anteriores, verificando os resultados finais. Como?

Determinação do preço: foi escolhida a melhor política de preços? Foi atingido o nível otimizado de competitividade?

Banqueting kit: a oferta gastronômica está centrada nas exigências reais da clientela? O aspecto operacional foi considerado? O pessoal é qualificado e capaz de responder às exigências da clientela?

- Saber renovar constantemente a sua oferta gastronômica.
- Estabelecer padrões de qualidade para os ingredientes escolhidos para a realização dos menus e lembrar da importância de escolher novos produtos. Uma sociedade multiétnica tende a mudar seus hábitos alimentares.
- Empregar pessoal qualificado, gratificá-lo e deixar que expresse seu potencial da melhor maneira possível.

Canais de venda: a empresa é conhecida pelo público, fala-se dela? Foram utilizados todos os meios possíveis para se tornar conhecida?

- Zelar pelos clientes, pelo próprio *business* e pelo pessoal empenhado.
- Potencializar seus canais de venda.
- Criar um banco de dados de potenciais clientes, a fim de contatá-los em caso de promoções ou renovações.
- Registrar os *feedbacks*: comentários e reclamações da clientela.

No final desse importante trabalho devem-se verificar as ações, avaliando os sucessos e os fracassos obtidos. Se houver sinais de crise, só resta uma alternativa: recomeçar a busca por novas ideias e reiniciar o ciclo do *marketing* vencedor.

Os quatro pilares do *banqueting*

Um número sempre maior de operadores no mundo dos eventos investe e insere seus recursos econômicos e humanos no setor da gastronomia e do serviço de banqueteria. Os motivos que determinam essa escolha se devem a uma melhor gestão dos custos e a um aspecto remunerativo notável.

No entanto, não se deve subestimar o fato de que, apesar de ser fonte de ganhos consideráveis, esta atividade pode esconder a incógnita de decisões erradas.

Para ilustrar o conceito com maior clareza, imaginemos as operações de banqueteria como o teto de um templo, apoiado sobre quatro pilares de diâmetro, tamanho e importância iguais: o produto, a posição, as pessoas e os ganhos.

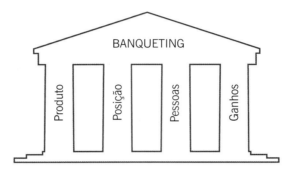

O produto

Antes de tudo, é importante determinar o tipo de produto, já que, num mundo em contínua evolução e constante mudança, é cada vez mais complexo definir seu produto e a oferta de serviços de banqueteria que será proposta à clientela. Portanto, o produto deve acompanhar a evolução da empresa e deve representar da melhor maneira possível o nível de qualidade da cozinha e do serviço. Deve, inclusive, ser flexível o suficiente para satisfazer todas as exigências da clientela que frequenta o local. Além disso, deve ir ao encontro do gosto do público, superar suas expectativas e adaptar-se às novas tendências de gastronomia e serviço. O produto oferecido deve estar também em total harmonia com o segundo "pilar", ou seja, com a posição.

A posição

Este elemento define a localidade onde a empresa atua e o valor que ele lhe acrescenta. Uma assim chamada *first destination* (destino de primeira opção) turística será de grande apoio ao colocar uma oferta no mercado. A história, a fama e a tradição da localidade são fatores determinantes para favorecer as promoções e as vendas do produto de banqueteria. Por isso, durante a fase de definição do produto, os principais responsáveis envolvidos na operação devem levar em grande consideração os aspectos acima mencionados. De fato, não há nada pior do que oferecer um produto obsoleto ou destoante da localidade onde a empresa opera. Por outro lado, uma posição de difícil acesso poderia levar vantagem com a escolha de um produto de qualidade, pois justificaria inclusive uma visita ao local e, quem sabe, um retorno.

Sozinhas, produto e posição não bastam. Por isso entra, para dar um suporte adicional, o terceiro fator determinante: o fator humano.

As pessoas

Neste caso, entendemos por "pessoas" não só a clientela, como também toda a equipe envolvida nas operações de *banqueting*. É fundamental conhecer o tipo de clientela que frequenta o local, identificar seus gostos e sua relação com os vários tipos de menus, suas necessidades e suas expectativas. A mesma atenção deve ser dispensada à escolha dos colaboradores, que devem ser preparados profissionalmente e capazes de responder a qualquer exigência da clientela: aqui vale lembrar que o produto escolhido e oferecido deve o seu sucesso à capacidade criativa dos operadores.

Neste caso, a palavra-chave é *consistência,* ou seja, a continuidade e a constância na qualidade oferecida, fatores determinantes para o futuro da atividade em si.

Os ganhos

Para sustentar o teto falta agora o quarto pilar, o dos ganhos: ter uma posição favorável, um produto constante e de qualidade, uma equipe dedicada e profissional e uma clientela confirmada não basta para determinar o sucesso das operações. Será fundamental coroar o conjunto com um estudo aprofundado dos custos inerentes ao *banqueting* por meio de uma elaboração adequada de fichas técnicas e de um registro de perdas e ganhos.

O *banqueting kit*

Do *marketing* à criação da oferta gastronômica

Uma vez colhidas todas as informações necessárias para definir o tipo de oferta gastronômica a ser apresentada aos clientes, deve-se elaborar um documento de venda de suma importância: o *banqueting kit*. Esse documento é o veículo comercial principal que o departamento de vendas ou o operador encarregado da tarefa possui e divulga ao público, permitindo o conhecimento e a venda potencial do produto que se chama *banqueting*.

A elaboração do documento deve ser confiada a um profissional, chamado de *menu planner* (planejador de cardápio),[1] uma pessoa capaz de estruturar esse instrumento em três áreas fundamentais, tornando-o adequado à geração de lucros para a empresa.

Food

Nesta área, as tarefas do ***menu planner*** serão:
- conhecer os gostos alimentares da clientela, de modo a facilitar a venda do *banqueting kit*;
- identificar os produtos disponíveis no mercado, preferindo aqueles que representam a região geográfica da empresa;
- estabelecer o critério que orienta a escolha da qualidade dos produtos alimentares;
- distinguir a disponibilidade dos produtos alimentares: saber quando são mais acessíveis ajuda a manter o *food cost* (custo do alimento servido) mais baixo e a melhorar as margens de lucro;
- saber como o alimento é preparado, produzido, montado no prato, servido e consumido pelo cliente. Essas informações permitirão especificar o tipo de equipamento necessário para a preparação do menu, permitindo, inclusive, a indicação do nível de capacidade profissional da equipe;
- saber como os gêneros alimentícios são produzidos, encomendados, recebidos, estocados e quais são seus respectivos tempos de vida na prateleira (*shelf life*);
- conhecer as combinações corretas de alimentos, de modo a elaborar menus equilibrados em termos nutricionais;
- conhecer o rendimento de cada ingrediente, de modo a elaborar as receitas corretamente.

Finanças

O ***menu planner*** deverá conhecer também a relação entre o *food cost* e todas as demais despesas, como folha de pagamento, custos fixos e custos variáveis.[2] A variedade dos menus elaborados deverá ser capaz de gerar lucros para a empresa, e o profissionalismo do planejador de cardápio permitirá entender qual impacto as porções servidas ao cliente terão sobre o preço final de venda.

Deverá demonstrar competência na criação das receitas e na determinação dos seus custos, e igualmente saber quais são os menus mais vendidos e rentáveis em certo período de tempo.

---

[1] Por **planejador de cardápio** entende-se um profissional ou um grupo de profissionais que respondam aos requisitos necessários para a elaboração de um *banqueting kit*, documento de trabalho sumamente importante. Em certas estruturas, esta tarefa é confiada ao *chef* executivo, com a possibilidade da colaboração do departamento de A&B para colher todas as informações necessárias à elaboração dos menus, bem como às análises posteriores de vendas, perdas e ganhos.

[2] Por **custos variáveis** entendem-se todas as despesas que variam conforme as necessidades operacionais, como o custo de equipamento, entretenimento, pessoal adicional, etc.

Gestão

Para poder compor um *banqueting kit* bem-sucedido, o **menu planner** deverá conhecer perfeitamente as necessidades e a vontade da casa ou da companhia em que opera. Portanto, deverá levar em consideração os seguintes aspectos:

– ganhos;
– verificação da média;[3]
– tipo das operações;
– estilo do cardápio a ser elaborado;
– temática das operações;
– estilo do serviço;
– atmosfera a ser criada durante os eventos.

Uma vez avaliados o mercado, o tipo de estratégia e as capacidades receptivas, o planejador de cardápio deverá preparar um esboço estrutural do *banqueting kit* que contenha as quantidades e os tipos de menus e da oferta gastronômica, bem como as faixas de preço nas quais basear a sua venda.

A tabela seguinte representa o estudo de uma estrutura básica para a elaboração de um *banqueting kit* de uma empresa que organiza eventos de grande porte, com diferentes tipos de clientela e de exigências gastronômicas. O planejador de cardápio já deverá ter avaliado e estimado todas as possíveis exigências do potencial cliente, criando assim a base para a elaboração do *banqueting kit*.

[3] Por **verificação da média** entende-se o preço médio que cada convidado paga pelo menu oferecido, considerando como base estatística um período fixo. Por exemplo: trinta dias, receitas provenientes das operações de *banqueting* durante este período, divididas pelo número de *couverts* servidos.

ESTRUTURA BÁSICA DO *BANQUETING KIT*				
Tipo de menu	**Pratos**	**Nº de menus**	**Época**	**Faixa de preço**
BREAKFAST & BRUNCH				
Continental Breakfast		1	ano inteiro	de 12 a 18 €
Bufê de *American Breakfast*		1	ano inteiro	
Brunch		1	ano inteiro	
COFFEE BREAK				
Welcome Coffee Break		5	ano inteiro	de 8 a 14 €
Mid Morning Coffee Break		5	ano inteiro	
Afternoon Coffee Break		5	ano inteiro	
Specialty Coffee Break		5	ano inteiro	
FINGER FOOD & COQUETEL		pelo menos 5	ano inteiro	de 18 a 28 €
ALMOÇO DE TRABALHO	3	4	primavera/verão	de 45 a 65 €
	3	4	outono/inverno	
	4	4	primavera/verão	
	4	4	outono/inverno	
BUFÊ DE ALMOÇO DE TRABALHO		3	ano inteiro	de 60 a 75 €
Bufê de sanduíche		2	ano inteiro	
BUFÊ DE ALMOÇO		2	primavera/verão	de 80 a 95 €
JANTAR	4	4	primavera/verão	de 75 a 95 €
	4	4	outono/inverno	
JANTAR DE GALA	5	3	primavera/verão	de 95 a 115 €
		3	outono/inverno	
JANTARES TEMÁTICOS		3		a partir de 120 €
OPÇÕES VEGETARIANAS				

A esse esboço inicial devem-se acrescentar algumas outras considerações fundamentais sobre o *banqueting kit*:

- deverá transmitir ao público a imagem da empresa, de sua criatividade e de seu tipo de cozinha;
- deverá incluir as escolhas gastronômicas ponderadas segundo as reais capacidades profissionais das equipes de cozinha e de salão, levando atentamente em consideração o tipo de equipamento e da capacidade dos salões;
- deverá contemplar uma análise dos custos de gestão e de mão de obra;
- deverá integrar uma correta avaliação da porcentagem do *food cost* em relação aos preços de venda de cada menu;
- deverá apresentar uma ampla oferta de menus e preços, correspondendo às reais necessidades do cliente;
- deverá considerar uma oferta sazonal para obter uma melhor relação entre qualidade e preço das matérias-primas empregadas na realização dos menus;
- deverá evitar a numeração dos menus, utilizando, em vez disso, títulos nos cardápios, nomes e substantivos que facilitarão ao cliente a associação com o lugar, a sua história ou o tipo da oferta;
- deverá prever menus adequados para uma clientela com eventuais intolerâncias alimentares ou regimes dietéticos;
- deverá ser considerado não um documento com fim em si mesmo, mas um instrumento em constante evolução e revisão, redigido segundo escolhas com base na experiência e na constante evolução das necessidades dos clientes e das tendências gastronômicas.

A seguir, um *banqueting kit* elaborado com base nos princípios acima indicados.

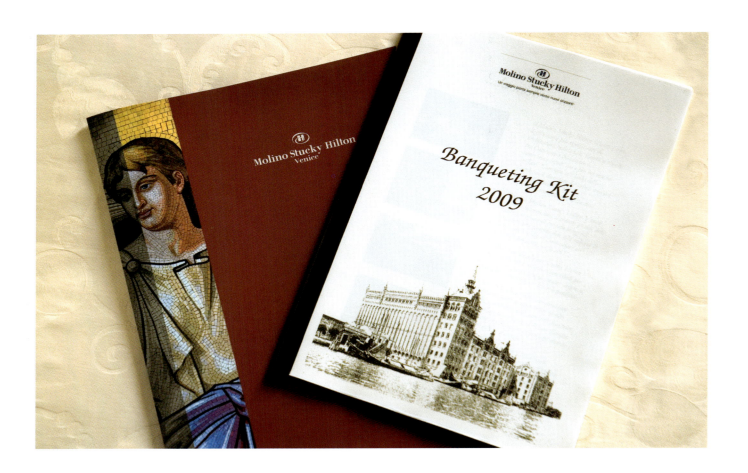

BREAKFAST & BRUNCH

Continental Breakfast

Espumante e sucos naturais
Prosecco
Sucos naturais de laranja e toranja (*grapefruit*)
Sucos naturais de frutas da época

Frutas frescas e compotas
Frutas frescas da época, frutas tropicais e salada de frutas
Compota de peras
Maçãs com canela
Ameixas da Califórnia

Cereais
All bran, Müesli, Corn flakes, Wheat flakes, Rice crispies, Coco Pops, Frosties, Bran flakes,
Birchermüesli caseiro com frutas frescas e secas

Leite e iogurte
Leite integral e semidesnatado
Seleção de iogurtes, integrais e desnatados, de frutas vermelhas, mirtilo, maçã verde, mel, cereais, gérmen de trigo, etc.
Iogurte desnatado caseiro

Canto da confeitaria
Croissant, brioche, caracóis com passas, *plum cake*,
bolo de iogurte com compota de fruta, pão de banana e nozes,
tarallo abruzzese, *muffin* com flocos de aveia e frutas vermelhas,
muffin de chocolate, *muffin* de abobrinha, torta de cenoura e
fruta seca, folhados, tranças, roscas, biscoitos, etc.

Geleias e mel
Geleias caseiras:
Geleia de frutas cítricas
Geleia de frutas vermelhas e hortelã
Geleia de frutas da época
Mel de acácia, tília, mil flores, castanheiro, flor de laranjeira

Canto da dieta
Geleias de frutas da época sem adição de açúcar
Iogurte desnatado caseiro
Leite de soja, leite de milho, leite HD
Bran Flakes, Müesli, Crüsli, Alpens, Fitness
Bolo dietético, pão de centeio, pão saudável
Cantinho de produtos sem glúten

Seleção de *croissants*, Villa d'Este.

35   O BANQUETING KIT

BREAKFAST & BRUNCH

Bufê de *American Breakfast*

Espumante e sucos naturais
Prosecco
Sucos naturais de laranja e toranja (*grapefruit*)
Sucos naturais de frutas da época

Frutas frescas e compotas
Frutas frescas da época, frutas tropicais e salada de frutas
Compota de pera
Maçã com canela
Ameixas da Califórnia

Cereais
All bran, *Müesli*, *Corn flakes*, *Wheat flakes*, *Rice crispies*,
Coco Pops, *Frosties*, *Bran flakes*,
Birchermüesli caseiro com frutas frescas e secas

Leite e iogurte
Leite integral e semidesnatado
Seleção de iogurtes, integrais e desnatados,
de frutas vermelhas, mirtilo, maçã verde, mel,
cereais, gérmen de trigo, etc.
Iogurte desnatado caseiro

Composição de frutas cortadas, Molino Stucky Hilton.

Canto da confeitaria
Croissant, brioche, roscas com passas,
plum cake, bolo de iogurte com
compota de fruta,
pan de banana e nozes,
tarallo abruzzese,
muffin com flocos de aveia e frutas vermelhas,
muffin de chocolate, *muffin* de abobrinha,
torta de cenoura e fruta seca,
folhados, tranças, roscas, biscoitos, etc.

Geleias e mel
Geleias caseiras:
Geleia de frutas cítricas
Geleia de frutas vermelhas e hortelã
Geleia de frutas da época
Mel de acácia, tília, mil flores, castanheiro, flor de laranjeira

Salames italianos
Soppressata, salame de Nápoles,
presunto de Parma, apresuntado,
copa, *bresaola* de Valtellina,
toucinho do Tirol

Seleção de peixes defumados
Salmão norueguês, atum e peixe-espada com o clássico
acompanhamento e creme de leite azedo ou *sour cream*

Queijos
Caprino com ervas, *Philadelphia*, *Jocca*,
ricota, *Taleggio*, *Edamer*, *Emmentaler*, *Bel Paese*,
bolinhas de mozarela de búfala

Canto da dieta
Geleias de frutas da época sem adição de açúcar
Iogurte desnatado caseiro
Leite de soja, leite de milho, leite HD
Bran Flakes, *Müesli*, *Crüsli*, *Alpens*, *Fitness*
Bolo dietético, pão de centeio, pão saudável
Cantinho de produtos sem glúten

Canto dos pratos quentes
Ovos mexidos,
bacon crocante, linguiça na chapa,
pequenos hambúrgueres com molho cremoso,
tomates grelhados, cogumelos laminados e salteados,
batatas à moda americana

Brunch

Como se trata de uma forma de refeição muito apreciada, convém oferecer pelo menos duas propostas e duas faixas de preço. A seguir, alguns exemplos:

Giudecca
Suco de laranja e de toranja (*grapefruit*)
Café, café americano, chá
Seleção de cereais
Confeitaria mista, sortido de pães,
panqueca com *maple syrup*, purê de framboesa
Calda de chocolate, chantili
Ovos mexidos, bacon, presunto, salsichas e linguiça
Seleção de geleias e mel
Bufê de frutas

Canto das crudités
Alface romana, crespa, endívia, cenouras, tomates,
funchos, pepinos, rúcula, sortido da época,
azeitonas e *crostoni*
Temperos: vinagrete de vinagre de vinho tinto,
de vinagre balsâmico, de ervas finas, de iogurte,
azeite e suco de limão, *Roquefort*
Seleção dos melhores azeites DOP
(Denominação de Origem Protegida)
Flor de sal e sal aromatizado

Saladas, salames e defumados
Salada *caprese* com tomate-cereja e mozarela de búfala
Salada de camarão e abacate com molho de coquetel
Salada de arroz à moda mediterrânea
Salada de aspargo à mimosa

Seleção de salames italianos:
Bresaola de Valtellina, toucinho do Tirol, presunto San
Daniele, *soppressa* e copa *veneta*

Salmão da Noruega
Atum e peixe-espada defumado
Alcaparras, cebola, limão e molho de rábano

Sopas e massas
Sopa de legumes do estuário
Vichyssoise de batata e alho-poró
Trofie ao *pesto* de manjericão
Crepes de espinafre e ricota com molho de
tomate batido no azeite

Coffee break à base de pêssegos, Molino Stucky Hilton.

Peixes e carnes
Peito de peru com ervas finas
Filé de garoupa com azeitonas pretas e
tomate marinado em azeite e manjericão

Bufê de sobremesas da casa
Tiramisù Molino Stucky, *cheesecake* com frutas vermelhas
Profiteroles de chocolate, morangos com vinagre balsâmico
Calda de baunilha, de chocolate, de laranja
Chantili, salada de frutas frescas

BREAKFAST & BRUNCH

San Marco

Suco de laranja e de toranja (*grapefruit*)
Café, café americano, chá
Seleção de cereais
Confeitaria mista, sortido de pães
Panqueca com *maple syrup*, purê de framboesa,
calda de chocolate, chantili
Ovos mexidos, bacon, presunto, salsichas e linguiças
Seleção de geleias e mel
Bufê de frutas

Canto das crudités

Alface romana e crespa, endívia, cenoura, tomate,
funcho, pepino, rúcula, sortido da época,
azeitonas e *crostoni*
Temperos: vinagrete de vinagre de vinho tinto,
de vinagre balsâmico, de ervas finas, de iogurte,
azeite e suco de limão, *Roquefort*
Seleção dos melhores azeites DOP
Flor de sal e sal aromatizado

Saladas, salames e defumados

Salada *Waldorf*
Salada de batata, azeitonas de Gaeta e cebolinha
Salada de frango com queijo *scamorza* defumado e rúcula
Salada de camarão e abacate, molho coquetel

Seleção de salames italianos:
Bresaola de Valtellina, toucinho do Tirolo,
presunto San Daniele, *soppressa* e copa *veneta*

Salmão da Noruega
Atum e peixe-espada defumado
Alcaparras, cebola, limão e molho de rábano

Sopas e massas

Creme de cogumelo e batata
Nhoque de batata com molho de carne à bolonhesa
Ravioli de ricota e espinafre em manteiga e
sálvia e lascas de parmesão

Peixes e carnes

Tamboril assado com alecrim e *caponata* de
legumes em azeite e ervas
Lombo de carne ao molho de *foie gras* e trufa

Bufê de sobremesas da casa

Torta *caprese* de chocolate e amêndoas
Crostata de fruta fresca
Crumble de maçã, merengada, frutos do bosque,
Calda de baunilha, de chocolate, de laranja,
Chantili
Salada de frutas frescas

Salada de abacate e lima com tenaz de lagostim frita,
camarão marinado e uma seleção de legumes
empanados em *tempurá*, Fazenda Montalbano.

Carpaccio de carne *mi cuit* com crocante de ervas, Molino Stucky Hilton.

COFFEE BREAK

Tratando-se de uma oferta indicada principalmente para recepções de congressos, convém pensar em pelo menos cinco cardápios a fim de diferenciá-los todos os dias, de segunda a sexta-feira, no caso de encontros ou congressos que se prolonguem por mais dias.

Welcome Coffee Break

Seleção de vários tipos de café:
espresso, americano, descafeinado
Leite quente e frio
Seleção de chás e infusões
Água mineral
Suco de laranja

Le Monde
Rosca com passas
Pain au chocolat
Croissant
Suco de pêssego

Herald Tribune
New York cheesecake
Muffin de chocolate
Brownie de nozes
Suco de groselha

La Repubblica
Pastiera de ricota, trigo e frutas cristalizadas
Cantucci de prato
Cornetti de creme
Suco de damasco

The Guardian
Bolo inglês de frutas
Crumble de maçã
Biscoitos amanteigados
Suco de maçã

Il Corriere della Sera
Crostat de Nutella
Babà com creme de *limoncello*
Cornetti com geleia
Suco de pera

Morning coffee break, Hilton Meetings.

À esquerda, variações de morango, Molino Stucky Hilton.

COFFEE BREAK

Mid Morning Coffee Break

Seleção de vários tipos de café:
espresso, americano, descafeinado
Leite quente e frio
Seleção de chás e infusões
Água mineral
Suco de laranja

Cannaregio
Rosca com passas
Brownie de chocolate e nozes
Suco de *kiwi*
Frapê de damasco

Dorsoduro
Crumble de frutas vermelhas
Biscoitos venezianos
Suco de maçã verde
Frapê de morango

San Marco
Tartelete de maçã e canela
Biscoito de amaretto
Suco de frutas vermelhas
Frapê de pêssego

San Polo
Folhado de ricota e fruta cristalizada
Petit four de amêndoas
Suco de pera
Frapê de abacaxi

Santa Croce
Pan de especiarias
Biscoitos de arroz tufado e chocolate
Suco de frutas tropicais
Frapê de frutas vermelhas

Afternoon Coffee Break

Seleção de vários tipos de café:
espresso, americano, descafeinado
Leite quente e frio
Seleção de chás e infusões
Água mineral
Suco de laranja

Giudecca
Mini quiche de queijo tipo *fontina*
Torta *caprese* de amêndoas e chocolate
Crème brûlée com passas de Corinto
Chá preto frio com sabor de pêssego

Mediterrâneo
Finger sandwich de salmão com manteiga de citrinos
Babà de *limoncello*
Pequenas delícias de limão
Limonada com hortelã fresca

Oriental
Espetinhos de frango e maçã com *curry*
Zabaione e especiarias
Musse de frutos exóticos
Chá de hibisco

Energizer
Pequenas pizzas de massa folhada
Cheesecake com frutas vermelhas
Tartelete de maçã
Red Bull

Sunset
Mini quiche de legumes
Profiteroles de baunilha
Biscoitos de gengibre
Chocolate ao leite

Specialty Coffee Break

Seleção de vários tipos de café:
espresso, americano, descafeinado
Leite quente e frio
Seleção de chás e infusões
Água mineral
Suco de laranja

Illy Caffè
Bolo de coco e café
Perfetto moka e *zabaione*
Musse de café branco na xícara
Macaron de café
Granizado de café

Cioccolata Veneziana
Pudim de chocolate preto
Musse de chocolate e pimenta malagueta
Barrinhas de chocolate
Espuma de chocolate branco
Bolo de chocolate

Energy booster
Birchermüesli
Bolo de cereais
Pinzimonio de legumes
Toast de arroz com ricota e cebolinha
Suco de laranja e cenoura
Red Bull

Bakery Shop
Seleção de miniaturas e biscoitos
Espetinhos de fruta com hortelã fresca
Frapê de baunilha e chocolate

English tea time
Minissanduíches de:
pepino e queijo caprino, salmão defumado e manteiga de rábano, presunto de Praga e queijo, frango e alface
Mini scones de laranja e gengibre
Tartelete de fruta
Torta de limão

Sanduíche de pão de centeio com salmão, Molino Stucky Hilton.

ALMOÇO DE TRABALHO COM 3 PRATOS

Primavera/Verão

Manjerona
Macarrão com tomate fresco,
berinjela e mozarela
Filé de robalo do Tirreno com batatas crocantes à
manjerona e alface salteada em óleo de anchova
Tiramisù com calda de baunilha

Prezzemolo
Penne salteado com camarão e flor de abobrinha
Filé de dourada com limão e flor de alcaparra
Batata com salsinha e *timballo* de cenoura e abobrinha
Semifreddo de fruta seca com baunilha

Manjericão
Nhoque de batata com *pesto* de manjericão e vagem
Peito de frango com *scamorza* e tomate batido
com azeite e manjericão
Legumes da época glaceados
Crème brûlée com sorvete de frutas vermelhas

Orégano
Garganelli com aspargos e tomate
Lombo de vitela com molho de citrinos
Batatas com orégano e abobrinhas refogadas
Semifreddo de chocolate e pimenta malagueta

Outono/Inverno

Alecrim
Fusilli com alcachofra, tomate e lascas de queijo de ovelha
Espetinho de peixe do Adriático com azeite de ervas aromáticas
Quiche de batata e legumes glaceados
Perfetto de nozes com sorvete de flocos

Sálvia
Maccheroncini com amêijoas
Filé-mignon com azeitonas pretas sobre fundo de
molho de tomate e alecrim
Batata com bacon
Tartelete de maçã com sorvete de canela

Cerefólio
Nhoque de batata com molho de cogumelo
Garoupa assada com molho picante e tomate-cereja
Batata com cerefólio – brócolis com passas e pinhões
Mil-folhas com creme de baunilha, morango e especiarias

Laurel
Mezze penne com chicória roxa de Treviso e toucinho
Ossobuco de vitela em *gremolata* sobre
quiche de arroz amarelo *al salto*
Tulipa de *sorbets* e sorvetes

À esquerda, mozarela *burrata* aromatizada
com tomate grelhado, manjericão e azeite,
Fazenda Montalbano.

ALMOÇO DE TRABALHO COM 4 PRATOS

Primavera/Verão

Flor de limão
Carpaccio de carne com alcachofra, rúcula
e lascas de parmesão
Gnocchetti com favas e lagostim
Lombo de vitela com pontas de aspargos
Batata *sautée*
Folhas de acelga no azeite
Delícia de limão

Cardamomo
Finíssima de tamboril, funcho crocante
e vinagrete de laranja
Risoto, camarões, alho e salsinha
Filé de rodovalho em molho de azeite, limão,
alho, salsinha e frutos do mar
Batata com salsinha
Abacaxi marinado em especiarias com sorvete de coco

Pistache
Mozarela de búfala e tomate-cereja
Risoto cremoso com aspargos e camarão
Filé-mignon gratinado em crosta de ervas aromáticas e
molho de vinho tinto
Tortilha de batata
Vagem com bacon
Cassata com sorvete de pistache e calda de framboesa

Alcaçuz
Aspargos verdes, ovo em *cocotte* e vinagrete balsâmico
Ravioli de queijo com tomate-cereja e manjericão
Peito de pato glaceado com mel e alcaçuz
Jardineira de legumes
Zuppetta de morango marinado com sorvete e estragão

Outono/Inverno

Jasmim
Rosa de *Bresaola* com rúcula e toranja
Risoto de abóbora e *taleggio*
Lombo de vitela com cogumelo
Gomos de batata assada com ervas aromáticas
Salada de frutas marinada com chá de jasmim
Sorvete de coco

Canela
Carpaccio de polvo com vinagrete balsâmico
Ravioli de peixe, creme de brócolis com pimenta
malagueta e tomate-cereja
Posta de salmão com amêndoas
Batatas crocantes em cabelos de anjo
Flã de legumes
Semifreddo de figo seco e canela

Maçã verde
Presunto San Daniele com ricota e maçã verde
Ensopado de peixe e frutos do mar
Robalo em molho de alho, limão, salsinha e tomate,
batata e espinafre
Crème brûlée de pistache

Zimbro
Finíssima de atum com salada de cogumelo
em azeite e alecrim
Penne à bolonhesa
Tagliata de filé-mignon com legumes grelhados e
azeite com bagas de zimbro
Batatas *fondants*
Strudel de maçã e ameixa

BUFÊ DE ALMOÇO DE TRABALHO

Casanova

Seleção de saladas e temperos
Salada de rúcula e frango com salsão e provolone
Sanduíche com rosbife e molho de rábano
Bruschetta com tomate e legumes
Garganelli à bolonhesa
Peito de peru com ervas
Salada de frutas
Torta de maçã com canela
Merengada veneziana
Café e seleção de chás

Vendramin

Seleção de saladas da época e temperos
Salada *niçoise*
Focaccine com presunto de Parma e queijo
Sanduíche de frango e alface com pão integral
Ravioli de ricota e espinafre na manteiga,
sálvia e queijo parmesão
Tagliata de filé-mignon com molho de vinho tinto
Pequeno *savarin* de rum com fruta fresca
Strudel de pera e ameixa
Café e seleção de chás

Bucentauro

Seleção de saladas da época e temperos
Bolinhas de mozarela e tomate-cereja com *pesto* de manjericão
Presunto San Daniele e melão
Salada de polvo e batatas
Penne com molho de abobrinha e amêijoas
Escalope de vitela com molho de limão e alcaparra
Profiteroles de chocolate branco
Tiramisù veneziano
Salada de frutas frescas
Café e seleção de chás

Salada de lagostim e polvo grelhado, Molino Stucky Hilton.

BUFÊ DE SANDUÍCHE

Clássicos Italianos
Piadina com presunto cozido e queijo
Focaccia de azeitonas com berinjela marinada e provolone defumado
Bruschetta com tomate e manjericão
Pão branco com *bresaola* e rúcula
Pão integral com atum e chicória crespa
Salada de frutas frescas
Torta de ricota

Bebidas sem álcool, água mineral e sucos
Café e chá

Clássicos Europeus

Itália
Piadina com presunto de Parma
Focaccia branca com mozarela de búfala e legumes grelhados

França
Minibaguete com presunto e queijo
Croissant com queijo *Camembert*

Inglaterra
Sanduíche com rosbife e molho de rábano
Pão integral com peru, ervas e bacon

Escandinávia
Pão de centeio com salmão defumado e endro
Pão de cereais com camarão e molho coquetel

Salada de frutas frescas
Tiramisù

Bebidas sem álcool, água mineral e sucos
Café e chá

Minibaguete de presunto e queijo, Molino Stucky Hilton.

Focaccia com berinjela grelhada, Molino Stucky Hilton.

BUFÊ DE ALMOÇO E JANTAR

Os bufês são muito apreciados por clientes que desejam oferecer a seus convidados a possibilidade de escolher entre vários pratos simultaneamente e são uma boa opção quando é preciso conter os tempos de serviço. Aconselhamos vender um bufê para um mínimo de 50 pessoas, pois isso permite repartir o seu *food cost*.

Primavera/Verão

Dandolo
Saladas em folhas e *crudités* de legumes:
alface romana e crespa, endívia, cenouras, tomates,
funchos, pepinos, rúcula, variedades da época,
beterraba, milho, azeitonas e *crostoni*, lascas de queijo
parmesão, ovos recheados à mimosa
Vinagrete: de vinagre de vinho tinto,
de vinagre balsâmico, de ervas finas,
de iogurte, azeite e
suco de limão, *Roquefort*, molho francês

Bufê de saladas e pratos frios
Coração de alface com atum fresco marinado
com vagem e azeitonas pretas
Salada de frango com rúcula, salsão crocante e
queijo provolone
Salada de polvo e feijão branco
Aspargo verde, saladas e molho à mimosa
Filé de linguado em molho *saor* com pinhões e passas
Seleção de legumes grelhados e marinados em azeite
com alcaparras e azeitonas de Gaeta

Sopas, massas e arroz
Sopa de legumes à moda italiana com *crostoni* de alho
Risoto de frutos do mar do Adriático
Lasanha clássica à bolonhesa

Peixes e carnes
Dourada com flor de alcaparra e limão
Batatas com hortelã
Saltimbocca à moda romana em molho de Marsala
Abobrinha refogada

Bufê de almoço, Molino Stucky Hilton.

Canto da confeitaria
Salada de frutas frescas aromatizada
com raspas de citrinos
Torta *caprese* de amêndoas e chocolate
Musse de dois chocolates
Tiramisù com cereja *amarena*
Salada de frutas
Chantili, calda de baunilha, de chocolate e
de framboesa

BUFÊ DE ALMOÇO E JANTAR

Primavera/Verão

Grimani

Saladas de folhas e *crudités* de legumes:
alface romana e crespa, endívia, cenoura, tomate, funcho,
pepino, rúcula, variedades da época, beterraba, milho
Azeitonas e *crostoni*, lascas de queijo parmesão,
ovos à mimosa
Vinagrete: de vinagre de vinho tinto, de vinagre balsâmico,
de ervas finas, de iogurte, azeite e suco de limão,
Roquefort, molho francês

Bufê de saladas e pratos frios

Salada de arroz à moda mediterrânea
Salada de batata, salmão defumado e cebolinha
Salada grega com queijo *feta* e pepino
Salada de camarão e funcho crocante
Presunto San Daniele com melão e figo
Musse de fígado de frango à veneziana

Sopas, massas e arroz

Sopa de feijão à moda *veneta*
Risoto com pistilos de açafrão
Crepe de ricota e espinafre com molho de queijo fresco

Peixes e carnes

Filé de peixe-galo (*Zeus faber*) à moda *carlina*
Pilaf com *curry*
Músculo mole de vitela à *pizzaiola*
Batata com cebolas de polpa fundente

Canto da confeitaria

Cheesecake com frutas vermelhas
Torta merengada Molino
Crème caramel
Musse de chocolate com calda de pistache
Salada de frutas
Chantili, calda de baunilha,
de chocolate e de framboesa

Outono/Inverno

Doge

Saladas de folhas e *crudités* de legumes:
alface romana e crespa, endívia, cenoura, tomate, funcho,
pepinos, rúcula, variedades da época, beterraba, milho
Azeitonas e *crostoni*, lascas de queijo parmesão,
ovos à mimosa
Vinagrete: de vinagre de vinho tinto, de vinagre balsâmico,
de ervas finas, de iogurte, azeitonas e
suco de limão, *Roquefort*, molho francês

Bufê de saladas e pratos frios

Mozarela de búfala com tomate e *pesto* de manjericão
Salada de frutos do mar
Bresaola de Valtellina com rúcula e filetes de toranja
Salada de polvo e batata
Cuscuz de camarão e pequenos legumes
Sardinhas marinadas em molho *saor* veneziano

Sopas, massas e arroz

Creme de alcachofra e manjerona
Risoto de robalo e hortelã
Farfalle com toucinho do Tirol e molho de tomate

Peixes e carnes

Garoupa gratinada com pão de ervas
Batatas com salsinha
Tagliata de filé-mignon com grãos de mostarda
Caponata de legumes

Canto das sobremesas

Tiramisù do Stucky com crocante de nozes
Crostata de frutas vermelhas
Panna cotta com papoula
Crème brûlée com pistache de Bronte
Salada de frutas
Chantili, calda de baunilha,
de chocolate e de framboesa

Mocenigo

Saladas de folha e *crudités* de legumes:
alface romana e crespa, endívia, cenoura, tomate funcho,
pepino, rúcula, variedades da época,
ponta de aspargo verde, beterraba, milho, vagem
Azeitonas e *crostoni*, lascas de queijo parmesão, ovos à mimosa
Vinagrete: de vinagre de vinho tinto, de vinagre balsâmico,
de ervas finas, de iogurte, azeite e suco
de limão, *Roquefort*, molho francês

Bufê de saladas e pratos frios

Salada de mar com salsão crocante cortado em juliana
Polpa de caranguejo com alface-do-campo e filetes de citrinos
Tomate-cereja e bolinhas de mozarela de búfala
Seleção de legumes grelhados e marinados
com alcaparras e azeitonas
Vitel tonné
Bacalhau cremoso à moda veneziana
com *crostoni* de polenta grelhada

Sopas, massas e arroz

Creme de abóbora e pistache
Risoto de chicória roxa de Treviso e nozes
Macarrão tipo *fusilli* salteado com camarão e abobrinha em flor

Peixes e carnes

Medalhão de salmão com amêndoas
Brócolis com pão torrado e alho
Lombo de vitela com cogumelos
Batata assada

Canto das sobremesas

Carpaccio de abacaxi marinado com especiarias orientais
Profiteroles de chocolate branco
Torta de maçã com calda de caramelo
Strudel de pera e ameixa
Salada de frutas
Chantili, calda de baunilha, de chocolate e de framboesa

Cuscuz de legumes e camarão, Molino Stucky Hilton.

FINGER FOOD & COQUETEL

Coquetel Pisani

Espuma de queijo fresco temperada com pimenta rosa e verde
Gressinos de presunto de Parma
Salmão defumado, pepinos e molho de rábano
Bolinhas fritas de arroz
Tortilha de legumes

Coquetel Molino

Espuma de queijo fresco temperada com pimenta rosa e verde
Gressinos de presunto de Parma
Bruschetta com tomate e orégano
Espetinhos de mozarela e legumes grelhados
Bacalhau cremoso à moda veneziana
Bolinhas fritas de arroz
Azeitonas à moda *ascolana*
Cerejas de mozarela douradas
com molho de tomate picante
Tempurá de sálvia

Coquetel Aromi

Carpaccio de carne com rúcula e lascas de parmesão
Bresaola e filetes de toranja
Camarão com aspargo e molho à mimosa
Salmão defumado, pepino e molho de rábano
Purê de melão verde com presunto crocante
Espetinhos de frango com *curry e amêndoas*
Pequenos *vol-au-vent* do mar com molho de crustáceos
Chips de batata com bacon aromatizados com folhas de sálvia
Tortilhas de legumes
Tarteletes de alcachofra

Coquetel Rialto

Peito de pato defumado com compota de maçã
Finíssima de peixe-espada e cebolinha
Salmão marinado com gengibre
Atum com molho de soja e *wasabi*
Vichyssoise de alho-poró e batata com cebolinha
Terrina de *foie gras* e pão brioche
Folhados vegetarianos
Camarões em pasta *kataifi*
Mexilhões gratinados com pão de ervas
Espetinho de camarões com alecrim envolvidos com presunto
Croquetes de frango

Coquetel Skyline

Carpaccio de carne com molho de estragão
Foie gras com compota de frutas vermelhas
Camarões com azeite e limão
Camarões com gengibre
Finíssima de *coquille saint-jacques* com citrinos
Finíssima de lulas com erva-doce fresca
Lagostim com trufa preta
Creme de abobrinha com iogurte e hortelã
e salmão defumado
Papelote com *fritoin* de lula, filé de linguado e abobrinha
Flores de abóbora recheadas com ricota
Crostoni de polenta com molho *saor* de anchovas

À direita, *parmigiana* de legumes, Molino Stucky Hilton.

Salada do mar grelhada com camarões a vapor e leque de cítricos, Fazenda Montalbano.

JANTARES E JANTAR DE GALA

Primavera/Verão

Os Jantares

Açafrão
Finíssima de robalo com erva-doce fresca,
marinada de tomate
Risoto com alcachofras *castraure* de Sant'Erasmo
e redução de vinho tinto
Filé de pargo com aspargo verde e molho
de pistilos de açafrão
Timballo de arroz
Musse de chocolate branco com framboesas
Café e bombons

Clava
Rosa de salmão defumado com aspargo
Crepe de legumes com creme de ervilha
Filé-mignon com molho de alho doce
Gratinado de batata
Terrina de café e especiarias
Café e bombons

Noz-moscada
Salada de camarão e aspargo com vinagrete de gengibre
Garganelli com abobrinha em flor e lula
Peito de pato glaceado com mel e especiarias orientais,
ao molho de vinagre balsâmico
Batatas com *champignon*
Flã de espinafre
Zabaione frio com vinho Torcolato de Breganze
Café e bombons

Baunilha
Carpaccio de carne com molho de estragão
Risoto cremoso com aspargo branco de Bassano
Turbante de robalo com frutos do mar e flores de brócolis
Purê de batata com manjericão
Vagem com molho de tomate
Tiramisù veneziano com calda de baunilha e
crocante de amêndoa
Café e bombons

Musse de chocolate branco e framboesas, Molino Stucky Hilton.

JANTARES E JANTAR DE GALA

Os Jantares de Gala

Flor de laranja

Rosa de San Daniele com pérolas de melão
Crepe de aspargo com fondue de *Taleggio*
Filés de linguado com alcachofra nova e limão cristalizado
Filé-mignon em Marsala
Torta de batata
Flã de acelga
Semifreddo de cereja *amarena* com calda de damasco em conserva
Café e miniaturas de confeitaria

Flor de amêndoa

Pequeno *carpaccio* de carne com molho de alface e rúcula
Risoto com ervilhas e camarão
Rodovalho com azeitonas verdes
Pernil de cordeiro recheado com alcachofra ao molho de *chalota*[4]
Tortilha de batata
Vagem com pinhão e hortelã
Manjar branco com morango e vinagre balsâmico
Café e miniaturas de confeitaria

Menta

Salada de lagostim e vagem em vinagrete de crustáceos
Macarrão tipo *tortelli* de berinjela com
molho de tomate e manjericão
Filé de peixe-galo em crosta de batata com
abobrinha marinada em hortelã
Sgroppino (vodca com sorvete de limão)
Roseta de vitela com aspargo e molho de cogumelos
Cestinho de massa *brisée* com purê de espinafre
Panna cotta com torta *sbrisolona*
Café e miniaturas de confeitaria

Bochecha de vitela glaceada com espuma de queijo, Molino Stucky Hilton.

---

[4] Planta muito difícil de ser encontrada no Brasil.

Outono/Inverno

Os Jantares

Endro
Finíssima de peixe-espada marinado com
endro e citrinos da Sicília
Macarrão tipo *tortelli* de cogumelo com
lâminas de provolone e tomilho
Lombo de vitela assado com passas e *chalota*
Batatas com molho agridoce
Timballo de aipo-rábano
Pudim de banana e chocolate
Café e bombons

Estragão
Carpaccio de atum com molho de alcaparra e anchovas,
vinagrete de estragão
Ravioli de chicória roxa *trevisana* com
creme de gorgonzola doce
Carré de cordeiro e ervas
Berinjela em cubos salteada com tomate
Batatas à lionesa
Semifreddo de frutas exóticas com calda de manga
Café e bombons

Cebola
Camarões graúdos marinados em molho *saor*
tradicional e pequena salada
Ravioli de abóbora com cogumelo e parmesão
em manteiga e sálvia
Roseta de vitela gratinada com *mascarpone* e nozes
Batatas com manjerona
Espinafre salteado em azeite
Musse de alcaçuz e peras
Café e bombons

Quatro Temperos
Terrina de fígado de pato com especiarias e pão brioche
Risoto de lagostim
Filé de garoupa em crosta de ervas, azeite e orégano
Caponata de legumes à moda mediterrânea
Parfait de castanha com mel
Café e bombons

Os Jantares de Gala

Bétula
Carpaccio de polvo com purê de feijão branco e
vinagre balsâmico
Macarrão tipo *tortelli* de abóbora em manteiga e sálvia
Medalhões de garoupa com molho de algas
Lombo de vitela com limão e laranja
Batata nova com tomilho
Pudim de cardo
Torrone gelado com dois molhos
Café e miniaturas de confeitaria

Alga
Finíssima de salmão defumado com
laranjas e funcho crocante
Arroz cremoso com acelga roxa de
Treviso e vinho tinto
Medalhões de tamboril com purê de
alho-poró e tomates *confit*
Peito de galinha d'angola em crosta de fruta seca e pistache
Batatas *fondants*
Pequena salada de legumes
Musse de três chocolates com calda de açafrão
Café e miniaturas de confeitaria

Pimenta-verde
Terrina de cogumelo *porcini* com vinagrete
de trufa preta de Norcia
Risoto com tinta de calamar
Filé de robalo com batata, azeitonas pretas e tiras de tomate
Sgroppino
Lombo de cordeiro com pimenta-verde
Batatas com alecrim
Espinafre salteado em azeite e alho
Folhado caramelado de peras com calda de canela
Café e miniaturas de confeitarias

JANTARES TEMÁTICOS

Jantares no Palácio

Para reviver o luxo de um jantar no palácio, em um ambiente no estilo do século XVIII, saboreando a culinária veneziana.

Espuma de fígado à moda veneziana com pão do *Doge*
Risoto de frutos do mar à moda *torcellana*
Filé de peixe-galo com camarão e aspargo
Sgroppino
Coração de filé-mignon em crosta de ervas aromáticas com calda de *Amarone*
Legumes de Sant'Erasmo glaceados
Zabaione gelado com Moscatel e crocante de amêndoa e avelã
Café e bombons

O Mercado de Rialto

Cores, odores e sabores do famoso mercado veneziano.

O Fritoin

Papelote de lulas, abobrinhas e flores de abóbora
Folhas de sálvia empanadas à milanesa

Na banca dos peixes

Finíssima de polvo e pimentão doce
Salada de lagostim com abacate e tomate-cereja
Peixe-espada marinado com endro e pimenta
Salmão defumado com calda de rábano
Linguado em molho *saor*
Risoto de frutos do mar
Garoupa em crosta de pasta de flor de sal aromatizada com ervas

Na banca das carnes e salsichas

Peito de pato defumado com rúcula e tomate-cereja
Presunto San Daniele e melão
Espuma de fígado de aves à moda veneziana
Salames da Itália
Cannelloni com recheio de carne e frango
Filé-mignon ao molho madeira e trufa preta de Nórcia

Na banca das verduras e legumes

Pinzimonio de legumes e saladas do estuário
Caponata de legumes à moda mediterrânea
Ponta de aspargo verde à mimosa
Funcho gratinado
Cebola em molho agridoce
Folhas de espinafre novo com passas e pinhões
Seleção de legumes grelhados

Na banca dos pães

Focaccia de cebola
Focaccia de azeitona e tomate
Cesta de pães variados

Na banca dos queijos

Seleção de queijos italianos

Na banca dos sorvetes

Sorvete de baunilha
Sorvete de chocolate
Sorvete de pistache
Sorvete de limão
Sorvete de café
Sorvete de morango

Na banca das frutas

Salada de frutas aromatizada com raspas de limão
Carpaccio de abacaxi marinado com especiarias orientais
Morango com vinagre balsâmico extrassazonado de Modena

Na banca das sobremesas

Torta de chocolate
Carolinas do *Doge* com creme *zabaione*
Torta de limão
Torta de maçã
Tiramisù

O Milhão: viagem imaginária de Veneza a Pequim

Viagem gastronômica com iguarias típicas dos países vistos por Marco Polo nas suas viagens à Ásia.

Variações de molho *saor* à moda veneziana com pinhões, passas e *crostoni* de polenta crocante
Linguado, lagostim, sardinha
Arroz com frutos do mar e *curry* da Índia
Filé de robalo com cogumelo chinês e gengibre
Sorvete de limão e saquê
Peito de pato glaceado à moda de Pequim
Brotos de soja e *crosne* do Japão
Panna cotta com sementes de papoula e sorvete de chá verde e *confit* de lichia

Panna cotta com compota de figo e *physalis*, Fazenda Montalbano.

OPÇÕES VEGETARIANAS

Entradas e sopas

Aspargo verde e vinagrete de vinagre balsâmico
Bruschetta com tomate e legumes
Focaccia de tomate e azeitonas com *pesto* de manjericão
Tapas com patê de vegetais
Bolinhas de mozarela, tomates-cerejas e *pesto* de manjericão
Gazpacho de tomate
Vichyssoise de batata e alho-poró
Creme frio de abobrinha e folhas de hortelã
Composição de creme de legumes e ervas aromáticas

Massas e pratos principais

Macarrão com molho de tomate fresco, berinjela e mozarela
Penne salteado com camarão e abobrinha em flor
Nhoque de batata com molho de *pesto* de manjericão e vagem
Garganelli com molho de aspargos e tomate
Risoto cremoso de aspargos
Ravioli de ricota e espinafre com molho de manteiga,
sálvia e queijo parmesão
Risoto com alcachofras de Sant'Erasmo[5]
Tortelli de berinjela com molho de tomate e manjericão
Grande prato de legumes grelhados e queijo derretido
Parmigiana de abobrinha
Risoto de tomate *confit*, folhas de manjericão e queijo caprino
Berinjela recheada
Cannelloni de espinafre gratinado
Arroz cremoso com limão e raspas de citrinos
Risoto de abóbora com alecrim
Arroz cremoso com cogumelos *porcini* laminados
Paccheri recheado de legumes com molho de tomate
Quiche de espinafre e cogumelo

---

[5] Não cultivadas no Brasil.

À direita, aspargos à mimosa, Molino Stucky Hilton.

O *BANQUETING KIT* DE CASAMENTO

O exemplo seguinte apresenta um *banqueting kit* ideal para empresas dedicadas principalmente à preparação de banquetes de casamento. Esta estrutura básica oferece muitas soluções, disponibilizando aos clientes uma clara visão de variedades e opções.

Tipo de menu	Pratos	Nº de menus/ opções de refeição	Época	Faixa de preço
COQUETÉIS E APERITIVOS		5/7 opções	ano inteiro	de 15 a 25 €
Finger food (frio)		pelo menos 10 tipos	ano inteiro	
Finger food (quente)		pelo menos 10 tipos	ano inteiro	
Finger food (tradicional)		pelo menos 5 tipos	ano inteiro	
MENU	5	1		de 95 a 125 €
	5	1	ano inteiro	
	5	1	ano inteiro	
	6	1	ano inteiro	
	6	1	ano inteiro	
BUFÊ	pelo menos 20	1	ano inteiro	de 110 a 130 €
BOLOS DE CASAMENTO		pelo menos 5 tipos	ano inteiro	incluído no preço do menu
BUFÊ DE DOCES		pelo menos 10 doces	ano inteiro	de 30 a 45 €
CARTA DE VINHOS				

À esquerda, bufê de frutas e sobremesas, Fazenda Montalbano.
Acima, Bellini e Rossini, Molino Stucky Hilton.

Coquetéis e Aperitivos

Coquetel Positano
Taça de espumante, suco de limão e hortelã, água mineral
Acompanhados de amêndoas, amendoins, avelãs, pistaches, batatinhas fritas e azeitonas

Coquetel Ísquia
Prosecco, coquetel Puccini:
Prosecco com suco de tangerina,
suco de laranja natural e água mineral
Acompanhados de amêndoas, amendoins, avelãs, pistaches, batatinhas fritas e azeitonas

Coquetel Sorrento
Prosecco, coquetel Mimosa: *prosecco* com suco de laranja natural, vinho branco local, água mineral
Acompanhados de amêndoas, amendoins, avelãs, pistaches, batatinhas fritas e azeitonas

Coquetel Amalfi
Espumante *brut*, coquetel Bellini: *prosecco* com suco de pêssego, suco de laranja natural, vinho branco e tinto local, água mineral
Acompanhados de amêndoas, amendoins, avelãs, pistaches, batatinhas fritas e azeitonas

O *BANQUETING KIT* DE CASAMENTO

Coquetel Capri

Espumante *brut*, coquetel Rossini: *prosecco* com
suco de morango, suco de laranja natural, vinho
branco e tinto locais
Bebidas sem álcool: *Coca-Cola, Coca-Cola Light,
Sprite* e *Bitter Lemon*[6]
Acompanhados de amêndoas, amendoins, avelãs,
pistaches, batatinhas fritas e azeitonas

Coquetel Ravello

Espumante Franciacorta, Bellavista *Brut*, Rossini e
coquetel Bellini, suco de laranja natural, vinhos
branco e tinto locais
Acompanhados de amêndoas, amendoins, avelãs,
pistaches, batatinhas fritas e azeitonas

Coquetel Champanhe

Champanhe *brut première cuvée*
(à escolha: Bruno Paillard ou Perrier-Jouët)
Kir Royal: creme de cassis e champanhe, coquetel
champanhe, açúcar mascavo, angostura,
Grand Marnier e Champanhe
Bellini: suco de pêssego e champanhe
Mimosa: suco de laranja natural e champanhe,
Rossini: suco de morango e champanhe
Bebidas sem álcool: *Coca-Cola, Coca-Cola Light*, água tônica
Ginger Ale[7] e água mineral, cervejas nacionais e estrangeiras

Entradas frias

Carpaccio de carne com rúcula e lascas de parmesão
Talo de salsão com musse de gorgonzola e nozes
Espuma de queijo fresco temperada com pimenta rosa e verde
Gressinos e presunto de Parma
Espetinhos de mozarela e legumes grelhados
Camarão com aspargo e molho à mimosa
Salmão defumado, pepino e molho de aipo-rábano
Crudités de legumes com três tipos de vinagrete
Pérolas de melão com presunto
Filetes de anchovas marinadas com citrinos
Tomatinhos recheados com pasta de anchova e atum
Patê das Duas Sicílias com *champignon*, alcaparras e Marsala
Nossa terrina de *foie gras* com pão brioche de passas e figos secos

Entradas quentes

Chips de batata e bacon com folhas de sálvia
Pequenos *vol-au-vent* do mar em molho de crustáceos
Mexilhão gratinado com pão de ervas
Espetinhos de camarão e alecrim envolvidos com presunto
Tartelete de cogumelo
Ramequim de queijo
Croquete de bacalhau
Crostini à moda napolitana
Bolinhos de polenta tostada com ovas de atum, azeite e limão
Espetinhos de frango com *curry* e amêndoas

Entradas fritas

Minipizzas: de anchova fresca, de tomate cru marinado,
de azeite e manjericão, de azeite e parmesão
Bolinhos fritos: de anchova, de flor de abóbora e malagueta,
de miúdos de peixe, de camarão e algas
Mozarela e provolone em pão *carrozza*
Pastel de espinafre e escarola
Pastel napolitano com ricota e provolone defumado
Bolinhos fritos de arroz
Flor de abóbora recheada
Calzoncini de tomate, mozarela e azeitonas

Pequenos tartares

Clássico de carne com uísque
De salmão e gengibre
De atum e saquê

Sopas frias

Creme de tomate com pimentão assado
Creme de couve-flor com caviar Asetra
Vichyssoise de alho-poró e batatas com cebolinha
Purê de melão verde com presunto crocante
Creme de abobrinha com iogurte e hortelã

Marisco cru no gelo

Ostras ao natural com limão ou vinagrete de *chalota*
Lagostins com azeite e limão
Camarão graúdo com gengibre
Carpaccio de vieira com citrinos
Finíssima de lulas e erva-doce fresca

---

[6] No Brasil, não temos *Bitter Lemon.*
[7] No Brasil, não temos *Ginger Ale.*

Nossas Propostas de Menu

Prata
Salada morna de mar com citrinos da costa amalfitana
Paccheri com peixe bacamarte vermelho
Filé de peixe-galo em crosta de batata com
abobrinha em escabeche
Filé-mignon gratinado com ervas aromáticas
Molho de vinho tinto
Sorvete de maracujá

Ouro
Finíssima de robalo com marinada de tomate e pontas de aspargos
Scialatielli salteado com lulas e abobrinhas em flor
Goraz[8] cozido ao molho apimentado
Rosetas de vitela ao molho de tomate e
acelga ao limão, alho e azeite
Semifreddo de chocolate e malagueta

Diamante
Carpaccio de carne com rúcula e lascas de parmesão
Risoto de camarão e ponta de aspargos
Medalhão de tamboril com manjericão,
tomate ao forno e azeitonas
Peito de pato glaceado com mel de citrinos,
batatas com *champignon* e flã de espinafre
Babà recheado com creme de *limoncello*

Platino
Camarão cru marinado em azeite e limão
Lagostim com amêndoas e pistaches
Salada com hortelã
Paccheri com trufas do mar e tomates do Vesúvio
Filé de robalo ao molho de citrinos e legumes glaceados
Carré de cordeiro em crosta de queijo de ovelha com berinjela,
cogumelo e molho de tomilho
Salada de frutas com cidreira e sorvete de erva-doce

Âmbar
Salada morna de lagostim com batata em açafrão e vagem
Sopa de peixe e crustáceos em crosta de
massa folhada e coentros
Tortelli de escarola com provolone e molho de
tomate cru com manjericão
Filé de olho-de-boi com licor de erva-doce, amêijoas e mexilhões
Lombo de vitela com molho de limão e cebolinha agridoce
Cremoso de avelã e alcaçuz

Espetinho de camarão vermelho com *curry* e salada de abacate, lima e pimentão vermelho *piquillo*, Fazenda Montalbano.

---

[8] Tipo de peixe da família do vermelho e do pargo.

O *BANQUETING KIT* DE CASAMENTO

Para quem prefere bufê, eis algumas propostas:

Frituras

Pizzelle com molho de tomates crus marinados
em azeite e manjericão
Bolinho frito de anchovas
Pastel de ricota
Pequenos *calzoni* napolitanos

Pizzas

Marguerita
Marinara
Anchovas e alcaparras
Saltimbocca com provolone, presunto e rúcula
Focaccia com azeitonas e cebolas de Tropea

Queijos

Caciocavallo podolico, queijo de ovelha, provolone de Mônaco,
parmessão, *Taleggio*, gorgonzola, mozarela de Aversa,
trança de Sorrento e bolinhas de mozarela de búfala
Acompanhados de mel de medronheiro e mostarda de uva

Massas e risotos

Paccheri com peixe bacamarte vermelho e
tomatinhos do Vesúvio
Lasanha clássica à moda napolitana
Timballo de macarrão
Fusilli salteado com camarão e abobrinha em flor
Cannelloni de peixe à moda *sorrentina*
Crepe de ricota e espinafre com molho de queijo fresco
Pennette à moda de Norma com filete de berinjela e
mozarela de búfala
Bolo de arroz com molho de carne napolitano
Risoto de marisco da costa amalfitana
Risoto primavera
Parmigiana de berinjela

Peixes

Ostra ao natural
Camarão marinado em azeite e limão
Tartar de salmão e cebolinha
Lagostim em caldo aromatizado com vinagre
de Xerez e molho *remoulade*
Polpa de caranguejo sobre alface-do-campo e filetes de citrinos
Salada de polvo e batata com brotos de alho
Entrada de marisco
Lombo de atum marinado com erva-doce
fresca e pimenta rosa
Rosa de peixe-espada defumado com musse de queijo caprino
Amêijoas e mexilhões em molho de azeite, limão e alho
Conchiglioni gratinado com
recheio de pescada e molho Nantua
Filés de bacalhau estufados à moda *sorrentina*

Carnes e salsichas

Cascata de presunto de Parma, melão e figos
soppressata, salame de Nápoles, presunto de Pietraroja,
capocollo, *bresaola* de Valtellina,
culatello de Zibello, *finocchiona* toscana
Tábua de carnes frias: rosbife com grãos de mostarda,
peito de frango com *musse* de *foie gras*,
lombo de vitela com alecrim
Lasanha clássica de pasta verde à moda bolonhesa
Risoto com molho de pato *confit*
Medalhão de carne gratinado com cogumelo,
ervas finas e molho de vinho tinto
Pernil de porco no forno com molho de maçã e *calvados*

Verduras e legumes

Tomatinhos do Vesúvio e bolinhas de mozarela de búfala
Salada de batata com nozes e azeite aromatizado de alecrim
Caponata de legumes e manjericão
Seleção de legumes grelhados e marinados com
alcaparras e azeitonas de Gaeta: abobrinha,
pimentão, tomate, berinjela, endívia
Ponta de aspargo verde gratinado
Coração de salsão gratinado
Cebola com agridoce de laranja
Tortilha de batata

Pode-se adicionar aos menus um bolo de casamento personalizado ou um bufê de sobremesas, a escolher entre as seguintes propostas:

Bolos de casamento
St. Honoré de baunilha e avelã
Mil-folhas com morango e creme de *limoncello*
Grande *crostata* de fruta
Pão de ló recheado com creme de baunilha e cerejas *amarenas* e cobertura de marzipã
Bolo *Marguerita* recheado com creme de café e chocolate
Bolo delícia de limão derretido de Amalfi
Bolo de ricota de búfala, peras e favas de cacau
Musse de chocolate branco e preto aromatizada com gengibre fresco e limão
Bolo de flor de laranjeira e frutas cristalizadas com cobertura de chocolate ao leite

Bufê de sobremesas
Os doces tradicionais
Delícia de limão
Pastiera napolitana
Folhados ricos, crocantes e do tipo "cauda de lagosta"
Babàs brancos e pretos
Espuma de morango
Parfait de baunilha e café
Torta *caprese* de chocolate e amêndoas
Sorvete de *limoncello*
Sorvete de licor de nozes

Sorvetes e sorvetes tipo sorbet
Sorvete de baunilha em vagem com amêndoas
Sorvete de chocolate *Chuao Amedei*
Sorbet de citrinos da costa amalfitana
Sorbet de framboesa e coentro

Seleção de frutas
Salada de frutas aromatizada com raspas de cidra
Carpaccio de abacaxi marinado com especiarias orientais
Espetinhos de fruta e hortelã

Bolo da noiva, Fazenda Montalbano.

O *BANQUETING KIT* DE CASAMENTO

Quem opera principalmente no âmbito das festas de casamento sabe bem que a maioria dos noivos procura um processo simplificado na escolha do menu e das condições organizativas do evento.

A seguir, apresentamos um exemplo de *banqueting kit* de casamento com uma escolha simplificada, especialmente indicada à clientela que prefere pagar por um pacote do tipo "tudo incluído", por exemplo: a escolha de seis entradas, o cardápio e o bolo (mais, claro, os vinhos da casa e a impressão dos cardápios), tudo vendido a um preço fixo por pessoa.

Porém, mesmo nesse caso, é possível enriquecer o cardápio com toques personalizados, como lembrar nomes de casais famosos do passado.

Eis a estrutura básica:

Tipo de menu	Pratos	Nº de menus/opções de refeição	Época	Faixa de preço
COQUETÉIS E APERITIVOS				
Finger food (frio)		pelo menos 8 tipos	ano inteiro	de 12 a 18 €
Finger food (quente)		pelo menos 8 tipos	ano inteiro	de 12 a 18 €
MENU				
	5	1	ano inteiro	65 €
	5	1	ano inteiro	75 €
	5	1	ano inteiro	90 €
BUFÊ	pelo menos 20	2	ano inteiro	de 65 a 110 €
BOLOS DE CASAMENTO		pelo menos 5 tipos	ano inteiro	incluído no preço
CARTA DE VINHOS				

Entradas frias

Espuma de queijo fresco e pimenta rosa

Açorda de pão com tomate, com lagostim e molho gelado de manjericão

Espetinhos de mozarela e legumes grelhados

Carpaccio de carne com rúcula e lascas de parmesão

Finíssima de lulas e baunilha

Camarão com aspargos e molho à mimosa

Salmão *confit* com molho de cenoura e gengibre

Vichyssoise de alho-poró e batata com cebolinha

Entradas quentes

Bolinhos fritos de arroz com tomate seco e mozarela

Bolinhos fritos de legumes

Espetinhos de frango ao *curry* e amêndoas

Folhados vegetarianos

Espetinho de camarão e alecrim envolvido por presunto

Papelote com *fritoin* de lula, filete de linguado e abobrinha

Foie gras salteado em compota de figos e vinagre de Modena

Crostoni de polenta em molho *saor* de anchovas

Helena e Páris

Entradas
Ostras ao natural com vinagrete de *chalota*
Cauda de camarão marinada em azeite e limão
Tartar de salmão e cebolinha
Lagostim em caldo aromatizado com vinagre de Xerez
e molho *remoulade*
Presunto San Daniele com melão
Bresaola, rúcula e filetes de toranja
Peito de pato defumado
Seleção de legumes grelhados e marinados com alcaparras e
azeitonas *taggiasche*

Massas e arroz
Paccheri com molho de caranguejo e abobrinha em flor
Arroz de marisco da laguna

Peixes e carnes
Garoupa gratinada com pão de ervas
Batata com salsinha
Tagliata de carne com grãos de mostarda
Caponata de legumes

Canto das sobremesas
Tiramisù do Stucky
Crostata de frutas vermelhas
Panna cotta de papoula
Seleção de sorvetes
Salada de frutas
Chantili, calda de baunilha, de chocolate e de framboesa

Tristão e Isolda
Salada de lagostim, polvo grelhado e marisco
Risoto com ostras, caviar *Asetra* e champanhe
Filé de olho-de-boi com abobrinha marinada e hortelã
Lombo de vitela com citrinos
Crumble de legumes com batata e ervas
Zuppetta de morango e *sorbet*

Paulo e Francisca
Finíssima de carne com crocante de ervas e molho
com folhas de estragão
Paccheri com molho de lagostim e marisco
Filé de robalo em sal marinho, *caponata* de legumes e
zabaione com vinagre balsâmico
Filé-mignon regado com vinho Refosco, servido
com tortilha de batata e aspargo
Parfait de chocolate e malagueta

Renzo e Lucia
Caudas de camarão com amêndoas, pistaches e
salada com folhas de hortelã
Ravioli de cogumelos com *Asiago* e trufa preta
Filé de peixe-galo em crosta de batata, marinada de
tomate e manjericão, azeitonas e alcaparras
Lombo de cordeiro gratinado com ervas, berinjela,
cogumelo e molho de tomilho
Abacaxi marinado em especiarias com sorvete de maracujá

Romeu e Julieta

Entradas
Polpa de caranguejo com filetes de citrinos
Cuscuz de camarão e legumes
Variações de molho *saor* à veneziana com pinhões e passas
Camarão grande, filé de linguado e anchova
Salada de polvo grelhado, lagostim e batata
com vinagre de maçã
Terrina de *foie gras* em pão brioche e compota de figos
Vitel tonné
Parmigiana de legumes

Massas e arroz
Conchiglioni gratinado com recheio de
peixe e molho de marisco
Risoto de ostras e champanhe

Peixes e carnes
Filé de peixe-galo com molho de tomate, alcaparras e pepino
Pilaf ao *curry*
Lombo de vitela com ervas
Batata assada

Canto das sobremesas
Torta *caprese* de chocolate e amêndoas
Crostata de fruta fresca
Crumble de maçã
Merengada
Frutas vermelhas
Chantili, calda de baunilha, de chocolate, de laranja

O *BANQUETING KIT* DE CASAMENTO

Desdêmona e Otelo

Entradas

Entrada rica de marisco e medalhões de lagosta
Lombo de atum marinado com erva-doce fresca
Peixe-espada defumado com espuma de queijo caprino
Salada de camarão e abacate ao molho coquetel
Bacalhau cremoso com *crostoni* de polenta
Polvo com purê de feijão branco ao azeite cru
Carpaccio de carne ao molho de estragão
Culatello, ricota com ervas e maçã verde
Cannelloni de ricota e tomate *confit* em
creme de pimentão doce

Massas e arroz

Sopa de peixe e marisco com pistilos de açafrão
Ravioli de robalo em molho de aspargos

Peixes e carnes

Medalhão de tamboril em crosta de manjericão, tomate ao
forno e azeitona
Leitão cozido, molho de mostarda e cacau
Batata assada

Canto das sobremesas

Carpaccio de abacaxi marinado com especiarias orientais
Morangos em vinagre balsâmico envelhecido de Modena
Bolo de chocolate
Carolinas do *Doge* com creme *zabaione*
Torta de maçã
Tiramisù

Bolos de casamento

Mil-folhas com morangos e creme de *limoncello*
Saint Honorè de baunilha e avelã
Merengada à veneziana com creme *zabaione*
Grande *crostata* de fruta
Pão de ló com creme de baunilha e cerejas *amarenas*,
cobertura de marzipã

Tagliatelle com molho de lagostim, tomate *confit* e azeitonas *taggiasche*, Molino Stucky Hilton.

Adega, Villa d'Este

OS VINHOS

Todos os cardápios incluem água mineral, mas, para tornar a escolha mais exclusiva e excitante, convém propor algumas sugestões para os vinhos. Coloque à disposição uma escolha de três rótulos entre os quatro propostos a seguir: informal, clássico, seleção e prestígio.

Informal
Vinhos de consumo fácil e estrutura leve, agradáveis por sua elegância, mas sem grandes comprometimentos

Vinhos brancos
Asprinio d'Aversa Fescine
Teverola, Caputo – Campânia
Uva Asprinio 100%

Coda di Volpe del Taburno
Torrecuso, La Rivolta – Campânia
Uva Coda di Volpe 100%

Fiano di Avellino Roseto
Venticano, Struzziero – Campânia
Uva Fiano 100%

Greco di tufo Villa Giulia
Venticano, Struzziero – Campânia
Uva Greco 100%

Apogeo
Mornico Losana – Cà di Frara – Lombardia
Uva Riesling 50%, Riesling italico 40%, Chardonnay 10%

Müller Thurgau
Cornaiano, Produttori Colterenzio – Trentino A.A.
Uva Müller Thurgau 100%

Chardonnay d'Istinto
Calatrasi, Alatrasi – Sicília
Uva Chardonnay 100%

Vinhos de sobremesa
Lacryma Christi del Vesuvio *spumante dolce*
Quarto, Grotta del Sole – Campânia
Uva Caprettone 100%

Moscato d'Asti
Vignaioli di Santo Stefano, Fratelli Ceretto
Asti – Piemonte
Uva Moscato 100%

Moscato d'Asti La Galeisa
Azienda Agricola La Caudrina, Amelio Dogliotti
Asti – Piemonte
Uva Moscato 100%

Vinhos tintos
Castello delle Femmine
Castel Campagnano, Terre del Principe – Campânia
Uva Casavecchia 50%, Palagrello nero 50%

Gragnano della Penisola Sorrentina
Quarto, Grotta del Sole – Campânia
Uva Piedirosso, Aglianico e Sciascinoso minimo 60%
(Castagnara, Surbega, Suppezza, S. Antonina, Sauca)

Per'e Palummo
Forio d'Ischia, Casa d'Ambra – Campânia
Uva Per'e Palummo 95%, Guarnaccia 5%

Dolcetto d'Alba
Monforte d'Alba, Aldo Conterno – Piemonte
Uva Dolcetto 100%

Vinhos rosés
Costa d'Amalfi Ravello Rosè
Ravello, Episcopio – Campânia
Uva Aglianico, Piedirosso, Serpentaro

Aglianico del Taburno rosato Albarosa
Foglianise – Campania, Cantina del Taburno – Campânia
Uva Aglianico 100%

Espumantes
Asprinio d'Aversa Brut d.o.c.
Quarto – Campania, Grotta del Sole – Campânia
Uva Asprinio 100%

Prosecco di Valdobbiadene extra dry DOC
Bianca Vigna, Valdobbiadene – Vêneto
Uva Prosecco 100%

OS VINHOS

Clássico
Vinhos perfeitos em seu equilíbrio, consolidados pelo tempo

Vinhos brancos

Falanghina dei Campi Flegrei Coste di Cuma
Quarto, Grotta del Sole – Campânia
Uva Falanghina 100%

Forastera Euposia
Forio d'Ischia, Casa d'Ambra – Campânia
Uva Forastera 100%

Greco di Tufo Caputo
Teverola, Caputo – Campânia
Uva Greco 100%

Pallagrello Bianco Acquavigna
Squille di Castel Campagnano,
Fattoria di Selvanova – Campânia
Uva Pallagrello biancio 100%

Ravello Bianco Vigna Grotta Piana Costa d'Amalfi
Ravello, Ettore Sammarco – Campânia
Uva Biancolella 50%, Ginestrella 30% e Falanghina 30%

Arneis del Roero Bricco delle Ciliegie
Montà, Giovanni Almondo – Piemonte
Uva Arneis 100%

Pinot bianco
Montagna, Franz Haas – Trentino A. A.
Uva Pinot bianco 100%

Pinot Grigio Isonzo
Mariano del Friuli, Masut da Rive – Friuli Venezia Giulia
Uva Pinot Grigio 100%

Vinhos tintos

Cecubo
Cellole, Villa Matilde – Campânia
Uva Abbuoto 45%, Primitivo 35% e Piedirosso 20%

Moio 57
Mondragone, Moio – Campânia
Uva Primitivo 100%

Sopralago
Squille di Castel Campagnano,
Fattoria di Selvanova – Campânia
Uva Cabernet Sauvignon 100%

Chianti Classico Poggiopiano
San Casciano Val di Pesa, Fattoria Poggiopiano – Toscana
Uva Sangiovese

Rosso di Montalcino
Montalcino, Tenute Silvio Nardi – Toscana
Uva Sangiovese grosso

Vinhos rosés

Rosato Bolgheri Scalabrone
Tenuta Guado al Tasso, Bolgheri – Toscana
Uva Cabernet Sauvignon 40%, Merlot 40%, Sangiovese
e Syrah 20%

Espumantes

Selim Brut
De Concilis, Prignano Cilento – Campânia
Uve Fiano 70%, Aglianico 30%

Prosecco di Valdobiadene Aneri nº 1
Aneri, Susegana – Vêneto
Uva Prosecco 100%

Seleção

Vinhos escolhidos da seleção especial, dedicados aos nossos
clientes que procuram algo diferente do costumeiro

Vinhos brancos

Biancolella d'Ischia, Tenuta Frassitelli
Forio d'Ischia, Casa d'Ambra – Campânia
Uva Biancolella 100%

Costa d'Amalfi Furore Bianco
Ravello, Marisa Cuomo – Campânia
Uva Falanghina 60% e Biancolella 40%

Falerno del Massico Vigna Caracci
Cellole, Villa Matilde – Campânia
Uva Falanghina 100%

Fiano di Avellino
Lapìo, Colli di Lapìo – Campânia
Uva Fiano 100%

Blangè Arneis
Alba, Ceretto – Piemonte
Uva Arneis 100%

Soave Classico Cru La Rocca
Soave, Leonildo Pieropan – Vêneto
Uva Garganega 70%, Trebbiano di Soave 30%

Mitterberg Manna
Montagna, Franz Haas – Trentino A. A.
Uva Riesling, Traminer aromatico vend. Tard.
Sauvignon blanc, Chardonnay

Tocai Friulano del Collio
Spessa di Capriva, Schiopetto – Friuli Venezia Giulia
Uva Tocai 100%

Al Poggio
Gaiole in Chianti, Castello di Ama – Toscana
Chardonnay 85%, Pinot Grigio e Malvasia Bianca 15%

Vinhos tintos

Quartodisole Pompeiano rosso
Quarto, Grotta del Sole – Campânia
Uva Piedirosso 50% e Aglianico 50%

IO rosso riserva
Mornico Losana, Cà di Frara – Lombardia
Uva Barbera 45%, Pinot nero 45%, altri vitigni 10%

Chianti Rufina vigneto Bucerchiale Riserva
Rufina, Fattoria Selvapiana – Toscana
Uva Sangiovese 100%

Lo Scopaio
Bucine, Poggio Molina – Toscana
Uva Cabernet franc 70%, Merlot 20%, Sangiovese 10%

Fatagione
Castiglione di Sicilia, Cottanera – Sicília
Uva Nerello mescalese 85%, Nero d'Avola 15%

Espumantes

Asprinio d'Aversa extra Brut d.o.c.
Grotta del Sole, Quarto – Campânia
Uva Asprinio 100%

Vinhos de sobremesa

Barolo chinato Pintacuda
Alba, Ceretto – Piemonte
Uva Nebbiolo 100%

OS VINHOS

Prestígio

Representam alguns dos vinhos à nossa disposição
para criar um evento que abre espaço a comensais
que fazem do vinho um culto

Vinhos brancos

Campanaro
Feudi di San Gregorio, Sorbo Serpico – Campânia
Uva Fiano 85% e Greco 15%

Furore bianco Fiord'Uva
Furore, Marisa Cuomo – Campânia
Uve Fenile 40%, Ginestra 30% e Ripoli 30%

Pallagrello Bianco Le Serole
Castel Campagnano, Terre del Principe – Campânia
Uva Pallagrello bianco 100%

Gavi di Gavi
Gavi, La Scolca, G. Soldati – Piemonte
Uva Cortese 100%

Terre di Franciacorta Bianco Uccellanda
Erbusco, Azienda Agricola Bellavista – Lombardia
Uva Chardonnay 100%

Vulcaia Fumé
San Bonifacio, Inama – Vêneto
Uva Sauvignon 100%

Terre Alte
Poderi di Rosazzo, Livio Felluga – Friuli Venezia Giulia
Uva Sauvignon 40%, Pinot Bianco 30%, Tocai Friulano 30%

Chardonnay Collezione de Marchi
Barberino Val d'Elsa, Fattoria Isole e Olena – Toscana
Uva Chardonnay 100%

Chardonnay Contea di Sclafani
Sclafani Bagni, Tasca d'Almerita – Sicília
Uva Chardonnay 100%

Vinhos tintos

Cenito
Castellabate, Luigi Maffini – Campânia
Uva Aglianico 60% e Piedirosso 40%

Furore Rosso Riserva Costa d'Amalfi
Ravello, Marisa Cuomo – Campânia
Uva Per' e Palummo 50%, Aglianico 50%

Lacryma Christi del Vesuvio
Terzigno, Villa Dora – Campânia
Uva Piedirosso 70% e Aglianico 30%

Sikjube
D'Orta de Concilis, Prignano Cilento – Campânia
Cabernet Sauvignon 100%

Chianti Classico Riserva Tenute Marchesi Antinori
San Casciano Val di Pesa, Marchesi Antinori – Toscana
Uva sangiovese 90%, Cabernet Sauvignon 10%

Harmonium
Paceco, Firriato – Sicília
Uva Nero d'Avola 100%

Vinhos de sobremesa

Eleusi Passito
Villa Matilde Cellole – Campânia
Uva Falanghina 100%

I Capitelli
Roberto Anselmi, Monteforte d'Alpone – Vêneto
Uva Garganega 100%

Moscato passito di Pantelleria Ben Ryé
Donnafugata, Marsala – Sicília
Uva Zibibbo 100%

Espumantes

Extra Brut Bruno Giacosa
Bruno Giacosa, Neive – Piemonte
Uva Pinot nero 100%

Franciacorta Satèn
Barone Pizzini o Monterossa,
Timoline di Cortefranca – Lombardia
Uva Chardonnay 100%

Até aqui apresentamos uma oferta de menus para estruturas receptivas de um grande leque de possibilidades, capazes de diferenciar sua oferta de acordo com o caráter dos vários salões. A maioria dos leitores, porém, possui ou trabalha em realidades bem mais reduzidas. As noções fundamentais até aqui descritas são apenas orientações básicas que são úteis e adequadas também nas operações cotidianas. Certamente um restaurante que deseja aproveitar, aos fins de semana ou em certos meses do ano, seus salões maiores para banquetes, recepções ou casamentos, não sentirá a necessidade de oferecer um *banqueting kit* que contenha mais de vinte menus.

É fundamental considerar as noções descritas na seção de *marketing* e a grande importância de conhecer bem as realidades do mercado e da clientela potencial. Em todo caso, a criação de um *banqueting kit* não deixa de ser um conselho útil para o planejamento dos próprios recursos profissionais, da capacidade da adega e das dispensas. Será sempre um cartão de visita das capacidades profissionais e da linha gastronômica realizada, um veículo comercial que permitirá vender e ganhar, independentemente do tamanho da estrutura.

Aconselha-se, portanto, elaborar uma oferta mínima com pelo menos cinco ou seis menus de preços diferentes, do mais baixo ao mais prestigioso, e com uma escolha de no mínimo três opções de coquetéis e aperitivos, e considerar esse documento a base de venda de sua oferta receptiva.

Alergias e intolerâncias alimentares

A maioria das pessoas consegue comer uma grande variedade de alimentos sem apresentar nenhum problema. Para uma pequena porcentagem, porém, certos alimentos podem provocar reações negativas, com consequências leves ou mais graves. Tais reações negativas a certos alimentos são causadas por alergias ou intolerâncias alimentares. Muitas vezes, a reação negativa a determinado tipo de alimento é equivocadamente chamada de alergia alimentar. Em muitos casos é provocada por outros fatores, como por uma intoxicação alimentar de tipo micróbica ou por uma intolerância a algum componente do alimento. Muitas pessoas sofrem de aversão alimentar: convencidas de serem alérgicas, reagem negativamente ao tomar conhecimento da presença desses alimentos. Caso contrário, não acontece nada; portanto, trata-se de uma reação psicológica.

A alergia alimentar é uma forma específica de reação a alimentos ou a componentes alimentares que ativam o sistema imunológico. Um alergênico (proteína presente no alimento de risco e que, na maioria das pessoas, é completamente inócua) dispara uma série de reações do sistema imunitário, entre elas a produção de anticorpos. Alguns alimentos que podem causar essa reação são: nozes e castanhas, amendoins, frutas (pêssego, maçã, morango, citrinos), legumes (salsão, tomate, cebola, alho, salsinha), peixes e mariscos.

A intolerância alimentar compromete o metabolismo, mas não o sistema imunitário. Um exemplo típico é a intolerância à lactose: as pessoas que sofrem desse transtorno apresentam uma quantidade insuficiente de lactase, a enzima digestiva que decompõe o açúcar do leite. As substâncias que provocam a maioria das intolerâncias são:
– lactose (laticínios e derivados);
– glúten e todos os alimentos que o contêm (trigo, cevada, aveia, etc.).

Nas operações de *banqueting/catering* é extremamente importante considerar esse problema, lembrando aos operadores que as pessoas que sofrem de alergias ou intolerâncias alimentares convivem com isso e esperam ser avisados, informados e apoiados de modo a prevenir consequências desagradáveis.

Precauções na preparação e apresentação dos alimentos

- Conhecimento profundo dos alimentos usados nas receitas. Para isso, é importante ler os rótulos nas embalagens.
- Molhos, temperos e acompanhamentos complexos devem ser servidos à parte, sobretudo nos bufês ou nos tipos de serviço em que o cliente se serve sozinho. Providenciar "crachás de alimentos"![1]
- Prestar atenção na possibilidade de contaminações cruzadas: lembrar que, para pessoas com alergias ou intolerâncias, até mesmo uma quantidade pequena de um determinado alimento pode ser suficiente para gerar problemas. A substância em questão não só não deve estar presente no alimento servido, como também não deve ter entrado em contato com materiais de cozinha e com tudo que foi utilizado na preparação dos alimentos. Se um cliente for alérgico a castanhas, por exemplo, não basta retirar as nozes de uma fatia de bolo. O alimento já estará contaminado, e deverá se providenciar sua substituição por completo.

[1] Entende-se por **crachás de alimentos** cartões colocados nas proximidades dos pratos oferecidos em serviços de bufê para informar os clientes sobre os ingredientes usados.

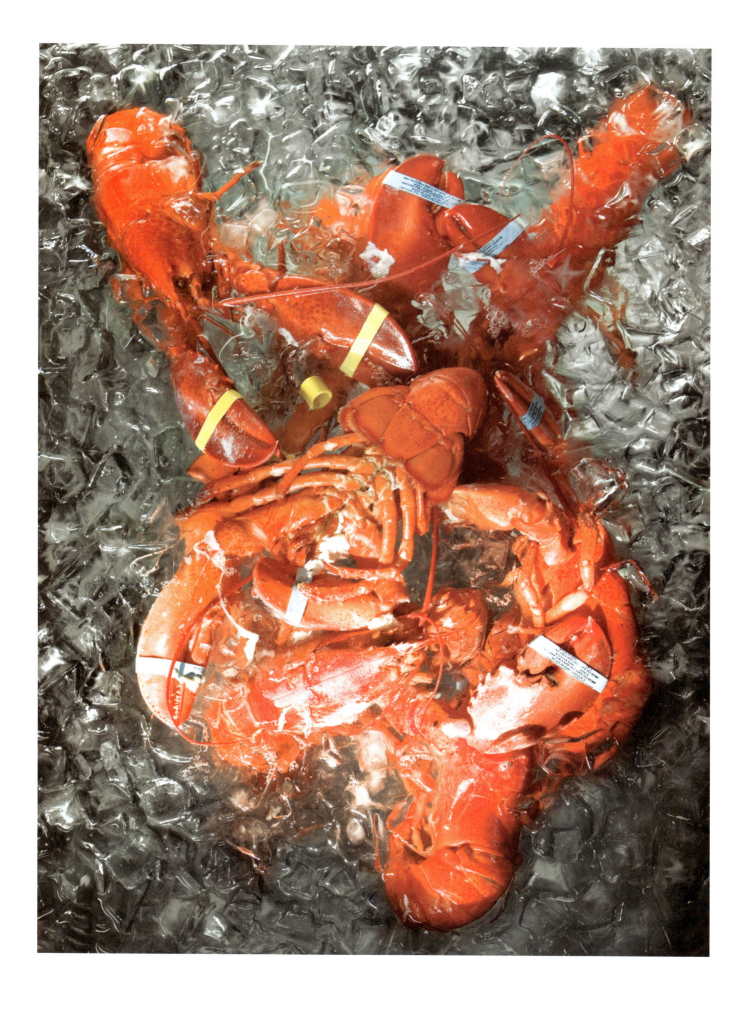

Crachás de alimentos.

- Nunca usar em uma receita um possível alimento alergênico como ingrediente secreto.
- A criatividade culinária e o uso de novas substâncias alimentares aumentam o risco de contaminação com possíveis elementos alergênicos. É necessário informar os clientes.
- Sensibilizar o pessoal de cozinha sobre os problemas inerentes a alergias e intolerâncias alimentares. Ter sempre alternativas gastronômicas prontas que satisfaçam os clientes mais temerosos.

Precauções ao servir os alimentos

- Avisar a equipe de salão para prestar especial atenção aos clientes com alergias ou intolerâncias alimentares.
- Tanto o gerente como o pessoal de salão devem ter conhecimento dos ingredientes usados nos pratos servidos. O ideal seria ter sempre uma pessoa de referência que responda às solicitações dos clientes que sofrem desses problemas.

Clientes e seus hábitos alimentares

O cliente é o elo mais importante nas operações de qualquer atividade receptiva. É em suas escolhas que se decide o sucesso ou o fracasso da oferta gastronômica. Isso pode ser influenciado por vários fatores:

- preferências alimentares: conhecer o tipo de cozinha que interessa mais à clientela permite ser criativo na escolha dos pratos que combinam melhor;
- hábitos sociais: saber como a clientela prefere se socializar facilita as escolhas dos tipos e dos estilos de entretenimento utilizados durante o evento;
- nível cultural: uma clientela com alto nível cultural será mais propensa a novas experiências gastronômicas, permitindo uma maior margem de criatividade nas ofertas;
- confissão religiosa: algumas religiões impõem escolhas alimentares restritivas, fixando limites ao tipo de alimento e seu método de preparação. Este aspecto é de importância considerável para certas faixas de mercado e não deve ser subestimado na fase de criação do *banqueting kit*;
- pertença étnica: é importante conhecer o pano de fundo étnico da clientela, prevendo pratos que façam parte ou estejam em sintonia com a sua cultura alimentar. Por exemplo, é importante planejar um café da manhã japonês em hotéis frequentados por grupos de pessoas desse país;
- dietas especiais e escolhas nutricionais: numa sociedade que dá sempre mais importância a ficar em forma e viver segundo novos padrões alimentares, não se deve esquecer de apresentar pratos dietéticos ou de baixo teor calórico ou com indicações nutricionais precisas e detalhadas a respeito de: proteínas, carboidratos, gorduras, vitaminas, sais minerais, líquidos, etc. Igual atenção deve ser dispensada aos adeptos do vegetarianismo, setor particularmente em expansão, em todas as suas variantes e tendências (veganismo, vegetarianismo ovo-lácteo);
- crachás de alimentos (*food labeling*): devem ser claros e bem legíveis, sobretudo no caso de bufê, e colocados nas proximidades dos pratos oferecidos.

Da criação do *banqueting kit* à sua venda

Uma vez criado o *banqueting kit* e elaboradas as fichas técnicas que determinam os custos de cada menu, é hora de planejar a organização e a apresentação do *kit*.

Deverão ser tomadas decisões importantes sobre o *design* e a produção:

– configuração gráfica: tamanho, fonte, cores, presença ou não de ilustrações;
– escolha dos materiais;
– paginação e impressão;
– interface digital para a divulgação *on-line*;
– interface com impressão dos cardápios nas mesas.

Configuração gráfica

A configuração gráfica dever levar em consideração as características do local, a orientação gastronômica e o nível do serviço. Papel e fonte devem facilitar a leitura. Há fontes variadas de impressão, e convém escolher as que melhor combinam com a linha dos cardápios e com o tipo do evento. Por exemplo, uma fonte sóbria e moderna combina mais com um cardápio de trabalho ou almoço de negócios; uma elegante e clássica é uma opção quase obrigatória no caso de cardápios de gala ou grandes eventos. É também necessário dedicar muita atenção ao tamanho da fonte, à legibilidade e à possibilidade de utilizar diferentes tamanhos para distinguir elementos diferentes no mesmo cardápio (os vinhos que acompanham os diferentes pratos podem ser listados com um tamanho de fonte perceptivelmente menor que o do tamanho usado na descrição dos pratos).

A gama de cores usadas deve ficar em total sintonia com o *layout* do *kit*. Convém usar cores claras para o papel e tons escuros para a impressão, e sempre evitar papel escuro e texto claro, uma vez que essa combinação cansa a vista.

O *banqueting kit* deve ter um tamanho suficiente para descrever com clareza todos os tipos de cardápios que o compõem.

Sugerimos inclusive dividir o *kit* em seções que possam ser apresentadas segundo as exigências da clientela. É inadequado enviar um documento com propostas de jantares de gala a um cliente interessado em um evento que contemple almoços de trabalho e *coffee breaks*.

A capa e a contracapa são uma boa oportunidade de promoção. Ali deve constar tanto o nome como o logotipo da estrutura, e também eventuais elementos ilustrativos que devem aludir à empresa.

Escolha dos materiais

O tipo e a qualidade do papel transmitem ao potencial cliente a imagem do local: espessura, cor e opacidade são fatores decisivos para escolher o tipo de papel no qual imprimir os cardápios. Uma vez que o *banqueting kit* será consultado frequentemente, é preferível escolher para a capa um material grosso ou um tipo de encadernação que permita frequentes substituições.

Paginação e impressão

A paginação e a impressão do *kit* podem ser confiadas a um serviço externo ou feitas na própria estrutura. Embora a primeira seja a melhor escolha, pode ficar mais em conta optar pela segunda hipótese.

Os instrumentos de paginação e as impressoras a cores de última geração oferecem um nível de qualidade maior e grande flexibilidade em termos de atualização de documentos. De preferência, opte por um formato de papel padrão (A4), não só por causa da gestão de custos, mas também pela maior facilidade de envio.

Interface digital para divulgação *on-line*

Escolhida e definida a configuração gráfica do *banqueting kit* na versão em papel, sua conversão em um ou mais arquivos em PDF (portanto, não modificáveis) permite promovê-lo no site da empresa e enviá-lo por e-mail, reduzindo os custos de envio.

Sem dúvida, a internet é um excelente instrumento de *marketing*, pois permite maior visibilidade por parte dos potenciais clientes. Será, portanto, de fundamental importância considerar atentamente os seguintes aspectos:

- utilizar também a internet como meio de promoção e de *marketing* para as operações de banqueteria;
- alinhar os objetivos de venda pela internet com as operações de *marketing* em outros setores;
- escolher com cuidado a mensagem que se quer transmitir;
- considerar e avaliar a possibilidade de criar um site para inserir nele todas as informações importantes a serem transmitidas à clientela em potencial e realçar o que se considera uma vantagem competitiva sobre a concorrência.

Interface com a impressão dos cardápios nas mesas

Os cardápios disponibilizados nas mesas na frente de cada cliente devem refletir os parâmetros de escolha empregados na elaboração do *banqueting kit*. Convém adotar, sobretudo na capa, configurações gráficas que consigam transmitir o nível de qualidade da empresa e que sejam neutras o suficiente para se adequarem a diferentes tipos de eventos.

Tipos de contrato

Concluídas as negociações entre o cliente e o prestador de serviço, e definido o tipo de evento, seu local, assim como o tipo de serviço e o cardápio, falta registrar em um contrato os termos que irão regular as decisões tomadas. Se, no passado, bastava um aperto de mão para selar um acordo, hoje, vista a complexidade do mundo moderno, prefere-se estipular entre as duas partes um contrato por escrito. Esse documento é fundamental para a confirmação do evento reservado e representa, além disso, um resumo detalhado que serve de base para as decisões organizativas e administrativas.

No contrato devem constar os seguintes itens:

- cabeçalho com os dados da empresa;
- nome, razão social e endereço do cliente;
- data do evento;
- tipo de privatização e disposição dos espaços reservados;
- cláusulas e prazos para o caso de cancelamento dos espaços gastronômicos;
- preços do serviço e do menu;
- alterações dos serviços gastronômicos e suas respectivas disposições;
- fatura *proforma*;
- imposto sobre o valor agregado (IVA)/taxas/forma de pagamento;
- serviços fotográficos;
- modificações e força maior.

Primeiro exemplo de contrato

O exemplo que segue é indicado para empresas de pequeno e médio porte, quando se deseja registrar entre as partes todas as informações úteis para confirmar o evento, bem como os dados necessários para o pagamento.

La Toque

Cliente
Sr.
Endereço
Rua – CEP – Cidade
Evento
FESTA DE CASAMENTO
Data do evento

Data e local

1. Objeto

O Restaurante *La Toque*, doravante "a Empresa", compromete-se a colocar à disposição do cliente supracitado, doravante "o Grupo", que se compromete, por sua vez, a utilizar e/ou a fazer utilizar pelas pessoas por ele indicadas os serviços gastronômicos para a realização do evento objeto deste contrato.

2. Privatização e disposição dos espaços

Data	Evento	Espaços	Disposição	Preço
	Festa de casamento	*Sala degli Arazzi*	Mesas de 8 lugares	3.500 €
	Extensão do espaço	*Terraza La Vista*	–	350 €

Os preços incluem IVA de 20%.

3. Cancelamento dos espaços gastronômicos

Em caso de cancelamento total, com aviso recebido pela Empresa após o dia _____, o Grupo deverá pagar ao Hotel dentro de 3 (três) dias a contar da data de aviso do cancelamento 100% do valor total devido.

A Empresa procurará revender os espaços gastronômicos cancelados do evento.

O valor será debitado se os espaços gastronômicos cancelados não forem revendidos.

p. 1 / 5

La Toque

4. Preços

Datas	Evento	Número de pessoas confirmadas	Número de pessoas previstas	Preço por pessoa	Menu
	18h30 Coquetel	30	33	Incluído no menu	*Carpaccio* de carne com rúcula e lascas de parmesão; creme de tomate com pimentão assado e espetinho de camarão; *carpaccio* de vieira e citrinos; finíssima de lulas e erva-doce fresca; terrina de *foie gras* com pão brioche; lagostim e ovo de codorna com trufa preta; camarão grande em azeite e limão; caudas de camarão em pasta *kataifi*; pequeno *vol-au-vent* de mar em molho de marisco; mexilhões gratinados com pão de ervas; bolinhos de polenta dourados com ovas de atum, alho e limão; croquetes de frango e amêndoas, de carne e cogumelos; *prosecco*, suco de laranja natural e água mineral.
	19h00 Jantar	30	33	180 €	Salada de lagostim, aspargo e molho suave de gengibre; risoto primavera com legumes de Sant'Erasmo; garoupa cozida em *acqua pazza* com batatas cozidas e espinafre salteado em azeite, alho e limão; *sorbet* de maçã; lombo de vitela com limão e laranja; batatas com tomilho; suflê de abobrinha; musse de três chocolates; café e miniaturas de confeitaria; bolo mil-folhas de morango e chantili; vinho selecionado por nosso *sommelier* e água mineral; prevista alternativa de carne a critério do *chef* para uma pessoa.

Os preços incluem IVA atualmente em vigor de 10% e são líquidos à Empresa.

p. 2 / 5

La Toque

5. Alterações de serviços gastronômicos
5.1 Cancelamento total do serviço
Em caso de cancelamento total com aviso recebido pela Empresa após o dia _____, o Grupo deverá pagar à Empresa dentro de 3 (três) dias a contar da data de aviso do cancelamento 100% do valor total devido.

6. Outras disposições
6.1 A Empresa reserva-se o direito de trocar, se necessário, os espaços reservados por espaços alternativos semelhantes e que garantam o mesmo desenvolvimento do programa.

6.2 Todos os serviços gastronômicos devem ser fornecidos pela Empresa, ficando excluído o recurso a outras empresas. Não é permitido ao Grupo ou aos participantes do Evento trazer comidas e bebidas sem autorização prévia escrita pela direção da Empresa.

6.3 O Grupo compromete-se a pagar à Empresa o preço dos serviços gastronômicos segundo o número confirmado de participantes, bem como o número de eventuais pessoas adicionais que usarem o serviço, segundo a contagem feita pelo *maître* durante o evento.

6.4 A Empresa garante o fornecimento dos Serviços Gastronômicos somente para as pessoas definitiva-mente confirmadas ou não canceladas até oito dias antes do evento, com uma tolerância máxima de au-mento de 5%.

7. Fatura Proforma

Quantidade	Tipo de serviço prestado	Preço	Total
1	Privatização de *Sala degli Arazzi*	3.500 €	3.500 €
1	Ampliação para o espaço externo	350 €	350 €
30	Coquetel e jantar	180 €	5.400 €
		Total	9.250 €

8. IVA/Taxas
Todos os preços discriminados no presente contrato incluem IVA, nos termos da lei, com aplicação das seguintes taxas (salvo mudanças):
- 10% para espaços privatizados;
- 20% para serviços gastronômicos.

p. 3 / 5

La Toque

9. Pagamentos

Total do valor dos serviços prestados 9.250 €		*Data de recebimento*	
Depósitos	*% do total do valor dos serviços*	*Total*	*A pagar até*
Pré-pagamento (sinal)	100%	9.250 €	Até o dia
Saldo final	Eventuais extras para participantes acima do número mínimo confirmado (30 pessoas)		(data) Transferência bancária

O pagamento poderá ser feito por transferência bancária ou cartão de crédito. Nossos dados:

La Toque S.r.l.
Banco: ....
CC: ....
Nº do banco: ....
Nº da agência: ....
IBAN: ....

O Grupo toma conhecimento de que os prazos de pagamento previstos no presente contrato, seja pela prestação do serviço seja por eventuais penalidades, são termos essenciais e que a Empresa, no caso de atraso de pagamento, tem o direito de suspender e recusar qualquer prestação de serviço, estando livre para dispor de salas e outros espaços para outras reservas.
Se a Empresa não dispor da faculdade de resolução, eventuais atrasos nos pagamentos serão acrescidos de juros à taxa das primeiras prestações, aplicável *pro-tempore* majorada de 3 (três) pontos.

10. Detalhes do pagamento
Para efeitos de correto faturamento pelos serviços supracitados, o Grupo deve fornecer à Empresa os seguintes dados:

Nome:_____

Pessoa de contato: _____

Endereço: _____

CNPJ:_____

p. 4 / 5

La Toque

Salvo acordos diferentes, os convidados são responsáveis pelo pagamento de pessoas adicionais, a ser feito na saída. Na entrada serão solicitados os dados do cartão de crédito dos convidados/hóspedes para garantir eventuais extras não pagos.

11. Serviços fotográficos

Para garantir a preservação do decoro, da ordem e do alto nível da Empresa, fica concordado que a utilização de qualquer serviço de fotografia e filmagem no interior da Empresa, por parte do Grupo e/ou dos participantes do evento, será objeto de autorização prévia escrita da Empresa, que se reserva o direito de impedir a entrada de qualquer fotógrafo não autorizado por ela.

12. Modificações e força maior

Toda modificação eventual do presente contrato será válida somente se concordada por escrito. A Empresa não assume nenhuma responsabilidade pelo total ou parcial incumprimento de suas obrigações por força maior e/ou impossibilidades surgidas, inclusive por motivos de atividades sindicais.

Se, após a conclusão do presente contrato, sobrevierem mudanças substanciais nas taxas de juros ou aumentos do custo de alimentos e bebidas, a Empresa reserva-se o direito de anular o presente compromisso se o Grupo não aceitar uma adequação dos preços de acordo com os aumentos.

13. Foro competente

Para qualquer controvérsia relativa à validade, eficácia, interpretação e execução do presente contrato, será competente, de modo exclusivo, o Foro de _____

Cliente _____

Assinatura _____

Data _____

La Toque _____

Representante _____

Data _____

p. 5 / 5

Segundo exemplo de contrato

O contrato que segue representa uma evolução muito mais concisa e complexa, específica para hotéis ou centros de convenções, nos quais é importante registrar entre as partes todas as decisões tomadas na fase da venda, definindo claramente os termos contratuais tanto para a parte responsável pelas refeições como para a parte que gerencia a locação dos espaços de exposição e convenção.

No conjunto com o contrato precedente, é possível avaliar e elencar numerosas cláusulas adicionais, particularmente:

- Pacotes de encontros (*meeting*):
– locação dos salões;
– funções acerca das refeições;
– *Half day delegate package*, ou seja, um pacote geral de um meio dia que inclui:
locação do salão;
coffee break no meio da manhã;
almoço de trabalho ou bufê de trabalho.
– *Full day delegate package*, ou seja, um pacote geral de um dia inteiro que inclui:
locação do salão;
coffee break no meio da manhã;
almoço de trabalho ou bufê de trabalho;
coffee break no meio da tarde;
jantar/ceia.
- Garantia de demanda gastronômica mínima.
- Recompensa facultativa e gorjeta para o serviço, cláusulas particularmente úteis no que se refere à clientela internacional, caso seja importante estipular entre as partes as *gratuities* a serem dadas ao pessoal envolvido no evento;
- Cancelamento do evento e multas em tabela flexível, cláusula que determina a responsabilidade econômica cobrada do cliente em caso de anulação do evento, por meio de porcentagens de multa que aumentam com base no período de aviso prévio.
- Obrigação de indenização, cláusula que isenta a empresa de qualquer responsabilidade que não seja inerente ao próprio evento.
- Alimentos e bebidas trazidos de fora: muitas empresas oferecem a possibilidade de servir alimentos não produzidos por elas, e sim por empresas contratadas pelo próprio cliente; um exemplo prático pode ser o bolo da noiva ou o vinho oferecido. Essa possibilidade deve ser regulamentada, protegendo a empresa de qualquer consequência que possa advir relacionada a produtos que não são preparados por ela e/ou de sua responsabilidade direta.

CONTRATO ADEQUADO À ORGANIZAÇÃO DE CONFERÊNCIAS E EVENTOS

Nome da Entidade: [*]	[**] Responsável pela atividade como ("Empresa", "Nós" ou
("Cliente")	"nós")
* Inserir o nome completo da entidade	** Inserir o nome da Entidade Proprietária (se a Empresa for gerenciada) ou o nome da Entidade Operativa (se a Empresa for organizada em arrendamento).
	Endereço
Endereço	Contato na Empresa
Contato	E-mail
Título	Telefone
E-mail	Fax
Telefone	Número do contrato
Fax	Nome do evento [ ] ("Evento")

Estamos contentes em confirmar para seu evento os detalhes que seguem. Este contrato terá validade a partir do momento em que a Empresa receber o depósito confirmatório não reembolsável. Pedimos a gentileza de nos enviar o presente contrato assinado, bem como o depósito confirmatório não reembolsável até o dia _____.

1) Pacotes de *meeting* ou locação dos salões

O presente Evento pressupõe:

☐ Locação dos salões

☐ Funções gastronômicas

☐ *Full day delegate package*: euros

☐ *Half day delegate package*: euros

Todas as tarifas relativas aos pacotes *meeting*, aos serviços gastronômicos e aos salões de reunião:

☐ Não incluem os impostos nacionais e locais aplicáveis, atualmente de ____%*

☐ Incluem os impostos nacionais e locais aplicáveis, atualmente de ____%*

* Pede-se para observar que as porcentagens dos impostos estão sujeitas a mudanças; consequentemente, as tarifas indicadas no presente contrato poderão ser modificadas conforme cada alteração dos impostos aplicáveis. As tarifas poderão também sofrer aumentos proporcionais aos aumentos dos impostos aplicáveis.

O Evento (como descrito no presente contrato) deverá começar e terminar nos horários indicados no anexo; se isso não acontecer, o Cliente poderá ser obrigado a pagar custos adicionais no valor de _____ euros por hora/por dia/por pessoa.

[Lembrar de incluir no anexo que segue uma ficha completa do evento ou um *addendum* sobre o próprio evento.]

O Cliente deverá pagar à Empresa o valor correspondente aos alimentos, às bebidas ou aos outros serviços não explicitamente previstos no anexo que serão colocados à sua disposição a pedido do Cliente durante o Evento.

2) Garantia de demanda mínima de serviços gastronômicos

O Cliente concorda que o Evento produzirá a favor da Empresa receitas no valor mínimo de ____ euros em serviços gastronômicos.

[Eliminar este parágrafo, se não for garantido algum mínimo para serviços gastronômicos.]

3) Recompensa facultativa

A porcentagem de ____% (além de IVA no valor de ____%) será cobrada a título de recompensa facultativa e distribuída aos garçons e, quando aplicável, aos assistentes dos garçons e/ou aos baristas contratados para o Evento.

[Eliminar este parágrafo, se não se aplicar.]

1 / 9

Segundo exemplo de contrato

O contrato que segue representa uma evolução muito mais concisa e complexa, específica para hotéis ou centros de convenções, nos quais é importante registrar entre as partes todas as decisões tomadas na fase da venda, definindo claramente os termos contratuais tanto para a parte responsável pelas refeições como para a parte que gerencia a locação dos espaços de exposição e convenção.

No conjunto com o contrato precedente, é possível avaliar e elencar numerosas cláusulas adicionais, particularmente:

- Pacotes de encontros (*meeting*):
- locação dos salões;
- funções acerca das refeições;
- *Half day delegate package*, ou seja, um pacote geral de um meio dia que inclui: locação do salão;
coffee break no meio da manhã;
almoço de trabalho ou bufê de trabalho.
- *Full day delegate package*, ou seja, um pacote geral de um dia inteiro que inclui: locação do salão;
coffee break no meio da manhã;
almoço de trabalho ou bufê de trabalho;
coffee break no meio da tarde;
jantar/ceia.
- Garantia de demanda gastronômica mínima.
- Recompensa facultativa e gorjeta para o serviço, cláusulas particularmente úteis no que se refere à clientela internacional, caso seja importante estipular entre as partes as *gratuities* a serem dadas ao pessoal envolvido no evento;
- Cancelamento do evento e multas em tabela flexível, cláusula que determina a responsabilidade econômica cobrada do cliente em caso de anulação do evento, por meio de porcentagens de multa que aumentam com base no período de aviso prévio.
- Obrigação de indenização, cláusula que isenta a empresa de qualquer responsabilidade que não seja inerente ao próprio evento.
- Alimentos e bebidas trazidos de fora: muitas empresas oferecem a possibilidade de servir alimentos não produzidos por elas, e sim por empresas contratadas pelo próprio cliente; um exemplo prático pode ser o bolo da noiva ou o vinho oferecido. Essa possibilidade deve ser regulamentada, protegendo a empresa de qualquer consequência que possa advir relacionada a produtos que não são preparados por ela e/ou de sua responsabilidade direta.

CONTRATO ADEQUADO À ORGANIZAÇÃO DE CONFERÊNCIAS E EVENTOS

Nome da Entidade: [*]

("Cliente")

* Inserir o nome completo da entidade

Endereço

Contato

Título

E-mail

Telefone

Fax

[**] Responsável pela atividade como ("Empresa", "Nós" ou "nós")

** Inserir o nome da Entidade Proprietária (se a Empresa for gerenciada) ou o nome da Entidade Operativa (se a Empresa for organizada em arrendamento).

Endereço

Contato na Empresa

E-mail

Telefone

Fax

Número do contrato

Nome do evento [   ] ("Evento")

Estamos contentes em confirmar para seu evento os detalhes que seguem. Este contrato terá validade a partir do momento em que a Empresa receber o depósito confirmatório não reembolsável. Pedimos a gentileza de nos enviar o presente contrato assinado, bem como o depósito confirmatório não reembolsável até o dia _____.

1) Pacotes de *meeting* ou locação dos salões

O presente Evento pressupõe:

☐ Locação dos salões

☐ Funções gastronômicas

☐ *Full day delegate package*: euros

☐ *Half day delegate package*: euros

Todas as tarifas relativas aos pacotes *meeting*, aos serviços gastronômicos e aos salões de reunião:

☐ Não incluem os impostos nacionais e locais aplicáveis, atualmente de ___%*

☐ Incluem os impostos nacionais e locais aplicáveis, atualmente de ___%*

* Pede-se para observar que as porcentagens dos impostos estão sujeitas a mudanças; consequentemente, as tarifas indicadas no presente contrato poderão ser modificadas conforme cada alteração dos impostos aplicáveis. As tarifas poderão também sofrer aumentos proporcionais aos aumentos dos impostos aplicáveis.

O Evento (como descrito no presente contrato) deverá começar e terminar nos horários indicados no anexo; se isso não acontecer, o Cliente poderá ser obrigado a pagar custos adicionais no valor de _____ euros por hora/por dia/por pessoa.

[Lembrar de incluir no anexo que segue uma ficha completa do evento ou um *addendum* sobre o próprio evento.]

O Cliente deverá pagar à Empresa o valor correspondente aos alimentos, às bebidas ou aos outros serviços não explicitamente previstos no anexo que serão colocados à sua disposição a pedido do Cliente durante o Evento.

2) Garantia de demanda mínima de serviços gastronômicos

O Cliente concorda que o Evento produzirá a favor da Empresa receitas no valor mínimo de ___ euros em serviços gastronômicos.

[Eliminar este parágrafo, se não for garantido algum mínimo para serviços gastronômicos.]

3) Recompensa facultativa

A porcentagem de ___% (além de IVA no valor de ___%) será cobrada a título de recompensa facultativa e distribuída aos garçons e, quando aplicável, aos assistentes dos garçons e/ou aos baristas contratados para o Evento.

[Eliminar este parágrafo, se não se aplicar.]

4) Cobrança pelo serviço

A porcentagem de ____ % (além de IVA no valor de ____%) será cobrada como despesa de serviço. Tal despesa não representa uma gorjeta e poderá ser cobrada pela Empresa a critério próprio para cobrir custos inerentes ao Evento. [Eliminar este parágrafo, se não se aplicar.]

5) Custos adicionais

Os seguintes custos adicionais serão cobrados do Cliente: ____ (somar) porteiro ____ gorjeta para a arrumação do quarto ____ aparelhos audiovisuais ____ (outros: descrever) e como especificado no anexo. [Eliminar este parágrafo, se não houver custos adicionais.]

6) Descontos, subvenções, etc.

Será de responsabilidade exclusiva do Cliente e do *Planner* determinar se uma informação específica em relação a descontos, subvenções ou outros pagamentos (tanto em dinheiro como em matéria-prima) efetuados a terceiros é necessária, e fornecer essa informação (se necessária). O Cliente e o *Planner* aceitam, além disso, reembolsar a Empresa por cada compensação, custo, passividade ou despesa causada à Empresa em decorrência da falta ou insuficiência de tal informação. [Eliminar este parágrafo, se não houver descontos ou subvenções.]

7) Condições de pagamento [Selecionar a opção 1 ou a opção 2 e eliminar a outra opção]

Opção 1: Depósitos confirmatórios

Os seguintes valores deverão ser pagos a título de depósito confirmatório:

____% por ocasião da assinatura do presente contrato; esse primeiro depósito confirmatório NÃO é reembolsável

____% na data (ou antes) de ____

____% na data (ou antes) de ____

O restante de ____% será pago dentro de 14 dias corridos a partir da data de emissão da fatura final. Todas as porcentagens acima indicadas se referem às receitas totais esperadas, sem impostos.

A Empresa reserva-se o direito de verificar a condição patrimonial e/ou financeira do Cliente a qualquer momento antes do início do Evento e se reserva a opção de aumentar o total do depósito confirmatório se houver uma piora de tal condição. O Cliente aceita explicitamente que a Empresa realize tais verificações.

Se o Cliente atrasar o pagamento de algum depósito confirmatório por ____ dias corridos após a data em que o pagamento é marcado, a Empresa terá o direito de cancelar a reserva feita pelo Cliente.

Opção 2: Depósito confirmatório não necessário

Neste momento, a Empresa não exige um pagamento do Cliente, mas se reserva o direito de verificar a condição patrimonial e/ou financeira do Cliente a qualquer momento antes que o Evento tenha início e de exigir o pagamento de um depósito confirmatório até o valor equivalente ao total do contrato se sobrevier uma piora de tal condição. O Cliente aceita explicitamente que a Empresa realize tais verificações.

Se o Cliente atrasar o pagamento de algum depósito confirmatório por 5 (cinco) dias corridos após a data em que o pagamento é marcado, a Empresa terá o direito de cancelar a reserva feita pelo Cliente.

[Os seguintes parágrafos devem ser incluídos em todos os contratos, segundo a opção selecionada.]

Se a obrigação de pagar os depósitos confirmatórios não for cumprida de imediato, a Empresa terá o direito de desfazer o presente contrato e de exigir o pagamento de uma multa, como prevista no presente contrato.

Em cada caso deverão ser pagos juros, calculados segundo a taxa definida pelo Banco Central Europeu e segundo a data em que a Empresa deveria ter recebido o pagamento, para cada atraso de pagamento superior a 30 (trinta) dias corridos a partir da data prevista de pagamento. Todos os pagamentos deverão ser efetuados em euros.

No caso de disputas acerca de determinados pagamentos, o Cliente aceita efetuar imediatamente o pagamento de todos os valores não contestados, sem nenhuma exceção, para não anular ou atrasar a prestação devida, enquanto os pagamentos em disputa deverão ser efetuados assim que for resolvida a respectiva controvérsia, em conformidade com o previsto no presente contrato.

Antes da data de chegada (ou, no mais tardar, nessa data), o Cliente deverá confirmar por escrito à Empresa os nomes daqueles entre os participantes que poderão, durante o Evento, gerar despesas adicionais que vão além dos valores previstos no contrato.

As despesas adicionais poderão incluir, por exemplo, despesas relativas a aparelhos audiovisuais, serviços gastronômicos e outras despesas ocasionais e não deverão exceder um máximo diário de _____ [inserir valor e moeda].

Todos os valores relativos às despesas adicionais serão apresentados com base diária a um dos participantes supracitados autorizados para a aprovação e a assinatura dos gastos em questão.

Todas as despesas além do máximo diário ou não autorizadas deverão ser pagas antecipadamente ou no momento de sua efetivação.

8) Instruções acerca do faturamento

Pede-se para confirmar a responsabilidade pelo pagamento dos seguintes itens de despesa, selecionando a respectiva caixa.

Item	Conta principal do cliente	Conta individual	Item	Conta principal do cliente	Conta individual

Se um item particular de despesa não for explicitamente mencionado acima, a Empresa está autorizada a debitar o item da conta das pessoas individuais.

9) Alimentos e bebidas provenientes de fora

É permitido/não é permitido [Eliminar a parte não aplicável] aos hóspedes/convidados trazerem alimento e/ou bebidas provenientes de fora. [Se a Empresa permite a introdução de alimentos e bebidas de fora, incluir o que segue; se a Empresa não permite a introdução de alimentos e bebidas de fora, eliminar o que segue.]

A Empresa reserva-se o direito de exigir que alimentos e bebidas provenientes de fora sejam preparados, conservados e servidos em conformidade com todas as normas aplicáveis em matéria de segurança (incluídos aqui – à guisa de exemplo – as exigências da Empresa em matéria de saúde e segurança), leis locais em matéria de dietas, etc., e reserva-se outrossim o direito de proibir o fornecimento de alimentos e bebidas que não estejam em conformidade com essas normas.

Uma compensação específica pelo serviço e/ou para os alimentos trazidos de fora (*corkage fee*) poderá ser aplicada a alimentos e bebidas introduzidos.

10) Cancelamento do evento/execução/redução numérica

As tarifas por nós oferecidas baseiam-se em parte no valor bruto das receitas previstas como resultado do desempenho do Cliente em utilizar e pagar os espaços (quartos, salas, etc.) e em fornecer um nível mínimo de receitas por participante e/ou de receitas relacionadas aos serviços gastronômicos elencados no presente contrato. O Cliente reconhece e aceita que, em caso de cancelamento do Evento ou de inadimplência integral de sua parte, os danos da Empresa serão de difícil determinação. Por esse motivo, e sem prejuízo para o ressarcimento de dano posterior, o Cliente aceita pagar à Empresa uma multa de valor razoável no caso do cancelamento do Evento ou de inadimplência integral de sua parte, conforme descrito nestes parágrafos. O Cliente aceita que o valor da multa deve ser considerado justo e apropriado quando calculado em relação ao interesse que a Empresa tem no cumprimento correto das obrigações assumidas pelo Cliente.

11) Cancelamento do evento

Opção 1: cancelamento segundo tabela flexível

A multa em caso de cancelamento do Evento será calculada com base na data em que o cancelamento ocorreu (cf. tabela a seguir), como porcentagem das receitas totais esperadas após dedução dos impostos de todos os quartos de hóspedes, dos pacotes *meeting* e/ou dos serviços gastronômicos e da locação dos salões de reunião, como previsto no presente contrato.

Data de cancelamento	Porcentagem a pagar
Data da assinatura até _____ dias antes do Evento	_____ %
_____ dias até _____ dias antes do Evento	_____ %
_____ dias até _____ dias antes do Evento	_____ %
_____ dias (ou menos) dias antes do Evento	_____ %

Nenhum aviso de cancelamento será considerado válido, e a Empresa não considerará livres os alojamentos reservados para o Evento, até ter recebido o pagamento da multa mencionada. Portanto, o atraso na efetivação de seu pagamento poderá acarretar um aumento dos danos a serem pagos à Empresa. O valor da multa foi predeterminado considerando também a capacidade da Empresa de reduzir ou mitigar os danos que lhe forem causados.

Opção 2: nova locação

A Empresa fará todo esforço razoável para realugar tanto os espaços reservados para o Evento cancelado como os alojamentos. Os espaços reservados para o Evento cancelado ou para os alojamentos serão classificados como concedidos para o desfrute do último. Portanto, a Empresa comunicará em caráter definitivo as despesas de cancelamento somente depois da data prevista do Evento. Os danos causados pelo cancelamento corresponderão a 100% das receitas brutas esperadas por nós com base no acordo expressado pelo Cliente acerca do uso e do pagamento do preço dos salões e do pagamento da receita mínima do pacote *meeting* e/ou da receita para serviços gastronômicos previstos no presente contrato, subtraídas as receitas eventualmente provenientes da concessão para desfrute dos espaços.
Em adição aos danos pelos quais o Cliente poderá ser chamado a responder conforme cláusula sobre o cumprimento, o Cliente deverá reembolsar à Empresa cada despesa sofrida em relação ao cancelamento de qualquer reserva, incluídos aqui (de modo não exaustivo) qualquer custo, ônus, despesa ou multa que resulte ou tenha vínculo com o não cumprimento pela Empresa de acordos com terceiros acerca do Evento cancelado.

12) Salões de reunião [Eliminar, se não houver salões de reunião]

Entre a data de assinatura do presente contrato e as datas abaixo indicadas, o Cliente terá direito de reduzir o número dos salões de reunião solicitados, e nenhum pagamento lhe será exigido em relação a essa redução, se as porcentagens de redução indicadas a seguir não forem ultrapassadas.

Dias antes da chegada	Redução numérica permitida sem qualquer exigência de pagamento
____ dias antes do Evento	____ % das receitas originais esperadas dos salões de reunião
____ dias até ____ dias antes do Evento	____ % das receitas originais esperadas dos salões de reunião
____ dias até ____ dias antes do Evento	____ % das receitas originais esperadas dos salões de reunião
____ dias (ou menos) dias antes do Evento	____ % das receitas originais esperadas dos salões de reunião

O Cliente não terá direito de reduzir o número dos salões de reunião solicitados além dos níveis acima indicados. Se o Cliente efetuar uma redução além desses níveis, deverá pagar à Empresa, a título de multa, sem prejuízo acerca do ressarcimento de dano posterior, uma soma de dinheiro equivalente à diferença entre a porcentagem das receitas originais esperadas dos salões de reunião acima indicada e a porcentagem de redução das receitas originais esperadas dos salões de reunião comunicada pelo Cliente. O valor de tal multa é considerado justo e apropriado quando calculado segundo o interesse que a Empresa tem no cumprimento correto das obrigações assumidas pelo Cliente e com base nas reservas originais de salas de reunião.

O Cliente reconhece e aceita que a nossa decisão de celebrar o presente contrato, bem como a determinação do valor correspondente ao Evento objeto deste contrato, se devem à confiança nas receitas originais esperadas dos salões de reunião. Portanto, se o Cliente reduzir o número de salões de reunião para abaixo de ____ % das receitas originais esperadas dos salões de reunião, a Empresa poderá, segundo seu próprio discernimento incontestável, desfazer o presente contrato e exigir o pagamento da multa supracitada, ou ainda modificar as tarifas diárias e exigir o pagamento da multa, sem prejuízo para algum caso de ressarcimento de dano posterior.

13) Serviços gastronômicos [Eliminar, se não se aplicar]

Entre a data de assinatura do presente contrato e as datas abaixo indicadas, o Cliente terá o direito de reduzir as solicitações de serviços gastronômicos, e nenhum pagamento lhe será exigido em relação a essa redução se as porcentagens de redução indicadas a seguir não forem ultrapassadas, com exceção dos pagamentos que serão mantidos pela Empresa a título de multa.

Dias antes da chegada	Redução numérica permitida sem qualquer exigência de pagamento
____ dias antes do Evento	____ % das receitas originais esperadas dos serviços gastronômicos
____ dias até ____ dias antes do Evento	____ % das receitas originais esperadas dos serviços gastronômicos
____ dias até ____ dias antes do Evento	____ % das receitas originais esperadas dos serviços gastronômicos
____ dias (ou menos) dias antes do Evento	____ % das receitas originais esperadas dos serviços gastronômicos

O Cliente não terá direito de reduzir as solicitações dos serviços gastronômicos além dos níveis acima indicados. Se o Cliente efetuar uma redução além desses níveis, deverá pagar à Empresa, a título de multa, sem prejuízo para a ressarcibilidade de dano posterior, uma soma de dinheiro equivalente à diferença entre a porcentagem das receitas originais esperadas pelos serviços gastronômicos acima indicados e a porcentagem de redução das receitas originais esperadas pelos serviços gastronômicos comunicados pelo Cliente. O valor de tal multa é considerado justo e apropriado quando calculado segundo o interesse que a Empresa tem no cumprimento correto das obrigações assumidas pelo Cliente e com base nos requisitos originais de serviços gastronômicos.

5/9

O Cliente reconhece e aceita que a nossa decisão de celebrar o presente contrato, bem como a determinação do valor correspondente ao Evento objeto deste contrato, se devem à confiança nas receitas originais esperadas dos serviços gastronômicos. Portanto, se o Cliente reduzir os requisitos originais dos serviços gastronômicos para abaixo de _____% das receitas originais esperadas dos serviços gastronômicos, a Empresa poderá, segundo seu próprio discernimento incontestável, desfazer o presente contrato e exigir o pagamento da multa supracitada, ou ainda modificar as tarifas diárias e exigir o pagamento da multa, sem prejuízo para algum caso de ressarcibilidade de dano posterior.

14) Pacotes de *meeting* [Eliminar, se não houver pacotes de *meeting*]

Entre a data de assinatura do presente contrato e as datas abaixo indicadas, o Cliente terá o direito de reduzir as solicitações acerca dos pacotes de *meeting*, e nenhum pagamento lhe será exigido em relação a essa redução se as porcentagens de redução indicadas a seguir não forem ultrapassadas, com exceção dos pagamentos que serão mantidos pela Empresa a título de multa.

Dias antes da chegada	Redução numérica permitida sem qualquer exigência de pagamento
____ dias antes do Evento	____ % das receitas originais esperadas dos serviços gastronômicos
____ dias até ____ dias antes do Evento	____ % das receitas originais esperadas dos serviços gastronômicos
____ dias até ____ dias antes do Evento	____ % das receitas originais esperadas dos serviços gastronômicos
____ dias (ou menos) dias antes do Evento	____ % das receitas originais esperadas dos serviços gastronômicos

O Cliente não terá direito de reduzir as solicitações relacionadas aos pacotes de *meeting* além dos níveis acima indicados. Se o Cliente efetuar uma redução além desses níveis, deverá pagar à Empresa, a título de multa, sem prejuízo para o ressarcimento de dano posterior, uma soma de dinheiro equivalente à diferença entre a porcentagem das receitas originais esperadas pelos pacotes de *meeting* acima indicados e a porcentagem de redução das receitas originais esperadas pelos pacotes de *meeting* comunicados pelo Cliente. O valor de tal multa é considerado justo e apropriado quando calculado segundo o interesse que a Empresa tem no cumprimento correto das obrigações assumidas pelo Cliente e com base nas solicitações originais de pacotes de *meeting*.

O Cliente reconhece e aceita que a nossa decisão de celebrar o presente contrato, bem como a determinação do valor correspondente ao Evento objeto deste contrato, se devem à confiança nas receitas originais esperadas dos pacotes de *meeting*. Portanto, se o Cliente reduzir os requisitos originais dos pacotes de *meeting* para abaixo de _____% das receitas originais esperadas dos pacotes de *meeting*, a Empresa poderá, segundo seu próprio discernimento incontestável, desfazer o presente contrato e exigir o pagamento da multa supracitada, ou ainda modificar as tarifas diárias e exigir o pagamento da multa, sem prejuízo para algum caso de ressarcibilidade de dano posterior.

15) Fornecedores terceiros

Se o Cliente optar por utilizar durante o Evento serviços de fornecedores terceiros (por exemplo, fornecedores de serviços audiovisuais, decorativos ou outros), o Cliente deverá comunicar essa intenção à Empresa com antecedência de pelo menos _____ dias corridos antes do Evento.
Será obrigação do Cliente assegurar-se de que os fornecedores terceiros forneçam os seus serviços dentro da Empresa em conformidade com qualquer lei aplicável. Eventuais danos causados por fornecedores terceiros serão cobrados do Cliente.

Todos os fornecedores terceiros deverão aceitar os termos e as condições da Empresa, as regulamentações acerca de segurança e saúde e qualquer outra normativa aplicável. A Empresa reserva-se o direito, segundo seu próprio discernimento incontestável, de afastar qualquer fornecedor terceiro.

A Empresa reserva-se, outrossim, o direito de cobrar gastos adicionais com base nas exigências específicas do Cliente.

16) Dissolução do contrato por parte da Empresa

Com a assinatura do presente contrato, o Cliente declara e garante à Empresa ter condições de cumprir corretamente as obrigações decorrentes do contrato e de não ter cometido ou estar atualmente em liberdade condicional por atos ilegais ou condutas imorais, nem ter exercido comportamentos que possam prejudicar a reputação ou a imagem da Empresa.

Ao longo de toda a duração do presente contrato, o Cliente compromete-se a: (I) informar prontamente a Empresa de qualquer piora de suas condições patrimoniais e/ou financeiras ou de qualquer outro evento que possa prejudicar sua capacidade de cumprir corretamente suas obrigações decorrentes do presente contrato; (II) não adotar comportamentos que possam prejudicar a reputação ou a imagem da Empresa e/ou que têm como objeto ou como efeito o distúrbio do desfrute da parte dos outros hóspedes/convidados da Empresa.

O Cliente reconhece que nossa decisão de celebrar o presente contrato foi tomada também na confiança nas declarações e garantias supracitadas emitidas pelo Cliente e que o cumprimento de sua parte das obrigações mencionadas é essencial para nós.

O Cliente aceita, portanto, que a Empresa possa verificar suas condições patrimoniais e/ou financeiras no momento da assinatura do presente contrato ou posteriormente, consultando, direta ou indiretamente, sistemas de informações crediárias ou outras bases de dados em nível nacional ou internacional, em conformidade com as leis aplicáveis.

A Empresa terá o direito de dissolver o presente contrato no caso de qualquer violação das declarações e garantias supracitadas ou de qualquer inadimplência acerca das obrigações mencionadas. Se houver uma dissolução baseada na presente cláusula, e sem prejuízo para a ressarcibilidade de posteriores danos, o Cliente terá de pagar à Empresa uma multa no valor da multa de cancelamento do evento, como acima explicitado; o Cliente aceita que o valor da multa será considerado justo e apropriado quando calculado segundo o interesse que a Empresa tem na veracidade e exatidão de suas declarações e garantias e no cumprimento correto das obrigações supracitadas.

Sem prejuízo para a cláusula acerca de força maior registrada a seguir, a Empresa se reserva o direito de cancelar a reserva do Evento integralmente ou de mudar o espaço destinado ao Evento para outro igualmente adequado (na Empresa ou em outro lugar comparável), se a Empresa considerar que há motivos razoáveis de caráter organizatório, comercial ou de outra natureza que, segundo aviso da Empresa, exigem que a reserva seja cancelada ou deslocada.

17) Responsabilidade e seguro

O Cliente aceita a responsabilidade por toda deterioração, perda ou dano causados por seus próprios funcionários, colaboradores, auxiliares, agentes e fornecedores, bem como pelos participantes do Evento. O Cliente se compromete a contratar e manter ativas apólices de seguro adequadas; a Empresa poderá exigir prova escrita dessas apólices. O Cliente poderá, segundo seu próprio discernimento, estipular apólices para amparar os riscos relativos aos objetos de sua propriedade e às suas próprias decorações. Na medida máxima permitida pela lei aplicável, a Empresa não será responsável por deterioração, perdas ou danos à propriedade do Cliente. O Cliente aceita a responsabilidade pelo seguro acerca de deterioração, perdas ou danos dos próprios bens e em conformidade com as normas anti-incêndio. Em caso de dúvida, a Empresa poderá exigir do Cliente um certificado de conformidade com as normas anti-incêndio.

18) Segurança

Para manter medidas de segurança adequadas, correspondentes às dimensões e/ou à natureza do Evento, a Empresa, segundo seu próprio discernimento incontestável, poderá exigir do Cliente a contratação, por suas próprias despesas, de pessoal de segurança pertencente a agências qualificadas, presentes na cidade ou no Estado em que se localiza a Empresa; essa(s) agência(s) deverá(ão) ser previamente aprovada(s) pela Empresa. O pessoal de segurança não poderá portar armas e deverá respeitar as normas aplicáveis. Para assegurar a segurança de pessoas e propriedades, nenhum fogo de artifício ou dispositivo incendiário poderá ser introduzido ou utilizado dentro da Empresa. O Cliente deverá respeitar quaisquer normas aplicáveis, aqui incluídas as de saúde e segurança.

19) Força maior

Nenhuma parte será considerada contratualmente inadimplente se ocorrerem eventos que não puderam ser previstos e evitados da parte por eles atingida (por exemplo, desastres naturais, inadimplências ou atraso da parte de terceiros no fornecimento de materiais e/ou serviços, controvérsias sindicais, medidas de autoridades públicas) e que tiveram o efeito de tornar impossível ou ilícita, para a Parte atingida, a execução das obrigações contratuais.

20) Foro competente e lei aplicável

a) Qualquer controvérsia entre as partes, resultante ou de alguma maneira ocasionada pelo presente contrato (incluída quaisquer questões acerca de validade, eficácia, interpretação, cumprimento e dissolução), que não possa ser resolvida amigavelmente entre elas, será de exclusiva competência da Autoridade Judiciária de _____ [Inserir a sede legal/sede principal dos negócios da Empresa] (Itália).

b) O presente contrato e os direitos e as obrigações das partes, por ele gerados, regem-se e interpretam-se segundo as leis da República Italiana.

21) Responsabilidade pela conduta de terceiros

O Cliente será em cada caso responsável – e se compromete a manter a Empresa (incluídos os funcionários, colaboradores e auxiliares da última) indenizada e sem danos – acerca de qualquer reivindicação, responsabilidade, perda, dano, ônus, custo ou despesa, de qualquer natureza sofrida ou de outra maneira causada à Empresa em relação a:

a) danos a bens da Empresa localizados nos espaços utilizados pelo Cliente para o Evento;

b) atos ou omissões: (I) do Cliente (funcionários, colaboradores, auxiliares e fornecedores deste último); (II) artistas engajados pelo, ou em nome do, Cliente ou pelos próprios hóspedes/convidados; e/ou (III) dos hóspedes/convidados, aqui incluído – sem limitação – qualquer comportamento que, segundo discernimento incontestável da Empresa, seja difamatório ou discriminador, capaz de causar ou fomentar condutas ameaçadoras ou que possa desacreditar a Empresa.

22) Limitação de responsabilidade

As partes concordam explicitamente que, em nenhum caso, a responsabilidade total da Empresa por cada ato, omissão, inadimplência ou atraso acerca do, ou ainda ligado ao, presente contrato poderá exceder a quantidade total do valor correspondente que deverá ser pago pelo Cliente conforme o contrato.

23) Sucessores e cessionários

Os compromissos assumidos pelo Cliente obrigam seus sucessores e cessionários. Se o Cliente ceder, vender, transferir ou constituir direitos reais de garantia, ou de outra forma dispor de todos (ou substancialmente todos) os seus bens (tudo chamado, a seguir, de uma "transferência"), para efeito de normas legais ou de outra forma, o presente contrato e todas as obrigações decorrentes dele deverão ser, outrossim, cedidos ao sucessor ou ao cessionário, sob condição do consenso da Empresa. Se o Cliente pretende efetuar uma transferência, deverá comunicar essa intenção à Empresa ao menos 30 dias antes que a transferência se torne eficaz. A seguir, a Empresa terá 20 dias corridos para notificar o Cliente se aprova ou recusa a transferência. Qualquer transferência efetuada em violação da presente cláusula representará um não cumprimento contratual de grande importância.

24) Compensação voluntária

A Empresa tem o direito de reter valores e compensar dívidas de qualquer tipo, relativos ao Cliente, com valores de qualquer tipo devidos pelo Cliente, mesmo se ainda não forem líquidos e cobráveis. Assim, por exemplo, quando a Empresa tiver em relação ao Cliente um crédito de 100 e um débito de 70, a Empresa poderá eliminar a dívida de 70 com parte do crédito (até o valor de 70), deixando um crédito de 30 em relação ao Cliente.

8/9

25) Data da validade das comunicações/assinaturas enviadas por fax

Para o presente contrato (incluída aqui cada modificação do mesmo), ou ainda para qualquer comunicação a ser trocada entre as partes acerca do próprio contrato, as assinaturas enviadas ou recebidas por fax serão consideradas válidas para todos os efeitos e equivalem às assinaturas originais de cada parte. Qualquer comunicação é considerada eficaz e validamente realizada:

1. no recebimento da mesma, como registrado no comprovante de correio, se enviada pelo correio;

2. no recebimento da mesma, como registrado pelo carimbo de recebimento postal, se enviada por carta registrada com A.R.;

3. no momento da confirmação do envio mediante comprovante especial automático gerado pelo aparelho do remetente, se enviada por fax.

O presente contrato, juntamente com os eventuais anexos incluídos nele, constituirá o acordo completo entre as partes, superando, assim, cada acordo anterior acerca do objeto contemplado neste contrato, e poderá ser modificado somente mediante ato escrito assinado por _____ [Inserir nome da Empresa] e _____ [Inserir nome do Cliente].

Os abaixo assinados declaram que estão explicitamente autorizados para a assinatura do presente contrato em nome e por conta da parte para a qual realizam sua assinatura.

_____ [Inserir nome do Cliente]	_____ atualmente operando como [Inserir nome comercial da Empresa] ("Empresa"), Inserir o nome da Entidade Proprietária (se a Empresa for gerenciada) ou o nome da Entidade Operativa (se a Empresa for organizada em arrendamento).
Nome _____	Nome _____
Assinatura _____	Assinatura _____
Data _____	Data _____

Terceiro exemplo de contrato

O exemplo de contrato que segue se ajusta perfeitamente às empresas de gastronomia que desenvolvem a atividade de organizar banquetes, ligada a cerimônias como casamentos, primeira comunhão e crisma. Nele estão elencadas normas fundamentais a serem estipuladas entre as duas partes, fixando a maioria das cláusulas no item "Garantia e Pagamentos".

TERMOS E CONDIÇÕES

Tarifas: sobre todas as tarifas mencionadas acrescentam-se os 10% do IVA. As tarifas não são comissionáveis.

Garantia e pagamentos: no momento da confirmação da reserva do Evento será pedido um número mínimo de participantes garantido. O Cliente assinará um acordo no momento da confirmação.

Para garantir o Evento, o Cliente deverá enviar à Empresa um depósito no valor de 30% do valor total, dentro de 10 dias depois da assinatura do acordo. Em caso de cancelamento de todo o Evento nos três meses antes da data prevista, o total do depósito será cobrado como reembolso parcial.

É da responsabilidade do Cliente informar a Empresa acerca do número final dos participantes, ao menos sete dias antes da data prevista para o Evento. Se isso não ocorrer, será cobrado o número mínimo garantido original ou o número dos participantes, se forem em número superior.

A Empresa pode garantir o serviço somente para 10% acima do número de participantes previsto.

Se o número dos participantes chegar a diferir muito do previsto, a Empresa se reserva o direito de utilizar um espaço alternativo.

O pagamento final da conta deverá ser realizado no fim do Evento ou antes de sair da Empresa. Não são aceitos cheques pessoais.

Decorações: as tarifas elencadas incluem uma decoração na mesa de flores da estação. Os bufês e os coquetéis incluem também a decoração das mesas do bufê.

É possível personalizar as mesas com uma escolha própria de flores; neste caso, a Empresa se oferecerá para sugerir um florista local.

Impressão dos menus (cardápios): a Empresa providenciará a impressão dos menus (cardápios) personalizados.

Entretenimento: para a organização do entretenimento musical, teremos o prazer de oferecer várias sugestões de ótima qualidade.

Chapelaria: a Empresa organizará um serviço gratuito de chapelaria, se necessário.

Estacionamento: a Empresa dispõe de uma garagem interna com disponibilidade para 40 vagas de carros. O serviço é gratuito durante as primeiras 4 horas; entre 5 a 10 horas, o valor do estacionamento por carro será de 15 euros + 10% IVA. Depois de 10 horas, o valor por carro será de 25 euros +10% IVA.

Alimentos e bebidas: o Cliente não poderá levar para dentro da Empresa gêneros alimentícios se isso não for previamente combinado.

Para vinhos ou licores trazidos pelo Cliente será cobrado um valor igual a 50% do preço de venda aplicado normalmente pela Empresa.

Fumar dentro da Empresa: fumar é permitido somente nos espaços externos. Em todos os salões e ambientes internos da Empresa é proibido fumar.

Danos: o Cliente é responsável por perdas ou danos causados à propriedade por ele mesmo, seus hóspedes/convidados ou por outras pessoas por ele envolvidas na organização do Evento.

A Empresa não pode se responsabilizar por danos ou perdas de materiais, objetos ou bens da propriedade do Cliente e deixados na Empresa antes, durante ou depois do Evento.

Banqueting event order (BEO)

Nos capítulos anteriores foram analisados em detalhe todos os passos necessários para se concretizar as vendas da oferta de banqueteria, amparando o conjunto com a assinatura do contrato pelo cliente. O escritório de vendas deverá transmitir aos departamentos operacionais todas as informações para a realização final do evento. Para isso, é indispensável a compilação de um documento que contenha todos os dados importantes, permitindo, portanto, a sua comunicação aos departamentos envolvidos. Esse documento é definido como "ordem de serviço" ou *banqueting event order* (BEO).

A ordem de serviço deve elencar:

- número progressivo;
- razão social do cliente;
- data do evento;
- tipo do evento pedido;
- horário do evento;
- pessoa de contato ou autorizada para a assinatura da conta;
- número de *couverts;*
- nome do salão em que acontecerá o evento;
- horário do evento e horário de término previsto;
- menu vendido;
- preço de venda e modalidade de pagamento;
- informações sobre a preparação do salão, toalhas de mesa, impressão dos menus (cardápios), etc.;
- bebida pedida;
- no caso de grandes estruturas hoteleiras, o nome da pessoa envolvida na venda do evento e de referência para todas as informações posteriores.

A emissão desse documento constitui o primeiro passo rumo à concretização operativa das operações de banqueteria, e a importância da sua elaboração não deve ser jamais subestimada.

A BEO deve ser preparada para cada serviço de alimentos e bebidas. Todos os departamentos que estarão envolvidos no evento deverão receber uma cópia dela.

A elaboração e entrega desse documento deve acontecer com uma antecedência mínima de 8 dias, de modo a assegurar a organização de cada um dos departamentos.

As BEOs são geralmente numeradas de modo sequencial, para uma fácil verificação. Algumas empresas de *catering* ou de *banqueting* preferem informar com antecedência ampla, em vista da fluidez das futuras atividades e eventos. Por exemplo, quando se quer transmitir a cada uma das entidades o número de banquetes reservados para o mês seguinte, recomenda-se a elaboração de um documento que recolha todas as reservas, inserindo uma breve nota sobre o tipo e o número de clientes envolvidos nos diferentes banquetes pedidos. Isso permitirá aos departamentos organizar-se a tempo acerca do pessoal necessário, providenciar com ampla antecedência as aquisições dos alimentos, favorecendo a sua estocagem, e o departamento de *stewarding* poderá calcular a quantidade de material a ser utilizado. Segue um exemplo de BEO utilizada para a preparação de um evento específico.

À direita, planejamento semanal das BEOs.

La Toque
Sales and Catering Office

Ordem de serviço/Banqueting event order

Entidade	ABC SpA		*Catering Status*	Definitivo
Responsável	Sig. Giovanni Rossi		*Moeda*	Euro
Rua	Via Garibaldi, 10		*Responsável pela venda*	Maria Bianco
Cidade	00186 Roma		*Segmento de mercado*	Empresarial
Telefone	06 1234567		*Chegada/Partida*	22/10/2009 – 24/10/2009
Telefax	06 1232458			

Data **SEXTA-FEIRA, 22 DE OUTUBRO DE 2009**

Lista de Eventos

Hora	Evento	Salão	Preparação	Status	Nº pessoas	Custo locação salão
07:00 – 23:00	Check-in & Recepção	Campiello	A confirmar	DEF	73	Cortesia

Atenção, *concierge*: no caso de chuva, favor providenciar 35 guarda-chuvas.

Atenção, F&B: providenciar coquetéis no Campiello nas proximidades do BAR para um pequeno momento de boas-vindas durante o *check-in*.*

Hora	Evento	Salão	Preparação	Status	Nº pessoas	Custo locação salão
14:00 – 16:00	Reunião coordenadores do departamento	Tintoretto	Existente	DEF	A confirmar	A confirmar
19:30 – 20:30	Coquetel Roof Garden	Skyline Bar Terrace 1	Coquetel	DEF	73	Cortesia

Exclusivo: lado com vista para a cidade

Preparar com mesas e toalhas de mesa brancas. Não foi pedida decoração floral.

Providenciar música de fundo (nossa música *Lounge*). Atenção: providenciar microfone no terraço para discurso de boas-vindas.

Hora	Evento	Salão	Preparação	Status	Nº pessoas	Custo locação salão
20:00 – 23:00	Ceia	Campiello Terrace	Existente	DEF	73	Incluído

Menu 4 pratos – 55 €

O cliente ainda não confirmou a decoração floral para as mesas. Foram elencados 25 € para a decoração.

Hora	Evento	Salão	Preparação	Status	Nº pessoas	Custo locação salão
23:00 – 23:59	After Dinner Drinks (Bebidas pós-jantar)	Caravaggio Terrace	Existente	DEF	73	Incluído

Tudo no consumo

Todos os hóspedes/convidados são *Full Credit*

Reservar 40 lugares no exterior do terraço

Atenção, Aromi Bar: favor reservar uma pequena parte para o grupo.

Gastronomia	Serviços Suplementares
Coquetel **74 E/70 G**	Campiello
Skyline Bar Terrace 1	07:00 – 23:00
a 20 €	
19:30 – 20:30	**Audiovisuais (Internos)**
Tira-gostos secos	Mesas: 1
Chips e azeitonas	Preparar uma mesinha para *check-in* separado.
Skyline Spritz Drink	Atenção:
Flute de *Prosecco*	* O cliente preparará um *display* ao lado da mesinha.
Bebidas sem álcool	Atenção, responsável *meeting*:* providenciar uma
Sucos de fruta:	placa na entrada para indicar o *check-in* separado.
laranja, abacaxi, toranja	
Águas minerais	

La Toque
Sales and Catering Office

Ordem de serviço/Banqueting event order

Entidade	ABC SpA	*Catering Status*	Definitivo
Responsável	Sr. Giovanni Rossi	*Moeda*	Euro
Rua	Via Garibaldi, 10	*Responsável pela venda*	Maria Bianco
Cidade	00186 Roma	*Segmento de mercado*	Empresarial
Telefone	06 1234567	*Chegada / Partida*	22/10/2009 – 24/10/2009
Telefax	06 1232458		

Data SÁBADO, 23 DE OUTUBRO DE 2009

Lista de Eventos

Hora	*Evento*	*Salão*	*Preparação*	*Status*	*N. pessoas*	*Custo locação salão*
20:00 – 23:00	*Back up Dinner*	Dante 1	A confirmar	DEF	73	Cortesia

16:00 – Favor preparar de modo bem bonito as passagens 2 e 3 para entrar no Dante 1, com plantas e para-ventos.

Data DOMINGO, 24 DE OUTUBRO DE 2009

Gastronomia		Serviços Suplementares	
Menu Pistache 73 E	Campiello Terrace	**Sinalização**	
a 55,00 €	20:00 – 23:00	07:00 – 23:00 *Check-in* & Recepção	Campiello
– *Carpaccio* de rã pescadora com vinagrete C		(ABC SpA – Seminário Colombo)	
– Risoto de aspargo e camarão		14:00 – 16:00	Salão Tintoretto
– *Turnedô* de carne gratinado em crosta de ervas e molho de		(Seminário Colombo)	
vinho tinto, empada de batatas e vagens ao bacon		19:30 – 20:30 Coquetel Roof Garden	Skyline Bar Terrace 1
– *Cassata* de pistaches e framboesas		(Seminário Colombo)	
– Café, chá preto, chás diversos		20:00 – 23:00 Ceia	Campiello Terrace
– Água mineral		(Seminário Colombo)	
Vinhos selecionados:		23:00 – 23:59 *After Dinner Drinks*	Caravaggio Terrace
– Pinot Branco 2006 Jaccus-Grapes		(Seminário Colombo)	
– Chianti Clássico Reserva 2004 Bindi Sergadi Sangiovese			

Grand Hotel Villa d'Este, Cernobbio
Gala em rosa – chef *executivo Luciano Parolari*

Desde 1873, o Grand Hotel Villa d'Este acolhe o *beau monde*. Construído em 1568 como residência de verão do cardeal Tolomeo Gallio, foi sucessivamente a morada de uma bailarina e de um general napoleônico, de uma rainha sem coroa e de uma imperatriz russa, de um banqueiro, um príncipe e um barão. Ampliado e transformado ao longo dos séculos, o complexo atual compreende a Villa Principal, a Villa Regina e um parque privado de 10 hectares que conta com estruturas arquitetônicas de importância histórica, além de uma vista sem igual para o lago de Como. O hotel, que dispõe de um centro de *wellness* de última geração e de acesso Wi-Fi, combina com perfeição o conforto e os equipamentos mais modernos com o antigo fascínio de uma residência principesca. Sempre presente nos índices dos melhores alojamentos do mundo, Villa d'Este goza de um *status* singular e, desde o início, tem recebido uma extraordinária plateia de VIPs – desde a aristocracia europeia até estrelas de cinema, desde os chefões da indústria até os chefes de Estado.

Villa d'Este, jardins e Mosaico.

Acima, o Edifício Rainha da Inglaterra, ao lado, o Sundeck da piscina, abaixo, o Edifício do Cardeal.

O Templo de Telêmaco e a esplêndida vista do lago desde o *jardin potager* (horta).

Cada jardim que se preze possui uma fonte, e ao som dela atribui-se um efeito relaxante. Os 130 tanques de pedra que delimitam a alameda de Hércules recebem a água do córrego Garovo, e o seu murmúrio acompanha cada visitante do parque. Há manhãs em que o lago se parece com o espelho da Villa, colocado por uma mão divina para o deleitamento. Não é nada difícil entender por que, no imaginário coletivo, Villa d'Este representa um oásis de tranquilidade, um lugar ideal para se regenerar. Seus 152 quartos, cada um diferente do outro, recriam a intimidade de uma casa privada, enquanto o seu serviço impecável une o mais alto nível de excelência ao calor da hospitalidade italiana. É com uma alquimia de história, localização, clima, cozinha e serviço que este hotel conquistou sua fama, entregando a cada cliente não um pacote pré-confeccionado de luxo, mas a estada que ele *imaginou*. A verdadeira hospitalidade restitui sonhos.

O jardim do *chef* foi inaugurado em 2004. Projetado por Emilio Trabella, é localizado na ladeira panorâmica entre a alameda de Hércules e o Templo de Telêmaco. Este *jardin potager* (horta) de vista empolgante é o reino de Luciano Parolari, *chef* executivo de Villa d'Este. Aqui, ele colhe as ervas aromáticas e grande parte das verduras frescas que desempenham um papel tão importante nas suas receitas. Os hóspedes do hotel que participam das suas lições de cozinha têm o privilégio de acompanhá-lo na sua visita matinal ao jardim e de assistir à seleção das primícias do dia. Testemunha de uma cozinha italiana que respeita a sazonalidade dos ingredientes e pratica aquilo que prega, a horta oferece também ideias para propor aos hóspedes uma verdadeira cozinha saudável. Mais um exemplo do estilo de Villa d'Este, o jardim do *chef* é testemunha do desempenho da empresa na preservação de um patrimônio ambiental importante e no seu desenvolvimento.

A equipe de cozinha de Villa d'Este é uma das maiores da Itália. Com 35 funcionários, distribuídos nas divisões clássicas, é um lugar de movimento constante. Produz tudo que é servido no núcleo principal do hotel, desde o brioche do primeiro café da manhã até o chocolate colocado no travesseiro com a mensagem de "Boa-noite", desde o pão até as imponentes esculturas de gelo que são o ponto focal das decorações de grandes eventos. Chefiado por Luciano Parolari, por 30 dos seus mais de 40 anos de serviço no hotel, este centro nevrálgico é o ponto de conexão entre o Ristorante Veranda, o Sundeck (ponto de descanso da piscina), o Bar Terrazza, o Bar Canova, o Villa d'Este Club e, em nível de planejamento, também o Grill (servido por uma cozinha satélite). A cozinha de Parolari cuida também do serviço de quarto e da banqueteria. Os quatro salões de recepção do complexo comportam até 400 pessoas e os nove salões de reunião, outras 250. Há muito tempo o endereço de cúpulas e eventos de porte internacional, Villa d'Este reúne no mesmo complexo ambientes decorados com preciosos móveis antigos e moderníssimos salões de reunião, equipados com todo tipo de necessidade tecnológica.

O *chef* executivo Luciano Parolari na ponte de comando na grande cozinha.

À esquerda, preparação dos pratos e serviço.
Acima, flor de abobrinha com verduras ao molho tartufo.

Delícias do mar com ervas frescas e verduras grelhadas.

"O *chef* é apenas tão bom como a sua equipe." Com poucas palavras, o *chef* executivo Luciano Parolari resume a sua filosofia e revela um componente fundamental de uma das relações profissionais mais duradouras no panorama da cozinha italiana. Ele aponta para o trabalho da equipe, investindo na formação de jovens. Valioso dirigente de uma equipe estável num mercado de solistas acentuados, ele defende a cozinha tradicional, encanta os clientes lembrando as preferências de cada um e se torna para o hotel um embaixador extraordinário. Um dos *chefs* italianos mais conhecidos no exterior, ele pode se vangloriar de ter cozinhado para personalidades de fama internacional, mas não acredita na modalidade do *chef* que entretém os clientes, no contador de histórias maçante. Ele tem coisa melhor a fazer e explica: "Estamos em constante evolução, viajamos, observamos, aprendemos e procuramos a comparação, colocando-nos sempre à prova".

Nhoques de ervas amargas com cogumelos *porcini* e toucinho crocante.

117 GALA EM ROSA

Acima, pequena lasanha de pasta fresca com lagostim e aspargo.
Abaixo, corvina cozida na pele com frutos do mar e limão verde.
À direita, codorna recheada com fígado de pato e pão aromático com crosta de polenta e repolho refogado.
Na página ao lado, filé bovino com cogumelos *porcini* gratinados e *zabaione* ao parmesão – castanhas, couve-de-bruxelas, tomates secos.

À esquerda, bombom de *gianduia* (chocolate com nozes) com crocante de amêndoas de cacau. Acima, empada de maçã coroada de sorvete de *calvados*.

Em Villa d'Este se faz o impossível. "Servimos o banquete com a mesma dedicação que aplicamos ao serviço à la carte." Por trás do palco, há uma concentração palpável, os cozinheiros controlam a *mise-en-place*, o pessoal do salão ajeita os talheres, imprime os menus, recolhe pétalas caídas. Quando se levanta a cortina da noite, a energia chega também da cozinha. Os pratos se seguem em ritmo harmonioso, segundo todas as regras das possibilidades de serviço num banquete, e finalmente se serve também o suflê.

Acima, filã de abacaxi com sorvete de coco. À direita, suflê de chocolate com molho de baunilha.

Preparativos no Salão das Colunas.

Event manager (gerente de eventos) é um título curioso para uma figura que não sabe o que é trabalhar sozinho. O homem elegante falando em dois celulares ao mesmo tempo enquanto indica ao diretor do salão que uma toalha apresenta uma nuance de cor diferente de todas as outras e manda parar o motorista do caminhão da floricultura antes que bata de ré contra a tenda do terraço é Emilio Vantadori, *event manager* de Villa d'Este. Se a ideia que você tem de sua festa inclui uma voltinha de balão, um espetáculo de fogos de artifícios (coordenado com as fontes do jardim) ou uma ceia de gala para 120 pessoas com fantasias (inclusive locação de trajes de época) animada pelos solistas da Scala (Ópera de Milão), ele é o seu homem. Depois de uma jornada extenuante, seguindo-o como se fôssemos sua sombra, podemos afirmar que não existe detalhe pequeno demais que conseguisse escapar de sua atenção, ou demanda demasiadamente caprichosa que fugisse de suas possibilidades. Se esse perfil beira a caricatura, teremos que recomeçar sua descrição, porque não há nada de mais sério do que Vantadori em pleno embalo coordenativo. Lição do dia: "Verificar tudo. Cada informação passada exige uma verificação".

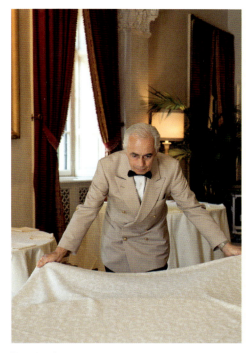

Detalhes da preparação.

Apresentar o *event manager* em roupagem ativa resulta, porém, apenas em um retrato parcial. Igualmente importante é o seu papel reflexivo. Em poucos encontros, ele deve captar os desejos do cliente, a sua ideia acerca do serviço e o que o levou a assumir o papel de anfitrião. Uma espécie de confessor, ele recolhe os sonhos contados, interpreta-os e os devolve sob a forma de festa. Deve também saber dizer "não". Evitar uma decepção vale tanto quanto proporcionar prazer. Lição do dia: "Escutar também aquilo que o cliente não diz".

A coordenação entre os departamentos é fundamental para o sucesso de qualquer evento. É essencial que sejam efetuados controles entrecruzados, de modo que o funcionário de um setor não impeça ou anule o trabalho de outro. Vantadori oferece alguns exemplos: "Os cardápios não são colocados antes que o trabalho dos floristas termine. Bastam poucas gotas de água e a tinta fresca passa para a toalha, e tudo precisa ser feito de novo". Acerca dos alcances e limites da utilidade do computador, ele o vê até mesmo como possível fonte de erros. "A função de 'copiar e colar' é a fonte de muitos erros nos menus. Ela não somente nos torna preguiçosos na leitura de esboços e na revisão, mas, se as informações novas não são coladas de maneira correta e o salão não percebe esse erro banal de natureza tipográfica, os hóspedes serão surpreendidos quando for servido um vinho diferente daquele elencado e o cliente vai se ressentir, com razão."

Decorações florais em grande estilo.

Os toques finais para uma decoração de grande efeito.

Os colaboradores externos de Villa d'Este são numerosos, e continuar os relacionamentos com parceiros de longa data oferece, sem dúvida, vantagens. Eles conhecem os salões com perfeição: as medidas, as notas sobre a exposição e os detalhes da infraestrutura elétrica já estão em seus arquivos. Desenvolveram um sexto sentido para os ritmos técnicos dos equipamentos. A sua confiabilidade é comprovada, mas Vantadori acrescenta: "Nada seria mais fácil do que contar sempre com as mesmas coisas, mas é preciso esforçar-se continuamente para ver o estabelecimento a partir da perspectiva do cliente, sobretudo daquele precioso que volta mais vezes e quer ver novidades. Ao longo de um ano, eu vivi, viajei, vi coisas fascinantes. Precisamos acompanhar isso. Ficar satisfeitos demais com o próprio trabalho é um mau sinal. É preciso reinventar seu ofício a todo tempo para senti-lo sempre estimulante".

O Salão das Colunas em todo o seu esplendor.

A gestão dos recursos humanos

Franco Luise

A gestão dos recursos humanos

Franco Luise

Contratar

Estratégias para escolher funcionários qualificados e motivados

Uma vez estabelecido um plano de *marketing*, qualquer operação é fadada a permanecer impraticável sem os funcionários motivados para preparar e servir os alimentos, dia após dia e em um nível qualitativo consistente.

Infinitamente variáveis e difíceis de categorizar, os recursos humanos constituem o fator mais delicado de qualquer equação empreendedora. No caso específico de uma empresa de *banqueting/catering*, uma comida excelente servida por um *staff* de salão indiferente perderá grande parte do seu valor no breve trajeto entre a cozinha e o salão, e nem mesmo o garçom mais charmoso poderá compensar uma cozinha desorganizada ou sem inspiração. A falta de comunicação entre os dois departamentos aparentemente eficientes em si pode se revelar igualmente danosa.

Calcular o número certo de empregados, atrair os melhores candidatos e lhes dispensar o tempo necessário para desenvolver uma equipe bem afinada: esses são os grandes desafios para qualquer gerente de pessoal. Para o pequeno empreendedor (sobretudo aquele que opera com uma estrutura familiar), falar de gerenciamento de pessoal pode parecer fora de contexto, porém é exatamente isso que mais pode ganhar com uma maior aproximação profissional.

Uma breve *checklist* de boas práticas a serem seguidas quando se contrata pessoal está incluída na caixa de texto a seguir, enquanto uma análise mais detalhada é apresentada em seguida.

Boas práticas de contratação

Contratar pensando no futuro da empresa: é melhor pagar hoje um pouco mais a um colaborador cujo talento pode se mostrar importante nos próximos dois ou três anos. É com certeza mais conveniente do que precisar procurar novamente alguém para a mesma posição.

Preparar sempre uma lista de perguntas a serem feitas ao candidato e repeti-las às pessoas indicadas como referências. O controle cruzado deve se estender aos ex-empregadores e, se possível, aos subordinados.

Jamais deixar de fazer uma cuidadosa pesquisa acerca do candidato. Contratar com pressa demasiada, também quando se trata de um funcionário recomendado, pode se revelar um erro.

Admitir quem é simpático e está "à mão" costuma ser o caminho mais fácil, mas não o melhor. O Princípio de Peter (segundo o qual um funcionário pode ser promovido até o nível de incompetência) é muito presente, sobretudo nas empresas nas quais se contrata e se promove com facilidade a quem é mais conhecido e apreciado.

A entrevista de contratação.

Admitir o único candidato disponível significa cair numa fraqueza. Essa pessoa é melhor do que quem? É preferível ter três ou quatro candidatos da mesma importância, com a devida experiência, educação e estilo gerencial. Uma vez feita uma seleção, dois deles podem ser os mais adequados: neste ponto, escolhe-se o melhor.

Não definir *a priori* as qualidades e o estilo gerencial do candidato pode se mostrar danoso, até mesmo com ótimos candidatos. Com frequência, as pessoas são admitidas porque têm a experiência adequada, mas somente ela não é suficiente. Provavelmente executarão o próprio trabalho de modo excelente, mas não são ideais para a posição em questão. Talvez o estilo gerencial não combine com o resto da equipe.

Se as circunstâncias permitirem, antes de contratar o candidato, leve-o para encontrar os colegas de mesmo nível hierárquico e eventualmente também os subalternos. Essas pessoas podem levantar algumas "bandeiras vermelhas" que devem ser consideradas antes de realizar a escolha final. Se não tiverem nenhuma objeção, podem ser muito colaborativas com o novo colega e podem considerar positivo o fato de que foram consultadas. Além disso, o gesto permite ao candidato entender melhor o ambiente no qual deverá atuar.

Os quatro passos fundamentais

Encontrar as pessoas certas exige um plano de ação bem definido. É necessário garantir que cada um que esteja conduzindo a pesquisa de pessoal tenha tempo e recursos suficientes para fazê-la da melhor maneira possível. Acrescentar a responsabilidade de contratação de novos colaboradores a alguém que já tem uma agenda cheia pode comprometer os resultados. O gráfico que segue coloca em evidência os quatro passos fundamentais para uma boa gestão dos recursos humanos:

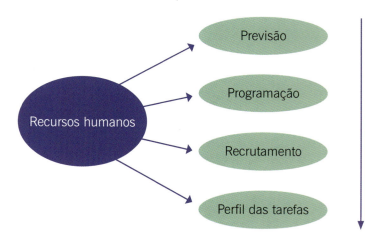

Previsão

Antes de proceder a qualquer contratação é necessário fazer uma análise das expectativas e dos objetivos da Empresa acerca das suas necessidades econômicas e operacionais.

- Definição do volume de clientela: quantos serão os *couverts* a serem servidos? Sem esse dado fundamental, será impossível prosseguir com a análise. Também deve ser levado em consideração o andamento do trabalho segundo os dias da semana e as estações. Estruturas com uma forte orientação para casamentos e festas familiares terão necessidades diferentes daquelas concentradas em encontros de negócios, seminários profissionais ou de formação.
- Definição do pessoal necessário para gerar o volume de negócios previsto: trata-se não somente do número de pessoas necessárias para dar conta do volume de trabalho, mas também do tipo e nível profissionais das várias figuras.
- Definição das retribuições: quanto custa o pessoal contratado? As retribuições deveriam ser estabelecidas também em relação ao volume real de clientela que a estrutura pode receber, e não somente com base nas rendas que poderiam provir das vendas. Essa última visão daria pouca flexibilidade à empresa em caso de um aumento do volume de negócios, sobretudo no momento em que se contratam figuras profissionais mais importantes e que dificilmente poderão ser substituídas por trabalhadores temporários. É importante ter em mente que servir um menu de 50 euros a 100 pessoas exige o mesmo número de funcionários que servir um menu de 100 euros ao mesmo número de comensais. Portanto, o aumento da rentabilidade da empresa é um dado do aumento e da estratégia das vendas.

O número dos funcionários que devem ser contratados, inclusive os temporários, é estabelecido com base na estimativa da quantidade de pessoas necessárias para gerar um determinado volume de negócios ou de *couverts*. Essa estimativa é chamada de "regra de produtividade".

Por exemplo, a respeito do serviço de gastronomia ligado às operações de *banqueting/catering*, as médias mais consideráveis de números de pessoas necessárias para o serviço na mesa se baseiam nas seguintes relações:

tipo de serviço	funcionários / *couvert*	supervisores
menu servido	1/15	1/150
bufê	1/25	1/150
coquetel	1/150	1/150
jantar/ceia de gala	1/12	1/150

No caso de estruturas de luxo, essas médias podem diferir notavelmente, aumentando o número de funcionários em relação aos *couverts* servidos.

As operações de cozinha merecem uma análise a fundo: nesse departamento há outras causas que podem contribuir para o surgimento de índices de produtividade diferentes, embora sejam realizados na mesma estrutura; enquanto o importante no salão é o profissionalismo do *maître*, na cozinha, a figura do *chef* deverá possuir quatro características fundamentais:

- conhecimento das matérias-primas: saber quais são as características organolépticas de cada ingrediente constitui a base fundamental para seu emprego correto na criação de menus *ad hoc* de acordo com cada necessidade e evento;
- conhecimento das novas técnicas de cozimento: ser um *chef* criativo e organizado não basta. Somente um sólido conhecimento das novas tecnologias poderá permitir racionalizar e individualizar o número correto do pessoal necessário para a realização das operações de *banqueting/catering*. Por exemplo, utilizar formas de cocção a vácuo poderá ampliar a oferta e tornar os recursos humanos mais gerenciáveis, bem como permitir um planejamento com grande antecedência, seja nas aquisições, seja na preparação dos alimentos;
- capacidade de controle dos custos: seja na parte relativa a *food cost*, seja na gestão do próprio pessoal, é essencial um atento monitoramento das despesas;
- capacidade de liderança (*leadership*): saber transmitir as exigências da empresa e tirar o máximo de cada recurso humano é fundamental para criar um grupo coeso e unido.

Rigoroso controle das matérias-primas.

Além disso, na fase de planejamento do correto número de colaboradores necessários, deverão ser consideradas as seguintes variantes:
- tipo e dificuldade dos pratos do menu: um bufê de gala com preparações quentes e frias variadas exige mais mão de obra do que um menu composto por apenas cinco pratos;
- utilização de matérias-primas ou pratos elaborados em outros estabelecimentos e entregues por fornecedores externos (sobremesa, verduras da gama IV, carnes pré-cozidas, a vácuo ou outros);
- tipo de materiais e de equipamento disponível. Uma cozinha equipada com fornos que preveem uma recuperação da temperatura original de pratos preparados com antecedência permite servir um número considerável de comensais com uma equipe de pequenas dimensões, já que se poderá organizar e planejar com ampla margem a preparação de um ou mais pratos do menu. Uma cozinha estruturada de maneira obsoleta obriga a servir os pratos quase *à la minute*, ou seja, instantaneamente. Portanto, para um evento com certo número de comensais, será necessário ao menos o dobro de funcionários necessários na situação precedente.

Programação

Esta seção consiste na focalização de uma estratégia empresarial que, com o tempo, permitirá uma política eficiente e eficaz nas contratações. É possível delinear as orientações úteis para estabelecer o caráter (*brand identity*) da atividade por meio de:

- aplicação, em todas as áreas da empresa (cozinha, salão, gerenciamento), de uma política consistente nas contratações;
- criação de perfis nítidos das várias posições (*job descriptions*), mantendo-os atualizados: uma revisão antes da contratação de novos colaboradores é indispensável;
- planejamento de um período, de pelo menos três anos, com discussões quadrimestrais sobre novos processos de contratação a partir de ideias diferentes;
- revisão do plano em base anual, reavaliando as contratações com base nos volumes de negócios;
- planejamento da pesquisa de pessoal extra a ser empregado nos momentos de maior necessidade;
- comunicação dos objetivos e resultados à equipe de colaboradores, com a consequente divisão das atividades a serem empreendidas para aumentar o volume de negócios;
- escuta do *feedback* proveniente dos funcionários demitidos ou dos que se aposentam permite, muitas vezes, atos corretivos, úteis para o futuro da empresa;
- redução máxima das substituições de pessoal (*turnover*), buscando manter com o tempo um número considerável de pessoal fidelizado à empresa;
- garantia de oportunidades iguais para todos os candidatos e para todas as posições.

Recrutamento

Até mesmo a melhor programação empresarial ficará inviável sem uma estratégia de recrutamento. Precisar procurar um colaborador às pressas para cobrir uma demissão inesperada ou um aumento de trabalho já é problemático em si, e precisar fazê-lo com regularidade é um claro sinal de alarme. O recrutamento não pode depender de dicas em cima da hora. Valer-se de recursos múltiplos torna possível atrair os melhores candidatos. Eis alguns conselhos para não ficar despreparado:

- desenvolver e manter conexões com institutos de hotelaria ou escolas profissionalizantes, dos quais se podem conseguir novas levas para o futuro empresarial (estagiários);
- manter conexões com agências de emprego ou de pesquisa de funcionários qualificados (*head hunters* ou entidades de empregos interinos);
- manter um arquivo da imprensa do ramo (impressa e eletrônica) que hospeda classificados de emprego;
- ficar de olho na concorrência.

Um programa de treinamento assegura a inserção correta dos novos funcionários.

Perfil de tarefas (*job descriptions*)

Estes documentos elencam as tarefas, a gama de resultado e os objetivos de cada posição dentro da organização. São excelentes resumos das qualidades e das capacidades procuradas nos candidatos de possível contratação. Contêm a descrição, com o máximo possível de verdade e realismo, das atividades diárias desenvolvidas em cada papel e também de detalhes cuja realização se espera do colaborador. São entregues no início da relação de trabalho, devidamente aceitos por ambas as partes e revisados de ano em ano em função do crescimento e das exigências da empresa.

Geralmente, as fichas são redigidas pelo empregador, sob consulta dos respectivos coordenadores de departamento, a respeito das necessidades reais e das capacidades solicitadas aos candidatos nas diversas posições. Com base nos dados delineados pela gerência, e a partir do conhecimento dos dados financeiros, que incluem o orçamento e as previsões de receitas e despesas, compete aos coordenadores de departamento a tarefa de elaborar um organograma que coloque em evidência as linhas hierárquicas, as qualificações profissionais e as tarefas de cada colaborador.

Hierarquias profissionais de cozinha e de salão

Chef dos pratos frios: chefe de partida que atua em estreita cooperação com o _chef garde manger_ (ver na próxima página), responsável pela preparação de todos os pratos frios para os grandes bufês ou para as operações de _banqueting_. Figura presente em grandes estruturas hoteleiras.

Chefe de fila (_de rang_): figura profissional presente em estruturas hoteleiras de qualidade; opera no salão, de preferência com bom conhecimento de línguas estrangeiras. É o responsável por uma seção ("fila") do salão chamada em italiano de _rango_. Gerencia as relações com os clientes e, para desenvolver suas tarefas, serve-se da ajuda de um ou mais _commis de rang_ (auxiliar de fila).

Chef entremetier: na Itália define-se com esse termo o chefe de partida responsável pela preparação de todos os primeiros pratos de pasta, seja ela fresca ou seca, arroz e pratos à base de ovos. Geralmente cuida também da preparação dos diversos molhos e condimentos exigidos pelos primeiros pratos.

Chef garde manger: chefe de partida, responsável pelo controle dos alimentos e pela estocagem nas câmaras de carnes, peixes, frutas e verduras. Em muitas estruturas é responsável pelo porcionamento das carnes e dos peixes, mantendo-os no padrão estabelecido, bem como pela preparação de todas as entradas (antepastos) e dos pratos frios do bufê, se não houver a assistência do _chef_ dos pratos frios.

Chef saucier: chefe de partida que, na Itália, realiza a tarefa de preparar os molhos, os fundos de base e os segundos pratos de carne e peixe.

Chef tournant: um dos mais capacitados chefes de partida presentes na equipe de cozinha. Normalmente é a posição que precede à passagem para subchefe (_sous-chef_). Seus conhecimentos e habilidades profissionais permitem que substitua cada chefe de partida que chegue a faltar.

Commis (auxiliar) _de rang_ (de fila): é o garçom auxiliar que trabalha sob orientação de seu superior direto (_chef_ de _rang_).

Commis (auxiliar) de cozinha: é uma figura profissional que trabalha sob orientação de seu chefe de partida e superior direto; representa uma primeira etapa importante na formação para se tornar um _chef_.

Organograma do pessoal de salão numa estrutura hoteleira de pequenas dimensões:

Organograma de cozinha para estruturas hoteleiras de dimensões médias:

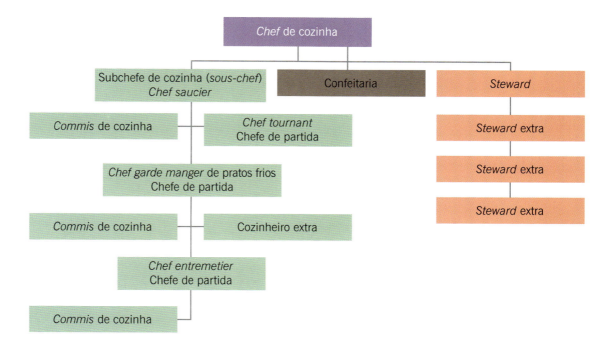

Organograma de cozinha para estruturas hoteleiras de grandes dimensões:

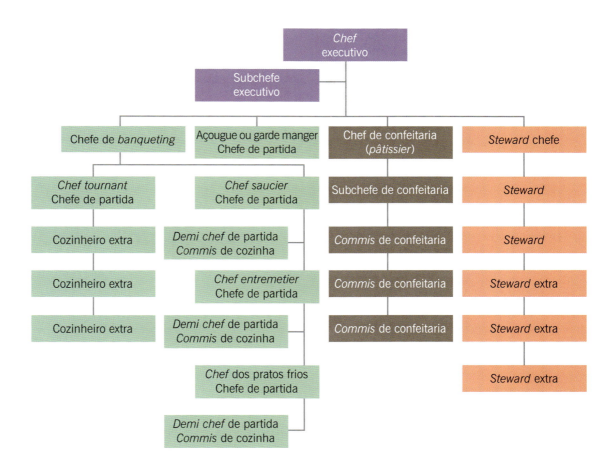

Briefing pré-evento.

A seguir, são fornecidos alguns exemplos dos perfis das várias tarefas (*job descriptions*) pertencentes ao organograma de uma estrutura hoteleira de grandes dimensões. É claro que uma organização de dimensões menores praticará uma fusão entre vários papéis ou optará por eliminar outros inteiramente. Contudo, isso não muda o fato de que cada colaborador deve ter tarefas bem definidas e uma ideia claríssima acerca da hierarquia dentro da própria estrutura.

CHEF EXECUTIVO/*CHEF* DE COZINHA

Responsabilidade: produção de comida nos níveis máximos de qualidade e higiene. Controle dos custos ligados às operações diárias.

Superior direto: gerente geral/diretor operativo

Áreas de resultado	Objetivos	
GESTÃO DO PESSOAL	Promoção do conhecimento e das habilidades	
PRODUTO	Criatividade e constância no padrão qualitativo oferecido	
AQUISIÇÕES E CONTROLE DOS CUSTOS	Inventários	
STEWARDING E HIGIENE	Constância no padrão higiênico	
CONCORRÊNCIA	Visitas de inspeção	

Departamento: COZINHA

Substituído por: *sous-chef* executivo

Principais tarefas:

- Treinar os novos colaboradores nas operações gastronômicas e de *banqueting*;
- Redigir os horários em base bissemanal, o plano dos feriados, considerando as necessidades ligadas ao *business* e de acordo com as normas trabalhistas e da previdência social;
- Entrevistar e selecionar os novos colaboradores para as cozinhas; estimar as habilidades dos próprios colaboradores, marcando encontros em base trimestral e anual;
- Redigir normas disciplinares e decidir as promoções no próprio departamento, em cooperação com o diretor de recursos humanos;
- Reduzir o *turnover* (rotatividade) do pessoal no departamento, motivando-o e aplicando um estilo gerencial apropriado;
- Marcar reuniões semanais dentro da cozinha com o departamento *stewarding*;
- Ensinar aos próprios funcionários a importância de um constante nível qualitativo na preparação e apresentação dos alimentos;

- Redigir o menu (cardápio) segundo as estações, considerando as necessidades reais da empresa e levando em consideração custos, *feedback* da clientela, tipo de restaurante e gastronomia solicitados;
- Assegurar constantemente o nível qualitativo, o controle das porções e a apresentação;
- Redigir o *banqueting kit* e manter elevada a qualidade da oferta gastronômica ligada às operações de *banqueting*;

- Redigir o inventário em base diária, semanal e mensal, analisando os resultados e, se for necessário, determinando atos corretivos com o responsável das aquisições;
- Determinar o inventário corrente do material operativo, em base mensal, em cooperação com os pontos gastronômicos, de modo a garantir um mínimo de perdas e danos;
- Controlar os alimentos em termos de qualidade, peso e quantidade, em cooperação com o departamento de aquisições;

- Controlar diariamente as entregas, respeitando as normas de HACCP – *Hazard Analysis and Critical Control Points* (Análise de Perigos e Pontos Críticos de Controle);
- Treinar os colaboradores dos departamentos cozinha e *stewarding* nas linhas de HACCP;
- Manter os desperdícios sob controle;
- Estabelecer contatos com empresas externas de *stewarding* para eventuais colaborações;
- Controlar as limpezas, como estabelecido no plano de controle, em base semanal, marcando encontros semanais com os responsáveis diretos;
- Definir e delinear o padrão de serviço;
- Integrar o padrão de serviço nos próprios programas de formação;

- Efetuar visitas à concorrência, para avaliar a sua oferta, em vista da apresentação de um produto diferente e mais atrativo, buscando propor a melhor oferta do setor.

SOUS-CHEF EXECUTIVO/SUBCHEFE

Responsabilidade: gerenciamento do departamento na ausência do *chef* executivo

Superior direto: *chef* executivo

Áreas de resultado	Objetivos	
CONTROLE DAS ENCOMENDAS DE ALIMENTOS	Apoio otimizado ao *chef* executivo na gestão do departamento	
GESTÃO DO PESSOAL		
HIGIENE E LIMPEZA		
PRODUÇÃO DE REFEIÇÕES		
COMUNICAÇÕES INTERNAS E EXTERNAS		
FOOD COST		
CONHECIMENTOS DO SETOR		

Departamento: COZINHA/*OPERATIONS*

Substitui: *chef* executivo

Substituído por: chefe de partida

Principais tarefas

- Gerir independentemente as encomendas dos alimentos e artigos de depósito;
- Controlar o fluxo das mercadorias;
- Controlar as mercadorias no recebimento em cooperação com o responsável das aquisições;
- Gerir os inventários;

- Redigir os horários dos departamentos de cozinha e *stewarding*, em cooperação com as empresas externas (*outsourcing*), levando em conta todas as disposições legais e o volume do *business*;
- Treinar e gerir o pessoal da cozinha e os estagiários;
- Preparar os menus (cardápios) para os diferentes pontos gastronômicos, em cooperação com o *chef* executivo;
- Entrevistar os novos candidatos e avaliar o pessoal do departamento em cooperação com o *chef* executivo;

- Documentação HACCP para as áreas de estocagem e controle das normas HACCP em todas as áreas relevantes;

- Executar banquetes e eventos, desde a organização até sua completa realização;
- Participar das degustações e das atualizações nos cursos de formação;
- Criar decorações para os vários pontos gastronômicos;
- Preparar todas as refeições e controlar todos os pratos ao saírem da cozinha;

- Organizar e gerir as reuniões de departamento, comunicar-se com os fornecedores e as empresas parceiras;
- Comunicar-se com todos os funcionários do departamento em todas as áreas de serviço;
- Aconselhar os clientes e hóspedes, gerir imediatamente eventuais reclamações;

- Manter os padrões de serviço durante a sequência das operações diárias;
- Monitorar constantemente os custos em relação a salários, *food cost* e outras despesas;

- Observar e testar a concorrência local;
- Identificar as novas tendências gastronômicas e técnicas de preparação dos alimentos.

SOUS-CHEF EXECUTIVO/SUBCHEFE

Responsabilidade: operações ligadas à banqueteria

Superior direto: *chef* executivo

Áreas de resultado	Objetivos	
CONTROLE DAS ENCOMENDAS DOS ALIMENTOS PARA AS OPERAÇÕES DE *BANQUETING*	Apoio otimizado ao *chef* executivo na gestão do departamento	
GESTÃO DO PESSOAL		
PRODUTO		
HIGIENE E LIMPEZA		
PRODUÇÃO DE REFEIÇÕES		
COMUNICAÇÕES INTERNAS E EXTERNAS		
FOOD COST		
CONHECIMENTOS DO SETOR		

Departamento: COZINHA

Substitui: *Sous-chef* executivo

Substituído por: chefe de partida

Principais tarefas

- Gerir independentemente as encomendas dos alimentos e artigos de depósito;
- Controlar o fluxo das mercadorias;
- Controlar as mercadorias no recebimento em cooperação com o responsável das aquisições;
- Gerir os inventários;

- Redigir os horários dos funcionários ligados às operações de *banqueting*, procurar pessoal extra, planejando as necessidades reais com base na aquisição por meio da previsão de trabalho e das ordens de serviço;
- Treinar e gerir os funcionários ligados à banqueteria;

- Apoiar o *chef* executivo na compilação do *banqueting kit*, contribuindo com criatividade e novas ideias;
- Ter a capacidade de gerir grandes volumes de banqueteria;

- Possuir a documentação segundo as normas HACCP para as áreas de estocagem e controlar sua aplicação em todas as áreas relevantes;

- Executar banquetes e eventos, desde a organização até sua realização completa;
- Participar das degustações e das atualizações dos cursos de formação;
- Criar decorações para os vários pontos gastronômicos;
- Preparar bufê e *coffee break* com responsabilidade pela disposição dos víveres nas mesas;

- Comunicar-se com o responsável de salão, o *chief steward*, sobre o correto desenvolvimento do serviço, bem como sobre a necessidade de materiais para as operações de *banqueting*;
- Aconselhar os clientes e os hóspedes, gerir imediatamente eventuais reclamações;

- Manter os padrões de serviço durante a sequência das operações diárias;
- Monitorar continuamente os custos relativos às operações de *banqueting*;

- Observar e testar a concorrência local;
- Identificar as novas tendências gastronômicas e técnicas de preparação dos alimentos.

CHEF DE PARTIDA

Responsabilidade: produção dos víveres na parte confiada

Superior direto: *chef* executivo/*sous-chef*

Áreas de resultado	Objetivos	
TAREFAS GERAIS	Apoio otimizado ao *chef* de cozinha na gestão do departamento	

Departamento: COZINHA

Substitui: *chef* de partida/ *demi chef* de partida

Substituído por: *demi chef* de partida

Principais tarefas

- Gerir independentemente a parte atribuída;
- Redigir os inventários;
- Monitorar o fluxo das mercadorias;
- Instruir e gerir os *commis* de cozinha e aprendizes de cozinha;
- Comunicar-se com todos os funcionários nas áreas de serviço;
- Possuir documentação acerca das normas HACCP e controlar sua aplicação;
- Cooperar na criação de decorações nas áreas de bufê e *banqueting*;
- Monitorar as mercadorias no recebimento, em cooperação com o responsável pelas aquisições;
- Ser responsável pelas áreas atribuídas, inclusive tudo acerca de *mise-en-place*, limpeza e ordenamentos de mercadorias para as necessidades da partida;
- Identificar as novas tendências e técnicas gastronômicas;
- Participar do treinamento do pessoal;
- Cumprir todas as tarefas levando em conta os padrões estabelecidos;
- Gerir o pessoal adequadamente.

DEMI CHEF DE PARTIDA

Responsabilidade: produção dos víveres na parte confiada

Superior direto: *chef* de partida

Áreas de resultado	Objetivos	
TAREFAS GERAIS	Apoio otimizado ao *chef* de cozinha na gestão do departamento	

COMMIS DE COZINHA

Responsabilidade: produção dos víveres na parte confiada

Superior direto: *chef* de partida/ *demi chef* de partida

Áreas de resultado	Objetivos	
TAREFAS GERAIS	Apoio otimizado ao *chef* de cozinha na gestão do departamento	

Departamento: COZINHA

Substitui: *chef* de partida

Substituído por: *commis* de cozinha

Principais tarefas

- Gerir independentemente a partida atribuída, na ausência do chefe de partida;
- Fornecer apoio na elaboração dos inventários;
- Monitorar o fluxo das mercadorias;
- Instruir e gerir os *commis* de cozinha e aprendizes de cozinha;
- Comunicar-se com todos os funcionários nas áreas de serviço;
- Possuir a documentação acerca das normas HACCP e controlar sua aplicação;
- Cooperar na criação de decorações nas áreas de bufê e *banqueting*;
- Monitorar as mercadorias no recebimento, em cooperação com o responsável pelas aquisições;
- Na ausência do chefe de partida, assumir a responsabilidade pelas áreas atribuídas, inclusive tudo acerca de *mise-en-place*, limpeza e ordenamentos de mercadorias para as necessidades da partida;
- Identificar as novas tendências e técnicas gastronômicas;
- Participar do treinamento dos funcionários;
- Cumprir todas as tarefas levando em conta os padrões estabelecidos;
- Gerir o pessoal adequadamente.

Departamento: COZINHA

Substitui: *demi chef* de partida

Substituído por: *demi chef* de partida

Principais tarefas

- Assumir a responsabilidade pelas tarefas atribuídas nas várias seções da cozinha;
- Colaborar na elaboração dos inventários;
- Monitorar o fluxo das mercadorias;
- Participar dos treinamentos e da gestão dos estagiários de cozinha;
- Comunicar-se com todos os funcionários nas áreas de serviço;
- Possuir a documentação acerca das normas HACCP e controlar sua aplicação;
- Monitorar as mercadorias no recebimento, em cooperação com o responsável pelas aquisições;
- Assumir a responsabilidade pela limpeza do posto destinado;
- Participar dos treinamentos;
- Cumprir todas as tarefas levando em conta os padrões estabelecidos.

CHEF DE CONFEITARIA (*PÂTISSIER*)

Responsabilidade: produção da confeitaria nos mais altos padrões de qualidade, higiene e eficiência nos custos

Superior direto: *chef* executivo

Áreas de resultado	Objetivos	
GERAIS	Gestão otimizada da confeitaria	
AQUISIÇÕES		
PREPARAÇÃO	Gestão da qualidade	
PRODUÇÃO DE REFEIÇÕES	Manter um nível exemplar de higiene	
SEGURANÇA NO TRABALHO	Manter um nível exemplar de segurança no posto de trabalho	
LIMPEZA	Manter um nível exemplar de limpeza no posto de trabalho	
GESTÃO DO PESSOAL	Promover o conhecimento e a habilidade de cada colaborador	

Departamento: COZINHA

Substitui: *sous-chef*

Substituído por: *demi chef* de confeitaria

Principais tarefas

- Assumir a responsabilidade completa pela confeitaria de acordo com as ordens emitidas pelo *chef* executivo ou *sous-chef*;
- Responsável pela produção ou pela delegação ao seu assistente direto de todos os produtos de confeitaria;
- Correta utilização e economia no consumo dos materiais, água, gás, energia;
- Relatar ao *sous-chef* ou ao *chef* tudo relativo aos consertos necessários do próprio material;
- Participar dos *meetings* mensais e dos treinamentos;
- Trabalhar pelo desenvolvimento de sua carreira;
- Aconselhar os clientes e os hóspedes, gerir imediatamente eventuais reclamações;
- Comunicar-se com todos os colaboradores do salão e com seu gerente;
- Assumir responsabilidade pela seção, inclusive limpeza final e *mise-en-place* completa, bem como pelas encomendas dos alimentos;
- Ter conhecimento das novas tendências gastronômicas e de apresentação de alimentos;
- Cumprir todas as tarefas em sintonia com os padrões estabelecidos;

- Preparar as encomendas diárias para o departamento de aquisições, com correta compilação da ordem de transferência interna;
- Controlar os alimentos provenientes do depósito;
- Lembrar ao *chef* executivo alimentos a serem encomendados que não fazem parte do estoque normal de produtos usados;
- Gerir os inventários;
- Gerir o fluxo dos gêneros alimentícios;

- Conhecer os produtos e os serviços que podem ser oferecidos aos clientes, inclusive todas as operações de *banqueting*, informando a tempo todos os colaboradores;
- Assegurar a *mise-en-place* diária em quantidade suficiente e a tempo para o início do serviço;
- Seguir as receitas, os volumes de consumo e os padrões de qualidade;
- Preparar os pratos segundo os padrões estabelecidos, mantendo constante o serviço oferecido;
- Assegurar a fluidez do serviço;

- Ter conhecimento das leis sanitárias relativas à conservação e à preparação dos alimentos;
- Assegurar a reutilização otimizada dos produtos;
- Possuir a documentação acerca das normas HACCP para as áreas de estocagem e controlar sua aplicação em todas as áreas relevantes;

- Ter conhecimento da própria responsabilidade pela segurança nos postos de trabalho, em particular pela prevenção de acidentes e outros incidentes;
- Mostrar familiaridade com os equipamentos técnicos e o seu uso correto, assegurando-se de que as regras de segurança sejam aplicadas;
- Assegurar o cuidado e a manutenção de todo o equipamento do ambiente;

- Assegurar que o posto de trabalho esteja sempre arrumado e limpo, especialmente ao término do turno de trabalho;

- Providenciar a instrução de todos os novos empregados com relação ao procedimento correto de trabalho;
- Corrigir imediatamente os erros de um colaborador;
- Promover o espírito de equipe, motivando os colaboradores a alcançar os máximos níveis de padrão e de qualidade;
- Providenciar a elaboração dos horários dos funcionários.

DEMI CHEF DE CONFEITARIA

Responsabilidade: produção da confeitaria nos mais altos padrões de qualidade, higiene e eficiência nos custos

Superior direto: *chef* de confeitaria (*pâtissier*)

Áreas de resultado	Objetivos	
GERAIS	Gestão otimizada da confeitaria	
AQUISIÇÕES		
PREPARAÇÃO E SEQUÊNCIA DO SERVIÇO	Gestão da qualidade	
PRODUÇÃO DE REFEIÇÕES	Manter um nível exemplar de higiene	
SEGURANÇA NO TRABALHO	Manter um nível exemplar de segurança nos postos de trabalho	
LIMPEZA	Manter um nível exemplar de limpeza nos postos de trabalho	
GESTÃO DO PESSOAL	Promover o conhecimento e a habilidade de cada colaborador	

Departamento: COZINHA

Substitui: *chef* de confeitaria

Substituído por: *commis* de confeitaria

Principais tarefas

- Na ausência do *chef* de confeitaria, assumir a responsabilidade completa pela gestão da confeitaria de acordo com as ordens emitidas pelo *chef* executivo ou *sous-chef*;
- Na ausência do *chef* de confeitaria, assumir a responsabilidade pela produção ou pela delegação ao seu assistente direto de todos os produtos de confeitaria;
- Correta utilização e economia no consumo dos materiais, água, gás, energia;
- Relatar ao *sous-chef* ou ao *chef* os consertos necessários no próprio material;
- Participar das reuniões mensais e dos treinamentos;
- Trabalhar pelo desenvolvimento de sua carreira;

- Preparar as encomendas diárias para o departamento de aquisições, com correta compilação da ordem de transferência interna;
- Controlar os gêneros alimentícios provenientes do depósito;
- Lembrar ao *chef* executivo os alimentos a serem encomendados que não fazem parte do estoque normal de produtos usados;

- Conhecer os produtos e os serviços que podem ser oferecidos aos clientes, inclusive todas as operações de *banqueting*, informando todos os colaboradores a tempo;
- Assegurar a *mise-en-place* diária em quantidade suficiente e a tempo para o início do serviço;
- Seguir as receitas, os volumes de consumo e os padrões de qualidade;
- Preparar os pratos segundo os padrões estabelecidos, mantendo constante o serviço oferecido;
- Assegurar a fluidez do serviço;

- Ter conhecimento das leis sanitárias relativas à conservação e preparação dos alimentos;
- Assegurar a reutilização otimizada dos produtos;
- Possuir a documentação acerca das normas HACCP para as áreas de estocagem e controlar sua aplicação em todas as áreas relevantes;

- Ter conhecimento da própria responsabilidade pela segurança nos postos de trabalho, em particular pela prevenção de acidentes e outros incidentes;
- Mostrar familiaridade com os equipamentos técnicos e o seu uso correto, garantindo que as regras de segurança sejam aplicadas;
- Garantir o cuidado e a manutenção de todo o equipamento do ambiente;

- Assegurar que o posto de trabalho esteja sempre arrumado e limpo, especialmente ao término do turno de trabalho;

- Providenciar a instrução de todos os novos empregados com relação ao procedimento correto de trabalho;
- Corrigir imediatamente os erros de um colaborador;
- Promover o espírito de equipe, motivando os colaboradores a alcançar os máximos níveis de padrão e de qualidade.

COMMIS DE CONFEITARIA

Responsabilidade: produção da confeitaria nos mais altos padrões de qualidade, higiene e eficiência nos custos

Responsável direto: *chef* de confeitaria

Áreas de resultado	Objetivos	
GERAIS	Gestão otimizada da confeitaria	
AQUISIÇÕES		
PREPARAÇÃO E SEQUÊNCIA DO SERVIÇO	Gestão da qualidade	
PRODUÇÃO DE REFEIÇÕES	Manter um nível exemplar de higiene	
SEGURANÇA NO TRABALHO	Manter um nível exemplar de segurança nos postos de trabalho	
LIMPEZA	Manter um nível exemplar de limpeza nos postos de trabalho	

Departamento: COZINHA

Substitui: *demi chef* de confeitaria

Substituído por: *demi chef* de confeitaria

Principais tarefas

- Apoiar as tarefas do responsável pela confeitaria;
- Desenvolver suas tarefas de acordo com as orientações do *demi chef* de confeitaria e dos padrões estabelecidos;
- Utilização correta e economia no consumo dos materiais, água, gás, energia;
- Relatar ao *sous-chef* ou ao *chef* os consertos necessários no próprio material;
- Participar das reuniões mensais e dos treinamentos;
- Trabalhar pelo desenvolvimento de sua carreira;

- Lembrar ao *demi chef* os alimentos a serem encomendados que não fazem parte do estoque normal de produtos usados;

- Conhecer os produtos e os serviços que podem ser oferecidos aos clientes;
- Assegurar a *mise-en-place* diária em quantidade suficiente e a tempo para o início do serviço;
- Seguir as receitas, os volumes de consumo e os padrões de qualidade;
- Preparar os pratos segundo os padrões estabelecidos, mantendo constante o serviço oferecido;
- Assegurar a fluidez do serviço;

- Ter conhecimento das leis sanitárias relativas à conservação e à preparação dos alimentos;
- Assegurar a reutilização otimizada dos produtos;
- Possuir a documentação acerca das normas HACCP para as áreas de estocagem e controlar sua aplicação em todas as áreas relevantes;

- Ter conhecimento da própria responsabilidade pela segurança nos postos de trabalho, em particular pela prevenção de acidentes e outros incidentes;
- Mostrar familiaridade com os equipamentos técnicos e o seu uso correto, asseverando-se que as regras de segurança sejam aplicadas;
- Assegurar cuidado e manutenção de todo o equipamento do ambiente;

- Assegurar que o posto de trabalho esteja sempre arrumado e limpo, especialmente ao término do turno de trabalho.

STEWARD CHEFE

Responsabilidade: coordenação de todas as atividades no departamento de *stewarding*

Superior direto: *chef* executivo

Áreas de resultado	Objetivos	
ADMINISTRAÇÃO	Gestão das tarefas administrativas referentes a horários, avaliações, inventários, controle dos custos	
OPERAÇÕES F&B	Limpeza e apoio a todos os pontos de descanso	
HIGIENE E LIMPEZA	Gestão otimizada da limpeza das áreas (área dos lixos e áreas afins, cozinhas) Monitoramento das normas de higiene sanitária (HACCP)	
CONTROLE	Assegurar a manutenção de todo o equipamento do ambiente	

Departamento: *STEWARDING*

Substituído por: *steward* assistente

Principais tarefas

- Planejar objetivos a curto e longo prazo para o departamento, indicando como alcançar tais objetivos;
- Relatar regularmente o valor dos danos;
- Conduzir regularmente sessões de treinamento;
- Redigir os horários, levando em consideração as previsões de trabalho relativas às operações de *banqueting* e de ocupação;
- Revisar diariamente as ordens de serviço, menus e banquetes, verificando com os responsáveis de salão e de cozinha de quais materiais necessitam;
- Redigir regularmente inventários para a previsão do orçamento das despesas;
- Manter o controle dos custos salariais alinhado aos resultados previstos;
- Conduzir regularmente reuniões mensais de departamento;

- Assegurar que o restaurante e a cozinha sejam abastecidos com o material necessário;
- Assegurar que o fluxo do material necessário para as operações diárias seja constante e regular;
- Controlar a preparação da *mise-en-place* para as operações de *banqueting*, de acordo com o responsável de salão;
- Assumir a responsabilidade pela limpeza de todos os pontos de descanso;
- Controlar a limpeza do material;
- Assumir a responsabilidade pela limpeza de tudo na área de prataria, vasilhames e talheres;
- Utilização correta e economia no consumo de materiais, água, gás, energia;

- Ter conhecimento das normas HACCP e transmiti-lo à sua equipe, mantendo sob controle o padrão de higiene, saúde e segurança;
- Verificar diariamente todos os departamentos sobre seu nível de limpeza, encaminhando atos corretivos quando necessário;

- Exigir um controle geral acerca de manutenção e conserto de todo o material das cozinhas e de F&B;
- Controlar a limpeza noturna;
- Estocar o material corretamente, de modo a evitar perdas e danos desnecessários;
- Operar um estrito controle no consumo dos detergentes e de outros produtos de depósito;
- Controlar a aplicação das normas para a coleta seletiva dos lixos.

STEWARD/LAVA-LOUÇAS/LAVA-PANELAS

Superior direto: *Steward* chefe

Áreas de resultado	Objetivos	
CONTROLE E LIMPEZA DAS ÁREAS DE DEPÓSITO DOS LIXOS	Apoio otimizado ao *steward* chefe na gestão do departamento	
HIGIENE DO PESSOAL	Apoio otimizado ao *steward* chefe na gestão da banqueteria	
LIMPEZA, CONTROLE E GESTÃO DE TODAS AS ESTRUTURAS E EQUIPAMENTO/DECORAÇÃO NO AMBIENTE DE *STEWARDING*		

GERENTE DO SERVIÇO DE *BANQUETING* (*BANQUETING SERVICE MANAGE*

Responsabilidade: gestão das equipes de serviço nas operações de *banqueting*

Superior direto: diretor

Áreas de resultado	Objetivos	
• ORGANIZAÇÃO/ COLOCAÇÃO DOS COLABORADORES; • ATENDIMENTO AOS CLIENTES; • *MISE-EN-PLACE* E CONTROLE; • TREINAMENTO E COORDENAÇÃO DA EQUIPE; • ORDEM E LIMPEZA; • CONHECIMENTO DO SISTEMA; • FORMAÇÃO PARA O FUTURO; • COMUNICAÇÃO COM OUTROS DEPARTAMENTOS.	Responsável pelo desenvolvimento regular da sequência de todas as operações de banqueteria, inclusive a sua preparação, levando em consideração as diretrizes estabelecidas pela gerência	

Departamento: *STEWARDING*

Principais tarefas

- Cuidar da própria higiene pessoal;
- Gerir a limpeza do local de trabalho;
- Gerir acuradamente a porcelanaria e os cristais;
- Gerir acuradamente a limpeza da prataria;
- Gerir acuradamente as máquinas do ambiente (lava-louças, lava-panelas, lava-copos, etc.);
- Gerir acuradamente o consumo dos detergentes em uso diário;
- Participar dos vários cursos de formação;
- Participar dos treinamentos de formação referentes ao departamento;
- Observar e aplicar as normas HACCP em colaboração com os assistentes do departamento *stewarding*.

Departamento: *F&B*/OPERAÇÕES

Principais tarefas

- Gerir de modo econômico os custos referentes aos colaboradores, sobretudo os extras;
- Ser responsável pela disciplina, pontualidade, correta aparência e *grooming* (arrumação/maquiagem) do pessoal de salão;
- Monitorar as sequências de trabalho para garantir um serviço convincente e consistente, antes, durante e depois de cada evento;
- Ser responsável pelo armazenamento correto de alimentos e bebidas;
- Gerir os procedimentos de trabalho para gerar um correto custo empresarial;
- Estar em condição de assegurar um cliente satisfeito;
- Estar em condição de transferir tarefas e implementações dos controles;
- Redigir um relato diário com os pontos diários mais importantes;
- Efetuar um controle diário de todos os eventos e de seu faturamento;
- Observar as regras de higiene e segurança nos postos de trabalho;
- Controlar as condições dos salões, do material e do equipamento técnico;
- Estar em condição de dar instruções corretas à equipe;
- Estar em condição de se comunicar de modo eficaz com o *chef* executivo e o *steward* chefe em relação à necessidade diária de material e à atualização acerca de eventos programados.

GARÇOM/CHEFE DE FILA (DE *RANG*)

Responsabilidade: serviço aos clientes

Superior direto: gerente do serviço de *banqueting* (*banqueting service manager*)

Áreas de resultado	Objetivos	
• SERVIÇO AOS CLIENTES • COMUNICAÇÃO E COOPERAÇÃO • TREINAMENTO PARA O FUTUROS • CONHECIMENTO DO PRODUTO • CONHECIMENTO DO SISTEMA	Assegurar a sequência regular do padrão de serviço nas operações de *banqueting*, obtendo a plena satisfação do cliente	

SOMMELIER

Responsabilidade: supervisão e serviço das bebidas

Superior direto: gerente do serviço de *banqueting* (*banqueting service manager*)

Áreas de resultado	Objetivos	
TAREFAS GERAIS	Dar o máximo de apoio ao gerente do serviço de *banqueting* (*banqueting service manager*)	

Departamento: *F&B*/OPERAÇÕES

Principais tarefas

- Assegurar um constante e convincente padrão de serviço durante as operações de *banqueting*;
- Contribuir ativamente para o serviço;
- Participar dos treinamentos internos;
- Cuidar dos clientes, desde a chegada até a partida;
- Executar de modo correto e consciencioso as ordens emitidas pelo gerente do serviço de *banqueting* (*banqueting service manager*);

- Ter conhecimento dos sistemas informatizados de caixa;
- Ter conhecimento dos procedimentos para o uso dos aparelhos técnicos.

Departamento: *SOMMELIER*

Principais tarefas

- Conhecer o conteúdo da carta de vinhos e os perfis organoléticos dos componentes individuais;
- Assegurar-se de que todos os colaboradores conheçam as cartas de bebidas disponíveis aos clientes;
- Assistir aos clientes na sua escolha e tomar o pedido corretamente (comanda);
- Estar ativamente envolvido nos treinamentos;
- Garantir que uma adequada *mise-en-place* esteja pronta antes do serviço;
- Organizar, supervisionar e assistir ao serviço de bebidas para uma correta combinação com os pratos servidos, utilizando o equipamento e os copos corretos, com base no padrão definido pelo gerente;
- Assegurar-se da manipulação, utilização e limpeza corretas de todo o material relacionado ao serviço de bebidas;
- Manter estrito controle do estoque em uso e de seu *check* de pedidos (comandas) para que sejam compilados e elencados corretamente na conta do cliente;
- Prever o *business* futuro, comunicando ao gerente eventuais aspectos problemáticos com relação à encomenda de vinhos;
- Ter conhecimento de novos vinhos ou de sugestões a serem inseridas na carta de vinhos;
- Promover treinamentos para os colaboradores;
- Trabalhar em estreita relação com o *chef* para estabelecer as melhores combinações entre comida e vinho;
- Ser capaz de prever um plano que garanta o cumprimento do orçamento;
- Executar regularmente atualizações, acréscimos ou eliminações de vinhos do cardápio;
- Participar de degustações com fornecedores e manter um registro sobre elas.

Multiskilling entre escritório *F&B* e salão.

MULTISKILLING: ASSUMIR DE MODO EFICAZ

O principal objetivo do diretor dos recursos humanos é obter o máximo benefício com o menor investimento econômico. A contratação de funcionários pode ter um efeito negativo para estruturas hoteleiras. Portanto, será necessário assegurar um nível qualitativo adequado, sem desperdícios excessivos.

O resultado dependerá da estrutura organizacional, da disponibilidade e do nível cultural dos candidatos. Entretanto, o fator crítico reside na capacidade de antecipação: sem uma previsão clara da situação, às vezes será difícil antecipar com eficácia o número de pessoas necessárias para desenvolver as operações diárias. É típico que empresas hoteleiras, dedicadas às operações de *banqueting/catering*, pensem em uma fórmula de contratação que permita contratar mão de obra adicional, em caso de maior necessidade. Tradicionalmente se recorre à contratação de funcionários extras ou de meio período, muitos dos quais podem se tornar também colaboradores assíduos e constantes. No entanto, ocasionalmente, esse tipo de recrutamento pode assumir aspectos econômicos ambíguos, sobretudo se não for gerenciado corretamente. Com frequência, o custo dos trabalhadores extras é ignorado, criando assim a impressão de um controle econômico eficaz. Se fossem considerados todos os custos referentes a essa política empresarial (telefonemas para agências de emprego, tempo investido nas pesquisas, gestão da administração e dos aspectos legais inerentes à contratação de funcionários temporários), certamente emergiria um cenário diferente. A melhor solução plausível seria empregar um maior número de funcionários em tempo integral e torná-los altamente flexíveis, de modo que possam suprir um grande número de necessidades e de cobertura de tarefas (*multiskilling*).

"Acabo de imprimir os menus para o banquete de casamento que serviremos hoje à noite. Também farei parte da equipe de salão, ajudarei no serviço dos vinhos, já que estou terminando o meu curso de sommelier. Portanto, desejo pôr os meus conhecimentos em prática."
Anna, gerente assistente F&B

Multiskilling não significa passar tarefas extras a colaboradores, pedindo-lhes a execução de outras tarefas quando já estão sobrecarregados durante o seu turno de trabalho. Em vez disso, a intenção deve ser o treinamento e desenvolvimento dos funcionários, confiando em suas experiências que permitirão crescer na organização da empresa, de modo que, com o tempo, se tornarão excelentes colaboradores, capazes de operar em diferentes departamentos da estrutura hoteleira.

Quer se trate de funcionários contratados em tempo integral, meio período ou extras, é necessário criar um sistema de turnos eficiente que permita uma correta colocação das equipes nas diversas atividades. O processo normal é prever a utilização de um esquema semanal ou bissemanal que leve em consideração três aspectos importantes, definidos nos três lados do triângulo equilateral abaixo – isto é, de igual importância –, que enquadra a gestão correta da rotação do pessoal.

Eficácia: o número correto de funcionários, de modo a produzir o nível certo de qualidade no serviço fornecido ao cliente.
Eficiência: o emprego mais produtivo dos recursos humanos com o mínimo de perda de forças.
Economia: o custo mais baixo possível para maximizar a produtividade.

Formar

Um constante monitoramento para construir uma equipe afinada

Como já mostramos, é essencial fazer uma análise aprofundada dos requisitos e das tarefas de cada figura do organograma antes de selecioná-la. Presumir que o candidato que se apresenta para uma entrevista saiba exatamente o que deverá fazer, somente porque desempenhou um papel semelhante numa outra organização, é um grave erro. Diretrizes escritas são essenciais, tanto para a gerência como para os funcionários, e não deveriam ser consideradas instrumentos válidos somente para grandes organizações. A sua redação obriga a gerência a considerar todos os aspectos de uma posição e a delinear um quadro claro do tipo de candidato mais adequado para cumpri-los. Um empregado bem-informado acerca de suas tarefas não poderá recorrer à desculpa de não saber que uma determinada tarefa faz parte de seu trabalho. Além disso, informações corretas apresentadas no início de uma relação de trabalho podem ajudar a evitar que o empregado ultrapasse os limites de seu papel ou que incomode os colegas com perguntas supérfluas.

Para a produção diária na cozinha, são mais adequadas pessoas que prefiram a constância da rítmica e da metodicidade. Elas não se assustarão com volumes elevados de trabalho, estarão acostumadas a trabalhar segundo planos preestabelecidos e tenderão a ser mais propensas a seguir o receituário da empresa, contribuindo para manter constantes:
- a qualidade do trabalho;
- a qualidade das transformações e da cocção dos produtos;
- a atuação no plano de autocontrole;
- o rendimento econômico imputável à cozinha.

O manual dos funcionários

Os perfis das tarefas são elementos-chave para se poder esboçar os fundamentos de um documento mais extenso, ou seja, o manual dos funcionários. A sua entrega pode ser considerada um gesto de boas-vindas que fornecerá aos recém-admitidos uma visão da empresa desde o seu interior. Um manual bem-feito incluirá uma breve descrição do empreendimento e do público para o qual está voltado. Levar os novatos a entender que fazem parte de uma empresa com uma história é particularmente útil para quem pretende construir uma equipe estável e promovê-la internamente. Além disso, há muitos temas que excedem os parâmetros dos contratos individuais de trabalho e que podem ser agrupados nesse tipo de documento. Por exemplo:
- as condições do emprego;
- as regras da casa;
- os equipamentos/instrumentos à disposição da equipe;
- a saúde e a segurança;
- os procedimentos para apresentar uma reclamação;
- os benefícios e os prêmios.

Treinamento, *coaching* & *mentoring*

Qualquer pessoa que já tenha feito parte de uma equipe, seja de trabalho, seja de lazer, tem condições de perceber que existem diferentes estilos de liderança e de gerência. As diferentes abordagens determinarão não somente a maneira como uma organização é percebida do lado de fora, mas, sobretudo, como é vista no seu interior, por seus próprios integrantes. Podemos afirmar que a aplicação de um determinado estilo em vez de outro é antes uma função do caráter do que uma escolha objetiva. Mesmo assim, os gerentes mais experientes saberão assumir o papel mais adequado de acordo com a situação em que se encontram e os objetivos preestabelecidos. Em geral, identificam-se quatro orientações, cada uma com seus próprios pontos fortes e seus defeitos:

- Autoritário

  Todas as decisões são tomadas no nível do topo e são comunicadas para baixo na forma de ordens. A comunicação é unidirecional. Esse estilo pode ser útil para endireitar uma estrutura caída no caos, mas desencoraja totalmente as iniciativas pessoais e a criatividade.

- Autoritário benevolente

  As decisões, sempre tomadas no topo, são comunicadas com mais polidez, de modo a facilitar a colaboração. Em nível formal, os subalternos são convidados à interlocução, fornecendo *feedback*. Assim, muda a forma, mas não a substância, e, com o tempo, a ilusão será percebida. Lidar com os funcionários será difícil, e construir uma equipe afinada será ainda mais árduo.

- Consultivo

  A comunicação é encorajada em todas as direções. Ainda que o poder de decisão permaneça a prerrogativa do topo, é prevista uma verdadeira troca de ideias. Esse estilo permite delegar responsabilidades e valorizar as contribuições dos integrantes individuais da equipe.

- Participativo

  Os vários setores são encorajados a colaborar em nível efetivo. O estilo prevê a máxima valorização da contribuição dos funcionários, por meio de reconhecimento, incentivos (também econômicos) e promoções.

Dentro desses quatro estilos está incluída também a própria aproximação pessoal no treinamento dispensado aos colaboradores que se dispõem a fazer parte da equipe ou aos membros já existentes, tratando o treinamento em si como um ponto de força para seu constante aperfeiçoamento.

Voltaire disse: "O povo deve ser guiado e não instruído". Com o termo "*coaching*" pretende-se, portanto, descrever o ato de guiar um indivíduo à aprendizagem em um período de tempo definido. É um processo para capacitar outras pessoas. Ora, em nível prático, como se faz isso?

As grandes estruturas hoteleiras possuem um programa de treinamento para os novos recrutados que fornece uma correta assistência na inserção da pessoa dentro da organização e da empresa. As figuras mais dignas e as pessoas que, no decorrer do tempo, demonstraram que estão em condições de ascender a posições mais prestigiosas são geralmente acompanhadas rumo a esse estado por um mentor, ou seja, por uma pessoa de mais experiência, o que permite ao *protégé* ("orientando") ser guiado e protegido. A utilização de tal prática educativa é muito antiga. A origem da própria palavra deve-se ao personagem de Mentor, na *Odisseia* de Homero. Essas práticas possuem uma utilidade dupla:

- o mentor tem a possibilidade de transmitir seu conhecimento a um discípulo direto, aproveitando dessa experiência para as necessidades didáticas que se apresentarão no futuro;
- o *protégé* terá à sua disposição uma figura relevante no panorama profissional, que o ajudará a adquirir competências e que o controlará para o aperfeiçoamento de sua *performance*.

O que se pretende com um programa adequado de *mentoring* é expandir a cultura na qual se acredita, promover a comunicação no interior da organização e aumentar a motivação individual da equipe, com um consequente aumento das potenciais figuras para o futuro da empresa.

Vejamos brevemente quais são os instrumentos e as capacidades utilizáveis num correto programa de *coaching* & *mentoring*.

- Construir a relação:
- conhecimento recíproco entre mentor e *protégé*. Saber o que promover e o que não apreciar;
- confiança, integridade e abertura recíprocas, de um para o outro.

A escolha dos equipamentos, Molino Stucky Hilton.

- Saber escutar:
  - optar por escutar ativamente, transmitindo a sensação de total interesse a quem está falando;
  - libertar-se de preconceitos, não passar imediatamente para as conclusões;
  - não se distrair por ruídos, outras pessoas ou excesso de trabalho; colocar em segundo plano as próprias preocupações;
  - entender o significado intrínseco do que é dito (muitas coisas passam pelas entrelinhas e se escondem em frases feitas);
  - reagir mental e verbalmente, tomar notas e compartilhar as ações a serem tomadas;
  - encorajar e apoiar o *protégé*;
  - fazer silêncio onde for necessário.
- Fazer uso da intuição:
  - a intuição é algo que todos possuem, mas poucos desenvolvem;
  - a intuição se constrói sobre o próprio conhecimento e se transmite por meio dos pensamentos, das sensações, das imagens e dos sonhos.
- Fazer perguntas:
  - para ajudar o *protégé* a explorar a própria situação, colhendo mais detalhes;
  - para encorajá-lo a passar de uma análise geral para uma mais analítica;
  - para aumentar a consciência e a responsabilidade.
- Transmitir comentários encorajadores:
  - comentar positivamente os resultados obtidos, corrigindo os erros, avaliando-os como professores e pontos de partida para futuras atividades;
  - não desencorajar o *protégé*;
  - não subestimar jamais as capacidades do *protégé*.

"Um grande time aposta em seus campeões para vencer, mas, ao mesmo tempo, investe nos jovens, para o futuro do próprio time, dando-lhes oportunidades de crescimento e aperfeiçoamento."
Marcello, Molino Stucky Hilton, Veneza

Até aqui ilustramos os atos empreendidos pelas grandes empresas de eventos ou grandes estruturas hoteleiras. Será que os empreendimentos gastronômicos pequenos ou médios podem se apropriar desses ensinamentos, aplicando-os ao próprio cotidiano? A resposta pode ser somente positiva: cada um pode tirar benefício desses processos educativos, adequando-os às suas próprias capacidades e possibilidades. Somente com um constante investimento em recursos humanos uma pequena empresa poderá aspirar a passos sucessivos e a resultados maiores e mais ambiciosos. Lembremo-nos de que muitos *chefs* de cozinha ou diretores de salão ou de hotel são devedores de proprietários de estabelecimentos ou responsáveis de departamentos de pequenas ou médias empresas, nas quais deram seus primeiros passos rumo à carreira e ao prestígio. Ser pequeno em dimensão não significa ser de importância menor para o crescimento das novas gerações de hoteleiros ou gastrônomos.

Medir os resultados

É um erro comum da parte de empregadores destituídos de uma visão mais ampla ou adeptos de certo tipo de gerenciamento serem pouco comunicativos em relação aos seus colaboradores e não saberem gratificá-los da maneira mais apropriada. Por trás da palavra "gratificação" não está necessariamente um aumento da remuneração, e sim uma série de interesses importantes a serem transmitidos aos funcionários, diferenciando-os e atribuindo a medida certa a cada membro da equipe, de modo a alcançar o máximo de resultados.

Um treinamento correto e o apoio dos responsáveis de departamentos são elementos essenciais para a vida de uma empresa e para o crescimento tanto dos funcionários como do faturamento. É importante medir e quantificar se essas operações estão sendo desenvolvidas com uma abordagem correta. São duas as áreas de indagação: o *feedback* deixado pelos clientes (ver páginas 488-489) e o *feedback* colhido entre os funcionários (nível de performance e avaliações acerca da empresa).

Vejamos como proceder:

Conversas individuais

Depois de um período de três a quatro meses desde a contratação, e com frequência trimestral ou quadrimestral, cada chefe de departamento deve convidar seus colaboradores para uma reunião. O objetivo é compartilhar impressões, seja no plano de sua satisfação no âmbito da empresa, seja para transmitir suas próprias impressões sobre a atuação dele, conversar sobre como poderá melhorar a sua posição profissional e escutar eventuais conselhos que ele possa fornecer para melhorar a equipe. Aconselhamos a organizar esses encontros dando ao candidato alguns dias para se preparar e para chegar ao encontro mais relaxado. É fundamental que o chefe de departamento saiba deixar o candidato à vontade, organizando a entrevista em um pequeno salão ou em um canto reservado. É melhor evitar o próprio escritório, pois não se deve transmitir uma sensação de oficialidade inquietante.

O melhor é fazer perguntas abertas ao candidato que o obriguem a explicar suas sensações. Perguntas simples que podem ser liquidadas com um mero sim ou com um não podem resultar em máscaras importantes que deveriam ser exploradas mais a fundo.

Por exemplo, as duas perguntas:
"Você gosta de trabalhar conosco?"
e
"Como você poderia descrever sua inserção na equipe?"
são muito parecidas no seu objetivo, mas apresentadas de forma diferente; a segunda obriga o candidato a falar e a se expressar de maneira mais ampla. Os dados fundamentais, os conselhos úteis e tudo que poderá ser importante para o crescimento profissional do colaborador serão registrados num documento e conservados como referência e ponto de partida para o próximo encontro, em que serão comparados os resultados obtidos no meio tempo e considerados novos aspectos que poderão ser melhorados.

Revisão do desenvolvimento profissional

Com frequência anual ou no fim da temporada deve-se organizar um encontro individual com cada funcionário para finalizar os encontros intermediários, nos quais serão traçados os desenvolvimentos ou as carências profissionais, e combinar as medidas a serem tomadas para resolver as lacunas verificadas. Será um verdadeiro instrumento de crescimento que se tornará um meio para os chefes de departamento transmitirem seus conselhos profissionais.

Até aqui comentamos sobre como "medir" as capacidades profissionais individuais dos colaboradores. São medidas importantes para colher dados e para lhes transmitir outros, mas não são suficientes para quantificar o nível global de satisfação. Se elas são direcionadas ao indivíduo, vendo-o como um bem valioso a se conservar e fazer crescer dentro da empresa, convém acrescentar também as novas verificações e momentos de comunicação sobre a situação da empresa.

"Gratificar as pessoas: a gente fala com os próprios colaboradores sempre e somente de trabalho, a ponto que, também depois de muitos meses, corremos o risco de não conhecê-los verdadeiramente. Pensei em instituir um "GM Lunch", no qual convido para o almoço, em turnos, todos os meus colaboradores. Entre um prato e outro, eu lhes dou a possibilidade de falarem de si, das suas ambições e dos seus objetivos. Assim posso conhecê-los melhor e também colher dados sobre seus passatempos. Isso me permite dar-lhes um pequeno presente personalizado nos seus aniversários. É um modo simbólico de dizer obrigado por aquilo que fazem para mim e para a empresa. Não custa muito, mas dá grandes resultados."
Sandro, gerente GM

Reuniões de departamento
É útil que os chefes de departamento convidem, com frequência mensal, cada integrante da sua equipe para uma reunião. Será um momento importante para:
- transmitir o *feedback* dos clientes sobre a atuação da empresa;
- transmitir comunicados empresariais importantes;
- transmitir atualizações dos dados de faturamento da empresa;
- fazer comparações entre os diferentes integrantes da equipe com o intento de melhorar o espírito de grupo;
- ouvir conselhos e considerações.

Reuniões interdepartamentais
Os resultados dos departamentos individuais se relacionam com os dos outros: o sucesso da cozinha é exaltado pela capacidade de venda e apresentação por parte do grupo do salão e deve muito à atuação do departamento de *stewarding*. Às vezes é possível melhorar as prestações de serviço sabendo se articular com os outros, evitando, assim, bate-bocas e conversas de corredor banais e supérfluas.

Criação de atividades sociais
Momentos lúdicos podem ser organizados tanto dentro como fora da empresa. São úteis para criar e fortalecer as relações interpessoais entre os colaboradores e servem também como possibilidade de conhecer mais a fundo seus dons e paixões.

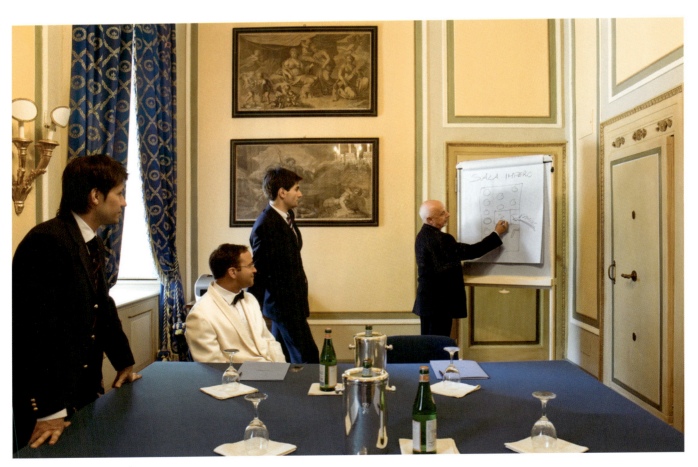

Reunião interdepartamental.

Reunião do departamento de cozinha.

Relações interdepartamentais

Coordenar os diferentes departamentos para um único objetivo de sucesso

Os funcionários necessários foram contratados! Para fazê-los trabalhar da melhor maneira possível é necessário dar-lhes condições para poder operar de modo coordenado. Não é fora de propósito compará-los com uma orquestra, na qual cada integrante deve executar sua parte da melhor forma possível para obter uma performance memorável.

Cozinha, salão e a sua relação

A importância dessas duas seções para qualquer atividade gastronômica é óbvia. Em torno das figuras do *chef* de cozinha e do responsável pelo serviço está de fato a maior parte da operação relacionada ao *banqueting*. Poderíamos derramar rios de palavras sobre a relação entre esses dois importantes chefes de serviço, entrando também em anedotas sobre a difícil convivência que ocasionalmente pode existir entre eles. Felizmente, porém, os tempos mudaram, e o que no passado poderia ser tolerado e considerado parte da vivência cotidiana, suportando as intempéries de uma ou de outra parte, hoje já não se considera mais aceitável, e um respeito decoroso pode apenas transformar-se em uma harmonia mais serena no ambiente de trabalho. Em consequência, também o cliente encontrará um produto melhor.

Cozinha: é extremamente importante que haja uma boa relação entre o *chef* de cozinha e o restante da equipe. O *chef* deve saber com ampla antecedência o menu servido e possuir todas as informações necessárias para a realização do serviço; deve também organizar os alimentos e o número adequado de colaboradores de acordo com o tamanho do evento. O *chef* deve interagir corretamente com o escritório de vendas ou a instância estabelecida para tal função, transmitindo o custo do menu de tal modo que possa ser realizado um abastecimento adequado, evitando, assim, dificuldades para o resultado econômico da empresa com um *food cost* que não esteja alinhado com as receitas. É ele que ficará informado sobre as solicitações específicas do cliente e que será procurado como consultor caso sejam necessárias algumas modificações nos menus-padrão colocados no *banqueting kit*.

Salão: juntamente com a cozinha, é o departamento com o maior envolvimento na organização operacional do evento. Para que possa prever todo o necessário, também deverá ser informado com ampla antecedência a respeito de vasilhames, louças e talheres, além de bebidas e da quantidade de pessoal suficiente para cobrir todas as seções do salão. Em algumas realidades, estará presente também um *sommelier* que providenciará o planejamento das bebidas servidas, bem como a elaboração de uma carta que esteja em sintonia com o caráter do local e com o tipo de comida servida. Geralmente, o responsável pelo serviço cuida também da gestão dos bares, no caso de coquetéis e aperitivos relacionados aos eventos de *banqueting*.

O *chef* de cozinha e o responsável de salão devem trabalhar em total sintonia de intenções e objetivos, seja do ponto de vista qualitativo, seja do ponto de vista econômico. Deverão se consultar diariamente para a solução dos problemas operativos, envolvendo também (segundo o tamanho da empresa em que atuam) o departamento de *stewarding* e organizando e planejando todos os pontos críticos no desenvolvimento do evento. Deverão se considerar complementares, e a perfeita combinação de trabalho e criatividade deve se traduzir em um único objetivo de sucesso.

Uma boa comunicação garante rápidas articulações.

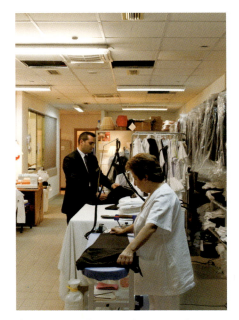
Gerenciamento doméstico (*housekeeping*).

Manutenção.

Interação entre departamentos

Os departamentos de cozinha e de salão são os mais envolvidos nas operações de *banqueting/catering* e, embora sejam os mais visíveis para os clientes, não podem operar de modo completamente isolado do resto da equipe. O seu sucesso depende da cooperação e do apoio recebido das outras seções. Vejamos, portanto, os vários departamentos que estão também envolvidos nesse processo, bem como a relação que existe entre eles.

Purchasing **(departamento de aquisições):** a responsabilidade deste departamento é interagir com os dois primeiros, recebendo as encomendas específicas dos produtos necessários para a realização dos banquetes, mantendo um inventário adequado dos bens em estoque nos depósitos e prevendo encomendas, aquisições e estocagem. O responsável desse departamento será devidamente informado sobre os menus vendidos no *banqueting kit* e receberá com antecedência uma cópia da BEO. A conexão direta com cozinha e salão prevê também revisões espontâneas dos preços e dos fornecedores dos produtos alimentícios, informando esses departamentos sobre as oportunidades de fazer economia e de alternativas mais vantajosas de aquisição. Nas grandes estruturas hoteleiras, o responsável pelas aquisições está igualmente encarregado da gestão da equipe operante na área do recebimento de mercadorias e do depósito.

Gerenciamento doméstico (*housekeeping*): num grande centro de convenções ou numa grande empresa gastronômica, este departamento se impõe como aquele cuja responsabilidade está ligada à limpeza e à manutenção das áreas públicas, dos salões de restaurantes e dos salões de reuniões. Além disso, é a instituição que fornece a roupa branca necessária para a preparação das mesas: toalhas de mesa, capas de cadeiras, guardanapos e uniformes para os funcionários. Providencia a limpeza antes e depois do evento, controlando os espaços e relatando ao departamento de manutenção todos os consertos necessários em paredes, superfícies e tapeçarias eventualmente danificados. Em algumas propriedades, é também responsável pela distribuição, colocação e preparação das mesas necessárias para o evento vendido.

Serviços técnicos: departamento responsável pela preparação de todo o material audiovisual necessário para o evento programado. Portanto, deverá ser informado se o cliente tiver solicitado ou alugado projetores, telas, computadores, microfones e aparelhos sonoros. Deverá conhecer corretamente a voltagem elétrica das estruturas usadas, para evitar eventuais sobrecargas perigosas de tensão, bem como a correta sistematização das lâmpadas e luminárias nos diversos salões.

Manutenção: departamento responsável pela manutenção das estruturas e pelos consertos; pelo controle do sistema de ar-condicionado, das temperaturas e seu ajuste nos salões, pelo conserto e pela substituição das lâmpadas, limpeza dos filtros de ar--condicionado, rápidas intervenções no caso de falhas nos equipamentos de cozinha e salão. Com frequência, o sucesso do evento depende fundamentalmente da rapidez no reparo de um equipamento específico: imagine o dano que poderia ser causado por uma câmara frigorífica que precisa ser fechada algumas horas antes do evento e com toda a *mise-en-place* estocada em seu interior. Em algumas realidades, o departamento é também responsável pelas áreas externas, pela montagem de estruturas suspensas ou estendidas nos jardins para eventuais recepções e coquetéis, pela colocação de sistemas de calefação externa ou por outro material necessário.

Stewarding: entende-se por esse termo o conjunto de colaboradores que atuam na limpeza e higienização/esterilização das cozinhas e das áreas de lavagem de panelas e vasilhames. Em estruturas de grandes dimensões, este departamento compreende a gestão da estocagem e do inventário de todo o material de vasilhames, louças e talheres,

Escritório dos funcionários.

panelas e pequenos equipamentos e utensílios de cozinha e salão. O seu responsável (em muitas realidades de dimensão pequena ou média, figura assumida pelo *chef* de cozinha) deverá ser informado sobre a abrangência do evento, o tipo de serviço implementado e o material necessário, de modo a poder preparar com ampla antecedência tudo que lhe diz respeito e prever também o número necessário de colaboradores.

Gráfica e impressão dos menus (cardápios): frequentemente, para a impressão de cardápios elaborados e de *layout* mais complexo, a empresa utiliza serviços de uma gráfica externa de sua confiança. Na maior parte dos eventos em empresas de pequenas dimensões, essa função é assumida pelo escritório F&B, ou seus equivalentes, e gerenciada *in loco*.

Recursos humanos (escritório dos funcionários): a principal responsabilidade deste departamento diz respeito a recrutamento, desenvolvimento e manutenção da equipe. É igualmente responsável pela gestão administrativa da equipe, assegurando a aplicação correta de todas as leis que regulam o trabalho. Por último, tem a importante tarefa de gerir todos os funcionários temporários necessários para a realização de grandes eventos. Para tanto, é imprescindível uma correta previsão da organização nos vários departamentos operativos, bem como um planejamento adequado do evento, com ampla antecedência.

Segurança: talvez seja o departamento que o cliente menos deverá ver, mas cuja presença deverá sentir, pois ela transmite segurança no decorrer do evento. Alguns eventos podem esconder armadilhas para seu correto desenvolvimento. Os bens de valor serão protegidos contra furtos ou atos de vandalismo. Em muitos casos, a segurança pode intervir para transmitir tranquilidade se algum cliente, abusando no consumo de bebidas alcoólicas, perturbar e incomodar outras pessoas. Portanto, em grandes estruturas é importante que haja um forte vínculo com esse setor e que o responsável da segurança possua uma cópia da BEO para conhecer com ampla antecedência todas as características do evento e antecipar o número correto do pessoal necessário para garantir a tranquilidade dos clientes. Não menos importante é o controle das rotas de fuga ou a eventual desobstrução das portas de segurança quanto a materiais que possam estar impedindo uma rápida saída dos clientes em caso de extrema necessidade.

Segurança.

A esses departamentos devemos acrescentar o escritório de vendas, cujas tarefas já foram aprofundadas na seção dedicada ao *marketing*, e mencionaremos também todos que, operando na empresa ou empregados ocasionalmente em regime de contrato especial, contribuem para o sucesso do evento, seja organizando o entretenimento musical ou de outro tipo, seja elaborando os enfeites florais, etc.

Briefing (comunicação de instruções) pré-evento

Para promover uma integração mais interativa entre os vários departamentos, é uma boa prática executiva planejar encontros que precedem os eventos. Nesses contextos, deverão ser discutidos todos os detalhes que possam determinar o sucesso ou o fracasso do evento. Geralmente todos os responsáveis de departamento são convidados, aos quais são distribuídas cópias da BEO para discutir os eventuais detalhes problemáticos e as alternativas para a sua resolução.

A grande cozinha

Vito Matarrese

O coração da empresa

Existe um lugar onde fantasia, criatividade e paixão se combinam para exaltar as habilidades pessoais daqueles que trabalham numa equipe, que, por sua vez, movimenta e gera valor para a coluna de um sistema que é o coração da empresa: a grande cozinha. Um elemento ativo e fundamental de toda estrutura gastronômica desde sempre, a cozinha é o ponto cardeal em torno do qual giram sinergicamente as outras atividades, em complemento de todas as funções úteis para a realização dos momentos conviviais. A história ensina: quando o ser humano, acostumado a sobreviver nutrindo-se somente de alimentos animais e vegetais crus no seu estado natural, descobriu que podia modificar sua comida, enriquecendo-a de novos sabores e odores graças ao fogo, isso se tornou o elemento principal que abriu caminho para um longo processo de valorização e transformação dos alimentos, o que permitiu ao ser humano descobrir o prazer de comer. No decorrer do tempo, o calor produzido pelo fogo transformou-se em um instrumento mais aperfeiçoado e em constante evolução, graças a diferentes métodos e técnicas cada vez mais eficazes que permitem "cozinhar", "ferver" ou descobrir as vantagens da cocção no "forno", desde as primeiras experiências de cocção debaixo de cinzas quentes até as experiências obtidas em câmaras rudimentares.

Não somente o calor foi fundamental para esses processos: também a necessidade de selecionar e transformar os alimentos antes e depois da cocção animou o ser humano a aplicar diferentes métodos de aperfeiçoamento e, portanto, a se servir de instrumentos mecânicos. Além disso, essa evolução o levou a aprofundar sempre mais o conhecimento daquelas técnicas que podiam melhorar a qualidade, o tratamento, a conservação e a finalização dos alimentos, com o resultado de transformar, com o tempo, esses atos em uma arte que precede o consumo e que tem por finalidade exaltar o sabor. Com o advento da civilização formaram-se verdadeiras culturas voltadas para os alimentos e o seu processamento; a constante evolução tem modificado, aperfeiçoado e produzido novos instrumentos de trabalho e de cocção, e o estudo das técnicas de processamento e de suas aplicações tem pedido também um envolvimento mais significativo de cooperação entre profissionais, ambientes e tecnologias, criando uma interação cada vez maior e sem limites.

Portanto, a organização de uma boa cozinha é a chave para um perfeito sucesso de todas as funções operacionais e para alcançar os melhores resultados possíveis. A capacidade profissional dos funcionários destacados para a produção das refeições tem sempre conseguido se ajustar às condições ambientais e estruturais que estão à sua disposição. No entanto, quando falamos de atividades de *banqueting* e de *catering*, é de fundamental importância que todo o cenário seja firmemente coordenado, para poder valorizar o trabalho humano e criar uma harmonia capaz de manifestar continuamente a fantasia e a criatividade.

A coordenação não é somente o resultado de uma boa organização de equipe, ela depende de muitos fatores que determinarão também um bom desenvolvimento do projeto. Entre os mais relevantes citamos:

- Planejamento: individualização, avaliação e dimensionamento dos principais espaços usados nas várias funções operativas;
- Ergonomia: disposição correta das áreas operativas e dos equipamentos;
- Organização: interação das várias áreas e funções operativas;
- Higiene e segurança: medidas e condições necessárias para cuidar cada vez mais da salubridade e da qualidade dos produtos;
- Ambiente: para a supervisão dos funcionários e para a observância dos critérios que cumprem as prescrições legais de prevenção em termos de segurança e higiene.

O conjunto de espaços operativos bem articulados, de instrumentos tecnologicamente inovadores e de recursos humanos motivados, profissionais e fortemente sinergéticos entre si dá vida a um verdadeiro cenário de constante criatividade. De fato, sabemos bem, e é de fundamental importância, que um ambiente de trabalho bem organizado, salubre, confortável e, no caso específico, "à medida do cozinheiro" permite o desenvolvimento de todas as condições favoráveis ao bem-estar psíquico e físico, estimulando, assim, continuamente os fatores que são determinantes para abrir espaço para a fantasia e a criatividade que, por sua vez, permitem alcançar lucros cada vez melhores.

A primeira avaliação a ser considerada diz respeito ao lugar pré-escolhido, que deve ser apropriado, ou seja, corresponder à necessidade de destinar cada atividade operacional aos espaços adequados, permitindo também a sua interação. Isso vale tanto para a escolha de um local existente (por exemplo, uma mansão, uma casa histórica, um antigo casarão, etc.), que pode ser reservado à produção de refeições e o consequente serviço no próprio lugar, como vale para um local destinado a ser o centro de cocção para um serviço de *catering* ou em fase de planejamento para concretizar uma estrutura destinada à atividade gastronômica. Para poder ser considerada apropriada, a estrutura deverá corresponder às seguintes características:

- ser facilmente acessível, seja pelos operadores técnicos (funcionários), seja pelos destinatários do serviço (por exemplo, ainda hoje, alguns locais são acessíveis somente a pé);
- ser adaptável à destinação de uso, avaliando os eventuais pontos críticos quando se trata de concretizá-la, de modo que não haja impedimentos para a correta disposição dos ambientes que serão organizados nem para a logística acerca do conjunto das instalações;
- a altura dos ambientes, além de respeitar os requisitos mínimos das obrigações legais, deve permitir implantar eventuais instalações tecnológicas para melhorar a qualidade de vida nos ambientes, onde necessário;
- o microclima (ventilação, umidade, etc.) deve ser "naturalmente" apropriado aos ambientes de trabalho ou permitir modificações sem impedimentos estruturais específicos que possam comprometer a boa realização de instalações de tratamento do ar e de climatização (por exemplo, algumas instalações foram adequadas sem obter uma funcionalidade correta);
- a luminosidade natural dos ambientes deve respeitar os requisitos mínimos das obrigações legais, enquanto o apoio da iluminação artificial deve melhorar o conforto visual de todas as operações que se desenvolverão na estrutura;
- a estrutura deve permitir o ingresso dos funcionários e o manuseio das mercadorias desde uma área diferente daquela reservada à acolhida dos participantes do evento;
- em termos de segurança e agilidade do trabalho, a estrutura não deve apresentar problemas e impedimentos particulares ao correto desenvolvimento das várias funções operacionais, como desníveis, degraus ou barreiras arquitetônicas eventualmente não removíveis por intervenções estruturais.

Individualização e dimensionamento de uma cozinha-padrão para banquetes

A seguir apresentamos um exemplo de cálculo para dimensionar os principais espaços usados para as várias funções operativas de uma cozinha para banquetes, na hipótese de um estabelecimento gastronômico com um salão de restaurante e os respectivos serviços reservados ao público de aproximadamente 500 m² e para uma capacidade média de 200 a 250 *couverts*.

Espaços usados para	Metros quadrados
Depósito (recebimento de mercadorias, controle e estocagem em câmaras frigoríficas ou depósitos para produtos não perecíveis, serviços para o pessoal)	160/180
Preparação de carnes	15
Preparação de peixes	10
Preparação de frutas e legumes	15
Preparação de pratos frios e de confeitaria	80
Cocção	50
Tratamento térmico/finalização/acomodação/distribuição	60
Lavagem de louças e panelas	50
Total de metros quadrados	**460**

Deduzimos que, para o dimensionamento dos espaços, a relação entre salão e serviços reservados ao público e espaços operativos é de aproximadamente 1:1.

Há diversas variáveis, porém, que podem influenciar os dimensionamentos que são apenas propostas:

- **A estrutura produz refeições também para um serviço de *catering*:** neste caso, deve-se considerar um aumento de cerca de 80/100 m² no total da metragem, a ser destinado ao depósito de materiais e equipamentos para o atendimento externo.
- **A estrutura não possui um salão de restaurante próprio, e sim produz refeições exclusivamente para usos em outros locais (atividade de *catering*):** neste caso, deve-se considerar uma redução dos espaços destinados à finalização dos produtos antes do serviço. Isso, porém, exige um aumento nos espaços de estocagem antes das saídas, de modo que as metragens ficam quase sem variação, ou seja, o centro de preparação pode realizar, na mesma metragem, uma maior quantidade numérica de refeições.
- **A introdução de novas tecnologias e de máquinas polivalentes** permite otimizar os métodos de elaboração, reduzindo espaços operacionais e tempos de preparação em prol de uma maior produtividade e qualidade. É o caso, por exemplo, de sistemas de cocção que combinam a utilização de fornos de última geração, máquina a vácuo, resfriadores rápidos e preservadores/regeneradores.
- **A utilização de produtos semielaborados e de ampla seleção,** que encurtam e, em alguns casos, eliminam fases fundamentais da preparação dos alimentos (por exemplo, legumes, carnes, peixes e produtos ictíicos, produtos de confeitaria, etc., provenientes de empresas alimentícias especializadas).

FLUXOS OPERATIVOS E *LAYOUT*

Para um bom sucesso do serviço gastronômico são fundamentais não só o conhecimento claro das expectativas dos clientes e a intuição em relação ao desenvolvimento prático do trabalho como também uma conscienciosa avaliação dos riscos higiênicos e sanitários que podem ocorrer; de fato, na fase de planejamento, frequentemente não se avaliam os pontos críticos ligados à utilização e ao posicionamento corretos dos equipamentos durante a organização dos ambientes. O termo *layout* define a organização e configuração da instalação da cozinha, ou seja, o conjunto de espaços e aparelhos e sua disposição e interação corretas, de modo que possam reduzir os custos e o tempo de produção, permitindo aos funcionários obter resultados com a máxima eficácia e eficiência.

As recentes normas na área da segurança de alimentos e dos ambientes de trabalho, os Regulamentos do Parlamento Europeu e do Conselho para a Higiene dos Produtos Alimentícios ("Pacote Higiene"), que regulam a implantação das Diretrizes com base no D.Lgs 155/97 (HACCP), a Norma com base no D.Lgs 81/2008 em matéria de supervisão de saúde e segurança nos locais de trabalho, bem como os aspectos ergonômicos e organizatórios do setor produtivo, funcionam como diretrizes para individualizar o correto fluxo de interação das várias áreas e funções operativas, como explicitado na seção Higiene e Segurança acerca de alimentos (ver as páginas 263-264).

As características dos locais, a individualização e a disposição das áreas de tratamento, dos percursos, dos equipamentos e dos sistemas inovadores que "qualificam" a cozinha para *banqueting* estão baseadas no conceito do *layout*. Examinaremos agora de modo analítico como realizar, da melhor maneira possível, os espaços operacionais, segundo uma disposição e interação corretas das áreas, das funções operativas e dos equipamentos.

É oportuno especificar que todas as áreas operativas devem ser concretizadas segundo elevados padrões de higiene e de segurança, com materiais de acabamento resistentes à deterioração e facilmente laváveis e desinfetáveis, que garantem uma manutenção constante e um nível higiênico eficiente. Para tanto, é preferível que:
– as áreas tenham pisos em material antiderrapante;
– o piso tenha canaletas de coleta da água oriunda da lavagem, sem exagerar no declive, para evitar dificuldades na movimentação;
– os cantos e as bordas sejam arredondados, para facilitar as operações de limpeza;
– as paredes, impermeáveis, estejam revestidas até uma altura mínima de 200 cm (esse elemento pode variar segundo as normas legais vigentes e previstas pelas entidades territoriais).

Em relação aos equipamentos de preparação estática é fundamental que predomine o conceito da modularidade de todos os elementos que compõem os laboratórios e as áreas de preparação: essa caraterística permitirá um perfeito alinhamento, sobretudo em termos de altura (padronizada em 850/900 mm) e profundidade (padronizada em 700/800 mm). Em outros casos, os elementos com dimensões diferentes se encaixarão na categoria "especiais".

Esquema de interação das áreas/Funções para banqueting:

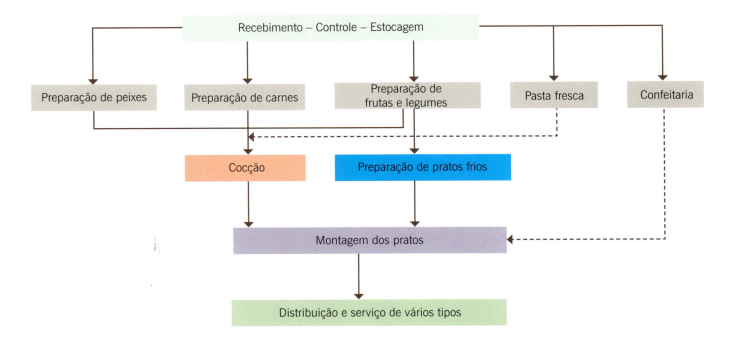

Esquema de interação das áreas/Funções para catering (hipótese de preparação em um centro de produção):

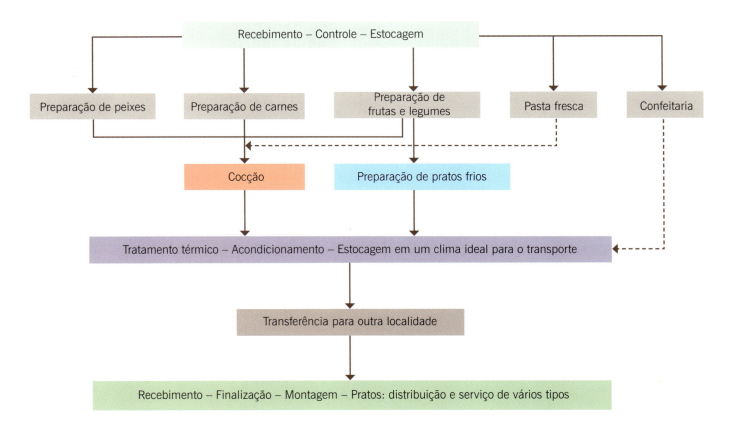

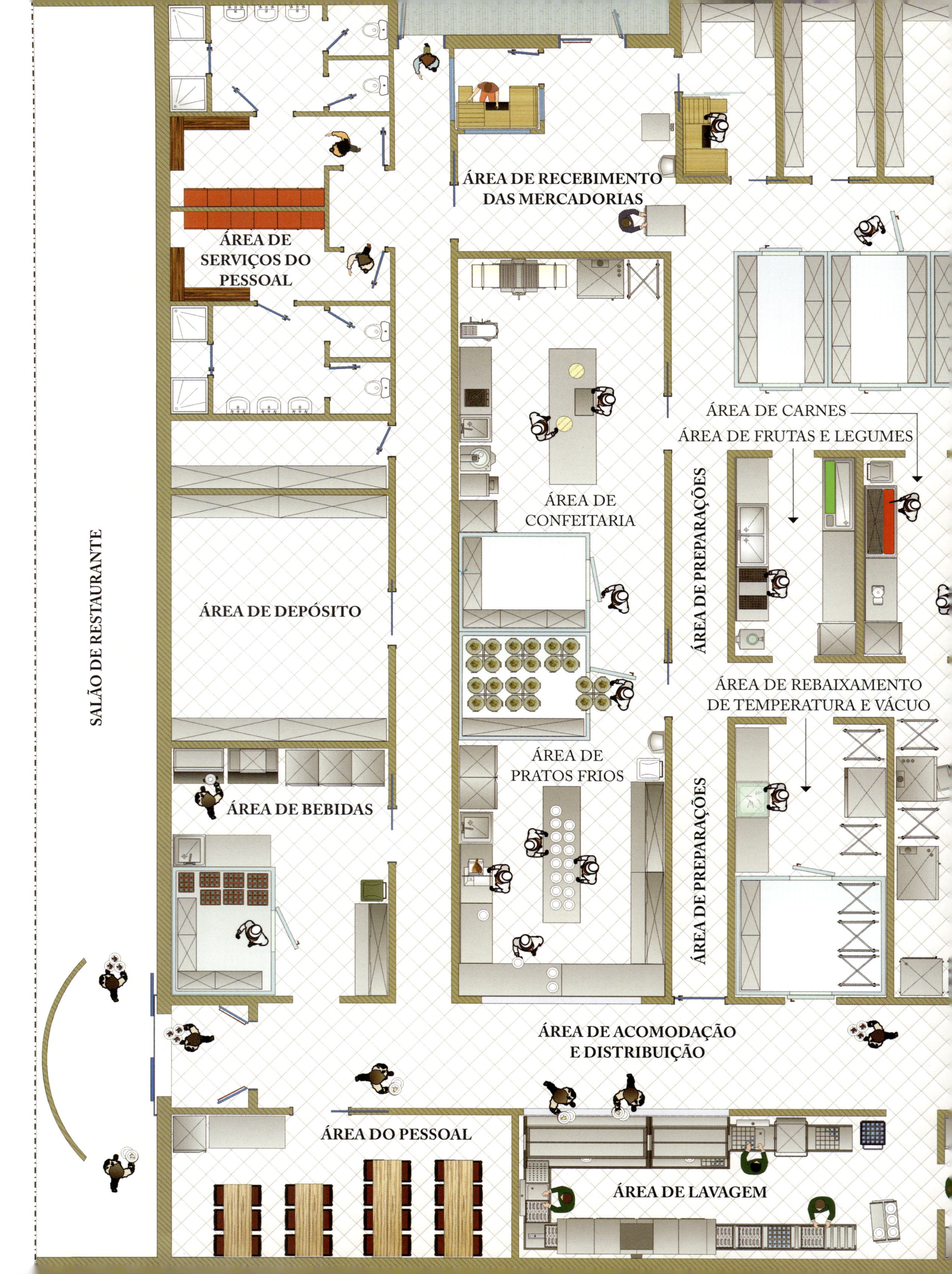

ÁREA DE RECEBIMENTO
DAS MERCADORIAS

ÁREA DE
SERVIÇOS DO
PESSOAL

SALÃO DE RESTAURANTE

ÁREA DE CARNES

ÁREA DE FRUTAS E LEGUMES

ÁREA DE
CONFEITARIA

ÁREA DE PREPARAÇÕES

ÁREA DE DEPÓSITO

ÁREA DE REBAIXAMENTO
DE TEMPERATURA E VÁCUO

ÁREA DE
PRATOS FRIOS

ÁREA DE BEBIDAS

ÁREA DE PREPARAÇÕES

ÁREA DE ACOMODAÇÃO
E DISTRIBUIÇÃO

ÁREA DO PESSOAL

ÁREA DE LAVAGEM

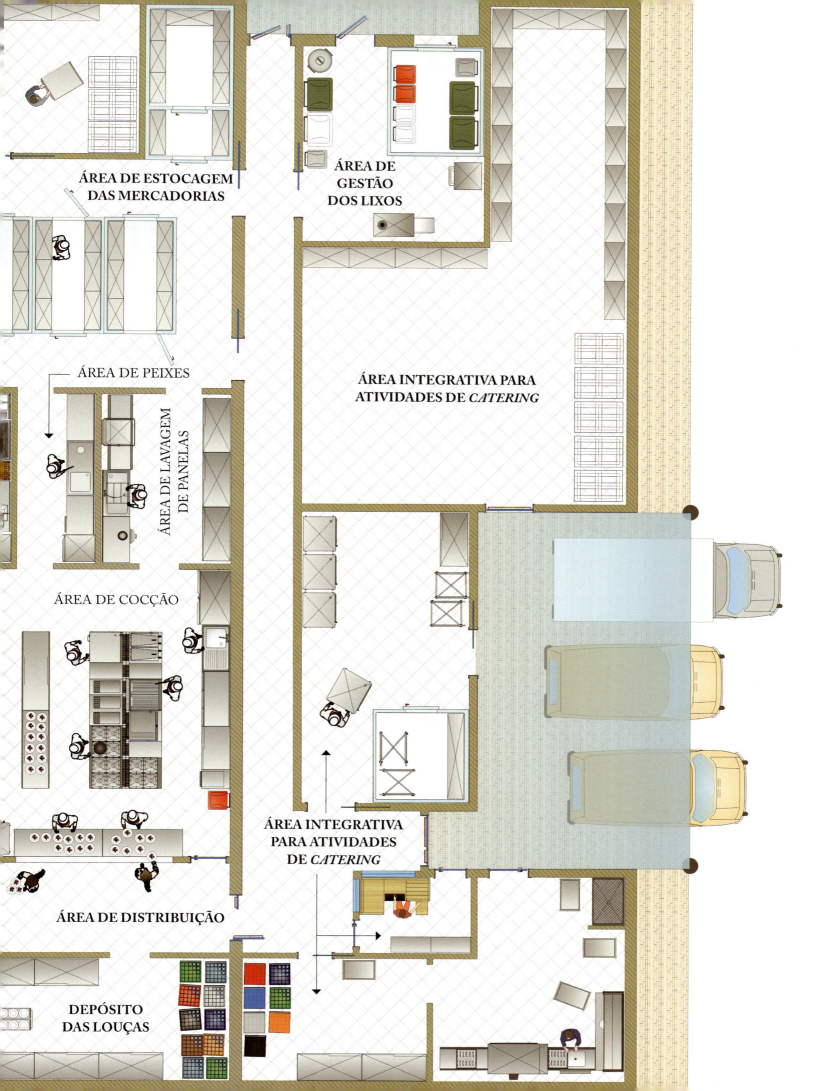

O *LAYOUT* DA ÁREA DE RECEBIMENTO, CONTROLE E ESTOCAGEM DE MERCADORIAS

A área de recebimento de mercadorias está destinada à verificação da qualidade e da quantidade dos produtos na sua chegada, antes da sua sucessiva disposição nas áreas de estocagem. Portanto, ela se torna uma verdadeira área de filtragem que separa as áreas internas da área imediatamente externa, oferecendo uma passagem bastante fácil e eventualmente protegida por barreiras de tela que combatem a intrusão de insetos voadores e de poeira e reduzem a entrada do ar frio do inverno (ou do calor do verão) da parte de fora, bem como as dispersões térmicas de interior *versus* exterior.

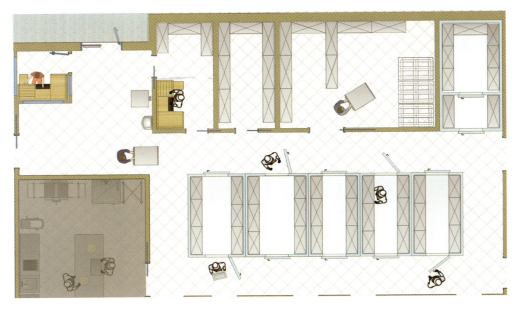

Essa área de filtragem interrompe o fluxo das mercadorias provenientes da área externa, passando-as a meios internos para sua posterior transferência, evitando, assim, o risco de contaminação de áreas sensíveis.

Convém instalar um escritório imediatamente anexo, destinado ao controle e desembaraço burocrático das operações em torno das mercadorias e, sempre que for possível, à gestão do pessoal que chega aos locais de serviço, que entrará na estrutura por um acesso adjacente, adequadamente preparado. Os vestiários, dotados de armários individuais especiais e de instalações higiênicas para os funcionários e que não se comunicam diretamente com os locais usados para o tratamento de alimentos, devem fornecer aos funcionários o acesso às áreas de sua atuação por meio de corredores ou áreas de filtragem, respeitando, dessa forma, um percurso sequencial à realização das atividades dedicadas à higiene pessoal e relacionadas com o vestiário. Quando os espaços permitem, é bom prever, numa área comum do pessoal de serviço, uma sala especial para servir as refeições dos funcionários.

A área de recebimento, controle e estocagem deve ser suficientemente dimensionada para permitir a fácil transferência dos alimentos e materiais, bem como dispor de carrinhos manuais ou mecânicos, de instrumentos para a pesagem dos alimentos e um lavatório à disposição do pessoal das operações de carga e descarga. Uma vez terminado o controle, os percursos se desenvolvem com base no tipo e na destinação das mercadorias que, para facilitar a descrição, podem ser distinguidos como segue:

- **Materiais genéricos** (utensílios, material de limpeza, etc.);
- **Alimentos não perecíveis** de longa conservação, mas ainda assim com prazo de validade (pastas, farinhas, arroz, enlatados, óleos e azeites, bebidas, confeitarias, etc.);
- **Alimentos perecíveis** (legumes, frutas, carnes, peixes e produtos ictíicos, congelados, etc.).

Recebimento, controle de qualidade e estocagem.

Os materiais genéricos, os alimentos não perecíveis, as bebidas e os materiais de limpeza são armazenados em depósitos separados, bem arejados, frescos e secos, adequadamente elevados a pelo menos 20 cm do piso, por meio de estrados, prateleiras ou em armários. Para as bebidas, convém evitar a exposição direta à luz, particularmente no caso das garrafas PET. Os vinhos mais preciosos serão estocados, se possível, em um local usado como adega, que corresponda às características de sua conservação e seu envelhecimento.

Os alimentos perecíveis não destinados ao tratamento imediato devem ser rapidamente conservados em ambientes de temperatura e umidade controladas (câmaras frigoríficas, geladeiras).

As câmaras frigoríficas são espaços fechados e termicamente isolados que garantem a conservação correta dos alimentos por meio da utilização do frio e do controle da umidade relativa (condições termo-higrométricas). O alcance e a preservação dessas condições são fornecidos por uma instalação frigorífica, eficazmente projetada e dimensionada, bem gerenciada por instrumentos de controle que proporcionam o funcionamento correto e permitem seu constante monitoramento. Esta é uma exigência absolutamente indispensável para garantir o perfeito processo de conservação. Antigamente, as câmaras frigoríficas eram preparadas segundo critérios adequados de construção de alvenaria, enquanto hoje são em grande parte pré-fabricadas e podem ser realizadas em qualquer dimensão, com o emprego de painéis isolantes modulares, que permitem construí-las de modo econômico e veloz, ao contrário dos tempos demorados de construção e dos altos custos das edificações de alvenaria, e possibilitam também eventuais intervenções de ampliação ou remoção.

Os painéis isolantes pré-fabricados são produzidos com espessura de isolamento variável, segundo seu emprego, entre cerca de 70 e 200 mm e podem estar revestidos de diferentes materiais não tóxicos (aço inox, aço zinco pré-pintado ou plastificado, fibra de vidro), correspondentes aos padrões normativos de máxima higiene e segurança também na montagem. As câmaras mais inovadoras preveem, no seu padrão de construção, cantos arredondados incorporados (sem perfis adicionais aplicados posteriormente), piso antiderrapante com degrau de contenção e lambril de proteção externo (a melhor versão é de aço inox, resistente aos agentes químicos contidos nos produtos de limpeza), além de uma série de acessórios, como os sistemas de detecção e registro das temperaturas para monitorar o funcionamento correto e obedecer às diretrizes de HACCP, ou personalizações como prateleiras e ganchos, que resultam mais eficientes em seu uso. As prateleiras e os suportes utilizados para acomodar os alimentos devem ser confeccionados com material inoxidável ou não tóxico, facilmente laváveis e desinfectáveis, e sem interstícios que facilitariam o acúmulo de resíduos alimentícios contaminantes.

As geladeiras ou congeladores e as mesas refrigeradas, confeccionadas principalmente com aço inox, possuem as mesmas características de planejamento e emprego, porém com uma construção compacta e móvel e em dimensões muito reduzidas.

Os alimentos perecíveis ou frescos devem ser adequadamente separados por tipos e por temperaturas e umidade de conservação:

– carnes brancas e carnes vermelhas de -1 °C a 1 °C, com umidade de 85% a 95%;

– frios, salsichas e laticínios de 3 °C a 5 °C, com umidade de 80%;

– ovos de -1 °C a 0 °C, com umidade de 80% a 85%;

– peixes e produtos ictíicos de -2 °C a 0 °C, com umidade de 85% a 90%;

– frutas e verduras de 6 °C a 8 °C, com umidade de 85% a 90%;

– alimentos congelados de -18 °C a -25 °C, com umidade de 75%.

A taxa de umidade é muito importante: não obstante a correta temperatura de conservação, um ar demasiadamente seco ou demasiadamente úmido danificaria os alimentos frescos, provocando desidratação ou o desenvolvimento de mofo e bactérias. Todos os alimentos devem ser armazenados segundo os cuidados com a segurança no manuseio de alimentos, ou seja:

- **Posicionamento** mais próximo à retirada, de acordo com os prazos de vencimento mais iminentes;
- **Preservação** da identificação do alimento com etiqueta de origem em caso de utilização parcial.

Igualmente importantes são os critérios que permitem racionalizar e organizar da melhor maneira os espaços disponíveis e atribuídos:

- **Acomodação** de cada produto em uma colocação exata, em vez de algum empilhamento de maneira irregular;
- **Rotulação adequada** que permita a identificação dos tipos dos alimentos.

Em fase de projeto, os compartimentos de armazenamento e as câmaras frigoríficas devem ser dispostos de acordo com uma ordem que permita que os gêneros alimentícios conservados passem para as áreas de seu primeiro tratamento da maneira mais direta e imediata possível, evitando mesclas entre os diferentes tipos de alimentos. Por exemplo, seria absolutamente correto posicionar as diversas áreas de tratamento na proximidade direta da saída de cada câmara, sempre que possível, distintas por tipo de mercadorias, enquanto as câmaras frigoríficas de dimensões mais amplas possuiriam, em posição oposta à área de carga e descarga, uma segunda porta para a retirada direta, com a devida verificação, para a área de tratamento.

Para os alimentos destinados ao tratamento direto é necessário fornecer geladeiras/congeladores, conforme as categorias das mercadorias, os quais devem ser instalados nas áreas de tratamento, a fim de permitir que os alimentos perecíveis, na espera do seu tratamento, não fiquem parados em ambientes que não correspondam à sua conservação, preservando-os de riscos e garantindo a cadeia do frio. As próprias geladeiras/congeladores já são também projetadas para armazenar os semielaborados durante a espera para cocção ou outro tratamento.

Os mesmos princípios de dimensionamento, disposição dos espaços, critérios de linearidade de percurso dos alimentos e todos os dispositivos aqui abordados aplicam-se também quando, por motivos estruturais, a área de recebimento, controle e estocagem não se encontra no mesmo nível da cozinha. Nesse caso, o ponto de conexão dos níveis é de importância estratégica decisiva: por meio de um guincho e com o auxílio de escadas de conexão adjacentes, deve-se garantir que, imediatamente depois de sua retirada, os alimentos cheguem às áreas de preparação e os materiais genéricos, às áreas de seu emprego.

O *LAYOUT* DA ÁREA DE PREPARAÇÕES

A área de preparação representa o primeiro elo da cadeia de tratamento dos alimentos, pois é onde o funcionário os manipula diretamente, mediante operações de preparação preliminar ou básica. Trata-se de uma área estratégica, porque as operações de lavagem, descascamento, corte e porcionamento preparam, no sentido mais próprio, os alimentos para seu posterior emprego. Quando se trata de alimentos crus é necessário, seja por comodidade, seja para evitar contaminações cruzadas e garantir absoluta higiene final, disponibilizar para cada categoria de alimento uma área de preparação diferente, com equipamentos específicos de utilização manual ou mecânica, que agilizam as várias operações relacionadas à receita de referência.

A. Área de pratos frios
B. Área de frutas e legumes
C. Área de carnes
D. Área de peixes
E. Área de rebaixamento e vácuo

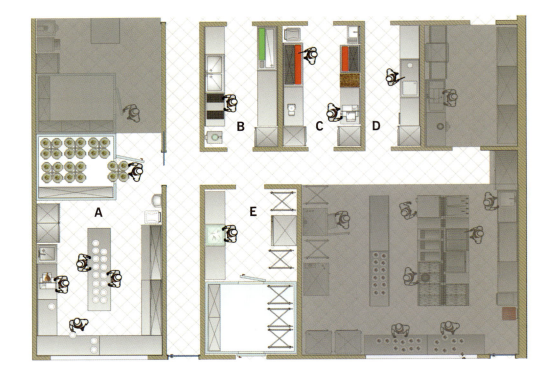

[1] A definição **gama IV** refere-se a uma classificação de produtos alimentícios frescos que, antes de serem comercializados e consumidos, podem passar por uma série de tratamentos tecnológicos que não comprometem as características naturais de frescor, mas antes visam a aumentar a conveniência do uso. Com base na sequência tecnológica das elaborações abaixo elencadas, os produtos são classificados como segue:
• Alimentos de gama I: produtos frescos em sua apresentação tradicional;
• Alimentos de gama II: produtos conservados por meio de tratamento térmico (p. ex., leite pasteurizado);
• Alimentos de gama III: produtos gelados e congelados (p. ex., filés de peixe congelados);
• Alimentos de gama IV: produtos frescos lavados, cortados, enxugados, acomodados em saquinhos ou bandejas e prontos para o consumo, como por cocção prévia (p. ex., verduras lavadas e pré-cortadas);
• Alimentos de gama V: produtos pré-cozidos, grelhados ou refogados a vapor, sem adição de conservantes, geralmente embalados a vácuo. Na preparação em atmosfera modificada (MAP/PAM), os produtos encontram-se em uma atmosfera diferente da sua natural, constituída de gases mistos entre si em diferentes proporções. O uso das atmosferas protegidas não deve ser considerado um meio de restauração ou de aperfeiçoamento qualitativo de um produto, mas, em vez disso, uma operação tecnológica de apoio que somente em conjunto com outras intervenções (refrigeração e controle higiênico) pode obstacularizar os microrganismos e atrasar o aparecimento de alterações.

Se, por motivos de caráter organizacional e/ou dimensional (espaço insuficiente), a empresa recorre a fornecedores de produtos semielaborados – sejam eles produtos frescos, como as carnes já selecionadas e seccionadas, os peixes filetados, preparados em laboratórios qualificados e fornecidos com base nas necessidades quantitativas concretas, sejam eles produtos hortícolas, os assim chamados produtos de gama IV,[1] prontos para o uso e fornecidos preparados em atmosfera modificada –, podem-se prever "áreas completas" de preparação, dedicando às atividades preliminares espaços muito mais reduzidos.

Antigamente, essas áreas eram destinadas ao desenvolvimento de atividades sobretudo manuais; hoje, o auxílio da tecnologia cada vez mais especializada e em constante aperfeiçoamento permite encurtar os tempos de tratamento e diversificar os tipos para ampliar a oferta, bem como melhorar e manter a qualidade do produto final.

Os equipamentos destinados às áreas de preparação podem ser agrupados em duas categorias:
• Para a preparação **estática** (mesas, pias, armários verticais e suspensos, tábuas de corte, consolos, prateleiras, etc.);
• Para a preparação **dinâmica** (moedores de carne, máquinas de corte, *cutters* [cortadores], misturadoras/batedeiras, utensílios, etc.).

É importante frisar que todos os equipamentos que estão diretamente em contato com os alimentos devem ser confeccionados com material inoxidável ou não tóxico, facilmente laváveis e desinfetáveis, sem interstícios para evitar o acúmulo de resíduos alimentícios contaminantes e sem partes integrais mal-acabadas que põem em risco a segurança dos funcionários.

Aos equipamentos de preparação dinâmica acrescentam-se todos os opcionais que permitem manter a máxima preservação para garantir a higiene e a segurança: devem ser rigorosamente dotados de dispositivos antiacidentes, privilegiar a desmontagem para a lavagem e a limpeza de todas as partes que têm contato com os alimentos, e devem permitir fazê-lo com a máxima segurança, em conformidade com as recentes normas de higiene sanitária e de combate a acidentes.

Layout da área de preparação de peixes

A área de **preparação de peixes** está destinada ao tratamento de peixes e produtos ictíicos frescos ou congelados. Deve contar com os seguintes equipamentos:

- **Mesa de tratamento e lavagem de peixe,** com superfície em polietileno removível para limpeza, acompanhada de pia com fundo falso filtrante, bocal para desperdícios de tratamento, com ducha e torneira, e borda levantada para conter sujeiras.
- **Mesa de trabalho refrigerada modular** com câmara acondicionada debaixo dela e acompanhada de estruturas internas extraíveis e recipientes padrão Gastronorm (GN),[2] com fundo duplo perfurado. Em alguns casos, poderia ser combinada com as mesmas características da mesa anterior, substituindo-a.

- **Geladeira/congelador** mantida a -4 °C /6 °C, específica para essa utilização enquanto capaz de gerar um frio "estático", adequado para a conservação de peixes e produtos ictíicos mediante uma instalação frigorífica com evaporador estático, espumado na parte posterior ou de instalação ventilada e controlada, adequada para regular temperatura, umidade e difusão do frio de modo direcionado, à diferença de geladeiras/congeladores e mesas refrigeradas de temperatura normal; acompanhada de recipientes GN com fundo duplo perfurado, para acomodar o peixe – conservado no gelo – acima da água do gelo derretido.

[2] **Gastronorm** (GN): é um sistema de normalização, regulamentado segundo as normas EN 631 e DEM 66075, que prevê um dimensionamento padrão de referência para recipientes, bandejas, grades, etc., utilizados para a acomodação, cocção, conservação e transferência dos alimentos. A norma especifica também as dimensões de compatibilidade para os acessórios, como as estruturas dos suportes ou das repartições predispostas nos aparelhos (instalações frigoríficas, fornos, cozinhas, carrinhos, recipientes isotérmicos, etc.). A dimensão-base de referência do sistema é a GN 1/1 de 530 × 325 mm, da qual derivam todas as demais normas de múltiplos (GN 2/3, 1/2, 1/3, 2/8, 1/9, 2/4, 1/4, 1/6) ou duplicadas (GN 2/1), de 530 × 650 mm.

Área de preparação de peixes.

Acima: esterilizador de facas.
À esquerda: porcionamento exato dos alimentos.

- **Conjunto de facas**
- **Lavatório combinado com esterilizador de facas**, ou lavatório separado e esterilizador de facas, que pode ser de diferentes tipos: elétrico, à imersão com líquido desinfetante ou com lâmpadas ultravioleta.
- **Lixeiras com rodas**: recipientes móveis obrigatoriamente munidos de tampa com acionamento por pedal, de capacidades e alturas variáveis. No posicionamento debaixo da superfície de trabalho provida de bocal para lixos, pode ser utilizada a versão sem tampa.
- **Carrinhos de serviço**: equipamentos auxiliares apropriados para o deslocamento dos alimentos ou dos produtos destinados ao tratamento durante as várias fases do processo, com duas estruturas tubulares dobradas em arco, sobre rodas, com tábuas colocadas entre elas. Podem possuir duas ou mais superfícies com bordas de contenção perimetrais.

Layout da área de preparação de carnes

A área de **preparação de carnes** destina-se ao tratamento das carnes vermelhas e brancas. Elas devem ser elaboradas de maneira distinta, utilizando duas seções separadas ou um espaço único que contenha duas partes para as elaborações distintas ou separadas uma da outra.

Deve prever os seguintes equipamentos:
- **Mesa específica de tratamento de carnes** com superfície modelada para coletar e drenar eventuais líquidos, com superfícies perfuradas e tábua de cortar de polietileno, removíveis para a limpeza, borda posterior elevada e bocal para desperdícios de tratamento. O espaço debaixo dela ficará livre para a colocação de lixeiras com rodas para a coleta dos desperdícios.
- **Mesas de trabalho modulares** com superfície plana para aumentar o espaço do tratamento ou para o apoio de equipamentos mecânicos específicos, eventualmente dotadas de gavetas e de uma tábua inferior.
- **Geladeiras de temperatura positiva**, diferenciadas para carnes brancas e carnes vermelhas -2 °C/4 °C, específicas para essa utilização, com uma instalação apropriada para controlar a temperatura e a umidade relativa.
- **Lavabo modular** com pia separada, ou combinado com escoadouro lateral, estruturado sobre pernas e eventualmente equipado com tábua inferior.
- **Lavatório combinado com esterilizador de facas** ou lavatório separado e esterilizador de facas que pode ser de diferentes tipos: elétrico, de imersão com líquido desinfetante ou com lâmpadas ultravioleta.
- **Moedor de carne**, utilizado para moer todas as variedades de carne já cortada em pedaços. A velocidade do funcionamento do grupo de corte permite manter a carne fria durante o tratamento. O resultado da trituração varia em função dos diferentes diâmetros dos furos nas chapas disponíveis em combinação com as respectivas facas.

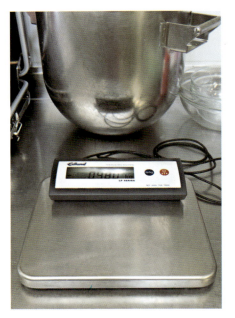

Em primeiro plano: balança de precisão.

- ***Cutter* (cortador)**, utilizado para picar, granular, pulverizar, amassar, misturar ou afiar em diversas velocidades, com o emprego de um único grupo de lâminas dentro de um recipiente. É uma máquina compacta para uso sobre a mesa, constituída de um bloco de motor fechado, que tem também a função de base para o acoplamento do recipiente de tratamento. Dentro do recipiente, fixo e em forma cilíndrica, gira um cubo extraível com lâminas em forma helicoidal, dispostas de modo a operarem na parte inferior (as lâminas podem ser lisas ou dentadas, segundo a utilização). A tampa do recipiente, geralmente transparente, possui uma abertura específica que funciona como bocal para permitir a dosagem de eventuais ingredientes que serão acrescentados ao produto durante o ciclo de tratamento. A capacidade da máquina é estabelecida pelo volume do recipiente e pode variar, nos diversos modelos, desde um mínimo de 3 ou 4 litros até volumes muito mais elevados, todos aptos a trabalhar uma quantidade efetiva de produto em torno de 60% do seu próprio volume.
- **Embutidora manual**, utilizada para a produção de embutidos de massas de carnes. A estrutura da máquina, horizontal ou vertical, pode variar em função da disponibilidade dos espaços onde será usada.
- **Fatiadora específica para carnes,** de lâmina vertical ou inclinada, com um prato específico de deslizamento especial em forma de bacia, utilizada para fatiar com praticidade as carnes, proporcionando uma precisão veloz e perfeita de cortes de diferentes espessuras.
- **Tábua grande em um pedestal** ou pequenas tábuas de mesa, de diferentes espessuras e dimensões, utilizadas para o corte manual das carnes.
- **Balança de mesa** para a pesagem dos produtos, com capacidade de ao menos 15-20 kg e uma boa capacidade de leitura em gramas. Os modelos de controle eletrônico, hoje mais difundidos, permitem, por meio da função tara, zerar a pesagem para a adição progressiva dos ingredientes, desde o recipiente utilizado até a capacidade máxima total da balança.
- **Tábuas de corte**, facas específicas para o corte das carnes e peças protetoras de malha de metal, como luvas e aventais.
- **Carrinhos de serviço** apropriados para o deslocamento dos alimentos ou dos produtos destinados ao tratamento durante as várias fases do processo, com duas estruturas tubulares dobradas em arco, sobre rodas, com tábuas colocadas entre elas. Podem possuir duas ou mais superfícies com bordas de contenção perimetrais.
- **Lixeiras com rodas** obrigatoriamente providas de tampa com acionamento por pedal, de capacidades e alturas variáveis. No posicionamento debaixo da superfície de trabalho munida de bocal para lixos, pode ser utilizada a versão sem tampa.

Tábuas diversas para diferentes tipos de alimentos.

Segurança no trabalho: luva protetora para cortar carnes.

Layout da área de preparação de frutas e legumes

A área de **preparação de frutas e legumes** destina-se ao tratamento de produtos vegetais, ou seja, verduras, legumes e frutas. Depois da retirada da câmara de estocagem ou do depósito apropriado, os produtos passam por um processo de seleção, descascamento, lavagem e tratamento antes de serem destinados à cocção ou às sucessivas transformações.

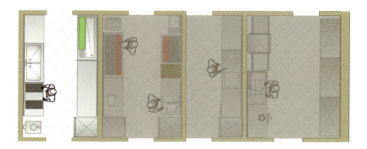

Essa área deve prever os seguintes equipamentos:

- **Mesa específica de tratamento de verduras**, com superfície de polietileno removível para limpeza, com borda elevada para conter sujeiras e pia posterior com fundo falso e bocal para desperdícios de tratamento. O espaço debaixo dela ficará livre para a colocação de lixeiras com rodas para a coleta dos desperdícios.
- **Mesas de trabalho de superfície plana** para aumentar o espaço de tratamento ou para o apoio de equipamentos mecânicos específicos, eventualmente dotada de gavetas.
- **Geladeira positiva** com temperatura de utilização de 6 °C a 8 °C, dotada de instalação apropriada para controlar temperatura e umidade relativa para a conservação de frutas e legumes.
- **Lavabo modular** com pia dupla, ou combinado com escoadouros laterais, instalado sobre pernas e eventualmente equipado de tábua inferior.
- **Lavatório combinado com esterilizador de facas**, ou lavatório separado e esterilizador de facas, que pode ser de diferentes tipos: elétrico, à imersão com líquido desinfetante ou com lâmpadas ultravioleta.
- **Lava-verduras automático**, utilizado para a lavagem de produtos vegetais já selecionados e limpos. De diversas dimensões, esse segundo elo da cadeia de trabalho pode ser de pia única ou possuir pias com compartimentos para manter a pré-seleção das mercadorias. O ciclo de lavagem, feito automaticamente, mas com sistemas de controle, pode ser completado pelo enxugamento final, com centrifugação direta (alguns pequenos modelos possuem essa função) ou por uma máquina de centrifugação à parte.
- **Descascadora ou descasca-batatas**, utilizada para batatas ou tubérculos. De forma cilíndrica e diversas dimensões, podendo ser posicionada diretamente no chão ou sobre uma base específica segundo suas capacidades de carga, permite descascar o produto colocado em seu interior de modo otimizado e em pouquíssimos minutos (regulados por um relógio do tipo *timer*). Isso se dá graças à ação abrasiva da fricção nas paredes e no fundo, que se deve ao movimento rotatório do disco de base, e sob a ação de lavagem por um jato de água, que possui também a função de levar para fora as cascas que são retidas num filtro, de modo que não passem para a tubulação hidráulica. Os modelos menores podem ser acomodados sobre mesas, à diferença dos outros, previstos para a instalação no chão. Algumas, dotadas de disco-base abrasivo substituível (em outras, também as partes o são) e de velocidades diferenciadas, são chamadas de polivalentes porque permitem a utilização para diferentes aplicações.

Acima e à esquerda, a limpeza cuidadosa das verduras, Fazenda Montalbano.

- **Corta-verduras**, que já se tornou um instrumento indispensável para satisfazer as crescentes exigências modernas na preparação de frutas e verduras. Graças a uma vasta gama de discos intercambiáveis, permite cortar, fatiar, cortar em cubos e em tiras, granular e desfiar rapidamente e em diferentes espessuras, com extrema precisão, sem alterar a qualidade dos produtos e reduzindo os tempos de tratamento.
- **Tábuas de corte e facas** específicas para o corte de verduras.
- **Utensílios específicos para esculpir** ou obter cortes particulares, para a preparação decorativa das verduras destinadas à cocção.
- **Carrinhos de serviço**, equipamentos auxiliares apropriados para o deslocamento dos alimentos ou dos produtos destinados ao tratamento durante as várias fases do processo, com duas estruturas tubulares dobradas em arco, sobre rodas, com tábuas colocadas entre elas. Podem possuir duas ou mais superfícies com bordas de contenção perimetrais.
- **Lixeiras com rodas**, que são recipientes móveis obrigatoriamente munidos de tampa com acionamento por pedal, de capacidades e alturas variáveis. No posicionamento debaixo da superfície de trabalho provida de bocal para lixos, pode ser utilizada a versão sem tampa.

Layout da área de confeitaria

Na gastronomia, a **confeitaria** representa uma das técnicas bem definidas na arte culinária. Portanto, a área que lhe é dedicada é destinada a trabalhar produtos principalmente provenientes do tratamento das farinhas e de outros componentes, entre eles, sobretudo, açúcares necessários para a produção de doces, confeitarias frescas e secas, sorvetes, produtos de padaria e produtos salgados. Essa área compreende todas as fases de trabalho, desde a preparação da massa fina até a sua cocção, recheadura e decoração. Embora não se utilize como base muitas matérias-primas diferentes, são infinitas as possibilidades de produzir incontáveis obras-primas originadas pelas diversas combinações dos ingredientes e pela maestria de quem, nesta técnica, combina paixão, arte, criatividade e uma constante pesquisa para obter o maior equilíbrio entre as partes, modificando constantemente formas e sabores. Nesta área, a "arte branca", a "arte doce" e a sorveteria são miscláveis num setor único de tratamento (embora organizadas com a devida independência entre si) e não exigem uma conexão específica com as outras áreas de preparação, mas, em vez disso, estão obrigadas a seguir sucessivas fases de processo de tratamento dos alimentos, segundo um constante procedimento de "marcha para a frente". Quando possível, porém, é aconselhável preferir uma localização adjacente ao depósito de alimentos ou anterior à área da preparação dos pratos frios, já que esses produtos têm em comum algumas preparações e finalizações antes de serem destinados ao consumo. De fato, este "laboratório" poderia não estar presente numa disposição de cozinha completa, por exemplo, por falta de espaço, de investimento econômico ou por opção organizatória ou profissional. Nesses casos, o fornecimento dos produtos finais, indispensáveis para a completude da oferta gastronômica, é realizado por laboratórios externos especializados. Quando, em vez disso, o "laboratório" está presente na estrutura (da qual dispõe a cozinha para a produção de refeições e com espaço adequado), é possível integrar uma pequena área de tratamento de massas à base de farinhas de sêmola, semolina de grão duro ou farinhas de grão mole. Isso permite obter alimentos frescos destinados à utilização direta ou ao sucessivo tratamento para a criação de massas chamadas de "especiais" – isto é, personalizadas –,

À direita, cadeia de montagem na área de confeitaria, Fazenda Montalbano.

com vários ingredientes na composição das massas ou da sua recheadura. No entanto, assim como para a confeitaria, também para esse tipo de produto, na maioria dos casos e pelos mesmos motivos, recorre-se a produtos finais fornecidos por laboratórios especializados externos. A produção de confeitaria possui a particularidade de poder utilizar produtos semielaborados (ou seja, de uma indústria em que laboratórios especializados oferecem uma vasta escolha), permitindo, assim, reduzir algumas elaborações somente para a cocção ou para a recheadura e/ou decoração, o que evita a aquisição de eventuais equipamentos utilizáveis unicamente para algumas elaborações específicas e resolve problemas decorrentes da escassez de espaços disponíveis. Nessa área, à diferença da utilização em todas as outras áreas de tratamento da cozinha, o deslocamento, bem como a preparação, a cocção e a conservação dos produtos confeiteiros, serve-se de formas e recipientes com formato diferente da Gastronorm, chamado Euronorm,[3] com um dimensionamento de 600 × 400 mm. Na sua composição normal, a área de confeitaria deve prever principalmente os seguintes equipamentos:

- **Batedeira planetária**. É uma máquina fundamental para a execução das principais elaborações confeiteiras que, graças ao seu funcionamento particular, à grande diversidade de utilização e à possibilidade de substituir os utensílios de trabalho segundo as necessidades, permite bater, amassar e misturar vários produtos de doçaria, bem como bater a neve. Compacta e em forma de coluna, possui uma base sobre a qual se ergue o tronco necessário ao sustento do sistema de bloqueio e movimentação vertical dentro da bacia de trabalho, mas também necessário para o apoio da cabeça fixa de tratamento (alguns modelos pequenos de mesa podem ser inclinados durante o trabalho para a extração ou troca dos utensílios da bacia fixa e para a sua remoção) que, posicionada de modo contraposto à base, acomoda os utensílios intercambiáveis (geralmente são de três tipos diferentes: a espátula para misturar ou bater, o batedor para bater a neve – em alguns casos, com fios de diferentes espessuras – e o gancho para amassar). O movimento dos utensílios em sentido rotatório e planetário, ao qual se deve o nome da máquina, e a possibilidade de regular sua velocidade (acionada por meio de dispositivos mecânicos predispostos, que conferem menor ou maior velocidade, ou, nas máquinas mais modernas, por vários dispositivos eletrônicos) fazem com que se possa mudar a utilização (por exemplo: as velocidades mais baixas são particularmente indicadas para as massas, enquanto as velocidades mais altas servem para bater a neve). As dimensões das máquinas variam com base na sua capacidade identificada pelos litros dos recipientes e podem ser diferenciadas em tipos de mesa ou de chão; as primeiras possuem uma média de 5 a 20 litros, enquanto os outros modelos variam de cerca de 20-25 litros até 60-80 litros (capacidades superiores podem ser encontradas em aparelhos industriais). Num laboratório de capacidade produtiva média, como no caso do *banqueting*, a máquina apropriada que pode desenvolver um bom potencial de trabalho é de chão, com um recipiente de 30-40 litros, em combinação com uma versão de mesa de 5-8 litros, para as elaborações pequenas.

- **Misturadora**. Esta máquina é específica para obter massas de caráter compacto e homogêneo, graças ao lento tratamento de farinhas com a adição de fermentos, líquidos e/ou outros ingredientes. De diferentes tipos e capacidades, distingue-se da batedeira planetária por suas características de construção. De fato, possui um robusto sistema de tração, destinado em particular ao tratamento de massas mais consistentes, definíveis como "duras", e de um movimento mecânico que pode ser por "espiral", por "forquilha" ou por "braços imersos". A versão com espiral ou forquilha é principalmente destinada às massas para pães ou bases de pizza, enquanto a versão com braços imersos serve por excelência para as massas mais particulares: o sistema de tratamento por meio do movimento de dois braços (semelhantes a

---

[3] **Euronorm**: é um sistema de normalização, regulamentado segundo a Norma DEM 55423, que prevê um dimensionamento-padrão de referência de 600 × 400 mm, do qual derivam múltiplos e submúltiplos para recipientes, bandejas, formas, grades, etc., utilizados para a acomodação, cocção, conservação e o deslocamento dos alimentos, particularmente na área de confeitaria, pizzaria e panificação.

Misturadora planetária.

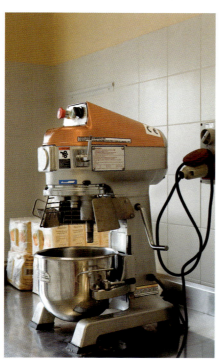

A batedeira planetária de mesa.

braços humanos), que movem e elevam o produto em uma bacia rotativa, resulta em uma melhor oxigenação e em um menor aquecimento da massa. A misturadora à espiral é a mais comum para esses usos. Além de apresentar uma gama muito mais ampla de modelos (com capacidade de 5 kg de massa final até mais de 100 kg para grandes produções), é também muito mais conveniente, porque, em comparação com as outras, é mais simples do ponto de vista construtivo. É composta de uma espiral rotativa em posição fixa, da qual recebeu seu nome, colocada verticalmente na bacia que também gira, mas no sentido contrário. Um eixo fixo vertical no centro da bacia, denominado também de "quebra-massa", realiza o tratamento da massa. Alguns modelos possuem, além de uma dupla velocidade de rotação, a possibilidade de inclinar a cabeça e de extrair a bacia que nos outros casos está afixada à base. Na escolha do modelo de misturadora, o mais indicado para o serviço de *banqueting* é o de espiral com uma capacidade produtiva por ciclo de 20-25 kg de produto, se esse tratamento for muito frequente e ocorrer constantemente. Caso contrário, convém a planetária de chão, descrita anteriormente, que pode executar essas elaborações, ainda que seja uma máquina mais complexa nas funções, mas mais delicada para elaborações mais pesadas.

- **Refinadora**. É uma máquina compacta colocada no chão, em forma de coluna, que pode refinar vários produtos confeiteiros. É composta de dois cilindros, geralmente de mármore, posicionados na parte superior da máquina, que giram em sentido oposto e são reguláveis na distância entre eles, para permitir um diferente grau de refinação do produto, obtido por meio do gradual esmagamento e arrastamento. Indicada para um laboratório completo de confeitaria artesanal, atualmente, essa máquina é substituída com frequência pelo *cutter*, que executa quase todas as mesmas funções e serve também para quantidades pequenas de produto.

- ***Cutter*** **[cortador]**. Esta ferramenta é utilizada para picar, granular, pulverizar, refinar ou emulsionar, em diversas velocidades, com o emprego de um único grupo de lâminas dentro de um recipiente. É uma máquina compacta para uso sobre a mesa, constituída de um bloco de motor fechado, que tem também a função de base para o acoplamento do recipiente de tratamento. Dentro do recipiente, fixo e em forma cilíndrica, gira um cubo extraível com lâminas em forma helicoidal, dispostas de modo a operarem na parte inferior (as lâminas, geralmente montadas em dupla contraposta e em níveis diferenciados, podem ser lisas ou dentadas, segundo a utilização). A tampa do recipiente, geralmente transparente, possui uma abertura específica que funciona como bocal para permitir a dosagem de eventuais ingredientes que serão acrescentados ao produto durante o ciclo de tratamento. A capacidade da máquina é estabelecida pelo volume do recipiente e pode variar, nos diversos modelos, desde um mínimo de 3 ou 4 litros até volumes muito mais elevados, todos capazes de trabalhar uma quantidade efetiva de produto em torno de 60% do próprio volume. Aconselhamos um modelo de 8-10 litros de capacidade mínima.

- **Folhadora**. Esta máquina serve especificamente para a transformação de vários tipos de massas, obtidas de elaborações anteriores, em massa folhada de espessuras calibradas e uniformes. Tanto na versão de mesa, em modelos pequenos, como de chão, é a máquina que mais ocupa espaço no laboratório, por ser composta de um grupo central de laminação e superfícies de tratamento munidas em ambos os lados de faixas transportadoras para a elaboração do produto durante o tratamento. As superfícies de trabalho laterais são constituídas de faixas de deslizamento horizontal, em velocidade variável e com inversão de movimento para a direita ou para a esquerda, geralmente dimensionadas em diferentes larguras, de 500, 600 e até 700 mm, com comprimentos disponíveis de 700-800 até 2.000 mm e mais, todas inclináveis para cima ao lado do acoplamento ao grupo central, para proporcionar uma dimensão mais limitada da máquina durante a sua inatividade. O grupo central de laminação é composto de dois cilindros contrapostos, com abertura gradual entre eles, acionado por uma alavanca mecânica graduada ou com regulamento eletrônico (alguns modelos, gerenciados por microprocessadores, são também programáveis), variável de 0,3-0,4 até 45-50 mm, com diversas larguras proporcionais às larguras das faixas. Em alguns casos, é possível combinar a máquina com aplicações especiais, como dispositivos com roletes de corte que permitem obter formas variadas de produtos laminados.

- **Forno**. Trata-se de um equipamento essencial para avançar ou completar um processo de tratamento de produtos, antes de seu consumo ou acabamento, que exige a cocção dentro de uma câmara e por meio de calor. Desde a Antiguidade, tem sido um elemento caracterizador em muitos núcleos familiares para a cocção a lenha, em particular de pães e doces, e, com o tempo, foi se tornando cada vez mais um "instrumento de trabalho" especializado até que, graças à disponibilidade tecnológica no emprego de outras fontes energéticas, distintas da lenha (eletricidade, gás), chegou-se aos fornos pré-fabricados ou às câmaras modulares de funcionamento estático (hoje muito desenvolvidas e utilizadas, particularmente na área da panificação e pizzaria), com a possibilidade de controlar e gerir as próprias funções.

À direita, forno confeiteiro padrão Euronorm.

Com a descoberta de benefícios adicionais da cocção, recorrendo a um fluxo de ar quente forçado por um ventilador para o interior da câmara, o forno, caracterizado pela convecção, tem-se tornado uma máquina dinâmica em constante evolução que, graças à aplicação das tecnologias mais modernas, oferece operações e potencialidade elevadas, a ponto de ser um preciosíssimo parceiro dos agentes da gastronomia. Examinaremos mais de perto as maravilhas dessa máquina na atuação segundo suas versões padrão Gastronorm, descritas a seguir na área de cocção, enquanto, na presente área, referimo-nos às versões padrão Euronorm.

Na confeitaria, os fornos de funcionamento estático, antigamente mais difundidos e compostos de uma ou mais câmaras sobrepostas, com capacidade para duas ou mais grades, foram substituídos em grande parte por modelos de convecção que oferecem muitas vantagens, entre as quais:

- poder conter numerosas grades em um espaço muito reduzido, dando, assim, origem a novos sistemas de "cocção vertical";
- facilidade na gestão e no controle da temperatura e das modalidade de cocção;
- esfriamento ou aquecimento rápido da câmara de cocção para produtos que exigem a cocção a diversas temperaturas;
- controle da umidade para alcançar um clima ideal na câmara;
- diferenciação da velocidade do ventilador para a cocção de produtos delicados;
- programação e memorização de todas as funções nos modelos com controle eletrônico;
- possibilidade de utilizar um sistema de lavagem automático nos modelos mais desenvolvidos.

O modelo com capacidade de carga de 8 ou 10 grades (segundo os eixos internos entre os planos) e uma dimensão muito volumosa de cerca de 1 m^3 é a máquina que mais satisfaz as exigências de um laboratório de *banqueting*, mas existem também modelos com capacidades inferiores e superiores, com dimensões que variam somente na altura. As primeiras versões dos fornos "ventilados" a carrinho rotante, chamados de *rotor*, utilizadas também para produções mais elevadas, exigem mais espaço do que os modelos "estáticos", e têm também uma gestão funcional mais limitada.

- **Placa de cocção.** Trata-se de um equipamento auxiliar que pode ser previsto para um laboratório de confeitaria, destinado a algumas preparações ou manipulações que exigem a cocção ou a modificação estrutural dos alimentos por meio do calor (por exemplo, caramelizar açúcar, derreter chocolate, etc.). A versão geralmente mais indicada é a de mesa com uma, duas ou três bocas nos modelos a gás, ou com o mesmo número de discos nos modelos elétricos, ou, ainda, com duas ou quatro bocas, ou discos elétricos, nas versões modulares móveis. Há alguns anos, a placa de vitrocerâmica (de indução) está substituindo os outros modelos, oferecendo ao setor de confeitaria novas características funcionais e vantagens em termos de praticidade, segurança, rapidez e eficácia, além de uma maior regulagem da intensidade de potência, desde a cocção mais rotineira até a mais delicada (como o tratamento do chocolate ou dos açúcares quase elaborados em banho-maria).

- **Ultracongelador ou resfriador rápido.** Em contínua evolução, está cada vez mais presente nas cozinhas, graças à importância de sua função. É um equipamento com grande potência de esfriamento, que recebeu seu nome porque rebaixa rapidamente a temperatura dos alimentos cozidos, assim bloqueando neles a proliferação de bactérias (muito favorecida por temperaturas entre 10 °C e 60 °C) e mantendo inalteradas as propriedades organolépticas. O processo de rebaixamento rápido no coração (ponto mais quente) do alimento cria um verdadeiro "choque térmico", graças a um esfriamento rápido de 90 °C para 3 °C num tempo máximo de 90 minutos. Além da função de rebaixamento positivo, o resfriador rápido pode

Painel de controle de ultracongelador.

Geladeira especial para confeitaria.

também desenvolver a de rebaixamento negativo (congelamento rápido), levando a temperatura no coração do alimento a -18 °C em um tempo máximo de 240 minutos. Nesses casos, o ultracongelador é de função mista. Para gerir os processos de resfriamento e congelamento de produtos delicados e prevenir fenômenos de desidratação e oxidação precoce das gorduras, a função de modulação da velocidade do ar é muito importante. Abordaremos de maneira aprofundada as vantagens e as potencialidades dessa máquina maravilhosa na parte da área de cocção. Na área de confeitaria, por sua vez, o resfriador rápido está se revelando cada vez mais um instrumento indispensável para favorecer os processos de tratamento e para otimizar os tempos de preparação ou de recheadura dos produtos, melhorando qualidade, segurança, estética e produtividade.

- **Cozinhadora de creme**. É uma máquina compacta destinada a produzir cremes confeiteiros, misturas para sorvete e vários outros produtos ou bases confeiteiros que exigem a mistura, a cocção e a pasteurização dos ingredientes de modo completamente automático. Composta de uma bacia posicionada verticalmente, fabricada geralmente para modos de cocção concebidos em banho-maria e com capacidade média de 15, 30 ou 60 litros, de acordo com o modelo, contém em seu interior um elemento rotativo com pás, extraível para facilitar a limpeza, com lâminas de raspagem ao longo da parede lateral da bacia, para amalgamar o produto em tratamento e permitir a troca térmica no sentido de aquecimento ou esfriamento. Programável nas funções de simples cocção ou de pasteurização completa, serve também para conservar o produto, depois de tê-lo refrigerado, até a sua utilização. Há algum tempo já estão sendo produzidas máquinas mais tecnológicas e ainda mais sofisticadas, chamadas de "multifunção", que reúnem as funções de pasteurizadora, cozinhadora e mexedora.

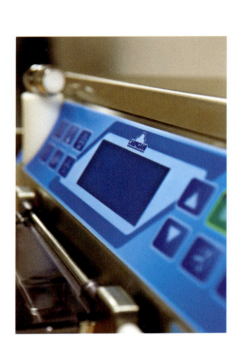

Acima e à esquerda, mexedora para sorvete.

- **Pasteurizadora e mexedora para sorvete**. São indispensáveis para a produção de sorvete (tipo artesanal) e podem desenvolver todas as funções necessárias: mistura dos ingredientes, pasteurização, homogeneização e maturação da mistura, mexeção e eventual endurecimento sucessivo por meio de congelamento, antes da conservação à baixa temperatura. A pasteurizadora é uma máquina compacta com recipiente de capacidade média de 60 ou 120 litros, tendo em seu interior um dispositivo mecânico agitador (emulsificador) que mexe a mistura ou a emulsifica para a perfeita dissolubilidade dos ingredientes sólidos na parte líquida. Permite higienizar as misturas segundo o perfil higiênico-sanitário, reduzindo a carga de bactérias dos ingredientes, inibir por certo período o desenvolvimento de microrganismos patogênicos e preparar a mistura-base para sorvetes, efetuando, conforme as necessidades, um ciclo de alta ou baixa pasteurização. A pasteurização "alta e veloz", chamada também de HTST (*High Temperature in Short Time*; Temperatura Alta em Pouco Tempo, TAPT), é obtida ao se submeter a mistura a uma temperatura que pode variar de 72 °C a 85 °C num tempo inversamente proporcional que varia de 10 a 20 segundos. A pasteurização "baixa e lenta", também chamada de LTLT (*Low Temperature in Long Time*; Temperatura Baixa em Muito Tempo, TBMT), é obtida submetendo a mistura a uma temperatura de 63 °C num tempo de 30 minutos. Em fase de pasteurização, a máquina prevê o aquecimento da mistura até a temperatura prevista para o ciclo pré-escolhido (ao alcançar a temperatura otimizada de cerca de 60 °C ocorre também o processo de emulsão e homogeneização dos componentes, utilizado para despedaçar em parcelas finíssimas e homogêneas as gorduras e outras substâncias não facilmente misturáveis naturalmente entre si, proporcionando, juntamente com a atuação de substâncias estabilizantes, a obtenção da mistura-base) e depois o esfriamento rápido para uma temperatura de 4 °C, tudo isso num tempo de emprego de cerca de duas horas. Sucessivamente, durante a conservação na pasteurizadora a 4 °C, se a mistura é deixada para descansar, mas mantida em agitação lenta por algumas horas, ocorre a fase de maturação, utilizada para obter um sorvete mais cremoso e de qualidade superior. Retirada da pasteurizadora e unida a massas aromatizantes ou outros ingredientes, a mistura-base é colocada na mexedora, máquina compacta, de funcionamento horizontal ou vertical, que efetua o rápido congelamento e serve, por meio de uma câmara de mexeção e uma instalação frigorífica adequadamente potencializada, para submeter a mistura ao seu último tratamento antes de transformá-la em sorvete. A ação rotativa e espatulante de um agitador instalado no interior da câmara proporciona uma compacidade homogênea do produto, além de oferecer a possibilidade de incorporar ar, aumentando o seu volume (overrun).[4] Atualmente, essas máquinas são quase todas gerenciadas por microprocessadores que as tornam polivalentes e aptas a desenvolver quase todas as fases de preparação e tratamento anteriormente citadas, seja para sorvete, seja para obter uma ampla gama de produtos como sorvetes tipo *sorbet*, flocos de gelo, musses, cremes confeiteiros, etc. Para uma preparação ideal do laboratório de confeitaria, a opção pode ser uma mexedora com produção média de 30-50 kg/h, em combinação com uma pasteurizadora de 60 litros, ou uma máquina polivalente com produção média de sua mexedora.

- **Geladeira de temperatura positiva**, com temperatura de utilização de 0 °C a 8 °C, dotada de instalação apropriada para controlar a temperatura e a umidade relativa para a conservação de produtos semielaborados, bases ou componentes perecíveis para confeitaria, ou para a estocagem de produtos finais em espera do serviço, quando não se dispõe de espaço suficiente para a instalação de uma câmara frigorífica de volumes mais elevados. De várias dimensões, pode ser de uma ou duas portas externas, com portas internas ou meias-portas por porta externa, e com guias apropriadas para acolher grades ou recipientes de padrão Euronorm. A profundidade interna das geladeiras padrão Euronorm pode ser de dois tipos, com guias para recipientes separados padrão Euronorm de 600 × 400 mm, ou mais profunda para dois recipientes padrão Euronorm no mesmo plano, ou grades de 600 × 800 mm. É melhor optar pela geladeira com espaço padrão Euronorm do que Gastronorm, porque isso permite interagir com os outros elementos (forno, resfriador rápido, etc.) para o uso compartilhado de grades ou recipientes.

Outro tipo de equipamento frigorífico utilizado na área da confeitaria, com as mesmas características de construção descritas acima, são congeladores com temperatura negativa de utilização entre -16 °C a -20 °C, destinados à conservação de produtos de sorveteria, *semifreddos* ou produtos finais ou provenientes das passagens de endurecimento em congelamento rápido durante as várias fases de preparação, recheamento ou decoração, a fim de facilitar as elaborações.

Tanto geladeiras como congeladores devem dispor de um sistema de distribuição de ar por meio de um transportador para distribuir de modo homogêneo o frio dentro do espaço e não desidratar os produtos. O ideal é que as geladeiras e os congeladores possuam um controle de umidade.

- **Câmara frigorífica de temperatura positiva** com temperatura de utilização de 2 °C a 8 °C, instalação apropriada para controlar a temperatura e a umidade relativa para a conservação de produtos confeiteiros. No seu interior, os produtos semielaborados ou finais podem ser conservados em estantes, carrinhos porta-bandejas ou em superfícies planas previstas para o apoio de composições artísticas, antes de serem destinados ao consumo direto, à montagem do bufê ou ao deslocamento para um serviço contratado. Geralmente são construídas em painéis modulares pré-fabricados e devem possuir particularmente uma porta de acesso com largura adequada para facilitar o deslocamento de carrinhos com composições artísticas de

---

[4] **Overrun**: incorporação de ar no sorvete que provoca nele o aumento do volume. A quantidade de ar que uma mistura é capaz de incorporar não é programável, mas varia segundo as matérias-primas utilizadas, o balanceamento da receita, a velocidade de rotação do agitador, a maturação da mistura, etc.

dimensões frequentemente volumosas. Sempre que for possível, a câmara destinada a essa utilização pode ser construída no piso existente, para facilitar o deslocamento dos carrinhos, desde que sejam respeitados os respectivos dispositivos funcionais e higiênicos. Ou, se possuir um piso próprio, poderia ser acompanhada de uma rampa de acesso ao espaço interno. O dimensionamento deve permitir a estocagem adequada ao tipo de serviço que será organizado e, de qualquer maneira, ser proporcional à disponibilidade do espaço previsto na fase de planejamento e *layout*.

- **Compartimento ou câmara de fermentação**. Fabricados segundo os mesmos princípios estruturais e com as mesmas composições internas da câmara anterior, diferenciados somente em suas capacidades, destinam-se à fermentação das massas de produtos de forno, como bolos, pães e pizzas, ou ao controle programado dessa função, admitindo, neste caso, o nome de "desaceleradoras de fermentação". Em comparação com geladeiras ou câmaras frigoríficas destinadas somente à conservação dos alimentos, possuem uma instalação mais complexa, capaz de gerir a possibilidade de reproduzir nas câmaras as condições microclimáticas ideais para obter uma perfeita fermentação e maturação das massas, de modo automático ou cíclico, como no caso das desaceleradoras de fermentação. Os aparelhos destinados somente à função de fermentação, definidos simplesmente como fermentadoras, têm somente a função de aquecer e umedecer de maneira controlada os compartimentos, enquanto as desaceleradoras de fermentação possuem também a função de refrigeração para bloquear ou desacelerar a fermentação dos produtos, além da possibilidade de programar os tempos de maneira cíclica. Isso permite estabelecer e coordenar os tempos de ligação do aparelho, também em um intervalo de muitas horas, além de padronizar a produtividade. As câmaras desaceleradoras de fermentação possuem um dispositivo de controle da umidade particularmente exato, com gerador de vapor, sonda higrométrica e modulação da velocidade do ar, para adequar as funções da câmara desaceleradora de fermentação a qualquer tipo de pães e produtos que passarão pela fermentação. Esse último modo está encontrando ampla aplicação sobretudo nos laboratórios para o tratamento de pão ou de produtos fermentados para o primeiro café da manhã, porque permite programar com tranquilidade os modos de cocção do dia seguinte ao dia da preparação das massas, evitando horários noturnos em favor de um melhoramento decisivo da qualidade de vida. Para a atividade de *banqueting*, a utilização dessas tecnologias dentro do laboratório de confeitaria, seja qual for sua aplicação e mesmo se estiverem às vezes voltadas somente à fermentação, pode melhorar a organização, a qualidade e a higiene. Quando o espaço da área de confeitaria é insuficiente ou quando se prevê uma utilização muito reduzida de produtos fermentados, é possível usar mesas de desaceleração de fermentação com as mesmas características funcionais das geladeiras ou câmaras e a modularidade interna padrão Euronorm, utilizáveis como mesas de trabalho ou posicionáveis debaixo da superfície das composições da ilha de tratamento.
- **Mesas de trabalho modulares com pernas**, com tábuas de superfície plana, no caso de alguns modelos dotadas de gavetas, dispostas ao longo das paredes para o apoio de equipamentos mecânicos específicos ou para aumentar o espaço de tratamento, e, quando possível, ao menos uma mesa disposta como ilha, para as principais operações de tratamento, finalização, decoração e montagem dos pratos. O modelo composto como ilha, sempre que o espaço o permita, pode ser combinado com câmaras armazenadoras neutras, refrigeradores, gaveteiros e câmaras livres para acomodar balcões sobre rodas, com um ou dois compartimentos internos de porta-farinhas e porta-açúcares, todos posicionados debaixo de uma superfície única que pode alcançar dimensões de profundidade até cerca de 1.400 mm e diversos comprimentos, com utilização bifacial e completada em alguns casos por uma superestrutura de equipamentos, composta de outras superfícies, armários suspensos e recipientes.

Formas de silicone.

- **Lavabo modular com pia individual ou dupla,** combinado com escoadouro lateral, estruturado sobre pernas e eventualmente equipado com uma tábua inferior ou, de preferência, de um balcão fechado.
- **Lavatório de parede com pia quadrada ou redonda,** combinado com uma torneira de comando por joelho ou pedal.
- **Balança de mesa para a pesagem** dos produtos, com capacidade de 5-10 kg. Com quadrante mecânico ou controle digital, é importante que haja uma capacidade de leitura mínima de pelo menos 1 grama, para o controle exato dos ingredientes confeiteiros. Por meio da função tara, os modelos de controle eletrônico permitem zerar a pesagem para a adição progressiva dos ingredientes, desde o recipiente utilizado até a capacidade máxima total da balança.
- **Equipamentos para elaborações específicas** e decorações, por exemplo: máquina para a produção de tarteletes, temperadeira ou derretedeira de chocolate, aerógrafo, lâmpada para o tratamento de açúcar, etc.
- **Utensílios específicos e acessórios,** moldes, formas, etc.
- **Carrinhos porta-bandejas,** para o deslocamento dos produtos em tratamento durante as várias fases de preparação ou como auxílio nas fases antes ou depois da cocção no forno. Fabricados principalmente de estruturas quadrilaterais sobre rodas, possuem guias para a inserção direta de recipientes ou grades padrão Euronorm. A composição, estruturada verticalmente, permite estocar até 15/18 recipientes, grades ou formas padrão Euronorm de 600 × 400 mm ou, estruturada em dupla capacidade em cada plano, para a acomodação de grades de 600 × 800 mm ou 30/36 recipientes, grades ou formas padrão Euronorm de 600 × 400 mm.
- **Lixeiras com rodas.** Recipientes móveis obrigatoriamente munidos de tampa com acionamento por pedal, de capacidades e alturas variáveis. No posicionamento debaixo da superfície de trabalho provida de bocal para lixos, pode ser utilizada a versão sem tampa.

Layout da área de preparação de pratos frios

A área de **preparação de pratos frios** destina-se à elaboração de produtos que são tratados frios, com o propósito de montar e finalizar os pratos antes que sejam servidos para o consumo na mesa, dispostos para a montagem dos bufês ou adequadamente predispostos para serem levados em regime refrigerado para atividades de *catering*.

Os produtos podem provir de:

- **preparações anteriores** que não necessitam de nenhum tratamento térmico, por exemplo, uma fruta depois da seleção e limpeza na área apropriada;
- **estocagem,** no que diz respeito a produtos finais como frios, queijos, laticínios, produtos marinados, defumados, patês, etc. ou produtos frescos prontos para o uso;
- **preparações anteriores de tratamento térmico** e sucessivo rebaixamento de temperatura e eventual conservação em espera.

Nesta área, o tratamento dos alimentos começa a assumir uma posição quase conclusiva no fluxo do tratamento. É por isso que a área é considerada estratégica em seu posicionamento: para um correto fluxo das atividades operacionais, ela deve ser colocada adjacente à área de cocção e, como esta, estar nas imediações diretas da distribuição. Além disso, deve estar combinada com uma área de acondicionamento para uma eventual veiculação para o serviço contratado, quando previsto. Estrategicamente, as duas áreas adjacentes permitem o posicionamento de um espaço intermédio destinado a procedimentos de rebaixamento de temperatura após procedimentos de cocção e/ou de preparação a vácuo. Particularmente para atividades de *banqueting*, a área deve estar equipada de mesas de trabalho com superfícies amplas e cômodas que permitam uma

À direita, preparação de pratos para um banquete, Molino Stucky Hilton.

boa organização na montagem em série dos pratos, em termos de tempo e de grande número. Outro fator importante é dotá-la de uma boa capacidade de estocagem refrigerada à disposição do produto final em espera para ser destinado. A preparação do local deve contar com os seguintes equipamentos:

- **Mesas de trabalho com superfície plana**, algumas delas eventualmente dotadas de gavetas, dispostas ao longo das paredes, para o apoio de equipamentos mecânicos específicos ou para aumentar o espaço de tratamento, e outras, quando possível, dispostas como ilhas para as principais operações de preparação e montagem dos pratos.

- **Mesa de trabalho refrigerada com câmara acondicionada debaixo dela**, de temperatura positiva, acessível por meio de janelas e equipada, em seu interior, de grades para o apoio imediato de recipientes variados ou de guias para a inserção direta de recipientes GN, utilizada para a conservação seletiva dos produtos semielaborados. Além de portas, pode possuir também gavetas extraíveis em dimensões predispostas para recipientes GN. Quando o espaço é escasso, essa mesa, embora com capacidade de estocagem inferior a geladeiras ou congeladores, é frequentemente de grande utilidade, pois resolve o problema quando não dispomos de superfícies de trabalho suficientes ou precisamos aumentar sua quantidade.

- **Geladeira de temperatura positiva**, com temperatura de utilização de 0 °C a 8 °C, com instalação apropriada para controlar a temperatura e a umidade relativa, para a conservação de produtos semielaborados, provenientes de preparações anteriores a frio ou submetidos ao tratamento térmico com sucessivo rebaixamento de temperatura, ou para produtos finais destinados no seu conjunto à montagem dos pratos de um menu ou dos pratos frios, ou para a estocagem dos pratos em espera do serviço, quando não é possível dispor de espaço suficiente para a inserção de uma câmara frigorífica com volumes mais elevados. Pode ser de várias dimensões e estar composta geralmente de uma ou duas portas externas, dotadas de portas interiores ou meias-portas nas próprias portas externas, com a capacidade mencionada de uma média de 600-700 litros ou 1200-1400 litros de volume interno. No interior das câmaras é geralmente equipada com grades com dimensão GN 2/1 ou com guias para a inserção direta de recipientes GN 2/1 ou de submúltiplos.

- **Câmara frigorífica de temperatura positiva**, com temperatura de utilização de 2 °C a 8 °C, com instalação apropriada para controlar a temperatura e a umidade relativa para a conservação de pratos frios ou de pratos em espera para serem destinados ao consumo direto ou antes da transferência para um serviço contratado, ou com um sistema de carrinhos porta-pratos ou porta-recipientes, ou ainda com estantes. Em geral, é pré-fabricada com painéis modulares e pode possuir uma porta de acesso com largura adequada para facilitar o deslocamento de carrinhos provisoriamente preparados ou de composições artísticas, frequentemente volumosas, destinadas às montagens dos bufês ou de apresentações particulares. Sempre que possível, a câmara voltada para essa utilização pode ser construída sem piso diferente, ou seja, usar um piso já existente, para facilitar o deslocamento dos carrinhos, desde que sejam respeitados os respectivos dispositivos funcionais e higiênicos. Ou, se possuir um piso próprio, pode estar acompanhada de uma rampa de acesso ao espaço interno ou inserida no piso construído, com limiar no nível do piso interno e vedação tarja, para manter o deslocamento dos carrinhos exatamente no mesmo nível. O dimensionamento deve ser apropriado para permitir a estocagem adequada ao tipo de serviço que será organizado e, de qualquer maneira, estar proporcional à disponibilidade do espaço previsto na fase de planejamento e *layout*.

Fatiadora de frios.

- **Lavabo modular** com pia individual ou dupla, combinado com escoadouro lateral, estruturado sobre pernas e eventualmente equipado de tábua inferior ou, de preferência, de balcão fechado.
- **Lavatório combinado com esterilizador de facas** ou lavatório separado e esterilizador de facas que pode ser de diferentes tipos: elétrico, à imersão com líquido desinfetante ou com lâmpadas ultravioleta.
- **Fatiadora específica para frios** ou produtos cozidos e refrigerados de consistência compacta, com lâmina vertical ou inclinada. Para o serviço de *banqueting*, é preferível o modelo com lâmina vertical, porque possui um prato específico de deslizamento especial, de formato plano, com um braço particular para o corte do alimento, concebido para permitir uma precisão veloz e perfeita do corte também a espessuras finíssimas. Para permitir a obtenção de um produto fatiado na dimensão da fatia inteira, é preferível uma máquina que tenha um diâmetro de lâmina de 350 ou 370 mm.
- *Cutter* **[cortador]**, utilizado para picar, granular, pulverizar, amassar, misturar, emulsionar ou bater a diversas velocidades, utilizando um único grupo de lâminas no interior de um recipiente. É uma máquina compacta de mesa constituída de um

bloco de motor fechado que tem também a função de base para o acoplamento do recipiente de tratamento. Dentro deste, fixo e em formato cilíndrico, gira um cubo extraível com lâminas em formato helicoidal, dispostas de modo a operarem na parte inferior (as lâminas, geralmente montadas em dupla contraposta e em níveis diferenciados, podem ser lisas ou dentadas, segundo a utilização). A tampa do recipiente, geralmente transparente, possui uma abertura específica que funciona como bocal para permitir a dosagem de eventuais ingredientes que serão acrescentados ao produto durante o ciclo de tratamento. A capacidade da máquina é estabelecida pelo volume do recipiente e pode variar, nos diversos modelos, desde um mínimo de 3 ou 4 litros até volumes muito mais elevados, todos capazes de trabalhar uma quantidade efetiva de produto em torno de 60% do próprio volume. Nesta área de trabalho, o modelo a ser preferido deve poder emulsionar ou homogeneizar os produtos, porque, à diferença do *cutter* padrão (frequentemente de uma única velocidade com um máximo de 1.500 giros por minuto), possui velocidades mais elevadas e controláveis também por meio de um variador contínuo. Outros tipos de *cutter* têm a característica de poder operar também a vácuo, com todas as vantagens oferecidas por essa técnica.

- **Máquina para gelo granular ou em escamas**. Ainda que possa se tratar, aparentemente, do mesmo tipo de gelo, de fato são produtos de máquinas de tecnologias diferentes e utilizados para diferentes aplicações. O gelo em escamas, especificamente indicado como agente que preserva o congelamento (sua consistência é bastante seca e enxuta), possui uma espessura variável de 1,5 a 3 mm, com uma temperatura de saída da máquina de -6 °C a -12 °C, e é indicado particularmente para a conservação de peixe fresco, mas encontra também emprego em outras aplicações. O gelo granular, produto com uma temperatura pouco inferior a 0 °C, na forma de grânulos e de consistência muito mais úmida que a do anterior, destina-se antes à preparação dos pratos de um menu ou de pratos frios destinados à montagem de bufês ou a apresentações variadas, como frutas, verduras, etc. Este último, mais útil para o *banqueting*, é produzido em pelo menos duas granulometrias diferentes, portanto, de um diferente grau de umidade, e serve também para a preparação de bebidas ou para o esfriamento e a preservação dos vinhos em serviço no decorrer dos eventos. A gama dos modelos de fabricação de gelo varia em média de produtividade de cerca de 80 kg em 24 horas até 2.000 kg em 24 horas. Os modelos com produtividade média de até cerca de 150 kg em 24 horas, frequentemente fabricados em monobloco com tanque de acúmulo incorporado, com capacidade disponível muito reduzida, são utilizados nas pequenas refeições. Os modelos com produtividade além de 1.000 kg em 24 horas são empregados em atividades industriais, enquanto os modelos indicados para as atividades de nosso interesse são os intermediários, ou seja, com produtividade variável de 200 a 600 kg em 24 horas. Todos eles podem ser combinados com recipientes de ampla capacidade de acúmulo, variável de cerca de 150 a 300/400 kg, de modo a satisfazer a disponibilidade imediata e a preservar, além disso, o gelo que a máquina produz em 24 horas.

- **Carrinhos porta-recipientes**. São equipamentos auxiliares para a transferência dos alimentos ou dos produtos em tratamento durante as várias fases do processo. Fabricados principalmente de estruturas quadrilaterais sobre rodas, possuem guias para a inserção direta de recipientes GN 2/1 ou GN 1/1. A composição, estruturada verticalmente, permite estocar de 12 a 15 recipientes GN 2/1 ou o dobro de GN 1/1. Na área de preparação dos pratos frios, a utilização desses carrinhos é indispensável não só por causa da logística, como também porque permite não ocupar grandes superfícies de apoio e, sucessivamente, armazenar

Carrinho porta-recipientes.

224 A GRANDE COZINHA

Máquina de gelo.

diretamente na câmara refrigeradora os produtos finais, destinados à distribuição no mesmo local ou à sucessiva transferência em regime refrigerado para atividades de *catering*.

- **Carrinhos porta-pratos**. Trata-se de outros componentes auxiliares importantes nesta área de preparação, que devem ser empregados conforme o tipo do serviço previsto para o atendimento no salão, já que permitem colocar sobre uma estrutura de rodas, de volumes muito limitados, cerca de 90-100 pratos finais e destinados ao consumo. Permitem, por exemplo, estocar numa câmara frigorífica cerca de 400 pratos, que ocuparão um espaço igual a 150 × 150 cm, e colocados em apenas quatro carrinhos.
- **Tábuas de corte** e facas específicas.
- **Utensílios específicos para obter cortes particulares** para a preparação decorativa ou para esculpir frutas ou verduras (técnica muito utilizada para a montagem de bufês ou pratos particulares).
- **Lixeiras com rodas**. Recipientes móveis obrigatoriamente munidos de tampa com acionamento por pedal, de capacidades e alturas variáveis. No posicionamento debaixo da superfície de trabalho provida de bocal para lixos, pode ser utilizada a versão sem tampa.

Layout da área de rebaixamento de temperatura e criação de vácuo

No âmbito da cozinha moderna e inovadora, tende-se a valorizar, cada vez mais, a opção de destinar um espaço específico ao tratamento dos alimentos durante as fases "particulares" anteriores e/ou sucessivas à cocção por meio de dois elementos principais: o ultracongelador e a máquina de vácuo. Para tanto, a área de rebaixamento e vácuo – destinada a acomodá-las e em constante evolução e objeto de aprofundamentos que dizem respeito às numerosas aplicações de seu uso – tem como finalidade sintonizar novos métodos de trabalho para uma constante otimização da organização da cozinha, mas sobretudo para garantir a salubridade e a qualidade dos alimentos. Cada uma das duas máquinas possui diversas aplicações de uso e merece ser considerada um instrumento inovador útil ao profissional que, graças a uma adequada e contínua preparação cultural em sua área, está em condições de aplicar métodos e técnicas destinadas a experimentar e promover novas receitas e de planejar a organização do trabalho em termos de produtividade, tempo e qualidade. No entanto, o emprego desses aparelhos, assim como outros em constante experimentação e criados para diversas finalidades de uso, não substitui necessariamente métodos de trabalho tradicionalmente conhecidos e aplicados, embora ofereça ao profissional atento à constante evolução a possibilidade de inovar incessantemente tudo na área da cozinha, aplicando cada vez mais a "arte culinária".

O ultracongelador, utilizado hoje em dia para diversas aplicações que dizem respeito ao tratamento térmico e físico, e em particular à segurança no preparo de alimentos, pode não ter uma relevância particular direta com a máquina que cria o vácuo e também pode ser colocado em outras áreas para aplicações específicas. Embora seja bastante indicado colocá-lo na proximidade de aparelhos de cocção (particularmente do forno), se o espaço o permitir, o ideal é posicioná-lo próximo da máquina de vácuo, numa área específica e independente das outras. Essa área torna-se, assim, estratégica, porque está no centro e a serviço das várias atividades, mas, mesmo assim, "protegida", por motivos de higiene e segurança no âmbito alimentar (como representado no *layout* anterior). Portanto, pode ser utilizada para vários empregos durante as fases de preparação, cocção e acomodação, com respeito à organização interna do trabalho e da transferência dos alimentos, em várias relações (refrigeração, frio-quente, etc.),

Ultracongelador.

para as atividades de *catering* fora da estrutura de produção de refeições. Assim, se for possível destinar uma área a rebaixamento e vácuo, ela deve prever os seguintes equipamentos:

- **Ultracongelador**. É um equipamento com uma câmara de resfriamento apto a reduzir rapidamente a temperatura dos alimentos de 90 °C para 3 °C no coração, em um tempo máximo de 90 minutos, criando um verdadeiro "choque térmico", sem dispersar sua umidade (indispensável para a consequente recuperação da temperatura original, que abordaremos mais adiante), garantindo um produto de sabor e consistência inalterados. É utilizado em todos os casos em que é essencial inibir a proliferação de bactérias, favorecida por condições de temperaturas entre 10 °C e 65 °C e muito frequente no método tradicional de conservação dos alimentos cozidos (deixados para esfriar ao aberto até alcançar a temperatura ambiente, antes de serem introduzidos em frigoríficos), com a grande vantagem da preservação das características nutritivas e organoléticas dos alimentos nos vários processos de tratamento. Além disso, oferece a vantagem de evitar riscos de intoxicação alimentar, cujas causas principais são a manipulação e/ou conservação impróprias

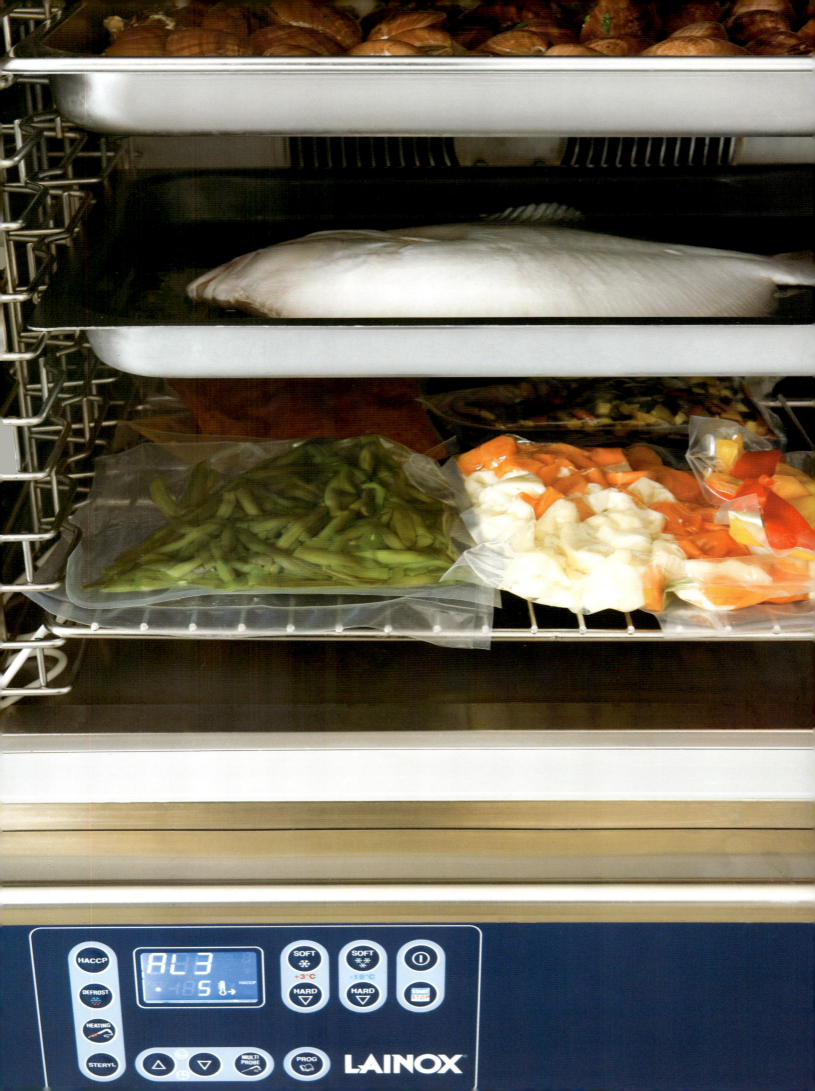

dos alimentos, bem como o rápido desperdício das propriedades organoléticas, proporcionando uma conservabilidade melhor e mais longa. Esse equipamento indispensável, combinação entre cocção e conservação dos alimentos, é a dobradiça de um novo sistema de organização no setor de cozinha, em que preparação, cocção, rebaixamento, preservação e recuperação da temperatura alcançada são fases consecutivas de um único sistema de trabalho que desvincula os tempos da produção dos pratos dos tempos do serviço. A preparação antecipada e o rebaixamento de uma quantidade consistente de alimentos tornam mais fácil propor um menu mais rico e diversificado, permitindo ao funcionário racionalizar as atividades de controle durante os processos de realização dos diversos pratos, com notáveis vantagens organizativas, qualitativas, higiênicas, econômicas e de tempo. Em constante evolução tecnológica, nos últimos anos têm sido aperfeiçoadas a modularidade do ultracongelador – sempre mais compacta, de modo a torná-lo facilmente colocável em cada ambiente de trabalho – e as características funcionais e de rendimento, sempre mais elevadas e evoluídas – por exemplo, hoje já estão disponíveis ultracongeladores com portas de vidro que permitem ao funcionário controlar melhor o avanço do processo, facilitando-lhe seu trabalho e o início de novas experimentações a respeito. A modularidade das máquinas é sempre proporcional à capacidade interna das câmaras que, nos modelos mais compactos, é determinada pela capacidade das formas ou grades GN 1/1 ou GN 2/1 (cerca de 4 a 24 no caso das formas ou grades GN 1/1 ou de 12 no caso das GN 2/1), ou à possibilidade de acomodar estruturas com rodas utilizadas junto aos fornos de cocção, com 20 formas GN 1/1 ou 20 formas GN 2/1 ou carrinhos porta-bandejas GN (nesse caso, as características estruturais são as das câmaras pré-fabricadas), que permitem a aplicação do conceito *Cook&Chill* (cozinhar e resfriar). Portanto, o que determina a escolha das dimensões da máquina que será integrada numa cozinha é a capacidade de rendimento em quilogramas para o ciclo de tratamento, ou seja, proporcional à capacidade dos fornos integrados no equipamento. A característica principal desse aparelho tecnológico é possuir uma instalação frigorífica de grande potência de esfriamento (até 10 vezes superior àquela de uma geladeira ou de um congelador de capacidade volumétrica igual, que, de fato, não são apropriados para o esfriamento rápido do produto, mas somente para sua conservação) e uma ventilação adequada da câmara, que permite uma subtração constante e rápida do calor do produto. Outro elemento importante é a sonda (em alguns casos, possui vários pontos de medição, normalmente quatro no próprio pino), destinada a determinar o ponto mais quente do produto, chamado de "coração", e a própria densidade do produto, regulando a função de rebaixamento de temperatura para otimizar o resultado, homogêneo e sem formação de gelo no exterior do produto durante o esfriamento, bem como a verificação dos ciclos de trabalho necessários. Quando é gerenciado por um *software* de controle, o ultracongelador permite interagir com a gestão das funções (como regular a velocidade do fluxo de ar), programando-as e ativando-as desde a central de controle, coração do sistema, memorizando e rechamando para execução os dados referentes aos ciclos de trabalho. Diferentemente de um modelo com a função única de rebaixamento positivo, o ultracongelador pode também desenvolver a função de congelamento rápido, levando a temperatura no coração a -18 °C num tempo máximo de 240 minutos, produzindo somente a formação de microcristais que não danificam as características estruturais do produto, como ocorre, caso contrário, com um congelamento lento (que, causando a formação de macrocristais, na fase de descongelamento permitiria à água contida nos alimentos expandir-se e provocar a ruptura da membrana intercelular em detrimento de

À esquerda, ultracongelador.

consistência, sabor, cor e características nutricionais). Nesses casos, o rebaixamento é a função mista, e as modalidades de rebaixamento ou congelamento são diversificadas de acordo com o tipo de tratamento que será aplicado, seja segundo a quantidade de carga da máquina, seja segundo dimensão, características e espessuras do produto. Geralmente, as modalidades podem se distinguir como segue:

- **esfriamento rápido** *soft* de 90 °C a 3 °C no coração do produto, quando a temperatura do ar na câmara é mantida constantemente em 0 °C. É ideal para produtos delicados;
- **esfriamento rápido** *hard* de 90 °C a 3 °C no coração do produto, quando a temperatura do ar na câmara é variável em diversas fases, também de temperatura negativa. É ideal para tamanhos grandes, produtos de alta densidade, embalados ou quando a câmara está com carga plena;
- **congelamento rápido** *soft* de 90 °C a -18 °C no coração do produto, quando a temperatura do ar na câmara varia, atuando em duas fases: primeiro o rebaixamento positivo e depois o rebaixamento negativo, congelando o produto em -18 °C no coração, de modo rápido, mas não de choque, para não danificar produtos delicados. É ideal para conservar também, por alguns meses, produtos crus, semielaborados ou cozidos;
- **congelamento rápido** *hard* de 90 °C a -18 °C no coração do produto, quando a temperatura do ar na câmara é mantida constantemente em -40 °C. É ideal para espessuras mais elevadas, grandes quantidades ou necessidades operativas de rapidez.

Seja qual for a modalidade funcional, no fim do ciclo, o resfriador rápido está apto a prosseguir com o funcionamento, conservando os produtos nas temperaturas ideais de manutenção, em espera da transferência para outros conservadores refrigerados.

- **Máquina de vácuo**. É uma embaladora que, por meio de uma bomba especial que cria vácuo, pode modificar a atmosfera dentro de recipientes específicos, extraindo-lhes o ar e criando um estado de rarefação, até alcançar uma pressão inferior à pressão atmosférica (vácuo). O processo de embalar pode ser realizado extraindo-se o ar de modo parcial ou total. Além disso, depois da extração do ar é possível (em certos modelos) criar uma condição de "atmosfera modificada", restaurando em parte a pressão atmosférica interna, utilizada para conservações específicas ou particularmente para evitar o esmagamento de produtos frágeis. Nesse caso, injetam-se um ou mais gases misturados (os mais utilizados são o oxigênio, o nitrogênio e o anidrido carbônico), que têm a finalidade de prolongar a vida útil dos alimentos, impedindo, num ambiente sem oxigênio, a proliferação de determinados microrganismos (mas não proporcionando sua total eliminação), evitando processos oxidantes que são a causa de muitas alterações alimentícias, ou protegendo os alimentos da exposição a posteriores contaminações ambientais ou por outros fatores (ressecamento na superfície de carnes, frios, queijos, etc.) que causariam neles o envelhecimento precoce ou a modificação organolética em pouco tempo.

O acondicionamento a vácuo pode ser executado com dois tipos de máquinas:
- **de operabilidade externa**: vantajosa em termos de custos de aquisição ou utilizada para produtos sólidos ou temperados, para embalagens cujas dimensões ultrapassam as dimensões da própria máquina; contudo, não é apta a alcançar uma porcentagem alta de vácuo;
- **com campânula**, ou seja, dotada de uma câmara em formato de bacia com tampa transparente, para permitir o controle visual durante os vários métodos de utilização, hermeticamente vedável para o desenvolvimento das operações de vácuo e com uma ou mais barras de solda térmica, fundamentais para finalizar a operação de selamento das embalagens.

Máquina de vácuo com campânula.

À direita, julianas de verduras a vácuo.

A máquina de vácuo possui comandos para a gestão eletromecânica ou digital, um vacuômetro para o controle do estado do vácuo e, nos modelos com campânula, um dispositivo para a injeção dos gases ou também uma ligação para o vácuo externo, utilizada para produzi-lo em recipientes rígidos específicos, como latas, bandejas, etc., ou para máquinas predispostas para elaborações, como no caso de alguns *cutters*. Já faz alguns anos que, graças à possibilidade de criar um vácuo de até 99,9%, a máquina de vácuo com campânula pode ser utilizada para a acomodação e conservação dos alimentos, bem como para a cocção dos produtos, abrindo novos cenários de utilização na gastronomia, ativando novas técnicas de cocção e integrando-se perfeitamente aos sistemas inovadores de organização do conjunto das operações. Os materiais utilizados para a produção dos suportes de acomodação (filmes) estão em constante evolução, principalmente no que diz respeito à conformidade no contato alimentar e às características técnicas que permitem a utilização em diversas condições, desde a conservação à temperatura ambiente, em refrigeração e em congelamento, até a cocção a vácuo (graças a saquinhos especiais que possuem uma alta resistência térmica durante a utilização em fornos a vapor ou em aparelhos de banho-maria). Ao considerar a escolha do aparelho mais apropriado, é importante que ele seja móvel (sobre rodas), a fim de deslocá-lo quando for preciso, e que possua uma campânula adequada com barra de solda de pelo menos 40 cm.

- **Mesas de trabalho com superfície plana**, dotadas de bordas posteriores, para aumentar o espaço de tratamento ou para o apoio de equipamentos mecânicos específicos, com gavetas para a acomodação de acessórios e com espaço debaixo delas para balcões fechados para guardar particularmente os vários tipos de saquinhos e bandejas para a preparação dos produtos a vácuo ou em atmosfera modificada, ou os saquinhos para a cocção a vácuo.

- **Lavatório de parede com pia quadrada ou redonda**, combinado com uma torneira de comando por joelho ou pedal.

- **Balança de precisão de mesa** para a pesagem dos produtos, com capacidade de 5-10 kg. Deve possuir um quadrante mecânico ou controle digital com uma capacidade de leitura mínima de pelo menos 1 grama, para o controle exato dos ingredientes. Por meio da função tara, os modelos de controle eletrônico permitem zerar a pesagem para a adição progressiva dos ingredientes, desde o recipiente utilizado até a capacidade máxima total da balança.

- **Câmara frigorífica ou geladeira de temperatura positiva** com temperatura de utilização de 2 °C a 4 °C, com instalações adequadas para garantir uma temperatura constante para a conservação dos produtos em rebaixamento de temperatura depois do tratamento térmico, em espera de serem destinados a uma manipulação sucessiva ou antes de serem transferidos a um serviço contratado. No emprego de câmaras frigoríficas, os produtos podem ser sistematizados sobre carrinhos porta-recipientes ou movimentados manualmente em estantes, organizadas para a estocagem correta de tal modo que se favoreça a retirada dos produtos segundo os prazos de vencimento mais iminentes ou sua utilização cronológica. No uso de geladeiras, os produtos podem ser estocados sobre grades especiais GN ou em bacias GN, para uma posterior subdivisão das mercadorias, respeitando os mesmos critérios organizativos considerados acima. Em cada caso, a utilização desses "conservadores" assume uma definição particular de emprego em um verdadeiro "banco de alimentos", capaz de conter produtos finalizados para a montagem final e o subsequente serviço ou para a destinação ao serviço externo.

O dimensionamento deve permitir a estocagem adequada ao tipo de serviço que será organizado e, de qualquer maneira, estar proporcional à disponibilidade do espaço previsto na fase de planejamento e *layout*.

LAYOUT DA ÁREA DE COCÇÃO E DISTRIBUIÇÃO

Layout da área de cocção

A área de cocção é a pedra angular de todo o sistema de tratamento dos alimentos: além de ser a área que, etimologicamente, é destinada a "cozer os alimentos para torná-los comestíveis e digeríveis, submetendo-os à ação do fogo ou do calor", também deu origem a todo o sistema denominado **cozinha** que, por sua vez, possui um significado mais complexo, já que é o conjunto de todas as práticas de tratamento dos alimentos. É nessa área que a fantasia e a criatividade são colocadas à dura prova, pois os vários métodos e técnicas de cocção valorizam sabiamente o propósito que o *chef* deseja atribuir ao produto em manipulação, para fazer com que ele adquira aquele grande valor que é o sabor.

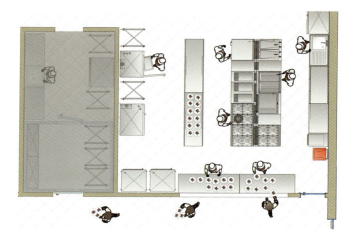

[5] Entende-se: a cocção do alimento imerso num líquido no qual, por meio do tratamento térmico, uma parte das substâncias nutritivas do alimento passa para o líquido, e os aromas e os demais conteúdos do líquido são absorvidos pelo alimento.

[6] Entende-se: a exposição do alimento a temperaturas iniciais elevadas, para impedir o derramamento dos líquidos por meio da coagulação das proteínas superficiais, permitindo a concentração das substâncias nutritivas no alimento.

[7] Entende-se: a cocção do alimento termicamente tratado por meio da utilização de ambas as técnicas em sequência, ou seja, um primeiro tratamento de cocção que visa a concentração e uma sucessiva complementação por meio da cocção que visa a expansão.

A valorização de tudo isso deve-se a um conjunto de componentes que formam um "instrumento de cocção" em constante evolução tecnológica que, tido como certo que o calor serve para a cocção, está abrindo diversos cenários muito importantes e dando cada vez mais valor a vários outros fatores, entre os quais:

- **o aperfeiçoamento do processo**;
- **a economia da produção** (rendimento elevado em virtude de consumos de energia mais reduzidos);
- **a facilidade de utilização**, graças a uma maior exigência com relação à complexidade nas fases e nos métodos de cocção, graças às aplicações tecnológicas sempre mais avançadas e adaptadas.

É aqui que a utilização das aplicações tecnológicas torna-se cada vez mais um patrimônio à disposição do cozinheiro que, desse modo, pode expressar sua fantasia e criatividade, elevando a simples cocção a uma verdadeira "arte" em técnicas de cocção tanto clássicas como modernas e graças à união sinergética da mão e da mente do *chef*.

Os métodos em torno dos quais gira desde sempre o processo de transformação do alimento por meio do tratamento térmico podem ser distinguidos principalmente por três macrotipos de cocção:

- **cocção por expansão**;[5]
- **cocção por concentração**;[6]
- **cocção mista**.[7]

Tudo isso é possível graças ao emprego do calor proporcionado aos alimentos em três modalidades diferentes de troca térmica:

- **por condução**, quando o calor, por meio do contato direto, é propagado de um corpo quente a outro de temperatura menor;

Comandos na cozinha.

- **por convecção**, quando o calor é propagado ao alimento por meio de "correntes convectivas" naturais ou mecanicamente forçadas, geradas pelo movimento da matéria num fluido, como água, ar ou outro líquidos;
- **por irradiação**, quando o calor é trocado entre um corpo que emite ondas eletromagnéticas, responsáveis pela irradiação térmica, para um corpo mais frio que o absorve, sem a presença de um meio de troca, como o contato com um fluido ou com uma matéria que é componente dele.

O estudo desses fenômenos físicos presentes na natureza tem permitido ao ser humano apropriar-se deles para torná-los disponíveis, nas várias aplicações, por meio de máquinas especificamente criadas, por exemplo, instrumentos e aparelhos de cocção que hoje são cada vez mais especializados, sofisticados e em constante evolução, a ponto de poder desfrutar do melhor das suas características funcionais e construtivas em termos de rendimento energético, eficiência, segurança, higiene, modularidade e, em alguns casos, multifuncionalidade, como nos fornos GN de última geração que servem a rigor para a formação de verdadeiros sistemas de cocção integrados. Essas inovações tecnológicas permitem também intervenções na racionalização dos espaços, já que se pode dispor neles um número mais limitado de aparelhos de cocção, porém, em favor de uma maior produtividade e versatilidade (por exemplo: um forno de convecção para a cocção vertical de dez formas GN 1/1, o que ocupa cerca de 1 m^3 de espaço, substitui, com outras vantagens funcionais notáveis, a capacidade de quatro fornos estáticos posicionados no espaço abaixo de elementos de cocção tradicionais, que, por sua vez, teriam ocupado um espaço aproximadamente quatro vezes superior). Na área destinada à cocção dos alimentos, é indispensável avaliar a integração de aparelhos mais apropriados para o papel que deverão desenvolver e para a capacidade produtiva que se pretende satisfazer de acordo com o tipo de oferta alimentar dos menus que serão realizados. Deve-se levar em consideração também a modularidade mais apropriada na construção dos elementos de cocção, para garantir a flexibilidade em termos de comprometimento dos espaços que ocuparão. Geralmente, os elementos modulares, alimentados a gás ou eletricamente, disponíveis para a composição dos diferentes blocos de cocção (dispostos na parede e em posicionamento linear em um único lado operacional, ou em posicionamento central no ambiente e dispostos como ilha, verso contra verso, em dois lados operativos contrapostos, ou como elementos de monobloco, chamados de "passantes", previstos para uma utilização bifrontal, com profundidade total mais compacta em comparação com a anterior) são compostos de:

– **elementos definidos de módulo inteiro**, com dimensões de 800 mm ou 900 mm de largura e 900 mm de profundidade;
– **elementos de meio módulo** com largura de 400 mm ou 450 mm e múltiplos disso, até a dimensão dupla do módulo inteiro (por exemplo: fogão a gás ou elétrico, composto de 2 a 8 elementos de aquecimento);
– **elementos com profundidade inferior**, disponíveis para usos menos comprometedores ou em condições de espaços limitados;
– **elementos modulares**, mas nem sempre combináveis, de grande capacidade produtiva e potencialmente voltados para a produção de "grandes números" de refeições em outros tipos de gastronomia, como centros de produção de refeições para a atividade de *catering* industrial, refeições coletivas ou fogões potencialmente dimensionados para a produção de refeições para outras atividades de *catering*, desenvolvidas simultaneamente em vários locais e numericamente superiores ao tipo de fogão analisado.

Em alguns casos, para necessidades personalizadas "sob medida", a ilha de cocção pode ser fabricada em um único elemento de monobloco composto por uma superfície de trabalho inteira, que contém os vários elementos de cocção. Essa composição assume uma característica estética particular para algumas atividades gastronômicas, mas não permite a substituição dos elementos ou o seu intercâmbio ao longo do tempo como é possível com os elementos componíveis. Outro tipo útil de composição dos blocos de cocção é a versão "suspensa", estruturada com elementos modulares reunidos em suspensão do chão e apoiados em uma estrutura central, fixada no piso, onde se concentram as conexões tecnológicas. Nesse caso, não obstante a possibilidade de execuções "sob medida", garante-se um alto grau de combinabilidade, graças à ampla gama de aparelhos modulares disponíveis, com a vantagem de uma maior segurança em termos de higiene. Assim como no caso das outras áreas operativas das quais já falamos nos capítulos anteriores, examinaremos agora os componentes inseríveis na parte reservada à área de cocção, destinados somente ao tipo de *layout* analisado (ou ainda à produção de refeições para atividades de *banqueting* com capacidade de serviço para cerca de 200/250 *couverts*). A escolha do tipo dos aparelhos de cocção não é absoluta, e sim indicativa, já que o *chef* frequentemente organiza o trabalho com base em seus próprios métodos e no tipo de menus que pretende propor, ainda que o serviço gastronômico voltado principalmente para a atividade de *banqueting* deva ser muito flexível na oferta. A área de cocção será composta particularmente dos elementos indicados a seguir.

Bloco de cocção central

É formado por elementos específicos para o tipo de utilização e diferenciados segundo as operações realizadas, organizadas de modo a proporcionar um lado ou uma área operativa reservada para a cocção dos primeiros pratos, e outro lado ou outra área para a cocção dos segundos pratos, ou por elementos dispostos na parede, utilizáveis somente desde a

Bloco de cocção.

sua frente. Seria adequado dispor, ao lado ou na área destinada aos primeiros pratos, um **cozinhador de massas** com pelo menos três elementos de meio módulo, um **fogão de 6-8 bocas ou discos**, uma **frigideira/assadeira** inclinável e alguns elementos neutros intercalados entre os outros. O lado ou a área destinada aos segundos pratos precisa estar equipada de pelo menos uma **fritadeira de 2 bacias**, um **grelhador**, um *fry top*, um **fogão de 4 bocas ou discos** e alguns elementos neutros.

Nas versões modulares mais comuns, o cozinhador de massas, com frequência impropriamente chamado de "esquentador" ou "fervedor", é composto de uma bacia única ou dupla com capacidade média de 40 a 80 litros, com sistema de aquecimento elétrico ou a gás, dotado de um sistema de enchimento de água modulável e de dois escoadouros – um dos quais é posicionado na altura do nível máximo de enchimento da bacia com água, sendo constantemente aberto para a troca lenta e contínua da água durante a cocção, mantendo-a, assim, em ebulição. O acabamento interno das bacias é eventualmente equipado de uma cesta única (geralmente com dimensão de base igual à GN 1/1) ou de mais cestas, para a acomodação e a extração das massas depois da cocção (esta última solução proporciona a possibilidade de diversificar os modos de cocção simultaneamente segundo quantidade e tipo, muito útil para refeições à la carte). Outro tipo de cozinhador de massas, destinado a produções quantitativamente mais elevadas, possui um modo de funcionamento completamente automático, inclusive o levantamento e a inclinação da cesta no fim do ciclo da cocção, que facilita a remoção das massas e a sua transferência direta para recipientes térmicos específicos dotados de rodinhas, para a subsequente manipulação (às vezes é chamado de "cozinhador universal", por ser ideal para modos de cocção na água não só de todos os tipos de massa, como também de outros produtos, como verduras, arroz, etc.). Com exceção de alguns modelos moduláveis, que podem ser combinados com outros elementos de cocção, mas com uma capacidade de produção mais reduzida, esses últimos modelos precisam de um espaço de posicionamento autônomo, por causa de seus tamanhos maiores em comparação com as versões de uma ou duas bacias. Outra versão de "fervedor" é aquela mais comumente conhecida como caldeirão: é composto, na realidade, de uma bacia interna única e profunda, em formato de grande panela, com capacidade média de 100/150 litros, nos modelos combináveis, mas que pode também alcançar 500 litros de capacidade. Nas versões de posicionamento livre, é frequentemente de formato cilíndrico (os modelos mais desenvolvidos, com características particulares de utilização, são também inclináveis e providos de um misturador automático rotativo).

Fogão a gás.

O fogão, de funcionamento a gás, elétrico ou de indução, é o elemento basilar numa composição de mais elementos de cocção. A sua definição mais apropriada seria "plano de cocção", mas, no jargão usual, é mais conhecido como fogão, enquanto, em grande parte, é fabricado como elemento estruturalmente autônomo combinado com outros elementos presentes debaixo dele, como forno, compartimentos abertos, compartimentos fechados, etc. Em distinção disso, o termo "plano de cocção" identifica a parte superior composta dos elementos radiadores ou das bocas e das respectivas partes acessórias para o funcionamento. A versão a gás deve o seu funcionamento às bocas de diferentes potencialidades, que podem ser reguladas durante a combustão e estão protegidas por dispositivos de segurança contra emissões acidentais de gás na falta de chamas, como prescrito há alguns anos pelas normas da lei. Embora tenham sido criados, ao longo dos anos, muitos modelos diferentes de queimadores, no que concerne à sua forma e potencialidade, estão sempre em aplicação e em estudo soluções de alto rendimento térmico em prol de uma redução do consumo. **A versão elétrica** pode ser composta de uma série de elementos radiadores em formato de discos de ferro fundido, de forma redonda ou quadrada, nas versões mais potentes, ou de uma superfície única de vitrocerâmica com várias áreas de cocção independentes, reguladas por meio de interruptores em diversas posições. Em ambos os casos, a modularidade é composta de elementos com duas ou quatro áreas de cocção, estruturada de forma suspensa ou apoiada em compartimentos abertos ou fechados. **A versão de indução**, exclusivamente elétrica, com duas ou quatro áreas por módulo (existem também discos individuais, particularmente cômodos para o uso móvel) é a mais inovadora enquanto elemento de cocção, graças à sua funcionalidade. De fato, a tecnologia da indução

Fry top.

possibilita o aquecimento instantâneo das panelas, permitindo a cocção dos alimentos por meio da criação de um campo eletromagnético que gera correntes induzidas aos condutores metálicos ativados por contato, presentes na superfície do plano de cocção que, por sua vez, permanece frio. Esse sistema permite rendimentos elevados (mais de 90% da potência é absorvida, em comparação com outras fontes de calor que desperdiçam no ambiente mais de 50% da energia absorvida) com tempos de aquecimento nitidamente inferiores aos de qualquer outro sistema de cocção, já que a energia é concentrada no produto em cocção sem qualquer aquecimento indesejado no ambiente circundante. O funcionamento exige a utilização exclusiva de panelas com fundo férrico ou de ferro, e a gestão é totalmente eletrônica.

A **frigideira/assadeira** inclinável é um equipamento de módulo único. É formada por uma bacia inclinável para a cocção, de formato plano e pouco profundo, mas da mesma largura do próprio elemento, esquentável em um fundo de difusão térmica de distintas espessuras, nas versões de aquecimento a gás por meio de uma série de bocas e nas versões de aquecimento elétrico por meio de resistências couraçadas. A sua característica particular é poder cozer gerando temperaturas reguláveis de cerca de 50 °C a 300 °C, portanto, ela "assa" e cozinha vários tipos de produtos ou preparações, utilizando o método de cocção mista e por concentração. A bacia é inclinável por meio de um mecanismo manual (com asa externa) ou elétrico, e é fabricada de aço inox com fundo de aço ou *compound*.[8] Nos modelos de módulo inteiro, ela pode ter uma capacidade de cerca de 70/80 litros. Já em modelos que não são de módulo inteiro, pode ter 120 litros quando se trata de modelos com largura de meio módulo. Em modelos de tamanhos maiores, pode ter cerca de 200 litros, mas é sempre necessário observar a possibilidade de combinação com outros elementos de 900 mm de profundidade. Outros modelos de bacia plana em formato quadrado, para aplicações mais intensivas e especiais, destinadas também a outros tipos de gastronomia, possuem determinadas características de construção e tecnologia que os tornam multifuncionais: com uma única máquina, é possível ferver, assar, fritar, cozer a vapor ou à

---

[8] *Compound*: "composto", em inglês, é um bimetal obtido depois da fusão por termopressão entre dois aços, um aço de baixa liga, "doce", de alta resistência e potência de condução térmica (FE430/FE510), e um aço inox particularmente resistente à corrosão (AISI 304/316), empregado especialmente em aparelhos de cocção.

pressão como em uma panela de pressão, o que proporciona, com este último sistema, outras vantagens em termos de redução dos tempos de cocção, de consumos de energia e de queda de peso, em favor de uma maior qualidade do produto final. Os modelos polivalentes, por sua vez, com bacia em formato redondo, chamados também de assadeiras *mixer* porque possuem um dispositivo automático para misturar, não só oferecem as vantagens já mencionadas, como também permitem trabalhar automaticamente sem precisar da intervenção manual dos funcionários durante as várias fases de cocção. Outra versão modular de equipamento com características funcionais é a frigideira/assadeira "multifunção", também apta a assar (possibilidade de gerar no fundo da bacia temperaturas reguláveis de 50 °C até 300 °C), além de servir para diferentes métodos de cocção ou funções, como manter em banho-maria produtos contidos em bacias GN. A máquina, na montagem combinável com outros elementos com profundidade de 900 mm, mas com dimensões de 600/800 mm de largura (existem também outras versões com capacidades e dimensões inferiores), é composta de uma superfície de trabalho fixa com uma bacia pouco profunda de capacidades reduzidas, em média de cerca de 40 litros, em um módulo de frigideira padrão, mas com dimensões de inserção compatíveis ao uso de bacias GN. A utilização desse equipamento está voltada particularmente para um serviço de refeições de oferta diferenciada e produções reduzidas, ou para o uso como máquina auxiliar de multifunção.

A **fritadeira** é um equipamento composto principalmente de uma bacia para a cocção em óleo (individual em elementos modulares de meio módulo e dupla em elementos de módulo inteiro), com sistema de aquecimento a gás ou elétrico muito potente, para poder aquecer os óleos ou as gorduras inseridas nela em tempos muito reduzidos. A bacia, com uma capacidade média de 16/18 até a 22/23 litros (variável segundo os modelos, a modularidade ou o tipo de aquecimento), possui uma área fria, obtida por meio de uma formação particular do fundo abaixo do ponto de contato com os elementos de aquecimento (queimadores externos ou passando dentro da bacia ou resistências elétricas couraçadas removíveis para facilitar as operações de limpeza da bacia), para a decantação dos resíduos dos produtos durante a fritura. Possui também uma válvula de descarga para a recuperação do óleo num recipiente específico, colocado no compartimento debaixo da fritadeira, para a filtragem diária ou a posterior transferência para outros recipientes destinados à coleta de resíduos. A temperatura de execução é regulável por meio de um termostato, até cerca de 180 °C (como previsto nas normas afins que regulam, em prol da proteção da saúde humana, os limites de utilização das temperaturas altas às quais são submetidos os óleos para fritura, para evitar alterações em suas composições químicas que, caso contrário, produziriam substâncias danosas e a sua consequente deterioração). Uma ou duas cestas de rede metálica com cabo por bacia completam o equipamento para a utilização manual da fritadeira. Outro tipo de fritadeira é a versão semiautomática, modular ou de posicionamento livre, com uma ou duas bacias, mas com dimensões e capacidades mais elevadas. Destina-se a grandes produções ou a usos intensivos, como é o caso também de alguns modelos automáticos, de funcionamento contínuo por meio de uma correia. Para as exigências de utilização consideradas neste livro, basta a versão de módulo inteiro, composta de duas bacias, como descrita acima, para a diversificação dos tipos de fritura ou para a obtenção de maiores quantidades de um mesmo produto.

O *fry top*, comumente conhecido como "chapa de cocção", é um equipamento modular compacto, composto de um "*top*" que contém uma chapa radiadora, a fio ou embutida no plano, ideal para a cocção de certos alimentos por contato direto sobre a própria superfície. A chapa radiadora, de alto rendimento térmico, é composta de uma folha uniforme de distintas espessuras, na média de 15 mm, de aço doce ou de aço na superfície revestido de alguns micrômetros de cromo (essa variante possui

Fritadeira.

a vantagem de provocar durante a cocção uma menor formação de resíduos carbonizados, evitando eventuais riscos de toxicidade ou de deterioração organolética, como sabores que tendem ao amargo, além de apresentar elevada facilidade de limpeza). O plano de cocção pode ter uma superfície de acabamento liso, listrado ou misto (listrado e liso) e ser aquecido eletricamente, por meio de resistências couraçadas em contato direto com a superfície inferior, ou a gás, por meio de bocas. Em ambos os casos, as temperaturas de execução são reguláveis até 300 °C e gerenciáveis também em áreas separadas (no caso da versão de módulo inteiro) para a eventual utilização parcial. Alguns outros tipos de *fry top* existentes são fabricados com chapa de cocção de aço inox ou em vitrocerâmica, disponíveis particularmente nas versões de "lanche" para a colocação na mesa, com dimensões mais reduzidas, para usos em espaços reduzidos e destinados também a outras atividades gastronômicas. Para as nossas exigências de utilização, basta adquirir um módulo inteiro de chapa lisa, combinado com um meio módulo de chapa listrada, ou substituir tudo por um grelhador para cocção, ou combinado com ele para diversificar as possibilidades. O **grelhador** é o equipamento que utiliza a técnica mais antiga descoberta e aproveitada na natureza: o fogo. A definição de "grelhador", entendida como equipamento, mas também como indicador de um tipo de cocção ("grelhar"), deve-se ao tipo de apoio formado por um conjunto de grelhas metálicas sobre as quais são colocados os alimentos que serão "assados", submetendo-os à cocção em atmosfera seca, graças à irradiação proporcionada por uma fonte de calor que pode alcançar temperaturas muito elevadas (elas podem superar até mesmo os 500 °C), produzidas por elementos aquecidos a gás ou eletricamente, ou pelas brasas obtidas da combustão de lenha ou carvão que conferem ao tipo de cocção o nome "na brasa", impropriamente utilizado para identificar certos instrumentos ou elementos de cocção comumente chamados de "brasa". Por ser a técnica mais antiga, que utiliza também outros suportes (como grelhas pequenas, espetos, etc.), exige do funcionário uma maior responsabilidade em seus conhecimentos de gestão prudente dos processos de cocção. Já que não possui termostatos reguladores e controles das temperaturas utilizadas, a única possibilidade de gestão é por distanciamento ou aproximação do produto em cocção em relação à fonte de calor (ao contrário dos elementos modulares elétricos ou a gás que, por sua vez, estão dotados deles para garantir uma melhor uniformidade de cocção e uma crosta perfeita). Os modelos modulares são uma variante dos vários grelhadores a carvão (churrasqueiras) que já se tornaram, há vários anos, elementos pré-fabricados e para os quais foi pesquisada uma alternativa tecnológica ao uso do carvão. Algumas soluções preveem a substituição do carvão no braseiro por pedras de lava vulcânica, tornadas incandescentes por uma série de bocas de gás com chama direta, posicionadas debaixo delas, ou por uma fonte de calor irradiado por uma série de resistências elétricas. Além disso, fora da sua colocação em posição livre, a modularidade permite também a inserção nas composições dos blocos de cocção, na fase de planejamento. Uma evolução recente que tem proporcionado outras vantagens em nível de rendimento qualitativo (alcance dos padrões obtidos pela técnica tradicional) e de higiene (equipamento de limpeza e redução das emissões de fumaça) foi introduzida por um sistema de cocção à grelha que, além de utilizar uma fonte de calor gerado por uma série de elementos radiadores em formato de cúpulas (aquecidas uniformemente por bocas de gás, cuja combustão é indireta em relação ao produto em cocção, ou por grelhas eletricamente aquecíveis), utiliza uma bacia com água, acondicionada debaixo da grelha. Esse sistema permite recolher as gorduras que se desprendem durante a cocção (vantagem oferecida por todo tipo de cocção à grelha, além de ser também um fator positivo para a saúde humana), especialmente no caso dos alimentos que as contêm por natureza. O procedimento evita que sejam

À esquerda, elemento de cocção a indução.

queimadas pelo contato com a fonte do calor, provocando a propagação de fumaças ou de sabores ruins ao produto em cocção, além de favorecer uma evaporação controlada que impede a desidratação dos alimentos, em favor da preservação das características organoléticas.

Os **elementos neutros** para a composição de blocos de cocção são módulos (disponíveis nas dimensões de módulo inteiro e de meio módulo) que não têm nenhuma função tecnológica porque são compostos apenas de uma superfície de trabalho neutra. São empregados para oferecer auxílio na utilização dos elementos de cocção ou para conectar as composições dos blocos de cocção nas suas formações ou para garantir a possível substituição por outros elementos de cocção, na previsão de eventuais potencializações produtivas posteriores. A estrutura pode ser composta de um único plano suspenso e conectado entre os elementos ou de uma superfície com gavetas acondicionadas debaixo dela, ou, ainda, de uma estrutura autônoma com espaço aberto ou com balcão fechado.

Forno misto convecção-vapor

É o equipamento fundamental em todas as atividades de gastronomia e para as categorias que lidam com a transformação de alimentos crus em cozidos, bem como o mais tecnológico no contexto do sistema integrado dos equipamentos para o *banqueting*. Como já explicado (na seção dedicada ao seu emprego limitado à atividade de confeiteira na versão padrão Euronorm) a respeito dos aspectos ligados à sua origem e evolução, os fornos mistos convecção-vapor de última geração, na versão GN, são de suprema importância graças às vantagens operacionais e qualitativas das suas incontáveis possibilidades de utilização. Essa máquina extraordinária, tecnologicamente de ponta, permite ao *chef* expressar da melhor forma possível todo o seu profissionalismo e sua fantasia gastronômicos, oferecendo grandes vantagens que permitem otimizar a organização do seu trabalho:

– **possibilidade de produzir grandes quantidades em superfícies reduzidas**, articuladas verticalmente ("cocção vertical"), impensável há poucos anos;

– **redução notável da manipulação dos alimentos**, porque o produto pode ser cozido numa fôrma e já ser repartido em porções no momento da sua preparação (nos sistemas mais tradicionais, o produto passa por várias transferências: uma vez cozido em outros instrumentos, é transferido para recipientes diferentes para ser sucessivamente dividido em porções);

– **facilidade de movimentar grandes quantidades de alimentos**, graças às estruturas dotadas de rodas de que dispõe e que são aptas a acomodar o produto dentro da forma, para tratamentos térmicos sucessivos, ou em pratos correspondentes aos pratos de um menu (colocados em estruturas porta-pratos específicas em que cabem, por carrinho, até 100 pratos com um diâmetro máximo de 32 cm), para a recuperação posterior da temperatura original e a entrega dos pratos ao serviço;

– **redução dos tempos de cocção**, graças à possibilidade de alcançar ou recuperar temperaturas elevadas de execução em um tempo muito reduzido;

– **redução do consumo de energia com maiores rendimentos em eficiência**, graças à amplitude do leque das temperaturas e à precisão do grau de cocção que permitem cozinhar os alimentos nas diversas modalidades a vapor, mista e ao ar quente, com um alto nível de confiabilidade e graças a novos sistemas de geração do calor por meio de queimadores inovadores com funcionamento por ar soprado e trocadores de nova concepção, nas versões com aquecimento a gás;

– **certeza acerca dos resultados da cocção**, graças à utilização de uma sonda de temperatura com agulha de 1 mm de diâmetro, específica para tamanhos pequenos e delicados ou para modos de cocção a vácuo, e de uma nova sonda padrão multiponto que, graças a um sistema de digitalização automática das temperaturas, visualiza e seleciona a temperatura menor (a mais próxima ao coração), determinando as atividades de monitoramento, com a vantagem da segurança de uma cocção sempre perfeita (as sondas tradicionais, ao contrário, possuem um único ponto de detecção na sua ponta, e se não forem corretamente posicionadas, fornecem dados pouco confiáveis);

Preservadores de temperatura e fornos mistos convecção-vapor.

A cocção.

Preservação e recuperação da temperatura original.

Programação funcional.

Braço de lavagem do forno.

- **constante monitoramento dos processos de cocção, e visualização no *display* LCD**, com os novos sistemas de comando (os mais recentes com tecnologia de *touch screen*) que permitem ao cozinheiro gerir, de forma controlada tanto na função automática como na manual, cada atividade em tempo real, com extrema facilidade, praticidade e intuitividade de utilização;
- **possibilidade de registrar um programa de cocção**, atribuindo modalidades, tempos, temperaturas e percentuais de umidade, de automatizá-lo e repeti-lo constantemente, e de modificá-lo e salvá-lo na seção da cocção interativa, além de criar outros completamente novos, com base nas próprias necessidades, memorizando-os na área dos favoritos;
- **início automático retardado e preservação da temperatura** do produto ao término do ciclo de cocção, sem necessidade de intervenção da parte dos funcionários;
- **ventilação controlada** mediante dispositivos eficientes que permitem a reversibilidade da ventilação (*autorevers*), garantindo uma perfeita homogeneidade da distribuição do calor; mediante o freio de motor, que permite o bloqueio imediato da ventilação no momento em que a porta é aberta, garantindo a segurança máxima do funcionário e evitando dispersões desnecessárias do calor; e mediante o sistema de inversão, que permite um regulamento das velocidades de ventilação (até seis) para uma utilização ilimitada dos diversos modos de cocção, também de confeitaria finíssima;
- **possibilidade de executar vários outros tipos de cocção**, além da cocção a vapor, em baixa temperatura e na grelha, graças ao auxílio de acessórios especiais para modos de cocção particulares que, preservando a alta qualidade organolética, conferem ao produto matizes de sabor jamais experimentadas com um forno tradicional;
- **possibilidade de executar modos de cocção noturnos** em baixa temperatura que apresentam vantagens notáveis, seja em termos de distribuição das cargas de trabalho, deixando a plena disponibilidade da utilização do forno para as preparações comuns, seja em termos de uma cocção que reduz ao máximo a queda de peso, sobretudo para as carnes, obtendo um número maior de porções;
- **possibilidade de executar a recuperação da temperatura original**, no caso dos produtos anteriormente submetidos ao tratamento térmico para a conservação, para o imediato envio dos pratos ao serviço;
- **facilidade de limpeza ao término do trabalho**, graças aos sistemas automáticos de lavagem e controle da emissão do detergente; isso garante tanto a limpeza como o controle do aspecto econômico.

Os fornos padrão GN, que possuem as mesmas características funcionais que acabamos de descrever, estão disponíveis em diversas capacidades de carga, de 6 a 40 formas GN 1/1 ou 20 formas GN 2/1 na capacidade máxima, divisíveis em diversos tipos. Os modelos de capacidade máxima possuem uma estrutura de porta-bandejas sobre rodas, para as operações de carga e transferência, enquanto os outros modelos têm estruturas de porta-bandejas internas para uma utilização fixa, ou extraíveis sobre carrinhos específicos suplementares. A construção em dimensões compactas torna os fornos integráveis com a modularidade dos outros aparelhos do sistema fogão. A opção mais adequada e versátil para a diversificação da utilização e para a flexibilidade da capacidade produtiva deve compreender ao menos um forno de 20 formas GN 2/1, com estrutura de porta-bandejas sobre rodas, e um forno de 10 formas GN 2/1, com estrutura extraível e deslocável sobre rodas.

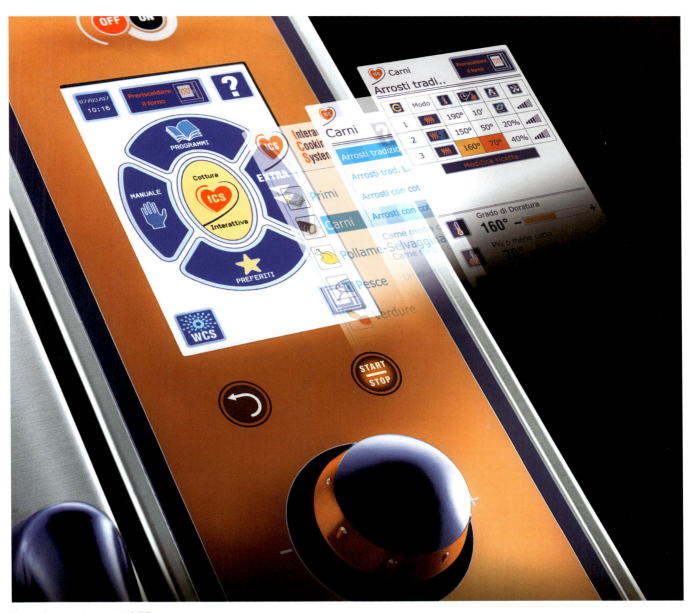

Painel de controle com tela LCD *touch screen* do forno misto.

Outros equipamentos

- **Carrinhos porta-bandejas**. São equipamentos auxiliares e apropriados para a transferência dos alimentos ou dos produtos provenientes de elaborações anteriores destinadas à cocção, especialmente para a inserção no forno, ou de e para outros processos previstos nesta área. Fabricados principalmente como estruturas quadrilaterais sobre rodas, esses equipamentos, concebidos verticalmente, possuem guias para a inserção direta de formas ou recipientes GN 2/1 e GN 1/1, além de dispor de toda uma gama de acessórios em dimensões GN, utilizados para várias necessidades da cocção no forno. Como é o caso em todas as outras áreas de tratamento, a utilização desses carrinhos é indispensável, pois permite, além do uso no ambiente da logística, não ocupar grandes superfícies de apoio e, ainda, facilitar o trabalho dos funcionários.
- **Geladeira de temperatura positiva** com temperatura de utilização de 0 °C a 6 °C, com instalação apropriada para controlar a temperatura e a umidade relativa para a conservação de matérias-primas, condimentos ou produtos utilizados durante as operações de cocção e finalização dos alimentos destinados ao serviço de atendimento. Pode ser de vários dimensionamentos e é composta, geralmente, de uma ou duas portas externas com portas interiores ou meias-portas por porta externa, com a capacidade

já mencionada de uma média de 600/700 litros ou 1.200/1.400 litros de volume interno. No interior das câmaras, é geralmente dotada de grades na dimensão padrão GN 2/1 ou de guias para a inserção direta de recipientes GN 2/1 ou GN 1/1.

- **Congelador de temperatura negativa** com temperatura de utilização de -18 °C a -25 °C, com instalação apropriada para controlar a temperatura e a umidade relativa para a conservação de produtos semielaborados destinados à cocção direta trazidos da câmara de estocagem para as necessidades diárias. As características de construção e os diferentes dimensionamentos estão disponíveis assim como no caso do congelador descrito anteriormente.

- **Mesa de trabalho refrigerada com câmara acondicionada debaixo dela**, de temperatura positiva, acessível por meio de janelas e equipada, em seu interior, de grades para o apoio imediato de recipientes variados ou de guias para a inserção direta de recipientes padrão GN, utilizadas para a conservação seletiva dos produtos. Além de portas, pode possuir também gavetas extraíveis em dimensões predispostas para recipientes GN. Essas mesas refrigeradas (empregadas nesta área para a mesma utilização de geladeiras e congeladores) são úteis porque permitem ter à disposição maiores superfícies de trabalho, dispostas ao longo das paredes perimetrais ou colocadas como ilhas em paralelo às frentes operativas dos blocos de cocção, facilitando a disponibilidade imediata dos produtos refrigerados durante as operações de cocção.

- **Mesas de trabalho com superfície plana**, algumas delas eventualmente com gavetas e balcões fechados para a acomodação de utensílios, outras com tábua inferior. Podem ser dispostas ao longo das paredes, com superfície dotada de borda elevada posterior, e estão destinadas ao apoio de equipamentos mecânicos específicos ou para aumentar o espaço de tratamento, e outras, quando possível, também dispostas como ilhas em paralelo aos blocos de cocção, para as principais operações de preparação e finalização dos pratos.

- **Armários verticais, armários e tábuas suspensos, prateleiras.** São elementos de mobiliário que, completados por outros componentes da preparação estática, podem satisfazer muitas exigências de estocagem ou posicionamento de materiais, utensílios, etc., de modo a criar um ambiente ideal, confortável e personalizado para o desenvolvimento das operações cotidianas sob o signo de uma constante funcionalidade operativa. Formando uma ampla gama de opções, a sua versatilidade nos dimensionamentos permite completar o equipamento, na fase de planejamento e *layout*, ampliando a colocação dos aparelhos principais e adequando-se também à disposição dos espaços, sejam eles amplos ou limitados.

- **Lavabo modular** com pia separada, ou combinado com escoadouro lateral, estruturado sobre pernas e eventualmente equipado de tábua inferior, ou com espaço debaixo dele para um balcão fechado, disposto individualmente em cada lado de cocção (dos pratos primeiros e dos pratos segundos), ou pelo menos em posição estratégica entre as duas áreas operativas, quando as condições do espaço são limitadas ou no caso de disposições de planejamento reservadas a cozinhas com produtividade reduzida.

- **Carrinhos de serviço**. São equipamentos auxiliares apropriados para o deslocamento de alimentos, utensílios, acessórios, panelas, etc., durante as várias fases de elaboração. Dotados de duas estruturas tubulares dobradas em arco, sobre rodas, com tábuas colocadas entre elas, possuem diversas dimensões básicas.

- **Lixeiras com rodas**. São recipientes móveis obrigatoriamente munidos de tampa com acionamento por pedal, de capacidades e alturas variáveis.

Completa o equipamento desta área uma série de aparelhos e utensílios específicos para a preparação e finalização dos alimentos ou para a montagem dos pratos destinados ao serviço.

Layout da área de acomodação e distribuição

A área de distribuição representa uma parte complementar da área de cocção anteriormente descrita, bem como a linha de demarcação que separa toda a área destinada às atividades de processamento dos alimentos (executadas pelo pessoal de cozinha, especializado nesse tipo de função) da área reservada à gestão do produto final (realizada pelos funcionários alocados nas atividades de serviço, aos quais cabem as sucessivas fases operativas).

É composta de uma série de mesas especialmente equipadas, dimensionadas segundo o espaço disponível, que dão origem ao assim chamado *passe* (do francês: passagem), porque a área não só funciona como a última superfície para a preparação ou finalização dos pratos com base nos vários tipos de serviço, como também facilita a entrega do produto final. Um elemento importante que deve ser colocado nas imediações do *passe* é o equipamento de preservação do calor ou de regeneração.

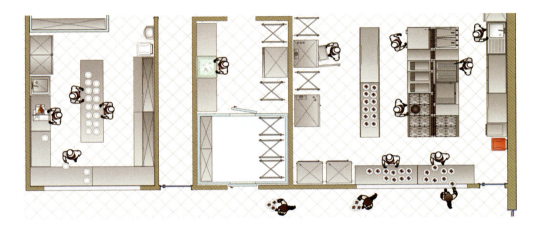

- **Preservador e regenerador**. O preservador é um equipamento que permite conservar quentes e com alta qualidade os alimentos que acabam de ser cozidos (ou produzidos com antecedência), regulando com precisão a temperatura e o grau de umidade e preservando-lhes as características organoléticas, na espera de sua posterior manipulação ou destinação direta ao serviço. O regenerador, além de possuir a função de preservador, permite reativar termicamente qualquer alimento acomodado em um prato, em uma forma ou em um recipiente, regenerando-o de modo homogêneo e natural (sem adição de gorduras ou outros ingredientes), sem a perda de sabores ou de fragrâncias e, sucessivamente, em espera para ser servido, mantendo-o num clima ideal e na temperatura desejada. Ambos são fabricados completamente de aço inox, com paredes e portas termicamente isoladas do exterior, para garantir dentro da câmara uma proteção e preservação otimizadas do calor. Alguns modelos podem estar dotados de duas meias-portas que reduzem as dispersões de calor durante a utilização ou na versão "passante", de uma abertura dupla, dos dois lados, para permitir o posicionamento direto no *passe*, favorecendo a passagem dos produtos da produção para o serviço.

A função de preservação e regeneração se dá por meio de um sistema de aquecimento elétrico ventilado, cujo calor é difundido por um ou mais ventiladores, segundo a dimensão do equipamento; ou por meio de um sistema de aquecimento estático obtido mediante uma resistência a fio envolvendo toda a câmara, apto a garantir a uniformidade da temperatura concentrada no interior dela. Em ambos os casos, para preservar ou levar os produtos a 65 °C no coração (temperatura recomendada para o serviço na mesa), o preservador utiliza temperaturas de execução reguláveis de 30 °C a 90 °C, enquanto o regenerador,

Carrinho porta-pratos.

com instalação de aquecimento potenciado para obter essa função (possível somente nos modelos de aquecimento ventilado), utiliza temperaturas de execução reguláveis de 30 °C a 160 °C.

Os alimentos podem ser levados na temperatura de conservação refrigerada à regeneração pontual para o serviço diretamente em carrinhos porta-pratos (no caso dos modelos alinhados ao piso) ou por meio das estruturas com rodas provenientes da conservação refrigerada, utilizadas antes também para a cocção no forno e o rebaixamento seguinte de temperatura, compatíveis com os modelos de regenerador aptos a acomodar esses tipos de estruturas. Esse último tipo de sistema é utilizado também no caso de preservar somente a temperatura dos produtos que provêm diretamente da cocção no forno. Alguns modelos, adequadamente equipados de rodas específicas e alças ergonômicas, são também muito úteis nas atividades de *catering*, porque permitem uma transferência confortável para cozinhas-satélite localizadas na mesma estrutura em pontos distantes ou em níveis diferentes, ou nos casos em que a localização do evento seja em um lugar diferente da área de produção.

- **Mesas de trabalho com superfície plana**, úteis também para as operações de montar os pratos. São dotadas de compartimentos fechados, acessíveis (quando a colocação o permite) de ambos os lados, aquecíveis quando necessário, e usadas para a acomodação de utensílios (pratos, tigelas, etc.) destinados à realização das atividades do serviço.

Convém prever nas proximidades dessa área – reservada ao desenvolvimento das atividades de serviço no salão de restaurante –, um espaço destinado à estocagem temporária de água em geladeiras específicas, bem como de bebidas alcoólicas e não alcoólicas, na temperatura recomendada e nas quantidades suficientes para atender as exigências do serviço.

À esquerda, montagem de pratos para um banquete, Villa d'Este.

AS NOVAS FRONTEIRAS TECNOLÓGICAS

A constante pesquisa em prol do desenvolvimento de aparelhos tecnológicos de características funcionais inovadoras e de qualidade cada vez maior tem permitido um sistema de ponta para a organização do trabalho que, embora integrando-se a métodos tradicionais destinados à produção de menus para *banqueting* e *catering* (produção em série que vai de algumas centenas a alguns milhares de refeições), revoluciona o ciclo produtivo, originando novos sistemas organizatórios, aptos a combinar elevados padrões de qualidade contínuos e constantes, preservando a qualidade, a higiene e a segurança na lida com os alimentos, e racionalizando tempos e custos de produção.

Tudo isso garante um serviço de maior eficiência e profissionalismo em termos de:
- **pontualidade no serviço;**
- **qualidade do produto servido**, algo que determina uma parte importante das avaliações gerais;
- **receita favorável à empresa**, obtida da diferença entre o preço de venda do banquete e seu custo de produção;
- **economia de energia**.

O sistema encontra a sua máxima expressão de funcionalidade na integração de aparelhos altamente inovadores e de conexão entre os vários processos de produção das refeições, cuja utilização sequencial permite:
- **coordenar perfeitamente os tempos operativos** dentro e fora da cozinha, eliminando descontinuidades no serviço causadas pela necessidade de coordenar preparações em tempos diferentes (por exemplo, modos de cocção expressa e modos de cocção que exigem preparações mais prolongadas em termos de tempos e temperaturas de utilização);
- **garantir níveis máximos de qualidade e segurança**, preparando o produto com antecedência, com a técnica certa e os instrumentos de trabalho tecnologicamente mais avançados (bloqueando, por exemplo, a cocção dos alimentos exatamente no ponto desejado e inibindo a proliferação de bactérias, simultaneamente completando o processo com uma conservação adequada) em vez de produzir, com métodos tradicionais, de madrugada ou na véspera;
- **otimizar as cargas de trabalho dos funcionários**, antecipando as preparações de algumas linhas de produtos para dedicar o tempo restante à continuação ou execução de outros processos ou para expressar da melhor maneira possível a própria fantasia criativa, garantindo um serviço rápido e exato, contribuindo com a transformação do *chef* cada vez mais em um técnico de gastronomia.

Até pouco tempo atrás, essas soluções avançadas não eram muito do agrado do pessoal habituado à utilização de mais aparelhos com menos funções operacionais que exigiam mais capacidade artesanal e "olho" treinado. Porém, a necessidade de se adaptar às mudanças nos hábitos dos consumidores, diversificando a oferta gastronômica, tornou indispensável equipar-se com certas máquinas de vantagens operativas extraordinárias, entre as quais citamos:
- **possibilidade de produzir grandes quantidades** com aparelhos muito compactos que, estruturados verticalmente, podem conter grandes volumes de produtos;
- **multifuncionalidade**, já que, em comparação com os sistemas tradicionais de produção, esses aparelhos permitem utilizar um número menor de equipamentos, o que resulta em espaços mais disponíveis para o desenvolvimento das atividade de preparação e finalização dos pratos;
- **perfeita integração** de aparelhos tecnológicos como fornos, resfriadores rápidos, preservadores e regeneradores, seja entre eles, seja com outros do mesmo sistema;
- **possibilidade de funcionamento sem supervisão**, graças aos sofisticados sistemas de controle e monitoramento de que estão dotados, e à possibilidade de interação com sistemas de controle e gestão dos procedimentos HACCP;

– **equipamento para a transferência de grandes quantidades de produtos**, graças à compatibilidade dos instrumentos de apoio (por exemplo, as estruturas com rodas) entre um equipamento e outro.

A economia de energia merece atenção especial; a meta mais almejada é reduzir, graças às pesquisas e à tecnologia, os consumos energéticos relacionados com o ecossistema, por meio de máquinas inovadoras que proporcionam importantes reduções dos consumos nos diferentes segmentos do processo de trabalho e da cocção, na conservação e na lavagem, já que, com o mesmo desempenho energético, trabalham com maior rapidez, potência e eficiência, graças ao aperfeiçoamento de detalhes de sua construção, como o emprego de materiais de última geração (de maior potência isoladora, para reduzir a um mínimo as dispersões térmicas, ecológicas, etc.), a automação sempre mais sofisticada para a gestão correta e programada das funções operativas, bem como a aplicação de novas tecnologias em apoio aos diferentes sistemas de trabalho.

LAYOUT DA ÁREA DE LAVAGEM

A água, por meio da importante ação que é a lavagem, é o elemento fundamental e indispensável para o desenvolvimento de todos os procedimentos finalizadores que tornam higienizados e limpos cada um dos processos ligados aos alimentos, ao seu tratamento e à sua utilização, bem como todos os instrumentos utilizados para

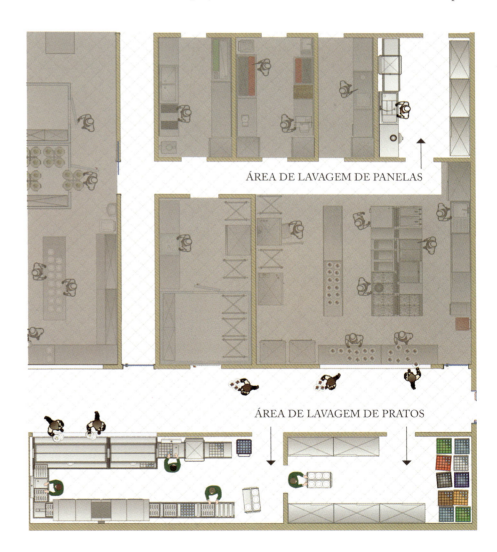

ÁREA DE LAVAGEM DE PANELAS

ÁREA DE LAVAGEM DE PRATOS

essas finalidades. De fato, é a água que (sob emprego de substâncias detergentes e a aplicação de diversas formas de atos mecânicos) garante este processo em cada um de seus procedimentos de utilização, desde a manual até a mecânica.

Com o tempo, a aplicação da técnica às execuções manuais permitiu criar máquinas de apoio ao ser humano para o desenvolvimento da eficiência desse processo específico. Além disso, a tecnologia aperfeiçoou máquinas especializadas em diversos tipos de utilização, desde as empregadas para o tratamento dos alimentos até aquelas de máxima utilização, reservadas à lavagem de pratos e panelas, as quais abordaremos nesta seção. Os lava-louças e lava-objetos, graças à sua ação mecânica e química (por meio dos produtos de limpeza), foram criados e dimensionados na sua potencialidade com base no seu tipo de emprego, desde os mais reduzidos lava-xícaras e lava-copos, para as áreas de bebidas e cafeteria – ou os lava-copos e lava-louças de diferentes potencialidades para os objetos utilizados nas atividades de salão –, até os grandes sistemas automatizados de ciclo contínuo para as necessidades mais intensivas, os lava-objetos e lava-panelas, para a lavagem dos instrumentos usados no tratamento dos alimentos. Cada uma dessas máquinas está apta a desenvolver todas as funções previstas para um ciclo de lavagem completo, inclusive o enxágue final e, quando possível, também o enxugamento dos pratos, presente em todos os modelos de lavagem contínua. As máquinas usadas para a lavagem de objetos e panelas podem ser caracterizadas de acordo com diversas potencialidades de empenhos elevados para o tratamento da sujeira mais intensiva e apresentam versões de construção que podem se ajustar às necessidades funcionais e à disponibilidade dimensional dos espaços de sua colocação. Entre as máquinas de compacidade máxima está o lava-objetos "frontal", equipado de uma cesta de lavagem de carga e descarga por meio de uma única porta de acesso, dividida e contrabalançada. A versão "passante", por sua vez, é muito funcional por causa da facilidade de movimentação das operações de carga e descarga: além de possuir uma porta frontal para o serviço de limpeza e manutenção, é dotada de portas e consoles laterais de entrada e saída, de modo a formar uma única superfície de trabalho que pode acomodar, no console de ingresso, bacias de imersão para os pratos com sujeiras mais resistentes, bem como reduzir notavelmente os tempos passivos de trabalho (enquanto uma cesta está em fase de lavagem, a próxima pode ser preparada simultaneamente). A ação lavadora dessas máquinas, com a utilização exclusiva de água e detergente, é realizada por uma instalação de bombas adequadamente potenciadas de tal modo que conseguem criar uma alta pressão de lavagem dentro da câmara. Diferente e de maior eficácia é a máquina que acrescenta à água e ao detergente a utilização de microgrânulos de tecnopolímeros, capazes de tirar mecanicamente, com impacto maior, qualquer espécie de incrustação dos objetos de cozinha e confeitaria, além de toda sujeira resistente.

Para completar a utilização dessas máquinas, e escolhendo-as com base na entidade de trabalho que será desenvolvida, na área em que serão colocadas (geralmente, a área de lavagem de panelas é disposta em posição estratégica entre a área de cocção e as áreas usadas para as preparações ou, quando possível, nas proximidades da área destinada à lavagem de pratos), é importante considerar pelo menos os seguintes equipamentos:

- **uma mesa de triagem**, combinada com lixeiras de rodas, para o recebimento dos objetos que serão submetidos à lavagem, com espaço suficiente para acolher eventuais carrinhos provenientes das áreas de trabalho;
- **um lavatório com pias de ampla capacidade**, para as operações de lavagem manual ou para a eventual imersão dos objetos que serão lavados;
- **algumas prateleiras para o depósito** ou o apoio temporário antes da disposição em outros móveis destinados à acomodação dos objetos e panelas limpos;
- **armários verticais de depósito**, dispostos ou em uma área específica destinada à estocagem dos objetos limpos ou nas proximidades das diferentes áreas de preparação dos alimentos, de cocção, de confeitaria, etc.;
- **alguns carrinhos de serviço**, comuns também em outras áreas, como auxílio para a transferência durante as várias atividades.

No decorrer dos anos, as máquinas de lava-louças e lava-copos – projetadas para satisfazer toda a exigência de lavagem de pratos, talheres e copos, provenientes das atividades de atendimento durante o serviço (tanto desenvolvidas no próprio local como nas várias formas de serviço externo) e destinados à reutilização – foram fabricadas em função das mais diversas aplicações de uso. Os diferentes modelos de lava-louças distinguem-se segundo vários tipos, de modo a satisfazer qualquer exigência de lavagem, e podem ser agrupados como segue:

- **Máquinas compactas de carregamento frontal** ou vertical, que funcionam com uma única cesta por ciclo, com transferência manual efetuada pelo funcionário nas operações de carga e descarga, usadas para as necessidades de lavagem em gastronomias pequenas e médias (nas atividades destinadas à gastronomia em grandes números são empregadas, para as funções específicas, lava-copos em combinação com os lava-louças de transferência automática). Segundo os diversos potenciais de operação, são identificadas conforme a capacidade produtiva de trabalho desenvolvida em cestas por hora, e variam de uma produção média de 36 até 72 cestas por hora (é um dado teórico, obtido da divisão da duração em segundos de cada ciclo de lavagem, selecionável em vários níveis, mas com cronometragem fixa, conforme o total dos segundos de uma hora, multiplicada pela capacidade média de dezoito pratos contidos em uma cesta; na realidade, porém, devem ser considerados também os tempos ociosos para as operações de carga e descarga), ou calculada em pratos por hora, correspondente a uma média de 600 até 1.300 pratos por hora;
- **Máquinas de lava-louças a reboque**, que funcionam em deslizamento contínuo das cestas, puxadas por guias especiais dentro de um túnel de lavagem automático; são usadas para operações de lavagem exigentes ou para lavar um grande número

Cestas para os cristais

Sistema de lava-louças.

Painel de controle de lava-louças.

de pratos em tempo reduzido, de modo a permitir seu reuso imediato. A capacidade produtiva varia, segundo os modelos, de cerca de 100 cestas por hora (ou seja, 1800 p/h) até mais de 300 cestas por hora (5500 p/h). Trata-se de dados efetivos de produção por hora para pratos lavados, enquanto o resultado é obtido pelo tempo do percurso das cestas, variável para cada modelo e calculado desde a entrada até a saída da máquina;

- **Máquinas de lava-louças com esteira,** para a lavagem em ciclo contínuo, que funcionam mediante o deslizamento contínuo de esteiras particulares (de diferentes configurações e variáveis em seu comprimento, com base no tipo de máquina e das exigências de dimensionamento nos planos de carga e descarga), aptas a receberem diretamente os pratos para lavar, mas também panelas, bandejas, recipientes ou cestas para copos e talheres. Podem atender qualquer necessidade de lavagem em situações de cargas de trabalho contínuas e de notáveis dimensões, como em grandes cantinas, hospitais, grandes hotéis, *in-flight catering* (refeições a bordo de avião), etc. A capacidade produtiva varia segundo as composições, de cerca de 1.500 pratos por hora até cerca de 8.500 pratos por hora.

O mesmo tipo de máquina com esteira compreende uma linha projetada para oferecer soluções específicas para a lavagem de panelas, recipientes e objetos variados em situações de grande emprego.

A pesquisa e a tecnologia têm contribuído à otimização da utilização dessas máquinas em termos de higiene e segurança, economia de energia, flexibilidade e eficácia, graças às características construtivas e funcionais cada vez mais confiáveis e "inteligentes". Entre as vantagens mais significativas que derivam da utilização de todos os tipos de máquinas, mas em particular das de processo contínuo, mencionamos:

Higiene e segurança: para evitar o acúmulo de sujeira, remover eventuais resíduos e tornar simples e ágeis as operações de controle e manutenção, uma atenção especial foi dispensada à construção das bacias de lavagem que são impressas, portanto, sem soldas, com bordas arredondadas e ampla superfície filtrante; às bombas de lavagem autoesvaziadoras, com possibilidade de autolavagem no fim da jornada por meio de emissão de água limpa; aos componentes estruturais e instalacionais, localizados principalmente no exterior das áreas de lavagem; com as vantagens de superfícies internas lisas, de acessibilidade elevada ao sistema inteiro e da possibilidade de limpeza com instalação específica.

Economia de energia: é resultado de vários fatores no âmbito da utilização das várias fontes energéticas empregadas, e com a vantagem da economia na execução dos processos obtida pela notável contenção dos consumos de água, energia e detergentes, graças à implementação de uma série de tecnologias de ponta relacionadas com o ecossistema. Particularmente, as tecnologias aplicadas concernem:

- **a utilização de recuperadoras do calor,** o qual, caso contrário, seria disperso no ambiente, permitindo a economia da energia empregada para o pré-aquecimento da água;
- **a utilização de bombas de calor** que, aproveitando o calor produzido num ciclo frigorífico, preaquecem a água, mantêm constantes as temperatura da água de lavagem, parte da qual é reaquecida, reduzindo em 65% o uso das resistências e, ao injetar ar desumidificado de 20 °C no ambiente circundante, eliminam a necessidade de utilizar coifas ou dutos de vapores, melhorando assim as condições ambientais do local de lavagem;
- **dispositivos que permitem parar as bombas de lavagem** quando não há passagem de pratos e religá-las automaticamente, bem como suspender o consumo de água e de energia durante a fase de reaquecimento, sempre quando não há passagem de pratos;
- **dispositivos que acionam automaticamente os programas de lavagem mais adequados,** com base no reconhecimento do tipo dos pratos inseridos na máquina (acionamento das velocidades do avanço, acionamento automático do módulo de reaquecimento suplementar em osmose reversa durante as passagens dos copos, etc.);
- **a recuperação, na bacia de lavagem, da água reutilizável** proveniente da bacia de pré-reaquecimento, com redução dos consumos de detergente;
- **a recuperação da água limpa** proveniente do reaquecimento final, reutilizável para efetuar o pré-reaquecimento, com a vantagem de uma notável economia de água, além de energia e de aditivos químicos, limitando a diluição na bacia.

Flexibilidade e eficácia: entendidas como a possibilidade de realizar soluções aplicáveis também em locais difíceis, por meio de máquinas fabricadas com características construtivas especiais, como o funcionamento em ângulo reto ou em "U", que, como no caso de todos os outros modelos-padrão, são integráveis com uma grande gama de elementos especiais combináveis entre si e criam verdadeiros "sistemas de lavagem". Todos os lava-louças com funcionamento automático linear (reboque, esteira, etc.) que podem dispor de mais áreas operativas (pré-lavagem, lavagem, pré-reaquecimento, reaquecimento, enxugamento), além da utilização de ações mecânicas e químicas, devem a eficiência do seu resultado operativo também a uma correta gestão das temperaturas da água de utilização, em escala ascendente, para evitar que a temperatura demasiadamente elevada da água, no primeiro contato com os resíduos orgânicos, provoque a fixação deles nos pratos antes de serem removidos pela lavagem. As temperaturas de execução a serem observadas para o correto funcionamento do processo de lavagem devem ser:

45 °C para a fase de pré-lavagem,

65 °C para a fase de lavagem,

75 °C para a fase de pré-reaquecimento,

85 °C para a fase de reaquecimento.

Para todas as outras máquinas aplicam-se os mesmos princípios, embora utilizando somente as fases de lavagem e reaquecimento.

O enxugamento mecânico merece uma menção à parte, muito importante particularmente para remover os resíduos da água nos fundos dos cálices e para enxugar também os grandes pratos dos menus e bandejas.

Outro fator importante que influencia os resultados de lavagem é a qualidade da água: de fato, torna-se indispensável ter instalações apropriadas de amaciamento da água de alimentação e de um sistema de depuração de osmose reversa, equipável às máquinas e utilizado particularmente para a lavagem dos copos, com a vantagem de conseguir aumentar o brilho deles para nova utilização direta, isto é, sem necessidade de outra mão de obra para lustrá-los.

Analisaremos agora o tipo de instalação de tratamento de pratos mais condizente com o tipo de serviço, a capacidade e o dimensionamento da estrutura de *banqueting*, que é o tema deste livro.

Sempre que possível, a área destinada à lavagem dos pratos deve receber uma localização estratégica em relação ao salão de atendimento, favorecendo um fluxo correto de sujo/limpo, além de evitar intersecções de percursos na entrada e na saída do pessoal destacado para o serviço de salão. Isso evita eventuais desencontros durante o desenvolvimento de outras funções simultâneas pelo pessoal a serviço da gestão do salão.

Nesta área é útil prever uma instalação de lavagem de pratos: com base no volume de trabalho a ser realizado e no tipo de serviço (diferentes momentos de lavagem, repetidos para o número de pratos que se seguem durante um serviço de *banqueting*), convém escolher um lava-louças com funcionamento a reboque, completo em relação aos vários setores operativos da lavagem, compreendendo um módulo de reaquecimento suplementar à osmose que possa realizar o tratamento simultâneo de pratos e copos, ou uma máquina com reboque dimensionada para lavar somente os pratos, combinada com uma máquina de alimentação vertical ou frontal de água osmótica, específica para a lavagem dos copos. Para que toda a instalação tenha um valor funcional completo, é indispensável dotar o lava-louças (que, caso contrário, não seria utilizável) de uma série de acessórios complementares que, combinados entre si, formam um sistema completo para a gestão e a transferência das cestas dos pratos, otimizando o desenvolvimento das atividades em termos de eficiência organizacional e limitando o número dos funcionários envolvidos.

Um bom sistema de lavagem é composto de uma mesa de triagem e arrumação (são muito importantes o posicionamento correto e uma dimensão adequada, capaz de receber um grande número de pratos que voltam simultaneamente do salão), que agiliza a inserção direta na máquina, possivelmente acompanhada de um console bifrontal posto ao lado, para a gestão dos copos, e combinado com um console de pré-lavagem, dotado de ducha para uma primeira remoção dos resíduos alimentícios dos pratos já acomodados nos cestos. Na saída do túnel do lava-louças convém prever consoles com rodinhas ou de outro tipo, que facilitam o prosseguimento das cestas que contêm os pratos limpos até um ponto fácil para as operações de descarga e transferência.

As cestas com os pratos, depois de serem descarregadas durante o uso, são reutilizadas para as sucessivas passagens pelo lava-louças, enquanto as cestas com os copos (disponíveis em várias dimensões e alturas, adequadas para proteger cada um dos elementos individualmente), depois das operações de lavagem, são empilhadas e transferidas sobre carrinhos adequados para sua estocagem vertical e reutilização direta no salão para a *mise-en-place*. Completam a função de todo o processo de lavagem os móveis: armários verticais ou mesas com gavetas/tábuas, utilizados para a colocação dos pratos limpos, dispostos numa área adjacente destinada a essa finalidade ou na área de arrumação após as atividades de salão.

A ATIVIDADE DE *CATERING*

Catering é o termo com que se identificam as diversas modalidades e tipos de fornecimento de alimentos prontos e de bebidas, efetuados por organizações especializadas na produção de refeições e serviços de atendimento, destinados a diversas categorias de usuários, ou seja, entidades, empresas de transporte e organizações de eventos (recepções, galas, refeições de trabalho, eventos, etc.). Na organização de uma cozinha moderna para o *banqueting* que, como na hipótese estabelecida no início deste capítulo, pode desenvolver também atividades de *catering* (quer dizer, produzir refeições para atendimentos em outros locais) no âmbito da cozinha descrita até aqui, é necessário considerar o correto dimensionamento dos espaços que serão atribuídos ao desenvolvimento dessa atividade. Para esse propósito, os espaços podem ser adicionados ao projeto anteriormente previsto, se a cozinha produzir refeições para atividades internas e externas. Caso contrário, ou seja, quando a cozinha produz refeições somente para serviços voltados para fora, o uso de alguns espaços destinados à preparação e finalização dos pratos pode ser reconsiderado, para disponibilizá-los às atividades de preparação e estocagem dos alimentos antes da sua transferência para um ambiente externo. Em cada caso, independentemente da destinação das refeições, seja ela interna ou externa à estrutura, o processo de preparação deve seguir uma regra correta de procedimento:

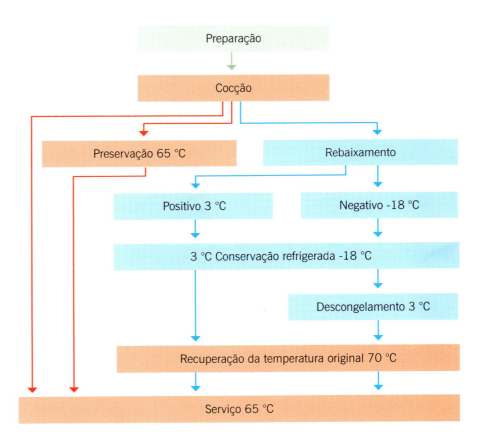

Diante da necessidade de iniciar um serviço de *catering* e da possibilidade de integrar nas áreas já descritas outras áreas destinadas ao desenvolvimento de suas funções, é necessário garantir a interação dos percursos compartilhados e a consideração do sentido correto no decorrer das operações, prevendo:
- **a área para o depósito das bebidas e dos materiais** utilizados (mesas, cadeiras, toalhas de mesa, complementos do mobiliário, etc.) na preparação do serviço que será desenvolvido nos locais dos eventos. Sempre que possível, ela deve corresponder à área de controle e estocagem dos materiais genéricos;

- **a área para a acomodação ou o estacionamento dos veículos durante suas preparações**, adjacente à área de cocção e diretamente acessível desde as áreas usadas para a preparação e estocagem dos "frios" destinados ao consumo sem outra manipulação ou para a recuperação da temperatura original para o serviço;
- **a área para a lavagem e desinfecção dos recipientes**, pratos e acessórios que voltam dos locais de realização dos eventos e a subsequente estocagem organizada para a nova utilização. Deve estar adjacente à área de lavagem utilizada para as necessidades internas ou, se utilizável e respeitando os requisitos normativos, coincidir com ela;
- **a área de estacionamento dos veículos equipados para transportar os alimentos**, se for possível, adjacente à área de acomodação e estacionamento das preparações que estão saindo, para facilitar as operações de logística.

Atividades logísticas de *catering*: controle e carregamento dos materiais.

LAYOUT DA ÁREA INTEGRATIVA PARA ATIVIDADES DE *CATERING*

As modalidades de fornecimento de alimentos e bebidas, segundo a sua destinação (tanto em locais externos como no âmbito da própria estrutura de produção, mas em níveis diferentes ou em vários pontos de distribuição, localizados a certa distância do centro de produção) e segundo os tipos de serviço gastronômico previstos, poderão ser realizadas em regime fresco-quente e refrigerado, com o auxílio de aparelhos e meios adequados, nos casos em que os alimentos não precisarão ser submetidos a manipulações posteriores e serão destinados diretamente ao atendimento. Alternativamente, as modalidades de fornecimento poderão ser realizadas em ambiente refrigerado, prevendo operações de finalização ou regeneração no lugar do atendimento, com o apoio de uma cozinha-satélite equipada de alguns aparelhos que permitem a cocção expressa (para aqueles pratos do menu que, como os primeiros pratos, precisam ser preparados no momento do atendimento), a preservação e/ou regeneração das temperaturas de serviço, e elementos adequados para a finalização acerca de porcionamento, guarnição e distribuição dos pratos.

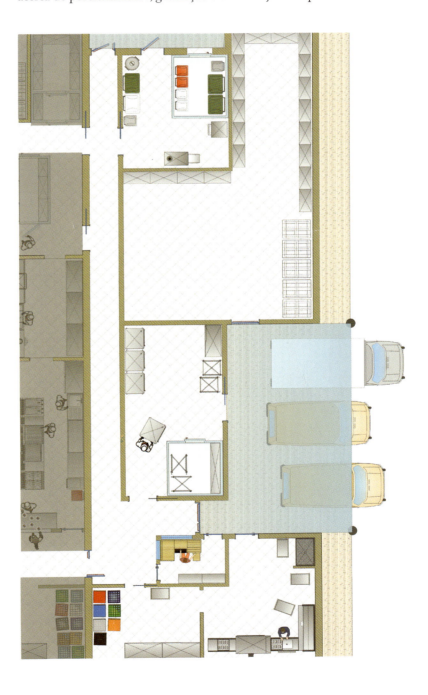

LAYOUT DA ÁREA INTEGRATIVA PARA ATIVIDADES DE *CATERING*

HIGIENE E SEGURANÇA NO MANUSEIO DE ALIMENTOS

Um aspecto importante que incide sobre o sucesso qualitativo e organizatório das atividades de *banqueting* e *catering*, assim como sobre todo o setor gastronômico, é o da proteção consciente da salubridade dos alimentos e dos ambientes de trabalho, bem como da avaliação preventiva dos riscos higiênicos e sanitários nos quais se pode incorrer. As recentes normas em matéria de segurança e higiene no setor alimentício – como os Regulamentos 852, 853 e 854/2004 do Conselho Europeu ("Pacote Higiene") – destacaram a obrigatoriedade da aplicação de algumas regras fundamentais no decorrer de toda a cadeia produtiva e distributiva de alimentos, com a finalidade de garantir a salubridade e as características organoléticas e nutricionais, em prol da proteção do consumidor e do mercado. Essas regras dizem respeito aos seguintes aspectos:

- **Higiene pessoal.** Os funcionários devem cuidar de modo muito escrupuloso da higiene pessoal e do vestiário. Quem é destacado para a produção de alimentos deve usar roupas apropriadas, eventualmente sobre sua roupa comum (por exemplo, jalecos, uniformes, etc.), de cor clara, e uma cobertura da cabeça que contenha os cabelos. Essas vestimentas devem ser utilizadas exclusivamente nos postos de trabalho e guardadas em armários individuais específicos.
- **Higiene do ambiente e dos equipamentos.** Os locais destinados à produção devem estar bem arejados e iluminados, e suas estruturas de alvenaria, o mobiliário, os equipamentos, os utensílios e as máquinas devem estar sempre em bom estado de manutenção, limpeza e funcionalidade. Particularmente nas cozinhas deve haver instalações adequadas de aspiração e tratamento do ar.
  Pisos, paredes e superfícies de trabalho e de cocção devem ser de material resistente à deterioração, liso, lavável e desinfetável. É preciso evitar que haja áreas ou cantos de difícil alcance, de modo a facilitar as operações de limpeza.
  Panelas, recipientes, facas e equipamentos em geral devem ser de materiais inoxidáveis e facilmente laváveis. No término de cada turno de trabalho, bancas, superfícies de trabalho, utensílios, máquinas operadoras, etc. devem ser cuidadosamente lavados e desinfetados, para eliminar resíduos de produtos alimentícios que poderão se tornar terreno fértil para o cultivo e a multiplicação de bactérias.
- **Higiene dos alimentos.** O sistema HACCP é o instrumento para a análise dos riscos que caracterizam o processo de produção de alimentos. Isso se aplica a todas as fases da cadeia e se baseia na prevenção da ocorrência de danos, uma abordagem inovadora para o método de controle sobre o produto final. Portanto, um fator importante é a prevenção. As características principais da HACCP são: a definição e avaliação de todos os perigos aos quais os alimentos estão expostos, como contaminações biológicas, químicas e físicas; a identificação de cada uma das fases do processo em que há probabilidade de que ocorram tais eventos (riscos); a predisposição de um sistema de monitoramento para os assim chamados pontos críticos de controle.

Se a higiene e a segurança pessoal, bem como o respeito às regras sanitárias gerais em todas as fases da produção das refeições, já dependem de um código ético de comportamento (lavar bem as mãos antes de cozinhar, manter os instrumentos da cozinha sempre bem limpos, manter os alimentos crus e cozidos corretamente nas respectivas temperaturas de preservação, etc.), também o ambiente e os equipamentos para o tratamento dos alimentos desempenham um papel fundamental nas opções de planejamento durante a predisposição das instalações e do *layout* dos ambientes de trabalho.

À esquerda, higiene: luvas de látex descartáveis.

Somente uma boa avaliação dos riscos na fase do planejamento pode dar conta desses aspectos, para prevenir ocorrências e criar medidas de profilaxia, predispondo:

- **um percurso de "marcha para a frente"** no desenvolvimento das atividades de trabalho, desde o recebimento das mercadorias e o tratamento dos alimentos até o atendimento. Alcança-se essa "marcha" (o desenvolvimento sequencial lógico dos trabalhos) dividindo as áreas envolvidas em zonas distintas e separadas, conforme os tipos de alimentos que serão tratados, para evitar contaminações cruzadas dos alimentos durante o tratamento;

- **sistemas de preparação, cocção e distribuição** específicos para a atividade de *banqueting* e *catering*. À diferença de outras formas de gastronomia, essas atividades exigem um eficiente planejamento do trabalho e uma atenção particular à coordenação dos tempos de preparação, à complexidade da finalização e à montagem dos pratos. Como já argumentamos na seção "As novas fronteiras tecnológicas", isso torna inevitável a integração dos mais modernos sistemas de tratamento dos alimentos, a fim de garantir a salubridade e a qualidade das refeições (valor nutricional, aspecto, consistência, umidade, peso, sabor dos alimentos, etc.), bem como a segurança no manuseio dos alimentos em todos os processos de tratamento, em que é obrigatório respeitar os seguintes requisitos:

  o regime fresco-quente: é o sistema que se adota em todos os casos em que, depois da cocção, os pratos devem ser conservados quentes, isto é, "mantidos" na temperatura certa (superior a 65 °C) até o atendimento;

  o regime refrigerado: é o sistema que se adota sempre que os alimentos, uma vez cozidos, forem rapidamente refrigerados, conservados, regenerados e finalizados no momento do consumo. Graças ao "esfriamento rápido", os produtos atravessam a faixa de risco (60 °C / 10 °C) em tempos extremamente reduzidos, garantindo ao alimento uma segurança máxima e eliminando o risco de intoxicação alimentar;

  o regime congelado: é o sistema que se adota sempre que os alimentos forem congelados depois da cocção e puderem ser guardados por várias semanas antes do consumo, ou para o congelamento de alimentos crus e semielaborados (como carne, peixe, pasta fresca, bolos tipo *pan de Spagna*, etc.) que podem ser conservados desse modo por alguns meses (a -18 °C), mantendo íntegras as suas propriedades organoléticas. O congelamento rápido de 90 °C para -18 °C no coração do produto ocorre em duas fases: na primeira, os alimentos são resfriados até 3 °C no coração e depois, na segunda fase, congelados até -18 °C.

  Finalmente, **os equipamentos** que permitem aplicar corretamente os sistemas de preparação, cocção e distribuição, como os que acabamos de descrever, devem ser colocados na sequência certa, determinando, se possível já na fase de planejamento e *layout*, a área à qual serão destinados.

AMBIENTE: TRATAMENTO E QUALIDADE DO AR

A qualidade do ar, bem como as problemáticas que giram em torno da gestão correta desse recurso importante, tem atraído um interesse cada vez maior – seja da parte das autoridades responsáveis pela formulação e fiscalização das normas de proteção à saúde humana e do ambiente, seja da parte dos próprios usuários – graças à emergente consciência acerca dos perigos causados pelas incontáveis fontes de poluição que podem comprometer o padrão de qualidade de vida. Também nos ambientes usados para o tratamento e a distribuição dos alimentos, esse aspecto merece uma atenção particular, para que se possa "gerir" de modo adequado o microclima, entendido como aquele complexo de fatores térmicos, higrométricos e de composição físico-química do ar que caracteriza um ambiente de trabalho, e para que possa também garantir nele salubridade, segurança e bem-estar. Para atender esses aspectos, a pesquisa incessante e a aplicação de importantes inovações tecnológicas têm proporcionado a introdução de soluções em constante aperfeiçoamento: os sistemas de aspiração e tratamento do ar. Para assegurar o microclima mais adequado, os parâmetros nos quais convém basear o projeto para a realização de tais sistemas dizem respeito, acima de tudo, às diferentes formas de "destinação de uso" de toda a área de tratamento dos alimentos, destinada, de fato, a múltiplas funções operativas com diferentes exigências de adequação. Particularmente, quando se trata de áreas de:

- **estocagem e conservação** dos alimentos não perecíveis, é necessário garantir um baixo grau de umidade e uma constante troca por ar limpo, para evitar a formação de mofo;
- **tratamento dos alimentos**, convém manter os locais em leve pressão, em comparação com as áreas contíguas, inserindo ar externo filtrado e climatizado, para eliminar as possibilidades de poluição e proliferação de bactérias nos alimentos durante a manipulação;
- **cocção**, deve-se manter uma leve depressão em comparação com as áreas contíguas, para assim eliminar a possibilidade de poluição dos vapores de cocção;
- **montagem e acomodação** dos pratos, ou da lavagem, assim como de todas as áreas comuns de interação entre cozinha e salão (este último destinado às atividades da realização do serviço), é necessário garantir o máximo de conforto ambiental também aos comensais durante o desenrolar dos eventos.

Em função da complexidade das exigências estruturais (como altura dos ambientes, exposição da estrutura sob influência de fatores climáticos externos, tipos de conexão entre ambientes contíguos e entre ambientes, e aberturas em direção a espaços externos e locais afins), exigências ambientais (como o tratamento do superaquecimento

Ambiente: sistema de aspiração e tratamento do ar.

Ambiente: sistema de aspiração e tratamento do ar.

devido à quantidade, à potencialidade e ao tipo dos aparelhos de cocção, ao tratamento da emissão de fumaças – ou ainda parcelas de gorduras em suspensão, vapores de cocção, substâncias odorosas, resíduos da combustão, etc.), e considerando diferentes outros fatores (a necessidade de gerir uma qualidade constante do ar em todos os ambientes, mediante a troca contínua do ar e um controle das temperaturas adequadas à função dos respectivos locais), é possível recorrer à adoção de vários tipos de instalações, que permitem aspirar pela extração forçada do ar, ventilar deslocando o ar para favorecer a troca, termoventilar, ou seja, tratar o ar termicamente, em particular na sua reintegração, para evitar desvios de temperaturas de inverno ou verão em detrimento da segurança dos ambientes de trabalho, e/ou climatizar para alcançar o estado mais otimizado do microclima que deve ser preservado.

Além de gerir a qualidade do ar, é importante gerir termicamente a temperatura dos ambientes de tratamento nos períodos do inverno em torno de 20 °C e garantir uma temperatura constante, nos períodos do verão, de cerca de 20 °C para as áreas de preparação, 24 °C para as áreas de realização de atividades administrativas, bem como 28 °C para as áreas de cocção e as áreas de lavagem. A qualidade e a temperatura do ar devem ser gerenciadas e controladas mediante o emprego de um conjunto de aparelhos, instrumentos de regulamento e controle, materiais e acessórios adequados para o transporte do ar, os quais, colocados em conjunto e utilizados de diferentes modos, como previsto num planejamento correto, formam variadas instalações e sistemas de gestão do ar.

A gestão correta do microclima pode ficar comprometida por uma avaliação equivocada dos sistemas de tratamento do ar que serão empregados. Por exemplo, dotar um ambiente de uma instalação com a função exclusiva de aspiração, criando assim depressão, significa aspirar o ar do interior, provocando falhas de climatização nos locais contíguos, ou aspirar o ar do exterior, com o risco de que, em ambos os casos, ele fique contaminado. Para garantir o correto equilíbrio físico e qualitativo entre o ar que será introduzido e o ar que será extraído, convém que o ar aspirado seja misturado com o ar de imissão filtrado e adequadamente tratado. Entre os sistemas de aspiração realizada com utilização de coifas (elemento-chave, composto de um recipiente para a coleta das fumaças e de filtros particulares, indispensáveis para o tratamento das gorduras) para a captação direta das fumaças, e além do sistema mais clássico da "simples extração do ar" que acabamos de descrever e que, em comparação com outros, possui, sobretudo, a vantagem da economia no investimento, mencionaremos aqui também sistemas com características mais complexas e com diferentes vantagens e desvantagens:

- **Sistema de extração do ar com sua reintegração no ambiente.** O ar é captado e extraído por meio de uma coifa, combinada com uma unidade de extração (UEA), e a reintegração ocorre por uma unidade termoventiladora de tratamento do ar (UTA) que induz o ar de renovação (adequadamente tratado também termicamente), canalizações e difusores dispostos no ambiente. Justapõe-se à vantagem de poder controlar fluxos e temperaturas do ar introduzido no ambiente o alto consumo energético para o seu tratamento térmico;

- **Sistema de compensação com reintegração no ambiente.** As coifas, além de realizar a captação, estão predispostas para a "reintegração fria" do ar, por meio de uma unidade de imissão do ar (URA) que força 50% do ar externo diretamente para as coifas, e a parte restante, também tratada termicamente de modo adequado, diretamente para o ambiente, por meio de UTA, canalizações e difusores. Além da vantagem de poder controlar fluxos e temperaturas do ar introduzido no ambiente, há uma considerável economia de energia para o tratamento térmico do ar de renovação.

- **Sistema de compensação, com reintegração no ambiente, na borda da coifa.** As coifas, com fluxo triplo equilibrado, estão predispostas para poder gerir simultaneamente, em um único elemento, três fluxos de ar – a saber, o fluxo de imissão do ar diretamente na coifa para a reintegração fria, o fluxo de captação de fumaças e o fluxo de compensação no ambiente que induz o ar tratado – mediante um pleno e alguns difusores dispostos na borda diante do espaço da coifa, tudo combinado com unidades adequadas de UEA, URA e UTA. Acrescenta-se às mesmas vantagens mencionadas para o sistema anteriormente descrito uma pequena economia financeira, mas ela é contrabalançada por uma possibilidade menor de gerir o arejamento no ambiente circundante, porque o tratamento se concentra principalmente nas proximidades das coifas.
- **Sistema de compensação com fluxo equilibrado.** O ar é captado e extraído mediante a coifa combinada com uma unidade de extração UEA. A reintegração ocorre por uma unidade termoventiladora UTA, um pleno e alguns difusores dispostos nas bordas diante do espaço da coifa. Contrapõe-se à vantagem de poder controlar fluxos e temperaturas do ar induzido no ambiente o alto consumo energético para o seu tratamento térmico.

Se as condições estruturais permitem seu emprego, os sistemas de aspiração instalados sob a utilização de tetos falsos aspiradores são de grande efeito estético e funcional. Trata-se de soluções projetadas e realizadas sob medida, com base nos espaços a serem atendidos, particularmente adequadas para ambientes de cozinha de grandes dimensões, como centros de cocção ou de produção de refeições, ou áreas de trabalho com elevada produção de vapores e fumaças odorosas. Às vantagens de poder otimizar o microclima ambiental, determinar fluxos de ar difundidos e homogêneos para o espaço total ou principal a ser atendido, iluminar uniformemente os espaços, etc. acrescenta-se a possibilidade de deslocar livremente os aparelhos que produzem fumaças ou vapores, permitindo a qualquer momento seu remanejamento para uma eventual redistribuição ou mudança. A respeito das problemáticas que giram em torno da gestão correta do tratamento e da qualidade do ar e que exercem um forte impacto sobre o ecossistema, é importante considerar que quaisquer fenômenos que causam a emissão na atmosfera de substâncias alheias à sua composição natural ou a modificação das relações existentes entre as substâncias contidas na própria atmosfera correm o perigo de provocar uma alteração que pode acarretar danos à saúde humana e à preservação do meio ambiente. Nesse contexto, é indispensável garantir que também as fumaças provenientes das atividades de cocção, captadas e expulsas pelas respectivas instalações, serão adequadamente tratadas, de modo a poderem ser consideradas emissíveis na atmosfera, em pleno respeito ao meio ambiente. Além da consciente responsabilidade pessoal dos gestores das instalações em relação a esse aspecto, é importante notar que os órgãos competentes responsáveis pelo controle e pela fiscalização de instalações ambientais emitiram nos últimos tempos algumas disposições de prevenção, como a obrigação – que já se tornou consensual – de equipar com filtros antigordura as coifas ou os elementos usados na captação direta das fumaças.

Hoje em dia, a exigência de adotar uma política ambiental que preserve os recursos naturais e o bem-estar das pessoas está encontrando aceitação e maior responsabilidade e consciência da parte de quem trabalha nessas áreas e de quem atua na proteção do meio ambiente, graças à crescente consciência coletiva. Há tempos, a pesquisa tecnológica tem dedicado atenção máxima à consideração desses princípios, promovendo soluções importantes e cada vez mais apropriadas para o respeito ao meio ambiente e o tratamento das suas problemáticas, aperfeiçoando a funcionalidade dos sistemas de filtração e depuração das emissões das instalações e introduzindo diversos sistemas e tecnologias em constante evolução.

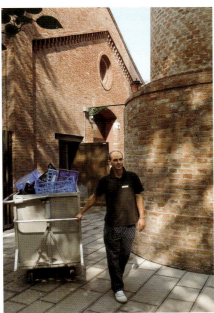

Coleta de resíduos.

MEIO AMBIENTE: GESTÃO DOS RESÍDUOS

No âmbito das áreas que abordamos até aqui – e reafirmando uma perspectiva eco-consciente que se traduz principalmente em respeito pelo meio ambiente e pelo ser humano –, é importante dedicar atenção particular às normas na área da gestão dos resíduos, adotando medidas adequadas para seu tratamento, desde os desperdícios produzidos na fase de transformação dos alimentos, inutilizáveis para o consumo, até os chamados "materiais resultantes", classificados segundo a sua origem em resíduos urbanos e resíduos especiais e, segundo as características de sua periculosidade, em resíduos perigosos e não perigosos, de modo a assegurar uma adequada proteção dos ambientes em relação aos riscos higiênico-sanitários.

Já que cada cidade possui seus próprios regulamentos em matéria de resíduos, a norma de referência em nível nacional, visando proteger o meio ambiente e a saúde humana, estabelece medidas voltadas, sobretudo, para a **prevenção** e redução da produção e da periculosidade dos resíduos, bem como para a **recuperação** (de matéria e de energia) e ainda para a disposição final (depósito em aterros e incineração).

A coleta seletiva dos resíduos urbanos é o instrumento principal com cuja ajuda se pode almejar a redução da quantidade de resíduos, favorecendo seu reemprego, reciclagem, reutilização e recuperação. A solução para esse sistema consiste em manter os resíduos separados com base no tipo de material (vidro, papel, metais, plásticos, polilaminados, pilhas e baterias, óleos usados, etc.) e em separar cuidadosamente a parte seca da parte úmida, frequentemente responsável por problemas higiênicos devidos à difusão de microrganismos patogênicos para o ser humano e de micropoluentes.

Nos últimos anos, o crescimento significativo da atenção e sensibilidade acerca do desenvolvimento sustentável tem favorecido a adoção de tecnologias e metodologias de tratamento mais respeitosas ao meio ambiente. Portanto, nessa ótica é importante avaliar quais serão as mais adequadas, considerando que as áreas "higiênicas" da zona de tratamento dos alimentos inteira devem ser preservadas da passagem dos resíduos, e que é necessário estruturar um sistema apropriado de tratamento desses resíduos mediante a sua coleta, agrupando-os segundo categorias de mercadorias homogêneas (inclusive a categoria dos resíduos orgânicos úmidos) destinadas à reutilização, reciclagem e recuperação de matérias-primas. De fato, é aconselhável posicionar os recipientes para a coleta primária dos desperdícios nas áreas de preparação dos alimentos e nas áreas de lavagem dos pratos e destinar, por sua vez, à coleta geral dos resíduos uma área específica, dotada de um espaço em temperatura climatizada para o depósito temporário dos resíduos orgânicos em espera de sua remoção por empresas especializadas em coleta e disposição final. Essa área deve ser acessível por um percurso exterior às áreas sensíveis, para reduzir o transporte manual de recipientes de resíduos através de áreas higiênicas da cozinha, impedindo que esses resíduos possam entrar, de alguma maneira, na cadeia alimentar.

Além de diferenciar a coleta dos resíduos conforme tipos de composição, para uma proteção responsável do meio ambiente (bem como para uma gestão mais otimizada da operacionalidade organizatória também em relação a uma considerável economia de custos para estocagem e transferência), é possível pré-tratar os resíduos no ambiente da coleta, antes da sua remoção final realizada por empresas especializadas. De que maneira? Por meio de sistemas de tratamento que consistem na compactação dos resíduos e sua eventual trituração (particularmente dos resíduos orgânicos), para reduzir o tamanho de seus volumes.

Fazenda Montalbano, Ostuni
Casamento sob as estrelas – chef *executivo Raffaele De Giuseppe*

A avenida das palmeiras.

A igreja da Beata Virgem do Rosário.

O horto das oliveiras.

Se não fosse pelos perfumes, sons e sabores tão profundamente mediterrâneos, quem chega hoje ao perímetro da *Masseria* (Fazenda) Montalbano poderia ter a impressão de ter sido arrebatado para algum canto do México ou da América do Sul. Na verdade, porém, os edifícios antigos de um branco deslumbrante que constituem esta quinta encontram-se na Apúlia, próximo a Ostuni e ao mar. Graças à intervenção de artesãos locais que lhe devolveram sua beleza natural, conservando os antigos princípios de centralidade e clareza estruturais, este maravilhoso complexo é hoje um local de grande fascínio e prestígio. Tempos atrás era, em vez disso, um pequeno burgo, constituído de uma chamativa residência circundada de igreja, estábulos, moradas dos camponeses e engenho para transformar em azeite as frutas das oliveiras centenárias que até hoje prosperam e dominam os 20 hectares do olival da fazenda. Cinco séculos de história rodeados por uma muralha que ainda está em pé, e dentro da qual se desenvolvia, no século XVII, a vida intensa da comunidade camponesa da época.

273 CASAMENTO SOB AS ESTRELAS

O estábulo da Fazenda usado como laboratório de artes florais.

Criação de composições e enfeites florais.

A Fazenda Montalbano, onde tempo e natureza parecem estar suspensos, é hoje um imóvel hoteleiro fascinante e sugestivo, ideal para viver momentos exclusivos. As antigas moradias dos camponeses foram transformadas em quartos refinados que oferecem todo o conforto moderno. O encanto da antiga quinta, a avenida das palmeiras que leva ao pomar e a atmosfera surreal que domina cada canto tornam este lugar o local ideal para eventos e casamentos. De fato, não é raro que as áreas da Fazenda se transformem em um jardim florido, em homenagem a algum casal de noivos. "Organizamos, em um ano, cerca de cem recepções de casamento para casais vindos de toda a Itália", afirma Paolo Braglia, proprietário do complexo, que recorre frequentemente à colaboração de Giuseppe Armenise, gestor do laboratório de artes florais Botlea de Bari. Com ele estão as tarefas de fazer contato com os casais para escolher e realizar os arranjos para o centro de mesa, o bufê e o buquê da noiva.

Para poder variar o cenário nas diversas fases de um evento, a Fazenda Montalbano coloca à disposição exclusivamente da recepção também as salas internas da residência histórica. Ainda hoje, elas preservam, funcionando na íntegra e nos lugares originais, as chaminés, as pedras de moinho e as prensas subterrâneas, testemunhas mudas da laboriosidade dos 317 moradores que residiam no complexo rural da época, bem como os sugestivos locais nos entornos que convidam para explorações inéditas, como "contar as 99 chaminés" que se erguem sobre as antigas moradas dos camponeses. A centésima teria sofrido uma "destruição pragmática". Sóbrio e elegante, como se estivesse envolto num brilho natural, o grande Salão Frantoio presta-se perfeitamente para a apresentação da ceia e pode acolher comodamente até trezentos convidados. Aqui, a atmosfera torna-se mais íntima e convivial, e à mesa, os convidados podem conversar, animados por um exclusivo fundo musical.

De fato, à equipe da estrutura está confiada também a tarefa de organizar o entretenimento musical durante as recepções, realizado graças a uma cuidadosa seleção de músicos dedicados.

O Salão Frantoio.

FAZENDA MONTALBANO, OSTUNI

O pão: elaboração artesanal.

Preparação de sorvete de amoras vermelhas.

A paixão e dedicação diárias do *chef* executivo do complexo, Raffaele De Giuseppe, profundo conhecedor e intérprete inovador dos perfumes e das cores da Apúlia, proporcionam a recuperação autêntica do patrimônio enogastronômico da região, com surpreendentes influências cosmopolitas, mas sem transgredir jamais os princípios da cozinha natural e saudável. Uma seleção de pães fragrantes, pãezinhos macios de sêmola, com cereais, alecrim, cebola vermelha de Acquaviva e ainda as azeitonas doces da fazenda abrem e acompanham os pratos do momento convivial. Para intercalar os delicados sabores do mar ou os mais robustos da carne, é servido sorvete feito com as amoras vermelhas que, durante o verão, dão cor ao perímetro do antigo pátio.

Peixe azul.

Ingredientes de primeira qualidade, cuidadosamente selecionados e fresquíssimos, os auxílios tecnológicos mais modernos, os toques finais imprevisíveis e uma excelente coordenação e pontualidade são de fundamental importância para o sucesso de um evento.

E é a equipe atenta e profissional, conduzida pelo *chef* executivo, que assegura em cada fase uma produção de elevado nível qualitativo, e alinhada com o estilo do serviço, dos espaços, das formas e dos sons da preparação cênica, uma atmosfera que, à noite, se torna ainda mais romântica com as cores do pôr do sol que se unem à luz das velas. "Concebemos cada atividade como parte de uma sofisticada engrenagem, para que cada fase contribua ao seu funcionamento perfeito", comenta Raffaele De Giuseppe, o personagem-chave para a realização dos três momentos principais de cada recepção: coquetel de boas-vindas, ceia e bufê de frutas e doces.

Espetos de cavalinha com azeitonas, alcaparras e pinhões sobre acelga com alho e azeite de oliva extravirgem.

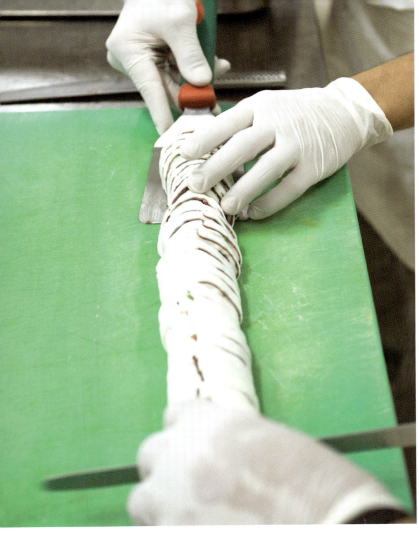

Preparação de porções individuais.

Rolinhos de queijo tipo flor de leite com salsicha suína de Martina Franca, rúcula selvática e lascas de queijo de ovelha apuliense.

Acima, bocadinhos de queijo tipo *scamorza* defumado e brotos do campo em azeite de oliva extravirgem.
À direita, queijo tipo *pasta filata* defumado com fibras temperadas.

Montagem de entradas para o serviço nos pratos.

Com o profissionalismo e o serviço impecáveis nos detalhes mais ínfimos, são os perfumes e as cores da paisagem circundante, a riqueza histórica e a peculiaridade da arquitetura rural renascentista que enriquecem ainda mais e emolduram os eventos quando se escolhe a Fazenda Montalbano para sediar a recepção do seu casamento. "Temos um local de prestígio, e para nós é um prazer personalizar as recepções de casamento nos mínimos detalhes", explica Paolo Braglia. "Para isso, o casal que nos procura vem aqui a primeira vez para a verificação da estrutura, e depois de ter escolhido e confirmado a data do evento, eles voltam mais uma vez, como convidados nossos, para passar um fim de semana." Na ocasião desse encontro, aproveitado para delinear todos os elementos que caracterizarão o estilo do evento, é apresentado um menu de degustação. Essa fase é estratégica e fundamental para se certificar da qualidade das propostas da Fazenda, analisar as preferências dos casais e conduzir suas opções rumo a um evento de sucesso garantido.

Decoração de pequenas porções de saladas.

Queijo tipo *burrata* aromatizado com tomates grelhados, com manjericão e azeite de oliva extravirgem.

No grande dia, na chegada dos noivos juntamente com todos os seus convidados, os bufês cênicos preparados para inaugurar o momento convivial, já perfeitamente montados, apresentam as pequenas preparações exuberantes, expressão do desejo principal da quinta de aumentar o encanto do momento e da ocasião. Para proporcionar aos convidados uma maior possibilidade de participação e escolha, alternam-se com os *finger foods* pontos de elaborações artesanais de produtos típicos, que não deixam de surpreender e deliciar, e preparações de inspiração diversa, como *sushi*, *sashimi*, *tempura* e crustáceos fresquíssimos e servidos crus, ou ainda ostras com manga e champanhe, *blinis* com caviar e limão, torradinhas de pão com alecrim e manteiga com trufa. "É uma maneira de acompanhar os convidados num percurso rico de perfumes e sabores autênticos, esquecidos ou jamais conhecidos", frisa Raffaele De Giuseppe, "além de ser uma ocasião para expressar o caráter da nossa cozinha, inspirada pela mediterraneidade."

Entrada vegetariana.

Chef executivo Raffaele De Giuseppe.

Iguarias do mar.

Cada banquete exige um rigoroso planejamento do trabalho, a perfeita coordenação do tempo dentro e fora da cozinha, bem como a gestão rápida e eficaz de um número elevado de convidados. "No verão, aconselhamos aos noivos a optar por uma recepção à noite, seja porque as temperaturas são mais frescas, seja pela atmosfera romântica. Coordenação e pontualidade são elementos fundamentais na direção do evento", acrescenta Paolo Braglia. "O que comprova o máximo profissionalismo do gerente de *banqueting* e dos seus colaboradores, bem como a perfeita sintonia com a equipe da cozinha, é a capacidade de tornar harmônica a passagem do hóspede rumo a uma nova situação." Explica De Giuseppe: "A organização da montagem dos pratos é muito importante para que o próprio prato saia bem, e sobretudo para agilizar o trabalho". As propostas culinárias oferecidas pela Fazenda Montalbano são infinitas. Figuram entre elas, por exemplo, um *carpaccio* de peixe-escorpião vermelho, levemente defumado em vara de oliveira, e os camarões vermelhos de Gallipoli, marinados no sumo de romã e no azeite da primeira florada. "Trata-se do azeite produzido com as azeitonas das oliveiras da Fazenda", o *chef* faz questão de destacar.

À esquerda, lagostim assado em vinho, preparado com salada de melão cantalupo e brotos.
Acima, papardas com camarões-vermelhos de Gallipoli, com pontas de aspargo e tomates marinados.
À direita, corte de umbrina "à flor do sal" sobre purê de feijão, com lagostas e camarões ao vapor e molho cru de azeitonas e tomatinhos.
Abaixo, fregola de grão duro com delícias do mar e arroz negro selvático.

Montagem de composições para o bufê: filé de pescadora em crosta de amêndoas sobre cuscuz com verduras; filé de salmão selvagem marinado com endro, com salada de arroz tipo *basmati* e frutas exóticas.

Durante a recepção, a sucessão equilibrada dos pratos à base de peixe, de carnes selecionadas e de propostas vegetarianas é fruto de importantes escolhas. "As preparações estão marcadas pela simplicidade e pelo frescor das matérias-primas para favorecer a exaltação do sabor natural dos alimentos e preservar neles as propriedades nutricionais", sublinha Raffaele De Giuseppe. Ervas espontâneas, brotos e por vezes também coloridíssimas pétalas de flores silvestres são os elementos de finalização e decoração das criações, magistralmente combinadas com uma seleção de vinhos segundo o caráter estacional dos pratos.

Turnedô de carne aromatizado com temperos, assado em vinho jovem, com batatas *fondants* e salada de tomates *pachino* e cogumelos *porcini* refogados.

Elaboração artesanal de bocadinhos de leite.

Frituras preparadas como *finger food*.

Com o passar do tempo, a oferta gastronômica da Fazenda Montalbano chegou a combinar as tendências mais modernas, servindo, por exemplo, verduras e peixes delicadamente fritos e oferecidos em cones de papelão, com a expressão da tradição apuliense, como o entrelaçamento à vista das bolinhas de mozarela que nunca deixam de surpreender, tentar e deliciar os convidados.

Acima, crustáceos crus.
À direita, montagem do bufê de frutas e doces.

Após a ceia, os convidados deslocam-se para outra área da Fazenda onde podem continuar a comemorar e degustar as iguarias oferecidas nos amplos e deliciosos bufês de frutas e doces. Como em todos os contos de fadas de final feliz, esse binômio espetacular e surpreendente é o toque conclusivo na tela dessa pintura culinária encantadora. Ao esboçar seus contornos, em um crescendo de emoções que deixam as pessoas verdadeiramente perplexas e sem fôlego, as consistências e as cores da confeitaria finíssima brincam com a vivacidade, até chegar à sincera sofisticação e elegância do bolo da noiva. Cada recepção noturna de casamento chega ao seu ápice em torno da meia-noite, com o tradicional e esperadíssimo corte do bolo, preparado, naturalmente, nas cozinhas da própria Fazenda.

"Depois desse momento, que é fundamental para os noivos e os convidados, a recepção não termina, mas continua até mais ou menos uma hora e meia", conta Paolo Braglia, "mas, se turmas de jovens estão entre os convidados, organizamos também uma pista de dança com coquetéis para toda a noite".

Action station (ponto interativo) de frutos do mar.

O antigo pátio e a recepção.

Stewarding: organizar e guardar
o equipamento

Franco Luise

O sistema *easy storage*

Geralmente, atribui-se o mérito do sucesso de um evento à criatividade e ao profissionalismo das equipes da cozinha e do salão. Não se deve esquecer, porém, que o resultado é também fortemente influenciado pela eficiência do departamento responsável pela preparação, contagem, limpeza e reorganização de todo o material necessário para o evento planejado. Esse departamento, identificado com o termo inglês *stewarding*, cuida de todo o equipamento necessário para a realização dos eventos e é responsável por sua limpeza e manuseio

É fundamental que tudo seja rigorosamente organizado e que se tenha condições de planejar em tempo hábil o deslocamento de todo o material necessário para a cozinha e o salão. Em uma estrutura que hospeda muitos eventos diversificados, com centenas de participantes, a transferência de equipamentos e louças é intensa. São muitas as pessoas envolvidas nos constantes deslocamentos, e se o fluxo não for monitorado e controlado, ele se transformará rapidamente em caos.

O sistema *easy storage* confirma a utilidade da informática também para essa área. Implementado por Alberto Marchi, *steward* chefe do Molino Stucky Hilton de Veneza, e sua equipe, o sistema assegura uma constante atualização do inventário dos utensílios de cozinha, salão e bar, dos vasilhames, dos cristais, da prataria e dos suportes necessários para bufê e *coffee break*, como elencado a seguir:

Cozinha
- Equipamento de cozinha
    - panelas;
    - utensílios de cozinha (conchas, coadores, funis, raladores, peneiras, etc.);
    - recipientes de polietileno;
    - facas, etc.
- Equipamento de confeitaria
    - bandejas;
    - formas de metal ou silicone;
    - utensílios de confeitaria (bolsas de confeiteira, dosadores, balanças, estrados, escovas, etc.);
    - cestas, carrinhos, recipientes padrão Gastronorma;
    - acessórios variados.

Salão
- cristais;
- pratos;
- pratos de serviço;
- talheres dos comensais e de serviço;
- material de plástico/descartável;
- acessórios variados;
- estufas;
- bufê e *display*;
- material para as bebidas: baldes para gelo, seus suportes, etc.

Contagem e controle dos pratos antes do evento.

<>	A	B ITEM Código	C ITEM Código	D Quantidade no depósito	E Quantidade em uso	F Danos e faltas
2		51021 16	Panela alta 2M 16 inox			
3		51021 20	Panela alta 2M 20 inox			
4		51021 24	-3524 Panela alta 2M 24 inox			
5		51021 28	-3528 Panela alta 2M 28 inox			
6		51021 32	Panela alta 2M 32 inox			
7		51021 40	Panela alta 2M 40 inox			
8		51021 45	Panela alta 2M 45 inox			
9		502100750a	1007 Panela alta 2M 50 inox			
10		51031 16	Panela alta 1M 16 inox			
11		51031 20	Panela alta 1M 20 inox			
12		51031 24	Panela alta 1M 24 inox			
13		51031 28				
14		51041 40	Panela baixa 1M 40 inox			
15		51041 45	Panela baixa 1M 45 inox			
16		51001 32	Panela 2M 32 inox			
17		51001 36	Panela 2M 36 inox			
18		51001 40	Panela 2M 40 inox			
19		51051 16	Panela baixa 1M 16 inox			
20		51051 20	Panela baixa 1M 20 inox			
21		51051 24	Panela baixa 1M 24 inox			
22		51051 28	Panela baixa 1M 28 inox			
23		51011 16	Tampa 16 inox			
24		51011 20	Tampa 20 inox			
25		51011 24	Tampa 24 inox			
26		51011 28	Tampa 28 inox			
27		51011 32	Tampa 32 inox			
28		51011 40	Tampa 40 inox			
29		51011 45	Tampa 45 inox			
30		502116150a	1161 Tampa 50 inox			
31		51080 45	Assadeira retangular 2M 45 x 30 cm inox			
32		51080 50	Assadeira retangular 2M 50 x 30 cm inox			
33		51080 60	Assadeira retangular 2M 60 x 30 cm inox			
34		51150 45	1944 Assadeira retangular 45 inox			
35		50101 60	Peixeira com tampa 60 x 17 cm alumínio			
36		413070341a	070341 Conjunto *wok peking* de 6 peças, ferro fundido 36 cm			
37		502170612a	1706 Frigideira para *blinis*			
38		51440 20	Frigideira antiaderente 1M 20 inox			
39		51440 24	Frigideira antiaderente 1M 24 inox			
40		51440 28	Frigideira antiaderente 1M 28 inox			
41		51440 32	Frigideira antiaderente 1M 32 inox			
42		51130 24	Frigideira 1 M 24 inox			
43		51130 32	Frigideira 1 M 32 inox			
44		51130 36	Frigideira 1 M 36 inox			
45		502111445a	1114 Frigideira 1M 45 inox			

Esse sistema permite controlar os estoques de todo o material em uso e em depósito, evidenciando de modo eficiente os danos e as faltas para que se tenha condições de prever prontamente a reorganização, evitando-se, dessa forma, ficar desprovido de algo que será indispensável para os futuros eventos programados. Apresentamos aqui, na página à esquerda, um exemplo de um documento de *easy storage*. Esta seção em particular diz respeito às **panelas**. Para facilitar a consulta, é aconselhável elaborar uma divisão de acordo com as várias categorias (ver página 298). A adição de uma imagem torna o sistema particularmente útil, pois permite às pessoas com menos experiência identificar também os artigos usados com menos frequência e elimina a necessidade de descrições detalhadas, sem abrir mão da exatidão. O código que acompanha é geralmente o do produtor ou fornecedor e facilita a reorganização e reposição de itens que faltam ou estragaram.

Em casos particulares ou segundo o porte da atividade, este departamento pode ser designado também como responsável por todo o material que faz parte da preparação do salão no qual ocorre o evento:
– mesas para o bufê;
– mesas para os comensais, em diferentes diâmetros e medidas;
– cadeiras;
– *ombrelones*;
– lâmpadas aquecedoras para a área externa;
– placas e fogões para *living stations* (inclusive o fornecimento de gás ou de outra fonte de energia).

Como ocorre com cada sistema, a sua eficiência depende em grande parte da dedicação e da cooperação entre as várias pessoas que o empregam. É importante que o *chef* de cozinha e o responsável de salão tomem nota de todo o material necessário para o evento previsto pela leitura cuidadosa da BEO. Independentemente do porte e da importância do evento, é fundamental que o *chef* transmita ao departamento de *stewarding* tudo de que precisa para a montagem dos pratos e o serviço de todos os pratos do menu. O responsável de salão, por sua vez, deverá comunicar aquilo que é usado para a preparação das mesas ou de eventuais bufês. Enquanto, em um banquete de 4 ou 5 pratos, a sequência dos vasilhames que serão usados pode ser comunicada em poucas linhas, no caso de um bufê de mais pratos, a informação a ser passada ao responsável do *stewarding* deverá ser bem mais complexa e precisa.

Para oferecer uma ideia mais clara daquilo que pode ser útil em nível organizatório, apresentaremos, nas próximas páginas, uma ficha de *easy storage*, preparada para um bufê de 750 pessoas, na qual o *chef* teve o cuidado de indicar não somente os vasilhames necessários, mas também a pessoa diretamente responsável pela preparação dos vários alimentos, de modo que todo o material necessário seja entregue nas áreas de trabalho dos principais atores.

	A	B	C	D
1		**Legenda**		
2		Pratos frios		
3		Bandejas	**750 PESSOAS**	
4		Pratos quentes		
5		*Living station* (pátio)		
6		Sobremesa		
7				
8	**Quantidade**	**Pratos**	**Guarnição**	**Área**
9		**TIRA-GOSTO E *FINGER FOOD***		
10	200 unidades	Lagostas com crocante e açafrão	-	Campiello
11	200 unidades	Vieiras com risoto de cogumelos	-	Campiello
12	200 unidades	Bolinhas de arroz com *fondant* de tomate	-	Campiello
13	200 unidades	Sopa *vichyssoise* com bacalhau e basilicão	-	Campiello
14	200 unidades	Massa folhada de amêijoas e batatas vermelhas ao alho	-	Campiello
15	200 unidades	Profiteroles com musse de *foie gras*, gergelim e papoula	-	Campiello
16	200 unidades	Miniespetos de verduras grelhadas com azeite de açafrão	-	Campiello
17		**BUFÊ**		
18	2 presuntos	Presunto suíno ao forno	Molho de vinho tinto com alecrim e tomate seco	Salão de baile
19	130 unidades	Coração de alface com atum fresco marinado, vagens e azeitonas pretas	-	Salão de baile
20	130 unidades	Purê com tomate e lagostim	-	Salão de baile
21	130 unidades	Salada de polvo e feijão branco	-	Salão de baile
22	130 unidades	Filé de linguado com molho *saor* com pinhões e uvas-passas	-	Salão de baile
23	130 unidades	Salada de camarão e funcho crocante	-	Salão de baile

	E	F	G	H

Material operativo	Vasilhame	Descrição	Atribuir a
75 bandejas quadradas de aço para coquetéis		Minivaso transparente	Vincenzo
		Colher inox	Vincenzo
		Tigela coquetel	Vincenzo
		Tubo coquetel transparente	Vincenzo
		Tigela de vidro	Vincenzo
		Pires quadrado plástico 5 × 5 cm	Vincenzo
		Espetos plástico de 8 cm com apoio	Vincenzo
1 lâmpada fria + tábua de cortar (madeira)		Porta-molho	Antonio / Angelo
2 mesas do bufê "Valencia"		Tigela de vidro	Antonio / Angelo
		Tigela cilíndrica	Antonio / Angelo
		Tigela coquetel branco	Antonio / Angelo
		Copo old fashioned	Antonio / Angelo
		Copo old fashioned	Antonio / Angelo

<>	A	B	C	D
24	130 unidades	Salada de arroz à moda mediterrânea	-	Salão de baile
25	250 unidades	Salada de frutos do mar com julianas de aipo	-	Salão de baile
26	10 pratos fundos grandes	Seleção de verduras grelhadas e marinadas com alcaparras e azeitonas	-	Salão de baile
27	200 unidades	*Carpaccio* de atum com marinada de tomate verde	-	Salão de baile
28	20 bandejas	Queijo *burrata* e bocadinhos de queijo de búfala	-	Salão de baile
29	20 formas 1/1	Risoto com badejo e menta	-	Salão de baile
30	8 formas 1/1	Creme de abóbora com pistache	-	Salão de baile
31	20 formas redondas	*Fusilli* com frutos de mar do Adriático	-	Salão de baile
32	20 formas 1/1	Filés de garoupa gratinada com ervas, batatas com salsa	-	Salão de baile
33	20 formas redondas	Rosetas de vitela ao molho de tomate, *caponata* de verduras	-	Salão de baile
34		**SUSHI E SASHIMI**		
35	500 unidades	*Sushi*	-	Salão de baile
36	300 unidades	*Sashimi*	-	Salão de baile
37	500 unidades	*Nigiri sushi*	-	Salão de baile
38		**SOBREMESAS E SELEÇÃO DE FRUTAS FRESCAS**		
39	150 unidades	*Panna cotta* com framboesas	-	Vestíbulo
40	150 unidades	*Cheesecake* com frutinhas vermelhas	-	Vestíbulo
41	150 unidades	Musse de chocolate amargo com doce de laranja	-	Vestíbulo
42	150 unidades	*Tiramisù*	-	Vestíbulo
43	150 unidades	*Strudel* de peras e ameixas	-	Vestíbulo
44	15 unidades	Abacaxi marinado com temperos	-	Vestíbulo

E		F	G	H
2 mesas do bufê "Valencia"			Tigela transparente	Antonio / Angelo
			Prato retangular 36 × 24 cm	Antonio / Angelo
			Prato quadrado 24 × 24 cm	Antonio / Angelo
			Bandeja rasa 55 × 27 cm	Antonio / Angelo
			Prato quadrado 24 × 24 cm	Antonio / Angelo
10 estufas retangulares / 10 estufas redondas / 6 terrinas		18 formas 1/1		Antonio / Angelo
		16 formas redondas		Antonio / Angelo
10 estufas retangulares / 10 estufas redondas				Raul / Josef
				Raul / Josef
			Bandeja de bambu	*Chef* de sushi
			Bandeja *ekopalm*	*Chef* de sushi
			Bandeja de ardósia	*Chef* de sushi
6 mesas IHT			Colher *amuse bouche*	Massimo / David
			Pires de pontos altos	Massimo / David
			Flute	Massimo / David
			Copo *old fashioned*	Massimo / David
			Prato quadrado 24 × 24 cm	Massimo / David
			Prato quadrado	Massimo / David

<>	A	B	C	D
45	10 bandejas	Seleção de frutas cortadas	-	Vestíbulo
46	150 tigelas	Morangos marinados	-	Vestíbulo
47		**SORVETES E *SORBET***		
48	100 bolas	Sorvete de baunilha, chocolate, café, avelã	Cobertura de calda de framboesas, calda de chocolate	Vestíbulo
49	100 bolas	Sorvete (tipo *sorbet*) de limão, morango, melão, maracujá	Amêndoas e avelãs torradas, granulado de chocolate	Vestíbulo
50	4 xícaras	Frutas silvestres mistas	-	Vestíbulo
51		**BUFÊ DE FRUTOS DO MAR**		
52	250 unidades	Ostras	Limões a cravinho, molho de alho, vinagrete de *chalota*	Restaurante Molino
53	500 unidades	Camarões sem casca		Restaurante Molino
54	500 unidades	Lagostas sem casca		Restaurante Molino
55	200 unidades	Vieiras com marinada de pequenas verduras		Restaurante Molino
56	500 unidades	Mexilhões ao vapor		Restaurante Molino
57	350 unidades	Amêijoas ao vapor		
58		**QUEIJOS E COMPOTAS/DOCES**		
59	2 kg	*Brie, camembert*, ricota, queijo caprino, gorgonzola, parmesão, queijo de ovelha	Pão integral, pão de nozes, pão sírio com azeitonas, pãezinhos com ervas, pão com cominho, avelãs, pinhões	Restaurante Molino
60	3 kg	Queijo *stracchino*	Pão tipo baguete	Restaurante Molino
61	6 kg	Queijo *asiago*, queijo de fossa	Pão merano	Restaurante Molino
62	2 kg	Compota de tomate verde, compota de figo, compota de pera e avelã, 3 tipos de mel	-	Restaurante Molino

	E	F	G	H
	6 mesas IHT		Prato quadrado 24 × 24 cm	Massimo / David
			Copos quadrados	Massimo / David
	6 mesas IHT		Saladeira empilhável 24 cm	Massimo / David
			Saladeira empilhável 24 cm	Massimo / David
			Copos quadrados	Massimo / David
	Bufê Restaurante Molino		No gelo	Marco / Michele
			No gelo	Marco / Michele
			No gelo	Marco / Michele
			No gelo	Marco / Michele
			No gelo	Marco / Michele
			No gelo	Marco / Michele
	2 mesas do bufê		Prato quadrado de vidro Dim. externas: 29 × 29 cm Dim. internas: 16 × 16 cm	Franco / Agostino
			Prato quadrado de vidro Dim. externas: 29 × 29 cm Dim. internas: 16 × 16 cm	Franco / Agostino
			Prato quadrado de vidro Dim. externas: 29 × 29 cm Dim. internas: 16 × 16 cm	Franco / Agostino
			Tigelas quadradas 16 cm	Franco / Agostino

Limpeza e manutenção

O responsável do *stewarding*, consciente do capital considerável investido nos equipamentos, deve mantê-los limpos e em perfeita ordem. Lembramos que, para tal fim, se torna obrigatório dispensar a todos os colaboradores desse departamento um correto treinamento acerca dos produtos de limpeza, para evitar o uso impróprio dos diferentes detergentes, etc. Frequentemente, os acidentes são causados por uma diluição imprecisa ou utilização errada de produtos químicos, com uma consequente perda de tempo e dinheiro. Fazem-se necessários, portanto, um correto conhecimento e uma catalogação das fichas técnicas dos materiais de limpeza utilizados na empresa, para evitar problemas dessa espécie.

Adquirir ou alugar?

A evolução dos estilos de serviço e as inevitáveis tendências de moda na apresentação de pratos e bufês obrigam os profissionais da área de *banqueting/catering* a uma constante renovação dos pratos e dos acessórios do mobiliário (vasos, suportes, castiçais, etc.), fundamentais para preparar mesas e bufês. Os investimentos para equipar uma cozinha são consideráveis, e também a sua amortização incidirá sobre o balancete. Contudo, dificilmente se trocará um bloco de cocção, um resfriador rápido ou um forno, a não ser que este se mostre tecnologicamente superado ou inadequado para um volume de trabalho crescente. A decoração do salão (também quando o salão é móvel), por sua vez, exige constantes desembolsos que representam um elemento traiçoeiro do orçamento. Uma vez somadas as despesas, frequentemente se tem surpresa.

Assim surge, espontaneamente, a pergunta: o que é melhor, adquirir ou alugar? Não há uma resposta certa que seja a mesma para todas as empresas. As inevitáveis diferenças entre empresas que propõem uma banqueteria tradicional no seu próprio local, as que oferecem um serviço misto (prestando também atendimento fora do seu local) e as que se especializam somente em serviços externos complicam, em última análise, o discurso. Para chegar a uma resposta correta é preciso estar em condições de estabelecer com precisão quais os itens da própria oferta que geram mais lucros. É fundamental elaborar um orçamento analítico, que permita evidenciar a proporção dos lucros que derivam de equipamentos de propriedade (e que podem também ser alugados a terceiros) e dos concernentes a materiais alugados, cujo custo é repassado aos clientes. Os números serão eloquentes, mas também será necessário considerar o seu contexto: quem recorre em grande parte aos aluguéis será obrigado a aplicar preços mais altos, mas a variedade dos possíveis equipamentos poderá contribuir para atrair uma clientela mais ampla. Quem opera com equipamentos de sua propriedade poderá se orgulhar de uma política mais flexível de preços, mas deverá enfrentar também custos de depósito e manutenção.

Os fatores de análise são múltiplos, como mostra a tabela que segue:

Vantagens da locação	Vantagens da propriedade
– não exige investimentos de capital; – não há custos de manutenção; – não há custos de depósito; – acesso a uma gama mais ampla de produtos e/ou serviços, e possibilidade de adaptar-se a solicitações de equipamentos específicos; – acesso a acervos grandes, com a consequente possibilidade de prever serviços fora do próprio padrão numérico; – a responsabilidade pela pontualidade da entrega, bem como pela perfeita conservação do material entregue, passa para o locador; – maior facilidade de documentar custos reais "extras" para o cliente; – a opção de *full-service*, que inclui a lavagem, permitindo reduzir os custos do pessoal destinado a esse serviço.	– maior flexibilidade na programação dos eventos: eliminam-se todos os inconvenientes relacionados a situações de concorrência (artigos desejados já fornecidos a outros, complicações nos períodos de alta temporada, etc.); – maior possibilidade de imprimir um estilo pessoal; – maior controle sobre os horários e locais de entrega; – maior controle sobre a qualidade dos produtos e seu nível de manutenção; – possibilidade de alugar materiais e equipamentos pouco utilizados a terceiros; – maior flexibilidade em situações de alta competitividade de preços; – os preços aplicados pelas empresas locadoras em caso de faltas e danos são geralmente mais altos do que os valores de lista, porque levam em consideração a falta de entradas causada pela não locação do item durante o período de sua reposição.

Para estabelecer uma relação construtiva e duradoura com empresas que alugam equipamentos (e com colaboradores externos em geral) é essencial entender a fundo os termos de seus contratos. Não se deve passar por alto nas cláusulas que descrevem situações que parecem improváveis ou até mesmo impossíveis. Mais cedo ou mais tarde, algum evento extraordinário ocorrerá.

Focar os preços sem considerar outros detalhes pode gerar um resultado desastroso. A maior parte dos contratos prevê aluguéis de um dia, com custos adicionais para material que volta com atraso. Naturalmente há opções por períodos mais longos que, se o tempo ficar apertado, podem se revelar mais econômicas. Custos adicionais podem surgir também em outras circunstâncias: entregas em um andar que não seja o térreo, em áreas de tráfego restrito ou em horários particulares. Em geral, o material pedido, mas não utilizado, será faturado, e também os cancelamentos são sujeitos a condições especiais. Quanto mais próxima à data do evento, tanto mais alta será a diferença que se deverá pagar em caso de desistência.

O material alugado é controlado no momento da sua entrega. Faltas e danos precisam ser registrados imediatamente; caso contrário, serão atribuídos ao locatário e aparecerão na fatura. Atenção igual deve ser dedicada às embalagens: cestas e outros recipientes especiais utilizados no transporte entram nas contagens. Importante é também que o aspecto do seguro seja claro. Geralmente, quem aluga é responsável pelo material desde o momento da entrega até o momento da retirada. Ou seja, a cobertura do seguro da empresa locadora cessa no momento em que a mercadoria é dada em locação a terceiros. Neste momento deve entrar a cobertura do locatário. Os problemas surgem quando se aprofundam os detalhes. Por esse motivo, as apólices devem ser avaliadas atentamente. Enquanto é relativamente fácil estipular uma apólice para equipamentos importantes (fornos, geradores, etc.), dificilmente se encontra uma cobertura global que se estenda também a perdas e danos de objetos individuais de valores pequenos. Se desaparecerem três garfos não cobertos pelo seguro, isso não causará uma crise para a empresa. Mas se, em vez disso, ocorrerem ao longo do tempo faltas repetidas, o caso se complicará, e também piorará a relação com a empresa locadora.

Se o fornecedor deixa o lugar do evento antes da retirada do material alugado, deve se assegurar de que o material fique guardado em um lugar seguro e protegido de intempéries. Para evitar problemas, algumas empresas optam pela retirada com sua própria base operativa, mas isso implica a presença de meios de transporte adequados. Certamente pode se concordar com uma retirada no fim do evento, mas, depois de certos horários, esse tipo de serviço acarreta custos adicionais.

Em todo caso, deve-se levar em consideração o aspecto do aluguel do material, avaliando com extrema ponderação as necessidades empresariais reais e a disponibilidade ou não de fornecedores locais dessa espécie de serviço. O autor, porém, não deixa de considerar esse sistema organizatório cada vez mais desejável e vantajoso.

Da aquisição das matérias-primas ao seu preparo

Franco Luise

Banqueting & aquisições

Como já mencionado, é essencial elaborar um documento que transmita aos departamentos operativos (depósito, cozinha, serviço) todas as informações necessárias para a preparação do evento. Portanto, independentemente do porte da estrutura hoteleira, o escritório de vendas ou o diretor responsável por essas tarefas deverá prever a emissão de uma BEO. Esse importante documento permite aos chefes dos serviços diretamente envolvidos engatilhar o processo organizatório para a realização do evento vendido, analisando seu tipo, o número de *couverts* servidos, o preço de venda, a necessidade ou não de contratar funcionários temporários e as aquisições necessárias, seja de alimentos, seja de bebidas. O gráfico que segue abaixo apresenta as fases das operações das aquisições, da venda do evento e da emissão da BEO, até o recebimento e a estocagem da mercadoria necessária.

"Usar minhas market lists [listas de compras] é extremamente fácil: eu dividi todos os ingredientes que poderão chegar a ser necessários para as minhas operações em categorias principais. Em uma única folha A4 estão todas as verduras, em uma outra, as frutas, e assim também para o peixe e a carne. Completei tudo com os números de fax dos fornecedores e outras informações úteis, por exemplo, os dias de entrega e os preços de aquisição. Assim, criei um instrumento que me ajuda a não esquecer do que preciso. É um pouco como a lista de compras que minha mãe tem na porta da geladeira, para lembrar quando falta açúcar ou farinha. Não posso fazer encomendas pelo telefone: envio a folha por fax, e assim tenho um documento que comprova minha encomenda e não cria mal-entendidos para o fornecedor."
Antonio, chef *de cozinha*

O departamento envolvido nas operações de banqueteria deverá emitir uma ou mais ordens de aquisição, com base nas reais necessidades e solicitações.
Se essa operação não for feita pelo gestor da empresa (no caso de estruturas pequenas), ela precisa da autorização da gerência, sobretudo em unidades hoteleiras de grandes dimensões, em que essas tarefas são assumidas pelos próprios chefes de departamento (*chef* de cozinha, *maître* de hotel ou gerente de *banqueting*). O procedimento correto consiste em transmitir as encomendas necessárias, compilando uma *market list* regular.

O que é uma *market list*?

A *market list* é um memorando, ou seja, um lembrete, que permite efetuar as aquisições da forma mais simples e racional possível:
– pode ser criada com base nos tipos ou categorias das mercadorias (frutas, verduras, carnes, peixes, vinhos, etc.);
– dividida segundo os nomes dos fornecedores;
– frequência das encomendas.

La Toque

Encomenda

Fornecedor
Endereço

Lugar de entrega:

Tel: **Fax:**

ABC SpA
Via Garibaldi, 10
00186 Roma

Título fatura:

Centro de custo: _____   **Total IMP.:** _____

Nº código art.	Descrição	Vezes código art.	Medida	Quantidade	Preço unitário	Total
1100001L	Lagostas	9	KG	0		0
110001L	Badejos grandes 800/1000	15	KG	0		0
110002L	Lulas	27	KG	0		0
110003L	Caranguejos	32	KG	0		0
110004L	Caudas de peixe-sapo 300/500	41	KG	0		0
110005L	Mexilhões	45	KG	0		0
110006L	Polvos grandes	116	KG	0		0
110007L	Lagostas 4/7	161	KG	0		0
110008L	Camarões-cinzas	169	KG	0		0
110009L	Lulas brancas	170	KG	0		0
110010L	Linguados	185	KG	0		0
110011L	Atum	195	KG	0		0
110012L	Amêijoas *veraci*	201	KG	0		0
110016L	Camarões – cauda	82	KG	0		0
110017L	Badejo 300/400	18	KG	0		0
110018L	Badejo x 2 (600/800)	19	KG	0		0
110019L	Sargos 300/400	98	KG	0		0
110021L	Losangos	127	KG	0		0
110022L	Peixe-galo (*Zeus faber*)	210	KG	0		0
110023L	Sardinhas	151	KG	0		0
110024L	Lulas pretas	171	KG	0		0
110026L	Sargos 600/800			0		0
110027L	Lagostas – caudas	256	KG	0		0
110028L	Bodião-rei	168	KG	0		0
110029L	Camarões inteiros	84	KG	0		0
110030L	Polvos	92	KG	0		0
110035L	Sargos 800/1000	96	KG	0		0
110036L	Go	51	KG	0		0
110037L	Anchovas e sardinhas	152	KG	0		0
110040L	Peixe para sopa		KG	0		0
110041L	Tainhas	197	KG	0		0
110042L	Seríolas	37	KG	0		0
110043L	Lagostas vivas		KG	0		0
110044L	Lucernas	80	KG	0		0
110045L	Camarões-vermelhos	112	KG	0		0
110046L	Pargos	48	KG	0		0
110047L	Corvinas frescas		KG	0		0
110048L	Perca (filé)	207	KG	0		0
110049L	Garoupas frescas	39	KG	0		0
110050L	Lagostas *nostrani*	217	KG	0		0
110051L	Badejo	19	KG	0		0
110052L	Sargos 400/600	98	NR	0		0
110053L	Camarões-rosas	112	KG	0		0
110054L	Búzios	73	KG	0		0

O controle da temperatura dos alimentos no recebimento.

Nas grandes estruturas hoteleiras, o responsável pelas aquisições coordena com os chefes de departamento o processo da aquisição, fornecendo-lhes todas as indicações necessárias para realizar a operação, atualizando e comunicando os preços das mercadorias e as eventuais oscilações de mercado.

Nas estruturas de menor amplitude, essa responsabilidade é geralmente compartilhada pelos coordenadores de departamento, se não for gerenciada pelo proprietário pessoalmente. O recebimento das mercadorias e sua estocagem representam importantes momentos de controle, nos quais se deve verificar se:

– as mercadorias entregues correspondem à quantidade encomendada;
– o peso registrado na fatura condiz com o peso entregue;
– as matérias-primas são frescas e de qualidade;
– a entrega é feita nos horários estabelecidos.

Nas grandes estruturas hoteleiras, a estocagem dos alimentos perecíveis é gerenciada diretamente pelo *chef* de cozinha e seus colaboradores. Para o restante das mercadorias, a estocagem ocorre nos ambientes do depósito e em suas prateleiras. Portanto, os departamentos que precisam dessas mercadorias devem compilar uma solicitação de transferência que confirma a saída do material do depósito.

La Toque
Retirada do depósito

☐ MATERIAIS DE CONSUMO
☐ MATERIAIS MECÂNICOS
☐ ALIMENTOS
☐ BEBIDAS
☐ EQUIPAMENTOS

DEPARTAMENTO _____ CÓDIGO _____

DATA _____ Nº _____

QUANTIDADE SOLICITADA	DESCRIÇÃO DO ITEM	RESERVADO À CONTABILIDADE	CÓDIGO DO ITEM	QUANTIDADE ENTREGUE	V	UNIDADE DE MEDIDA	CUSTO UNITÁRIO	CUSTO TOTAL

TOTAL

AUTORIZAÇÃO DO CHEFE DO DEPARTAMENTO _____ ENTREGUE POR _____ RECEBIDO POR _____

"A carne, o peixe e as verduras encontram-se nas minhas câmaras; para a massa, o arroz, os temperos e muitos outros ingredientes necessários, devo compilar uma ordem de transferência interna para o depósito. Naquele momento, o depósito torna-se o meu fornecedor e o meu ponto de aquisição para tudo de que preciso e de que tenho uma quantidade mínima nas prateleiras da minha cozinha."

Agostino, sous-chef de cozinha

O mecanismo que deve ser seguido é muito simples: o departamento interessado compilará esse documento e o entregará ao depósito, se for possível, com ampla antecedência ao evento. O depósito preparará o material solicitado e o entregará em tempo hábil para as necessidades operativas.

De natureza diferente será a responsabilidade na gestão dos abastecimentos e da estocagem naqueles restaurantes e hotéis que, em razão de suas dimensões reduzidas, integram e dividem essas tarefas dentro do seu organograma. Portanto, será comum que as tarefas de gestor e de *chef* sejam cumpridas por uma única figura, capaz de gerir as múltiplas situações e operações diárias. Isso não se opõe ao fato de que uma parte dos lucros da empresa tem seu início propriamente dito na política aplicada na fase de aquisição dos alimentos.

Banqueting & food cost

O controle dos custos e da gestão das cozinhas é de fundamental importância para toda a gastronomia, sobretudo para a banqueteria daquelas estruturas receptivas cuja porcentagem de faturamento proveniente dessa forma de *business* corresponde à fatia mais conspícua das receitas. A responsabilidade do *food cost* passa pelas mãos do *chef* de cozinha, de todos os seus colaboradores, da gerência e de todas as pessoas que trabalham na venda do produto que se chama *banqueting*. Portanto, é importante que todos conheçam a fundo o produto oferecido à clientela e que saibam compartilhar todas as noções indispensáveis para poder vendê-lo da melhor maneira possível.

Ainda que uma parte do sucesso econômico provenha da capacidade do departamento de vendas, que deve saber tornar todas as relações com os clientes vantajosas, o constante monitoramento dos lucros depende da capacidade do *chef*: é ele quem deve saber calcular corretamente os custos de cada um dos menus oferecidos no *banqueting kit*, comunicá-lo ao pessoal de vendas e fornecer também eventuais margens de negociação para cada menu individual. Somente desse modo e na fase final do procedimento, quem faz as ofertas à clientela e vende o evento terá condições de saber até que ponto poderá eventualmente recuar com o preço, para obter do cliente a confirmação do evento.

Porcionamento e controle do peso.

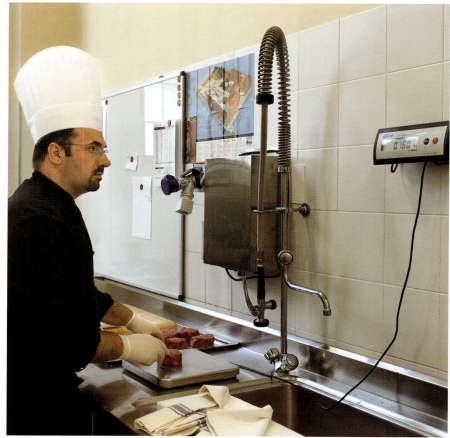

A seguir apresentamos alguns exemplos práticos de cálculo do custo dos menus, supondo que é preciso gerir um *banqueting kit* composto por menus temáticos ou menus para o bufê.

MENU À BASE DE 3 PRATOS

Manjericão 38 €
Nhoque de batatas ao pesto de manjericão e vagens
Supremo de capão recheado com queijo *scamorza* e tomate
Verduras da estação refogadas
Crème brûlée ao pistache de Bronte

Citrino 40 €
Tortelli de chicória ao toucinho do Tirol
Rosetas de vitela em molho citrino
Batatas com louro
Flã de verduras
Panna cotta com sementes de papoula e framboesa

Berinjela 42 €
Macarrão ao tomate fresco com berinjela e ricota defumada
Filés de badejo do Tirreno com batatas crocantes e alface ao azeite de anchovas
Tiramisù com crocante de *macarons* e nozes

Menta 45 €
Paccheri recheado com polpa de caranguejo
Filé de pargo com *impepata* de mexilhões
Abobrinha marinada à menta
Massa folhada com creme de baunilha e morangos e especiarias

MENU À BASE DE 4 PRATOS

Canela 60 €
Finíssima de cauda de peixe-sapo, funcho crocante e vinagrete com laranja
Arroz em manteiga com primícias da horta
Filé de linguado em ragu de frutos do mar
Abacaxi em xarope de canela com sorvete de coco

Cana 65 €
Terrina de *foie gras* com compota de cebola vermelha e laranja
Ravioli de peixe, creme de brócolis com pimentão e tomate-cereja
Filé de carne bovina ao molho de Brunello de Montalcino
Pudim de aipo nabo
Semifreddo de figos secos com cana

Flor de limão 68 €
Salada morna de camarões e alcachofras novas
Nhoque de feijão e lagostas
Lombo de vitela com pontas de aspargo branco de *Bassano*
Delícia de limão

BUFÊ BUCENTAURO

Bufê de Saladas e Pratos frios   75 €
Corações de alface com atum fresco refogado
Salada de frango com rúcula, aipo crocante e provolone
Salada de polvo e feijão-branco
Aspargo verde com molho à mimosa
Filé de linguado marinado à veneziana com pinhões e uvas-passas
Seleção de verduras grelhadas, azeite de Garda, alcaparras e azeitonas

Sopa, pasta e arroz
Creme de alcachofra à manjerona
Arroz aos frutos do mar do Adriático
Crepe de berinjela e queijo de cabra

Peixe e carne
Pargo à flor de limão e tomilho
Saltimbocca à romana em molho de Marsala
Timbale de batatas
Abobrinha com alho e salsa

O cantinho da confeitaria
Salada de frutas frescas perfumada com cascas cítricas
Bolo de chocolate à moda de Capri com amêndoas
Musse de dois chocolates
Tiramisù com cerejas amarenas
Chantili, calda de baunilha, calda de chocolate e calda de framboesas

BUFÊ CASANOVA

Bufê de saladas e pratos frios   80 €
Salada de arroz à mediterrânea
Salada de batata, salmão defumado e cebolinha
Salada grega com queijo tipo *feta* e pepinos
Salada de camarão e funcho crocante
Presunto de San Daniele com melão ou figo
Panna cotta de *foie gras*

Sopa e pasta
Pasta e feijão à veneziana
Paccheri ao sugo de perlão e tomates *confit*

Peixe e carne
Filé de peixe-galo em molho de alcaparra e pepino em conserva
Tagliata ao molho de tomate
Pilaf ao *curry*
Fondant de batata e cebola

O cantinho da confeitaria
Cheesecake com frutinhas vermelhas
Bolo de merengue
Crème caramel
Musse de chocolate branco com calda de pistache
Salada de frutas
Chantili, calda de baunilha, calda de chocolate e calda de framboesas

BUFÊ VENDRAMIN

Saladas de folha e verduras cruas   90 €
Salada romana, crespa, endívia, cenoura, tomate, funcho, pepino, rúcula,
salada mista da estação, pontas de aspargo verdes, beterraba, milho, vagem,
azeitonas e torradas, lascas de queijo parmesão, ovos à mimosa,
vinagrete de vinagre de vinho tinto, de vinagre balsâmico, com ervas finas, com
iogurte, azeite de oliva e suco de limão, Roquefort, molho francês

Bufê de salada e pratos frios
Salada de frutos do mar com julianas de aipo crocante
Polpa de caranguejo com salada de alface-de-cordeiro e filés de citrinos
Tomate-cereja e bocadinhos de queijo de búfala
Rolinhos de bresaola e queijo caprino
Vitello *tonnato*
Lagostim em gelatina de Chablis

Sopa, pasta e arroz
Creme de abóbora com pistaches
Risoto com chicória de Treviso e nozes
Fusilli frito com camarão e abobrinha

Peixes e carnes
Medalhões de pescadora com amêndoas
Brócolis com torradas e alho
Lombo de vitela com cogumelos *porcini*
Batatas ao forno

O cantinho da confeitaria
Carpaccio de abacaxi marinado com especiarias do Oriente
Profiterole ao chocolate branco
Torta de maçã com calda de caramelo
Strudel de pera e ameixa
Salada de frutas
Chantili, calda de baunilha, calda de chocolate e calda de framboesas

Para cada menu, o *chef* criará uma ficha técnica que relata os seguintes parâmetros de pesquisa:

	A	B	C	D	E	F	G	H
1	**RECEITA**			**MENU "MANJERICÃO"**				
2								
3	RECEITA	234		Nhoque de batatas ao *pesto* de manjericão e vagens				
4	*OUTLET*	*BANQUETING*		Supremo de capão recheado com queijo tipo *scamorza* e tomate				
5	PORÇÃO	10		Verduras da estação glaceadas				
6				*Crème brûlée* ao pistache de Bronte				
7	DATA	18/12/2009						
8								
9		**INGREDIENTE / PREPARAÇÃO**		**PESO LÍQUIDO GRAMAS**	**DESPER-DÍCIO %**	**PESO BRUTO GRAMAS**	**CUSTO POR KG**	**PREÇO LÍQUIDO CUSTOS**
10								
11		Nhoque de batatas		1000	0,00%	1000,00	3,40 €	3,40 €
12		*Pesto* de manjericão		500	0,00%	500,00	3,50 €	1,75 €
13		Peito de frango		1200	20,00%	1500,00	6,80 €	10,20 €
14		*Scamorza*		350	5,00%	368,42	12,00 €	4,42 €
15		Tomates *confit*		300	0,00%	300,00	6,00 €	1,80 €
16		Verduras mistas		700	15,00%	823,53	4,50 €	3,71 €
17		*Crème brûlée*						18,00 €
18		Condimentos variados, pão						5,00 €
19		**TOTAL**						48,28 €
20		CUSTO X 1 PORÇÃO						4,83 €
21		CUSTOS DIVERSOS 10%						0,48 €
22		TOTAL *FOOD COST*						5,31 €
23								
24								
25								
26								
27		*FOOD COST* % (LINHA 31:100=LINHA 22:X)						19,41€%
28		PREÇO DE VENDA AO PÚBLICO						38,00 €
29		PREÇO DE VENDA – IVA 10%						34,20 €
30		CÁLCULO DAS BEBIDAS	– 20%					6,84 €
31		VALOR FINAL SOBRE O QUAL SE CALCULA O *FOOD COST*						27,36 €
32								

Anotações (balões):

1 — inserir para quantas porções a receita é calculada

2 — lista dos ingredientes necessários para a realização do menu

3 — peso líquido utilizado mais o coeficiente de perda

4 — custo da mercadoria por kg

5 — cálculo do custo por quantidade utilizada

6 — valor acrescentado para compensar alguns desperdícios de tratamento ou pequenos ingredientes, como sal, pimenta e temperos

7 — custo final do menu por porção

8 — preço de venda ao público – IVA – porcentagem calculada para as bebidas = líquido sobre o qual se calcula o impacto de *food cost*

Notas

1. A ficha técnica é compilada calculando as doses necessárias para a preparação do menu. Na banqueteria recomenda-se partir de uma receita para no mínimo 10 porções a fim de calcular melhor o impacto de eventuais desperdícios e/ou perdas de peso na preparação. No cálculo final, o custo total da receita será dividido pelo número inserido nesta caixa, para calcular o impacto de *food cost* por porção servida.
2. Esboçar a lista de ingredientes necessários para a preparação e o acondicionamento do menu.
3. Inserir o peso líquido usado, combinando o coeficiente de perda eventualmente gerado, para obter o produto pronto para o uso. Por exemplo: no peito de frango, o *chef* terá estabelecido que, para seu tratamento, se deve prever cerca de 20% de desperdício, proveniente de pele, ossos, nervos e outros. É claro que, no momento da aquisição, o custo se refere ao produto bruto, antes de seu tratamento. Portanto, se estabelecemos um consumo líquido de 1.200 gramas de peito de frango, devemos somar esses 20% para voltar ao peso bruto real sobre o qual se calcula o custo da receita. A fórmula é: peso líquido × 100 / pela porcentagem do peso líquido utilizável do produto, obtida da ficha de tratamento (1.200 × 100 / 80) = 1.500 gramas.
4. O custo da matéria-prima, pago pelo quilo ou por outras unidades de medida.
5. Cálculo do custo para a quantidade utilizada.
6. Acrescentar ao resultado obtido 10% que possam compensar algumas perdas no tratamento ou os custos de condimentos que, por causa de seu valor baixo, não chegarão a influenciar notavelmente o custo da receita (sal, pimenta, azeite, temperos pouco custosos, etc.).
7. Custo final do menu por porção servida.
8. Para um correto cálculo da porcentagem de *food cost*, levar em consideração que, no preço de venda proposto ao público, frequentemente são incluídos o IVA e as bebidas. Nesse caso será necessário calcular esses custos e subtraí-los da fonte. No caso das bebidas, tende-se a considerar 20% nos preços de venda, um valor que deve ser acrescentado à sua venda. A estratégia de venda dos menus deverá levar em consideração o que é mais conveniente: uma venda com as bebidas incluídas ou com as bebidas excluídas e vendíveis em um pacote separado. As escolhas feitas costumam determinar fortemente o impacto da porcentagem de *food cost* e o cálculo dos respectivos custos das matérias-primas necessárias para a preparação dos menus.

Na elaboração das fichas para o "*kit* menu" de 3 ou 4 pratos, o estudo do cálculo dos custos pode ser analisado a partir da pesquisa realizada nas quantidades necessárias para preparar 10 porções do menu. No que diz respeito ao bufê, a experiência aconselha uma avaliação baseada nas necessidades objetivas para satisfazer pelo menos 50 *couverts*. A venda de um bufê é, de fato, desaconselhável para um número inferior de comensais, dado que a quantidade e a variedade de pratos oferecidos nesse tipo de serviço geralmente implicam o acondicionamento de um número maior de porções de alimentos, para permitir uma boa preparação do próprio bufê.

Ao fim dessa pesquisa, a média estimada de *food cost* para toda a oferta de menu deverá corresponder a um valor levemente inferior ao resultado registrado preventivamente no orçamento da empresa.

Suponhamos que se preveja um *food cost* médio igual a 30%, o teto máximo aconselhável para a média comparada entre os vários menus propostos deverá indicar um valor não superior a 25-26%.

<>	A	B	C	D	E	F
1	MÉDIA DE *FOOD COST*					
2	**Menu**	**Preço de venda**	**Preço de venda**	**Preço de venda**	***Food cost***	***Food cost* %**
3			**– IVA A 10%**	**– IVA A 10% –** *beverage*		
4	**MENU DE 3 PRATOS**					
5	MANJERICÃO	38,00 €	34,20 €	27,36 €	5,31 €	19,41%
6	CITRINO	40,00 €	36,00 €	28,80 €	6,50 €	22,57%
7	BERINJELA	42,00 €	37,80 €	30,24 €	8,10 €	26,79%
8	MENTA	45,00 €	40,50 €	32,40 €	9,15 €	28,24%
9	**MENU DE 4 PRATOS**					
10	CANELA	60,00 €	54,00 €	43,20 €	11,00 €	25,46%
11	CANA	65,00 €	58,50 €	46,80 €	11,80 €	25,21%
12	FLOR DE LIMÃO	68,00 €	61,20 €	48,96 €	12,20 €	24,92%
13	**BUFÊ**					
14	BUCENTAURO	70,00 €	63,00 €	50,40 €	14,90 €	29,56%
15	CASANOVA	80,00 €	72,00 €	57,60 €	16,70 €	28,99%
16	VENDRAMIN	90,00 €	81,00 €	64,80 €	18,10 €	27,93%
17						
18			Média de *food cost* (soma coluna F/número de menus)			25,91%
19			É importante considerar uma média ponderada entre as várias propostas oferecidas ao público para estabelecer o *food cost* médio, obtido da elaboração das fichas técnicas. Esse valor dá a imagem do potencial *food cost* gerado pela oferta.			
20						
21						

Além de ser monitorado pela elaboração de fichas técnicas, que podem documentar os custos dos gêneros alimentícios nos menus individuais, o controle da gestão dos custos provenientes deste importante segmento de mercado precisa também de um controle completo na área das despesas restantes.

A ficha da página seguinte apresenta um exemplo de controle das entradas e das despesas complexas relativas a uma operação de *banqueting*, levando em consideração também outros parâmetros importantes.

<>	A	B	C	D	E	F	G	H	I
		RECEITAS DIÁRIAS							
	1-07-2008	Bufê almoço	Bufê jantar	Almoço à mesa	Jantar à mesa	Coquetel	*Coffee*	Diversos	Total receitas
		RECEITAS							
1	Pratos	45			124				169
2	Receitas *food*	450,00			6448,00				6898,00
3	Receitas *beverage*	100,00			1612,00				1712,00
4	Extra *beverage*								0,00
5	Média receitas	12,22			65,00				50,95
6	Receitas F&B	550,00	0,00	0,00	8060,00	0,00	0,00	0,00	8610,00
7	– IVA	500,00	0,00	0,00	7327,27	0,00	0,00	0,00	7827,27
8	Locação de espaços	125,00			800,00				925,00
9	Audiovisuais	35,00							35,00
10	Equipamento técnico	35,00			125,00				160,00
11	Toalhas de mesa				256,00				256,00
12	Flores				357,00				357,00
13	Impressão dos menus				24,80				24,80
14	Outras receitas	195,00	0,00	0,00	1562,80	0,00	0,00	0,00	1757,80
15	– IVA	162,50	0,00	0,00	1302,33	0,00	0,00	0,00	1464,83
16	Descontos								0,00
17	Total receitas	745,00 €	0,00 €	0,00 €	9.622,80 €	0,00 €	0,00 €	0,00 €	10.367,80 €
18	– IVA	662,50 €	0,00 €	0,00 €	8.629,61 €	0,00 €	0,00 €	0,00 €	9.292,11 €
		CUSTO							
19	*Food cost*	126,00			1483,04				1.609,04
20	*Beverage cost*	24,00			607,60				631,60
21	Total *F&B cost*	150,00 €	0,00 €	0,00 €	2090,64 €	0,00 €	0,00 €	0,00 €	2.240,64 €
		SALÁRIOS							
22	Funcionários fixos	704,00			704,00				1.408,00
23	Garçons extras	176,00			528,00				704,00
24	Cozinheiros extras	254,00			254,00				508,00
25	*Stewarding* extras	56,00			112,80				168,00
26	Confeitaria extra	135,00			135,00				270,00
27	Total salários	1.325,00 €	0,00 €	0,00 €	1733,00 €	0,00 €	0,00 €	0,00 €	3.058,00 €
		OUTRAS DESPESAS							
28	Música								0,00
29	SIAE (Direitos autor.)								0,00
30	Energia				0,00 €				0,00
31	Total outras despesas	0,00 €	0,00 €	0,00 €	3823,64 €	0,00 €	0,00 €	0,00 €	0,00
32	Custos totais	1.475,00 €	0,00 €	0,00 €	5799,16 €	0,00 €	0,00 €	0,00 €	5.298,64 €
33	Lucros ou perdas	– 730,00 €	0,00 €	0,00 €		0,00 €	0,00 €	0,00 €	5.069,16 €

Notas

RECEITAS

1. Pratos servidos: número dos pratos servidos, divididos segundo os vários tipos de serviços oferecidos (bufê, menu à mesa, coquetéis, etc.).
2. Receitas *food*: são aquelas provenientes da venda dos vários banquetes. Se o preço de venda compreende também as bebidas, calcular a proporção entre a parte *food* (comida) e a parte *beverage* (bebida) (geralmente 80% para *food*, 20% para *beverage*).
3. Receitas provenientes de *beverage* (bebida).
4. Extra bebida: compreende as receitas de bebidas extras que podem derivar da venda de *drinks* ou de bebidas não incluídas na oferta inicial.
5. Média de receitas diárias: (6.898 + 1.712 / 169 pratos) = 50,95 €.
6. Receitas F&B: a soma dos itens anteriores.
7. – IVA: as receitas F&B sem o IVA (10%).
8. Locação de espaços: as receitas provenientes da locação de espaços em regime exclusivo pelo cliente.
9. Audiovisuais: receitas provenientes da locação de aparelhos audiovisuais.
10. Equipamento técnico: receitas provenientes do custo ou da locação de aparelhos técnicos especiais, como iluminação especial, serviços de tradução simultânea, DJ, etc.

11. Toalhas de mesa: receitas provenientes da locação especial de toalhas de mesa, pedida pelo cliente para o evento.
12. Flores: receitas provenientes da venda do serviço de flores e da confecção de centros de mesa especiais.
13. Impressão dos menus: receitas provenientes de uma demanda especial de impressão de menus em papel especial e com capa personalizada.
14. Outras receitas: a soma do item 8 ao item 13.
15. – IVA: outras receitas sem IVA.
16. Descontos: se determinadas tarifas com desconto se aplicam ao cliente, ou se o cliente pede um desconto motivado por uma reclamação sobre os serviços recebidos.
17. Total de receitas: soma dos itens 6 e 14, subtraído o item 16, se constar.
18. – IVA: total das receitas sem IVA.

CUSTOS

19. *Food cost:* o custo das matérias-primas utilizadas para a confecção dos pratos servidos.
20. *Beverage cost:* o custo das bebidas servidas.
21. Total *F&B cost:* soma dos itens 19 e 20.

SALÁRIOS

22. Funcionários fixos: custo dos funcionários, contratados por tempo determinado ou indeterminado, estimado para a produção, montagem e serviço dos banquetes.
23. Garçons extras: custo dos garçons adicionais empregados para o serviço.
24. Cozinheiros extras: custo dos cozinheiros adicionais empregados em apoio ao pessoal fixo de cozinha.
25. *Stewarding* extra: custo dos funcionários de *stewarding* empregados para arrumação e limpeza, em apoio ao pessoal fixo.
26. Confeitaria extra: custo dos funcionários de apoio empregados na confeitaria.
27. Total salários: soma dos itens 22-26.

OUTRAS DESPESAS

28. Música: custos referentes à utilização de conjuntos musicais ou DJ.
29. SIAE: custos referentes à SIAE (Sociedade Italiana dos Autores e Editores).
30. Energia: custos estimados para o consumo energético utilizado para as operações de *banqueting*.
31. Total de outras despesas: soma dos itens 28-30.

32. CUSTOS TOTAIS

33. LUCROS OU PERDAS

Cocção correta para evitar uma diminuição de peso excessiva.

Banqueting & menu engineering

Na banqueteria, o controle dos custos é efetuado principalmente por meio de ações diretas da parte dos segmentos envolvidos, como alimentos, bebidas e mão de obra necessária.

Por ser algo fundamental, é necessário realizar também uma análise aprofundada que mostre como alcançar o máximo de dinâmica nas vendas dos menus. É preciso avaliar cuidadosamente quais são os melhores veículos comerciais à disposição e separar as propostas mais bem vendidas e apreciadas daquelas menos profícuas para o *business* da empresa. O instrumento que permite avaliar as ofertas gastronômicas (pratos, menus) com base em seu índice de aceitação e popularidade recebeu o nome de *menu engineering* (engenharia de menu) e permite agir e corrigir a oferta mediante projeções baseadas em médias ponderadas de referência.

Assim como a *menu engineering* é considerada um importante apoio para a gestão do menu e das vendas dos pratos individuais nas operações de gastronomia à la carte, ela serve da mesma forma para avaliar os pontos fortes da oferta gastronômica proposta nas atividades de *banqueting/catering*.

A *menu engineering* baseia suas avaliações na pesquisa conforme uma estratégia apta a aumentar os lucros, dividindo as propostas em quatro áreas bem distintas:

Proposta com ótima relação entre preço de venda e oferta. Vendas altas, mas que podem melhorar nas margens de lucro.	Proposta muito bem vendida e com ótimas margens de lucro. Estrela das nossas ofertas.
Proposta de baixo preço. Vendas baixas e margens de lucro insignificantes.	Proposta com ótimas margens de lucro, mas cara para uma parte da clientela que se sente tentada a comprá-la, mas acaba desviando sua escolha para outra.

O sucesso consiste em conseguir levar, por meio de atos corretivos, a maior parte das nossas ofertas gastronômicas para a área no alto à direita, na qual se encontram as melhores propostas, seja pela sua popularidade nas vendas, seja pelas suas ótimas margens de lucro.

Já que as operações de banqueteria são a fatia de produção que, na maioria das atividades hoteleiras, exerce o impacto econômico mais importante, o controle dos custos gerados por elas deve considerar tanto os custos ligados à aquisição de alimentos e bebidas, como os ligados aos recursos humanos empregados.

O instrumento de *menu engineering*, como apresentado a seguir, avalia ofertas gastronômicas, considerando também os custos acarretados pela mão de obra necessária. Tratando-se de uma avaliação vinculada às vendas de menus, a análise não será feita considerando os pratos individuais, e sim os menus propostos no *banqueting kit*. Os dados necessários para a avaliação serão os seguintes:

– as vendas de cada menu proposto à clientela, no período levado em consideração. Sugere-se, preferencialmente, um período de três ou seis meses, para poder chegar a uma avaliação complexa e realista;

– o *food cost* de cada menu individual e o seu preço de venda ao público;

– uma distinção entre menus de alto e de baixo custo de mão de obra.

A análise deverá ser efetuada para cada uma das seções do *banqueting kit*, ou seja, para os menus de três e quatro pratos, para o bufê e assim em diante para cada um dos segmentos. De fato, cada uma das seções propõe algumas ofertas que estão em concorrência mútua, conforme a relação entre preço e oferta. Portanto, não seria possível obter uma análise verídica se levássemos em consideração todos os menus em conjunto. Os dados obtidos serão colocados numa planilha de cálculo, composta como segue.

<>	A	B	C	D	E	F	G	H	I
1	MENU ENGINEERING								
2	Período de avaliação: março de 2008				Menus servidos: 1.317				
3		1	2	3	4	5	6	7	8
4		Menu	Relação%	*Food cost*	Preço	Margem	Total margem	Receitas	Custo
5		vendidos		por menu	de venda	de lucro	de lucro	menu	mão de obra
6	MANJERICÃO	415	31,51%	5,31 €	38,00 €	28,89 €	11.989,35 €	15.770,00 €	Alto
7	CITRINO	310	23,54%	6,50 €	40,00 €	29,50 €	9.145,00 €	12.400,00 €	Baixo
8	BERINJELA	357	27,11%	8,10 €	42,00 €	29,70 €	10.602,90 €	14.994,00 €	Baixo
9	MENTA	235	17,84%	9,15 €	45,00 €	31,35 €	7.367,25 €	10.575,00 €	Alto
10									
11	Total	1317	100%				39.104,50 €	53.739,00 €	
12	Média	329,25	Prop 80/20	263,40 €			29,69 €		
13									
14	Popularidade	263,40							
15	Margem lucro	29,69 €							
16			Margem	Custo	Popularidade	Resultado			
17			de lucro	mão de obra					
18	MANJERICÃO		–	+	+	*Plough horse*			
19	CITRINO		–	–	+	*Tractor*			
20	BERINJELA		+	–	+	*Shining star*			
21	MENTA		+	+	–	*Brain teaser*			

Notas explicativas das colunas

1. Coluna que contém o número de porções servidas de cada menu.
2. Relação da porcentagem de vendas para cada menu oferecido.
3. *Food cost* por menu para cada porção servida.
4. Preço de venda.
5. Margens de lucro gerado por cada um dos menus (preço de venda – IVA – *food cost*).
6. Margens de lucro total.
7. Receitas obtidas das vendas dos menus individuais.
8. Avaliação objetiva com base no custo de mão de obra necessário para a preparação dos menus analisados.

Os resultados registrados na linha **Média** constituem as médias de referência, segundo as quais se compara o desempenho dos menus individuais analisados, obtidas da seguinte forma:

Média de popularidade: o total dos menus vendidos é dividido pelo número dos menus propostos (neste caso, temos no *banqueting kit* quatro menus de três pratos propostos à clientela).

1.317 : 4 = 329,25

Tiramos desse valor o teto da média, considerando nele somente 80%, aplicando o princípio de Pareto,[1] segundo o qual somente 20% da nossa oferta geram as vendas iguais a 80% do nosso faturamento total. Portanto, é preciso aproximar essa estimativa segundo valores mais baixos.

80% de 329,25 = 263,4

¹ **Princípio de Pareto**
Vilfredo Pareto (1848–1923) foi um dos maiores economistas italianos: encontrou um modo de representar graficamente os aspectos prioritários de um problema, ou seja, aqueles nos quais as forças se devem concentrar. Em 1897, estudando a distribuição dos lucros, Pareto demostrou que, em uma dada região, um número pequeno de pessoas possuía a maior parte da riqueza. Essa observação inspirou a chamada "lei 80/20", uma lei empírica formulada por Joseph M. Juran, mas conhecida também pelo nome de Princípio de Pareto, e que pode ser sintetizada na afirmação: a maior parte dos efeitos deve-se a um número restrito de causas (considerando números grandes). Segundo a lei 80/20 (os valores de 80% e 20% são obtidos mediante observações empíricas de numerosos fenômenos e são somente indicativos), geralmente 80% dos resultados dependem de 20% das causas. Esse princípio pode ter diversas aplicações práticas em diferentes setores, por exemplo:
Economia: 80% das riquezas estão nas mãos de 20% da população (obviamente, porém, os valores reais variam segundo os países e as épocas). Ou: 20% dos vendedores realizam 80% das vendas, e os 80% restantes dos comerciários realizam somente 20% das vendas.
Qualidade: 20% dos diversos tipos possíveis de defeitos em um processo produtivo geram 80% dos produtos que não correspondem aos padrões. Ou: 80% das reclamações provêm de 20% dos clientes.
Aplicando este princípio ao setor de gastronomia, podemos definir que são somente 20% dos menus ou pratos que geram e movimentam 80% dos clientes e faturamentos.
Disponível em http://it.wikipedia.org/wiki/Principio_di_Pareto, acessado em 24-6-2015.

² O **dodo** era um pássaro da Ilha de Maurício. Era incapaz de voar, alimentava-se de frutas e construía seu ninho na terra. Foi rapidamente extinto na segunda metade do século XVII, logo após a chegada de europeus na ilha, primeiro os portugueses e depois os holandeses.

Os menus abaixo deste valor de referência (263,4) serão os menos populares, segundo a média (-); os menus acima dele serão considerados superiores à média (+) total.

Média nas margens de lucro: é calculada sobre o total das margens de lucro (€ 39.104,50), dividido pelo número total de *couverts/menus* vendidos no período analisado (1.317).

39.104,50 €/ 1.317 = 29,69 €

Os menus que, individualmente, geram a maior parte desse valor de referência (valor obtido na coluna 5) representam os mais profícuos em termos de lucros (+); os menus abaixo figuram como os menos profícuos (-).

Agora resta apenas avaliar os menus segundo o seu custo de mão de obra real, uma avaliação que cada gestor ou *chef* de cozinha experiente pode realizar, considerando a complexidade ou não do preparo dos vários pratos. Nesse caso, atribuiremos um sinal negativo (-) aos menus considerados de baixo custo de mão de obra e um sinal positivo (+) aos menus mais elaborados e complexos.

Os menus individuais poderão ser contemplados de acordo com os seguintes parâmetros de referência:

Shining star		
Altas margens de lucros	Baixo custo de mão de obra	Alta popularidade de venda
+	–	+
Cash cow		
Altas margens de lucros	Alto custo de mão de obra	Alta popularidade de venda
+	+	+
Cuddly panda		
Altas margens de lucros	Baixo custo de mão de obra	Baixa popularidade de venda
+	–	–
Brain teaser		
Altas margens de lucros	Alto custo de mão de obra	Baixa popularidade de venda
+	+	–
Tractor		
Baixas margens de lucros	Baixo custo de mão de obra	Alta popularidade de venda
–	–	+
Plough horse		
Baixas margens de lucros	Alto custo de mão de obra	Alta popularidade de venda
–	+	+
Dog		
Baixas margens de lucros	Baixo custo de mão de obra	Baixa popularidade de venda
–	–	–
Dodo²		
Baixas margens de lucros	Alto custo de mão de obra	Baixa popularidade de venda
–	+	–

(+-+) *Shining star*: menu com altas margens de lucro, baixo custo de mão de obra e muito bem aceito pela clientela: não se pode pedir mais. São os menus que sempre são levados em consideração e não são mudados porque ganham em todos os parâmetros. Manter sua qualidade alta!

(+++) Cash cow: geram lucros, agradam a clientela, mas são trabalhosos na preparação. Avaliar se vale a pena rever a sua composição, modificando o processo de preparo de um dos pratos do menu.

(+--) Cuddly panda: menus que rendem bem, têm um baixo custo de mão de obra, mas que vendem pouco. Tentar incentivar suas vendas com promoções especiais: pode ser que sejam flexíveis, permitindo abaixar o seu preço de venda, para torná-los mais atrativos para a clientela.

(++-) Brain teaser: são um quebra-cabeça; dão ótimos lucros, mas o custo de mão de obra é alto e vendem pouco. O que fazer? Também neste caso, considerar se promoção, revisão do preço de venda ou revisão do preparo de um ou mais pratos podem modificar futuramente o resultado.

(--+) Tractor: menus que rendem pouco, mas, em compensação, vendem bem e custam pouco em termos de recursos humanos. Avaliar se é possível aumentar o seu preço de venda sem modificar a sua apreciação pela clientela.

(-++) Plough horse: menus com resultados baixos na área dos lucros, custos altos de mão de obra, mas que convencem a clientela. Podemos agir nos seguintes pontos: aumentar o seu preço de venda e rever a composição dos pratos, enxugando as operações e os custos de mão de obra.

(- - -) Dog; (-+-) Dodo: os menus que entram nestes dois parâmetros de avaliação representam na maioria das vezes somente um tapa-buraco no *banqueting kit*; não geram lucros, não vendem e, em certos casos, são até mesmo caros na mão de obra. Trata-se de menus equivocados e que não encontram apreciação da parte da clientela. Devem ser tirados do *kit* ou revistos completamente.

A importância dos preços e da comparação

Quando se adquirem grandes quantidades de produtos, é importante dinamizar os custos e saber avaliar o equilíbrio mais apropriado entre preço e qualidade. Nem sempre é tão óbvio: às vezes, pensa-se que adquirir um negócio a baixo custo é o primeiro passo rumo a maiores ganhos na revenda.

A seguir, propomos um exemplo de teste de comparação entre seis diferentes fornecedores de filé de carne. Cada um deles se apresenta com um produto diferente em termos de qualidade e origem da carne. Qual deve ser escolhido? Na fase de aquisição, o *chef* mais preparado deve, sem dúvida, avaliar o aspecto gustativo do produto, mas, sobretudo se ele opera em grandes estruturas, deve também levar em consideração a porcentagem de desperdício e o seu rendimento.

A tabela seguinte mostra que, embora partindo de um custo inferior (fornecedor 5), o teste de rendimento o torna mais caro em comparação com um produto alternativo (fornecedor 2).

<>	A	B	C	D	E	F	G	H	I
1	PREÇO COMPARADO ENTRE DIFERENTES FILÉS DE CARNE								
2		FORNECEDOR 1					FORNECEDOR 4		
3	Filé	3.000	100%	peso bruto		Filé de Angus	2.180	100%	peso bruto
4	germânico	1.200	40,00%	desperdício		irlandês	760	34,86%	desperdício
5	c/ cordão	1.800	60,00%	líquido		c/ cordão	1.420	65,14%	líquido
6		peso bruto	22,50 €	preço x kg			peso bruto	22,20 €	preço x kg
7		x 100 g líquidos		preço x 100 g			x 100 g líquido		preço x 100 g
8		166,67	3,75 €	pronto p/ uso			153,52	3,41 €	pronto p/ uso
9									
10		FORNECEDOR 2					FORNECEDOR 5		
11	Filé	2.000	100%	peso bruto		Filé de Angus	2.540	100%	peso bruto
12	argentino	600	30,00%	desperdício		irlandês	840	33,07%	desperdício
13	s/ cordão	1.000	70,00%	líquido		c/ cordão	1.700	66,93%	líquido
14		peso bruto	29,90 €	preço x kg			peso bruto	28,80 €	preço x kg
15		x 100 g líquidos		preço x 100 g			x 100 g líquido		preço x 100 g
16		142,86	4,27 €	pronto p/ uso			149,41	4,30 €	pronto p/ uso
17									
18		FORNECEDOR 3					FORNECEDOR 6		
19	Filé	2.320	100%	peso bruto		Filé	4.000	100%	peso bruto
20	irlandês	480	20,69%	desperdício		austríaco	1.700	42,50%	desperdício
21	s/ cordão	1.840	79,31%	líquido			2.300	57,50%	líquido
22		peso bruto	32,70 €	preço x kg			peso bruto	25,51 €	preço x kg
23		x 100 g líquidos		preço x 100 g			x 100 g líquido		preço x 100 g
24		126,09	4,12 €	pronto p/ uso			173,91	4,44 €	pronto p/ uso

Para ter um pouco mais de clareza acerca dessa comparação, deve-se analisar o gráfico com uma lente de ampliação:

	FORNECEDOR 1			
1 →	3.000	100%	peso bruto	← 5
2 →	1.200	40,00%	desperdício	← 6
3 →	1.800	60,00%	líquido	← 7
	peso bruto	22,50 €	preço x kg	← 8
4 →	x 100 g líquido		preço x 100 g	
	166,67	3,75 €	pronto p/ uso	← 9

Como criar uma tabela para a comparação de custo × rendimento:

Considerar os artigos que se quer comparar, neste caso, seis filés de carne provenientes de diferentes fornecedores. Agora falta apenas fazer um teste de rendimento de cada um, começando pelo primeiro filé.

Pesar o filé e inserir o peso na caixa (1): >

Este peso constitui o peso bruto, portanto, os 100% do peso inicial (5): >

Limpar o filé, tirando a pele e as partes que não servem. O total do seu peso constitui o peso de desperdício (2): >

Este peso, comparado com o peso inicial, dará a porcentagem de desperdício obtida no tratamento do filé analisado: 1.200/3.000 × 100 = 40 (6): >

Uma simples subtração, peso bruto menos os desperdícios, fornecerá o peso líquido de filé **utilizável** para o preparo (3). Outra subtração servirá para estabelecer a porcentagem de peso líquido no bruto original: 100-40 = 60% (7): >

Em poucas palavras, de um filé de 3.000 g, no exemplo acima apresentado, são obtidos 1.800 g de filé líquido, prontos para serem usados; 1.200 g constituem o desperdício que nem sempre pode ser empregado em preparações secundárias. Com esses dados à disposição é agora possível estabelecer que, certamente, 166,67 g brutos deste filé servem para poder servir, depois da limpeza, 100 g líquidos: 100 × 100 / 60 = 166,67 g (4): >

3.000	
100%	peso bruto
1.200	
40%	desperdício
60%	líquido
peso bruto	
x 100 g líquido	
166,67	

Há uma fórmula matemática muito simples para estabelecer com certeza o peso bruto necessário para gerar uma porção do peso líquido predefinido. É necessário possuir os dados acerca das porcentagens de desperdício e do peso líquido do produto analisado. Dado que o peso bruto constitui os 100% como "x" da pesquisa, deve-se aplicar uma proporção matemática, utilizando os três dados conhecidos, e estabelecer o resultado do peso bruto necessário:

100 dividido por **x** (peso bruto) = o peso líquido dividido pelo peso bruto.

"Preparo milhares de couverts *dentro do meu Centro de Congressos. Devo estar muito atento aos custos, e selecionar o melhor produto não é sempre fácil. Felizmente conheço um açougueiro que me ajuda nisso: pegamos seis filés de seis fornecedores diferentes e com diferentes preços de aquisição. Pesamos as peças no início do teste, depois calculamos qual seria a parte utilizável para produzir a partir delas belos tournedos e qual a parte de desperdício de cada uma. Algumas simples operações aritméticas nos deram os percentuais de rendimento e de desperdício. A partir disso, avaliar quanto custariam 100 gramas limpos de cada filé foi muito fácil. Eu vi qual deles me rende mais no corte e na preparação. Feita essa primeira seleção, cozinho e provo os filés que se mostraram os melhores, para avaliar sua consistência e seu sabor. E por fim faço a minha escolha!"*

Angelo, chef *de* banqueting

Traduzido para um exemplo concreto, isso significa:

$$\frac{100 \text{ g (peso líquido a ser servido)} \times 100 \text{ (porcentagem de peso bruto)}}{60 \text{ (porcentagem de peso líquido)}} = 166{,}67 \text{ g}$$

Esse é o peso bruto de filé necessário para gerar 100 g de peso líquido, pronto para uso. O filé analisado tem um preço de custo de 22,50 € por kg (8).
O custo de uma porção de 100 g líquidos será, portanto, de 3,75 € (9).
22,50 €/1000 = 0,0225 € (custo de 1 g de filé) × 166,67 = 3,75 €.

É interessante saber quais filés do mesmo tipo/fornecimento geram em média os mesmos resultados. Dessa forma, uma vez feito o teste de rendimento, esse dado pode ser considerado sempre aplicável para todos os fornecimentos futuros do mesmo tipo. Como é possível notar, na fase de comparação, seis tipos diferentes de filé de carne dão seis resultados e parâmetros diferentes. Deve-se avaliar com cuidado o que acaba sendo o melhor para a relação entre qualidade organolética, rendimento e preço. Nas grandes operações de *banqueting* é importantíssimo estabelecer minuciosamente qual é o produto mais profícuo para a empresa. Não se deve jamais considerar algo óbvio, de antemão! Usar a balança e a calculadora: o *business* gera-se também capitalizando poucos centavos em cada porção servida!

Preparação, cocção e montagem dos pratos de filé ao vinho tinto.

Preparação, cocção e/ou regeneração

"Com os meus fornos consigo fazer milagres! Posso preparar o prato principal do meu banquete para 600 pessoas, montando-o de manhã, sem estresse e com maior precisão. No momento do serviço, preparo os meus fornos, insiro os carrinhos e regenero. Finalizo colocando o molho, limpo a borda e pronto, o prato já se encontra diante do cliente. Reduzi drasticamente o tempo de serviço, algo que no passado teria sido impossível ou teria exigido um número bem maior de cozinheiros. Além de ser um chef, *sou um gerente, e para mim os custos são importantes."*
Matteo, chef *de cozinha*

A fase final e mais complexa do ciclo dos alimentos consiste na sua preparação, cocção e montagem em pratos prontos para serem servidos. Para mostrar a sua habilidade profissional, neste ponto, o *chef* de cozinha deverá combinar com harmonia e criatividade os diferentes pratos e saber gerir a sua apresentação ao cliente, considerando que a articulação dos tempos no serviço é muito importante. Em refeições à la carte, preparadas para um número limitado de *couverts* e para mesas cujos clientes chegam ao longo de certo tempo, é possível confeccionar preparações articuladas que contenham um certo nível de dificuldade executiva. No entanto, esse conceito deverá ser abandonado, na maioria das vezes, em refeições de *banqueting*, uma vez que os comensais, em número considerável, desejam comer os diversos pratos do menu ao mesmo tempo. Portanto, a gestão do pessoal e das preparações gastronômicas será estabelecida sob consideração de possibilidades realistas de:

– tipo de montagem dos pratos;
– exequibilidade e repetitividade dos pratos;
– tempos de serviço;
– tempos de montagem dos pratos;
– equipamento disponível para a gestão de um número elevado de *couverts*;
– quantidade de pessoal disponível.

Um número cada vez maior de empresas gastronômicas investe em equipamentos que permitem uma racionalização dos custos de gestão, seja acerca da perda de peso dos alimentos na cocção (modos de cocção a baixas temperaturas), seja acerca da recuperação da temperatura dos pratos preparados com antecedência. Com a ajuda de aparelhos específicos é possível otimizar a jornada de trabalho dos funcionários, aproveitando os horários de trabalho de modo profícuo e preparando com ampla antecedência os pratos que serão servidos, para depois fazer a regeneração no momento do serviço, garantindo assim uniformidade de cocção e de apresentação, bem como uma menor carga de estresse no próprio serviço.

Conseguir isso exige certamente um profundo conhecimento das capacidades e dos limites dos próprios equipamentos, bem como a realização de testes que permitem fixar orientações também para os banquetes futuros. Uma constante pesquisa e a rastreabilidade das experiências feitas constituem a base fundamental sobre a qual se constroem os sucessos futuros dos eventos organizados. A seguir, apresentamos o exemplo de uma ficha técnica que documenta os testes efetuados para preparar e finalizar um prato constituído de um filé de carne ao vinho tinto e que evidencia as várias fases de cocção e de regeneração.

FICHA TÉCNICA, COCÇÃO E REGENERAÇÃO – PRATOS DE *BANQUETING*

FILÉ DE CARNE EM MOLHO DE VINHO TINTO

> Tipo de receita

Data da prova | 10 de dezembro de 2009

PREPARO

| COCÇÃO PRELIMINAR | | SIM | X | NÃO | |

> Especificar o método de preparo: neste caso, o filé de carne foi assado em manteiga clarificada e cozido a vácuo na sequência.

cocção a vapor		
assadura na chapa e/ou grelha		X
azeite de oliva		
manteiga clarificada		X
outros	**Cocção a vácuo** **Temperatura final no coração: 54 °C**	

| REBAIXAMENTO | | SIM | X | NÃO | |

> Nesta área, são assinaladas as técnicas e os dados da recuperação da temperatura original.

REGENERAÇÃO:

temperatura do forno	80 °C
% de umidade	15%
tempo	10-12 min
temperatura da sonda no coração do filé	46 °C

NOTA:

Diretamente do frigorífico ao forno.

FINALIZAÇÃO DO PRATO:

Montar os pratos colocando todos os ingredientes frios: empada de batatas ao creme e cogumelos e filé de carne cozido, tirado do saquinho de cocção e enxuto de eventuais líquidos. Posicionar os pratos nos carrinhos específicos porta-pratos para forno, envolver com filme plástico e conservar na geladeira a 2 °C até o momento da regeneração.

NOTA:

Uma vez que os pratos quentes forem tirados do forno, cobrir com cobertura térmica e considerar o tempo de espera e levantamento da temperatura no coração do filé.

Villa La Massa, Florença
Cúpula gerencial – chef executivo Andrea Quagliarella

Situada numa localização particularmente estratégica, a pouquíssimos quilômetros do centro histórico da capital da Toscana e às margens do Arno, a Villa La Massa de Florença-Candeli é uma residência fascinante, belamente inserida na tranquilidade da *campagna* que circunda a Cidade da Arte. Este complexo elegante e refinado remonta ao século XVI, quando foi construído pela família florentina nobre Landini, famosos editores, que a elegeu como sua residência de verão por sua esplêndida localização e proximidade ao rio. No decorrer do tempo, a propriedade passou pelas mãos de diversas famílias aristocráticas italianas, russas e inglesas, até que, por volta de meados do século passado, foi transformada em um "hotel de charme". Desde então, numerosos personagens importantes provenientes do mundo inteiro a têm escolhido como destino preferido para sua estadia em Florença: destacamos, entre outros, os nomes de Clark Gable, Gregory Peck, Winston Churchill, Barbara Hutton, Elizabeth Taylor, Richard Burton e David Niven.

Um canto sugestivo do Ristorante Verrocchio.

Panorama da mansão seiscentista.

À direita, a Villa Nobile e uma parte da piscina.

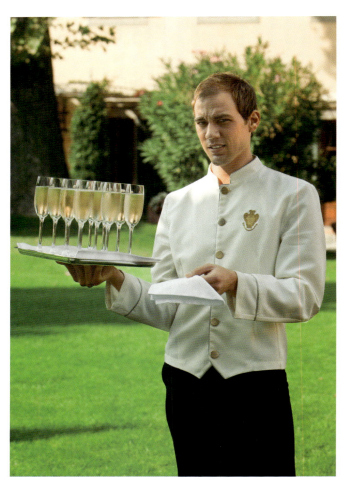

Por fim, em 1998, foi comprada pela Villa d'Este S.p.A., com a intenção de acrescentar ao fascínio do lugar e da residência a hospitalidade de alta classe que tem caracterizado a estrutura desde sempre. Depois dessa aquisição, a propriedade inteira, que ocupa um terreno de nove hectares, foi reestruturada segundo as tradições toscana e florentina. E hoje, conhecida no mundo inteiro pela qualidade do seu serviço, também graças ao *know-how* gerencial da Villa d'Este, Villa La Massa é um dos melhores hotéis da Itália, com mais de trinta quartos, entre quartos de casal, suítes, suítes júnior e uma suíte presidencial, distribuídos pelas três mansões que compõem a residência: Villa Nobile, Vecchio Mulino e Villino. Cada quarto, com vista para o parque ou para o rio, conta com os confortos modernos, mas, mesmo assim, preserva o antigo fascínio patrício e é equipado com móveis da época e tecidos elaborados segundo os tecidos florentinos históricos.

Aperitivo no jardim.

"Il Vecchio Mulino" (O Antigo Moinho) do século XV.

O rito do coquetel.

Graças também à condução atenta do diretor, Marco Montagnani, e ao profissionalismo de toda a equipe, Villa da Massa, a esplêndida mansão dos Medici, é o lugar ideal para a estada de uma clientela internacional que deseja respirar uma atmosfera de beleza luxuosa e, ao mesmo tempo, sentir o calor humano de uma residência privada. Além do grande parque, os hóspedes têm à sua disposição uma piscina ou, ainda, podem optar por visitar as proximidades locais de grande interesse botânico e artístico, aproveitando as visitas guiadas ou andar à descoberta dos tesouros florentinos fora dos circuitos mais turísticos, guiados por professores da Escola Internacional de Arte e Restauração de Florença. Dentro da residência, o serviço, realizado por um pessoal preparado para antecipar e satisfazer qualquer exigência, é impecável.

341 CÚPULA GERENCIAL

Produção de pasta fresca sob orientação do *chef* Andrea Quagliarella.

À direita, *tagliolini* frescos com verduras.

Na Villa La Massa, atenção particular é dispensada ao aspecto culinário, confiado à experiência e ao profissionalismo do *chef* executivo Andrea Quagliarella e sua equipe que, juntos, cuidam a cada instante da oferta gastronômica: desde o primeiro café da manhã – com um bufê que inclui também ovos frescos da granja do hotel e cozinhados segundo o gosto dos clientes – e o aperitivo no espaço Terrazza ou no Bar Mediceo até o jantar no Restaurante Il Verrocchio, ainda mais romântico nas noites de verão graças ao terraço. Além disso, para os hóspedes da residência são organizadas aulas de cozinha, aos cuidados do *chef*, que terminam com um almoço para experimentar as últimas criações, assim como degustações na adega do ano 1200 e visitas guiadas aos mais notáveis produtores de vinhos *Chianti*.

Preparação do *carré* de vitela.

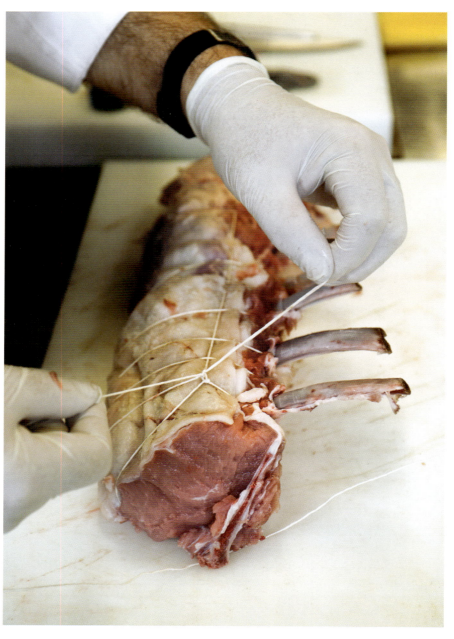

Situado na Villa Nobile, o Bar Mediceo oferece uma importante seleção de grapas, uísques, conhaques e coquetéis. Nos meses de verão está disponível o *Pool Bar*, à margem da piscina e com vista para o Arno, que garante uma excelente seleção de pratos leves para refeições informais. No Vecchio Frantoio, por sua vez, no nível do porão, a adega de Villa La Massa é o lugar ideal para degustar vinhos com queijos e frios ou para organizar almoços e jantares privativos com menus de degustação. Tudo isso é supervisionado por Andrea Quagliarella que, graças a seu profissionalismo e sua experiência, é capaz de harmonizar a tradição italiana em geral com os elementos mais típicos da tradição toscana, acrescentando também uma pitadinha das suas origens da Apúlia. "De fato, a nossa oferta gastronômica compreende pratos de cada região, algo muito apreciado, particularmente, pela clientela estrangeira", explica o *chef*.

Salada nova com peito de pombo e uva-passa tipo *sultanina*.

À esquerda, carré de vitela glaceado com *armagnac*.

A Villa, que já acolheu na sua capela privada casamentos célebres, como o de David Bowie, garante não somente um ambiente singular para celebrar casamentos, mas também um excelente lugar para jantares de gala, capazes de satisfazer a clientela mais elitista e exigente. "Cada ano hospedamos, em média, entre 40 e 50 eventos deste tipo, com cerca de 40 a 60 convidados, frequentemente a pedido de importantes casas vinícolas", conta Andrea Quagliarella. "Nessas ocasiões, entro pessoalmente em contato com o cliente, para combinarmos juntos o menu que, geralmente, é composto de quatro ou cinco pratos com escolhas entre os que representam da melhor forma a cozinha toscana e italiana." Além de um *sommelier* dedicado, os eventos privados envolvem todas as equipes de cozinha e de salão.

Cuidado com os detalhes.

À direita, *semifreddo* de limão com frutas silvestres.

Detalhes da preparação.

Banqueting & beverage

Giuseppe Vaccarini

Da aquisição ao serviço, um percurso articulado

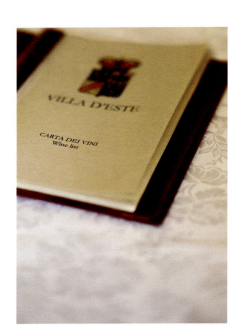

Hoje em dia, os conceitos de *banqueting* e de *catering* são muito complexos e variados e dizem respeito a situações extremamente distintas: *on-premise* (no local da empresa), ou seja, na própria estrutura (por exemplo, um hotel ou um grande complexo equipado para banquetes), *off-premise* (fora do local da empresa), ou seja, em um local alheio, por exemplo, no jardim de uma mansão rural ou nas dependências de um antigo palacete senhorial. Igualmente heterogêneas são as ocasiões para as quais são pedidos: de casamentos à inauguração de uma mostra de arte, de coletivas de imprensa a festas de formatura, etc. Nada impede, porém, que também um casal hospedado em um lugar romântico queira aproveitar esse serviço, que pode ser destinado igualmente a um número restrito de pessoas envolvidas num almoço de trabalho em alto nível. Variadas são também as fórmulas dos eventos: do banquete ao bufê, de um coquetel a uma recepção.

Portanto, para falar sobre as bebidas que serão servidas nas diversas situações e o modo como isso deverá ser feito, é necessário ter presente a natureza do serviço. Para satisfazer as mais variadas preferências dos clientes, o diretor do evento e o *sommelier* devem dedicar a sua atenção, antes de tudo, ao equilíbrio adequado entre certo grau de personalização do evento e um bom nível de serviço padrão.

Combinar vinho e comida

Dos espumantes aos vinhos de sobremesa, passando pelos brancos e tintos: a proposta dos vinhos deve ser, necessariamente, algo ampla, levando em consideração algumas peculiaridades. Por exemplo, se os menus forem predominantemente da estação e utilizarem as matérias-primas frescas disponíveis no mercado, também vai se preferir considerar a estação do ano para as bebidas, em vez de combinar os vinhos com os pratos individuais: naturalmente serão escolhidos os vinhos que são os mais indicados para os pratos, mas a escolha se orientará também nos períodos do ano. Por exemplo:
- na estação fria, para acompanhar os pratos muito calóricos, os segundos pratos à base de carnes vermelhas, os queijos bem temperados e os doces muito energéticos, a tendência será escolher vinhos tintos maduros ou envelhecidos e vinhos licorosos, com um teor alcoólico bastante elevado, encorpados e bem estruturados, servidos em temperatura ambiente;
- os pratos de verão à base de peixe, frutos do mar ou carnes brancas, por sua vez, combinam melhor com vinhos brancos, talvez espumantes e vivazes ou, segundo o gosto, com tintos jovens e vinhos doces com baixo teor alcoólico.

Ainda em relação ao aspecto da estação do ano, a proposta gastronômica pode compreender ingredientes ou pratos provenientes prevalentemente de uma determinada região: em consequência, a combinação dos vinhos pode ser efetuada segundo a tradição ou segundo o território, inspirando-se na cozinha regional protagonista do menu. A escolha dos vinhos e dos pratos pode depender também do gosto pessoal do cliente: nesses casos, compete ao *sommelier* ou ao diretor do evento saber assessorar os pedidos, propondo uma combinação de valorização, buscando assim a melhor maneira de dar destaque às características organoléticas de uma preparação gastronômica ou de um vinho, ou de ambos, de modo que se alcance uma perfeita harmonia de sabores.

Salvo raras exceções, porém, é preciso ter presente outro elemento importante: preferencialmente, neste tipo de serviço, o sabor do vinho não deve prevalecer sobre o sabor da comida. Na seleção das bebidas que combinam com os pratos, assim como na composição do menu, é necessário respeitar a regra segundo a qual os vinhos que acompanham os primeiros pratos devem ser selecionados considerando os pratos sucessivos: não se pode servir vinho tinto se o prato que segue é peixe.

TIPOS DE BEBIDAS
Os vinhos

Há séculos, o vinho acompanha a comida, criando alianças deliciosas para o paladar e, hoje mais do que nunca, é o parceiro privilegiado da cozinha. Obviamente, os gostos e os métodos em cuja base as combinações são criadas têm mudado. Além disso, a disponibilidade de vinhos é muito ampla: basta lembrar que, só na Itália, existem milhares de produtores de vinhos DOC (de Denominação de Origem Controlada) e muitíssimos vinhos IGT (de Indicação Geográfica Típica). Mais ainda, graças aos mercados abertos, hoje é possível conhecer e saborear também vinhos provenientes de lugares muito distantes, como a Austrália, Nova Zelândia, África do Sul, Califórnia, Argentina ou o Chile. Isso permitiu explorar novos horizontes também no âmbito da enogastronomia: uma escolha mais ampla de vinhos torna mais flexível e versátil sua combinação com a comida.

A carta de vinhos Cabe ao *sommelier*, em colaboração com a direção, elaborar a carta dos vinhos e das bebidas que serão apresentados ao cliente, levando em conta vários elementos, como o tipo do serviço, o da clientela, o da cozinha, a qualidade da adega e a política acerca das aquisições. A carta deve ser clara, precisa, bem-apresentada, organizada com lógica e, sobretudo, não gerar confusão. Se o serviço é para grandes grupos ou para banquetes, a carta de vinhos será apresentada ao cliente na fase de decisão e degustação. Geralmente, é mais restrita do que a carta de um restaurante e composta de certo número de etiquetas – espumantes, vinhos brancos, vinhos tintos e de sobremesa – selecionadas pelo *sommelier*, pois são destinadas a acompanhar as possíveis combinações dos menus. Para grupos pequenos ou para poucos convidados, por sua vez, os vinhos podem ser selecionados de uma carta muito mais ampla que compreende também etiquetas de preços muito mais elevados. Isso não exclui a possibilidade de o cliente solicitar também vinhos ou bebidas não elencados na carta. Nas ocasiões de banquetes ou de recepções, os comensais não encontram sobre a mesa uma carta separada das bebidas. Em vez disso, são elencadas no cardápio geralmente fornecido a cada convidado: nele, cada prato individual pode ser seguido da indicação do vinho que combina, ou as bebidas podem ser agrupadas no final. O menu à la carte contém, frequentemente, uma série de dados específicos de cada evento e é sempre impresso especialmente para ele, respeitando na escolha do tipo de papel, das fontes e das cores o estilo geral do evento. No que diz respeito aos vinhos, em cada caso devem ser elencados o nome e a denominação, a *vintage* (ano da colheita) e o produtor, enquanto, obviamente, o preço é suprimido.

Geralmente, porém, a seleção dos vinhos se orientará pelos vinhos regionais de renome. No caso da Itália é frequente encontrar espumantes e vinhos brancos provenientes do Trentino – Alto Ádige, de Friul-Veneza Júlia, de Franciacorta e do Oltrepò Pavese, enquanto os tintos provêm com frequência das adegas da Toscana, Piemonte, Marche, Úmbria e Apúlia. Para os vinhos de sobremesa, pode-se dar um giro por ilhas como a Sicília e a Sardenha ou pelo Vale de Aosta, sem deixar de considerar as etiquetas mais importantes da grande tradição francesa, sempre muito solicitadas.

As motivações que favorecem a escolha desses vinhos são de naturezas diferentes e tendem a privilegiar alguns aspectos que consideram, antes de tudo, uma contenção de gastos, utilizando principalmente os vinhos da produção local que, no entanto, garantam uma excelente combinação gastronômica. Contudo, no caso dos eventos comemorativos mais refinados, um aspecto será oferecer aos convidados vinhos

O termo **resíduo fixo** (RF) corresponde à quantidade de sais que sobram depois da evaporação completa, a 180 °C, de um litro de água. Com base no resíduo fixo, as águas minerais são classificadas em:
Águas minimamente mineralizadas (RF < 50 mg/l);
Águas oligominerais ou levemente mineralizadas (50 mg/l < RF < 500 mg/l);
Águas mediamente minerais (500 mg/l < RF < 1500 mg/l);
Águas ricas em sais minerais (RF > 1500 mg/l).

Com base na quantidade do dióxido de carbono (CO_2) natural, acrescentado ou extraído, as águas minerais podem ser diferenciadas em:
Rasa, quando o CO_2 livre está presente em uma quantidade mínima e não supera os 250 mg/l;
Gazeada/espumante com CO_2 adicionado, quando o dióxido de carbono adicionado não provém da mesma camada ou jazida da qual se extrai a água.

Segundo a quantidade de CO_2 adicionado, há águas **espumantes** ou **levemente espumantes**:
Reforçada com o gás da fonte, quando o dióxido de carbono adicionado não provém da mesma camada ou jazida da qual se extrai a água;
Efervescente natural, quando jorra de uma fonte com pelo menos 250 mg/l de CO_2;
Parcial ou totalmente desgaseificada, quando o CO_2 presente na fonte é eliminado parcial ou totalmente.

A água "perfeita" deveria ter um pH próximo à neutralidade ou entre 6,5 e 7,5.[2]

[1/2] http://www.degustatoriacque.it/, acessado em 24-6-2015.

nobres e de nome de alto prestígio. Preferencialmente, o *sommelier* costumará tornar-se fiel às linhas pré-escolhidas para todo o ano e, de modo mais geral, no decorrer do tempo. Isto não significa, porém, que não deva estar também a par das tendências do mercado, tendo presente, porém, que alguns vinhos são muito solicitados enquanto estão na moda, mas depois não serão muito procurados.

As águas minerais

Junto com a escolha dos vinhos, o *sommelier* pode decidir se quer optar também por uma combinação *ad hoc* com a água mineral. De fato, está se difundindo cada vez mais a consciência de que as águas não são todas iguais. Há alguns anos tenho me dedicado a uma metodologia para a degustação e a combinação das águas minerais com os vinhos e as bebidas que são servidos à mesa e com os alimentos. Também a Associação de Degustadores de Águas Minerais (ADAM) publica um elenco das águas com notas organoléticas detalhadas e sugestões para as combinações.[1] Esse documento, várias vezes atualizado, atesta o crescente interesse naquilo que a organização definiu como a "última barreira do gosto e da análise sensorial". Trata-se de uma realidade concreta e certamente não de algo da última moda. É claro que todas as águas minerais apresentam uma porcentagem e composição de sais minerais diferentes que, juntamente com a presença do dióxido de carbono, as tornam mais ou menos adequadas para acompanhar certos tipos de pratos – e de vinhos – do que outras. Como no caso do vinho, o paladar pode ser educado a distinguir as diferenças.

Antes de tudo, é útil lembrar a definição de uma água mineral e os parâmetros técnicos de sua classificação: são definidas como *águas minerais* as águas que, tendo sua origem numa camada ou jazida subterrânea, provêm de uma ou mais fontes naturais e possuem características particulares de higiene e pureza e eventualmente propriedades favoráveis à saúde. O elemento que distingue essas águas é a pureza original, ou seja, a pureza em termos químicos e bacteriológicos. Portanto, a água mineral natural deve ser engarrafada exatamente como jorra da fonte e também não pode ser filtrada ou submetida a processos de purificação que possam modificar as características originais naturais.

A análise organolética é o melhor instrumento à disposição do *sommelier* para escolher a água que poderá ser combinada com o vinho e a comida, de modo a exaltar ao máximo o prazer da mesa.

A seguir elencaremos alguns princípios que devem ser levados em consideração para selecionar uma água que seja mais adequada e oferecê-la, durante o serviço de um banquete, em versão natural ou gaseificada, de acordo com os gostos pessoais dos comensais.

Uma água de sabor suave e delicado, fina e muito equilibrada, tipo *Levissima*, *Lora*, *Rocchetta*, *Acqua Panna*, *Evian* e *Wattwiller*, pode acompanhar:
– vinhos brancos com características organoléticas simples, frescos em acidez, suaves e com aromas fragrantes e frutuosos;
– vinhos *rosé*, se forem jovens, frescos e de corpo leve;
– vinhos brancos espumantes, doces, aromáticos, delicados e com buquês intensos;
– espumantes produzidos segundo o método *Charmat* (refermentação em autoclave);
– champanhes não milesimados, com perfumes refinados e sabor elegante;
– vinhos tintos novos, suaves, pouco tânicos.

Uma água com gás, perfeitamente equilibrada com dióxido de carbono, que oferece acidez, corpo, persistência gustativa, como *Calizzano Fonte Bauda*, *Claudia*, *San Pellegrino*, *Boario*, *Chateldon* ou *Hildon*, por sua vez, harmoniza perfeitamente com:
– vinhos brancos refinados em barris, ricos de aromas frutados, temperados e de grande estrutura;
– espumantes do método clássico e champanhes milesimados, de perfumes complexos e intensos;
– vinhos *rosé* bastante alcoólicos e bem estruturados;
– vinhos tintos jovens muito tânicos, com perfumes de notas herbáceas e de frutinhas vermelhas;
– vinhos tintos de corpo médio, refinados ou não em barris, com intensos aromas secundários e terciários;
– vinhos tintos encorpados de longo envelhecimento, de buquê amplo e complexo, que ficam redondos e suaves na boca, tânicos e de longa persistência palatal-olfativa.

Mais complexos em sua combinação são os vinhos de uvas-passas e os vinhos licorosos, pois se caracterizam por duas peculiaridades: o teor alcoólico diferente e o conteúdo de açúcares residuais, ambos mais ou menos elevados, segundo o seu tipo. Esses vinhos são particularmente ecléticos e, consumidos durante uma refeição, se adaptam a diversos tipos de água. Geralmente são as águas minerais leves e rasas que combinam melhor com os vinhos de baixo teor alcoólico e açucarados, enquanto as águas minerais espumantes proporcionam maior prazer gustativo com vinhos mais alcoólicos e de conteúdo mais consistente de açúcares residuais.

Cerveja, outras bebidas e aperitivos

As ocasiões em que é possível valer-se de um serviço de *banqueting* e *catering* são múltiplas e bastante diversificadas. Essa grande diversidade vale tanto mais para a demanda de bebidas que poderão ser combinadas com as comidas. Por exemplo, durante uma festa de estilo *country*, não poderá faltar cerveja. Já em uma convenção vegana será absolutamente indispensável pensar em bebidas orgânicas e sucos de fruta e verdura. Também em ocasiões mais clássicas, porém, o *sommelier* deve levar em conta as diversas solicitações possíveis, sobretudo se há entre os convidados muitos estrangeiros, entre os quais não faltarão, por exemplo, os apreciadores de cerveja, muito divulgada e popular também graças ao seu teor alcoólico mais baixo. Para quem a prefere, a cerveja pode substituir o vinho e acompanhar toda a refeição. Por todos esses motivos, em alguns casos, os *sommeliers* propõem pequenas cartas de cervejas artesanais, ainda que a escolha seja, de fato, vastíssima e vá das cervejas tipo *ale* às cervejas tipo *pilsner*, das de malte puro às *bitter* e das *lager* às cervejas leves com baixíssimo teor alcoólico. Em geral, costuma ser suficiente oferecer dois tipos de cerveja, uma de maior teor alcoólico e uma *light*, exceto nos casos em que a cerveja for destinada a acompanhar toda a refeição.
Além disso, o *sommelier* deve levar em consideração diversas bebidas alternativas para os clientes aos quais não agrada tomar bebidas alcoólicas, como sucos de fruta e as várias bebidas com gás (refrigerantes com sabor de laranja, Chinotto, *Coca-Cola*, refrigerantes com sabor de limão, como *Gazzosa*, etc.). Muitas ocasiões preveem também o serviço de aperitivos, oferecidos em um balcão tipo *buvette* dentro do salão de restaurante, em um salão separado ou no jardim. Em linhas gerais, eles deverão ser refrescantes, agradáveis e preparar as papilas gustativas para as comidas que seguirão. Recorre-se geralmente a espumantes ou champanhes ou a coquetéis que os usam como base, sem deixar de ter ao menos uma opção sem álcool.

À direita, coquetel *Violetta de Parma*.

Café e aguardentes

Ao fim da refeição comumente serve-se café. Em geral, trata-se de um café expresso que não só precisa ser de ótima qualidade como também deve ser servido rapidamente para que não esfrie e sofra, consequentemente, uma perda do seu perfume e sabor. Não pode faltar o café descafeinado, cada vez mais pedido. A respeito das aguardentes, a escolha poderá compreender conhaque, *brandy*, *calvados*, rum envelhecido e *armagnac*, destilados de uva, grapas brancas e envelhecidas, whisky *single malt*, *blended* e *bourbon*, servidos, segundo o tipo, de várias maneiras: puros, se forem envelhecidos, ou, se forem mais jovens, segundo a preferência do cliente com gelo ou com água gelada. Hoje em dia, vodca e *akvavit* costumam ser servidos gelados, assim como rum e tequila não envelhecidos.

No caso de grandes eventos, porém, cabe ao serviço de bar, onde trabalha o *barman*, cuidar dos digestivos, assim como dos coquetéis. Geralmente, o *barman* propõe uma determinada escolha de coquetéis *after dinner* (após o jantar) entre os mais clássicos e abastece o bar com as aguardentes necessárias, juntamente com frutas frescas, sucos de fruta, bebidas sem álcool, vermutes, *bitters*, xaropes e tudo que for necessário para preparar as bebidas e os coquetéis. Também neste caso, é necessário prever alternativas sem álcool, com coquetéis à base de fruta e bebidas com gás.

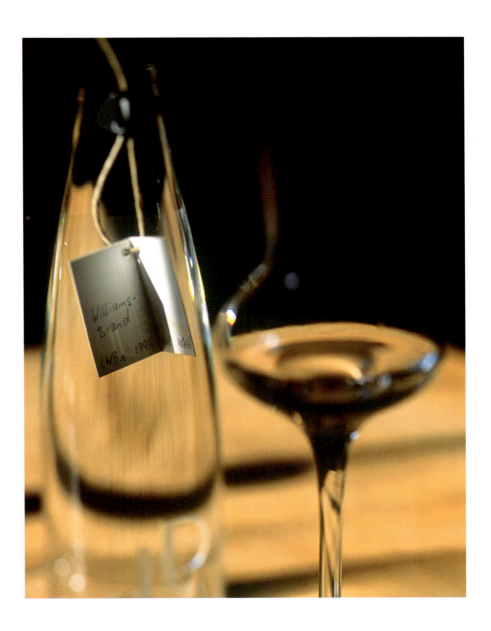

O gelo É utilizado diretamente nos coquetéis e nas bebidas não alcoólicas, mas serve também para manter algumas comidas na temperatura correta no momento da apresentação (pãezinhos com manteiga, componentes dos bufês de saladas, tábuas de ostras, etc.). Para eventos que envolvem deslocamentos, o gelo é também frequentemente empregado para resfriar as bebidas ou em situações de estocagem durante o trajeto. O cálculo da quantidade de gelo necessário para um evento depende de numerosos fatores, não só do número dos comensais: estação do ano, duração do evento, possibilidade ou não de reabastecer no local final, presença de baldes para garrafas de vinho, espumantes ou champanhes e até mesmo aspectos culturais (os norte-americanos preferem maiores quantidade de gelo nas suas bebidas).

Há poucos detalhes que contribuem tanto para provocar uma impressão negativa no convidado como a falta de gelo. Quando se esgota o gelo, corre-se o risco de pôr em perigo a qualidade e a fineza de comidas caras e delicadas (por exemplo, as ostras) e de suscitar um repentino senso de deterioração (saladas murchas, pãezinhos com manteiga derretida). E se a primeira coisa que chega ao convidado de uma recepção de verão é uma bebida morna, ele dificilmente estará muito disposto para aquilo que segue.

Certamente é melhor exagerar na dose, também porque o gelo que sobra pode ser utilizado para resfriar matérias-primas não utilizadas.

A variedade de máquinas para a produção de gelo disponível no mercado garante a empresas de todos os portes um modo adequado às suas necessidades. Na escolha, não devem ser negligenciadas a forma e as dimensões dos pedaços do gelo que é produzido: quem servirá muitos coquetéis perceberá que os cubinhos podem ser empilhados com mais facilidade, enquanto as formas redondas enchem melhor os copos. Os cubos pequenos se ajustam a uma gama mais ampla de copos, enquanto os grandes derretem menos rapidamente. Em cada caso, o gelo deve se apresentar de modo cristalino e ser preparado com água fresca e límpida, leve e com baixo teor de calcários, que se caracteriza pela ausência de cloro e de outros aditivos de odor forte que, geralmente utilizados para desinfetar as águas potáveis, acabam sendo transmitidos aos cubos de gelo e, por consequência, às bebidas, como os coquetéis, comprometendo o seu sabor final. Além disso, estando em contato direto com os líquidos ou com os alimentos que resfriam, cubos de gelo não devem jamais ser reutilizados ou transferidos de um contexto para outro.

A AQUISIÇÃO DAS BEBIDAS E O *BEVERAGE COST*

Para abordar o tema das aquisições das bebidas, é preciso fazer uma análise das necessidades, levando em conta os tipos e as quantidades dos diferentes produtos. As figuras profissionais responsáveis por essas funções são diversas, de acordo com as dimensões da empresa. Nas empresas pequenas, a tarefa cabe à direção, com a colaboração do *sommelier*. Nas grandes empresas gastronômicas, por sua vez, é o *food & beverage manager* que se ocupa dela, valendo-se da ajuda do *sommelier*.

Estruturar a adega e escolher os fornecedores

Antes de entrar no aspecto específico do serviço de *banqueting* e *catering*, é útil fornecer um panorama geral acerca da aquisição de vinhos, aguardentes e outras bebidas. Trata-se, de fato, de uma fase gerencial delicada para o *sommelier*, porque os custos elevados, sobretudo de alguns vinhos nobres e das aguardentes, significarão um considerável investimento de capitais. Por isso, as aquisições são efetuadas com base nos consumos registrados, e é importante controlar constantemente o estoque da adega.

As variáveis que podem influenciar o abastecimento da adega são muitas. Entre as principais, citamos o estudo preliminar do mercado em relação ao tipo de clientela e à capacidade de aquisição, bem como as análises das vendas e das possibilidades de estocagem necessárias para uma autêntica adega.

Igualmente importantes são os dados acerca dos tipos de menu em relação à cozinha proposta (criativa, regional, clássica, à base de peixe, de carne ou vegetariana, etc.) e do aspecto da estação do ano, que deve levar em conta o clima, propondo, por exemplo, vinhos de menor teor alcoólico nos meses de verão, e o contrário nos meses de inverno.

O abastecimento da adega pode ser dividido em três fases:
- a atualização do fichário dos potenciais fornecedores;
- a estimativa da sua confiabilidade;
- a seleção dos vinhos após as degustações de amostras.

Para ter maior certeza sobre suas escolhas, o *sommelier*, que é de qualquer maneira um degustador proficiente, pode decidir constituir uma comissão de degustação que compreenda o *chef* de cozinha, o *food & beverage manager*, o *event manager* e o *maître* de salão: cada um expressará sua respectiva avaliação dos diferentes vinhos para, depois da elaboração dos resultados totais, se ter certeza de que foi selecionado o produto melhor.

Escolher os vinhos e propô-los ao cliente

Na ocasião de eventos com um grande número de convidados, é importante que o *sommelier* selecione, antes de tudo, fornecedores aptos a garantir também quantidades elevadas de garrafas. De fato, em algumas ocasiões pode ser necessário que seja entregue um grande número de garrafas em uma só encomenda. O *banqueting kit*, elaborado pelo *chef* em colaboração com o gerente de evento, é um documento crucial para o *sommelier*. Permite conhecer de modo detalhado quais os menus que podem ser propostos à clientela, inclusive as alternativas da estação e as variantes para as dietas especiais. Ele constitui a estrutura fundamental da oferta de qualquer empresa de *banqueting* ou de *catering* e é a base que determinará grande parte das suas escolhas para a adega.

Depois de ter selecionado o menu, é de praxe que o cliente se dirija a quem organiza o evento para efetuar os testes de degustação e decidir se as opções gastronômicas propostas são satisfatórias ou se é necessário realizar algumas modificações. Dessa maneira, o cliente degusta os vinhos propostos e comunica ao *event manager* e ao *sommelier* se os considera adequados ou não.

Durante o menu de prova são propostos geralmente dois ou três vinhos brancos e o mesmo número de tintos, mas o número pode variar segundo o tipo de cliente e do evento para o qual o *banqueting* ou *catering* é previsto. Se houver um grande número de convidados, tende-se a propor vinhos não particularmente comprometedores, que possam agradar, se não a todos, pelo menos à maioria das pessoas, oferecendo ao mesmo tempo uma ótima relação entre qualidade e preço. Trata-se principalmente de vinhos com um teor alcoólico contido e com uma estrutura não muito forte, de modo que perfumes e sabores não se sobressaiam aos pratos.

Ir ao encontro das solicitações do cliente

A escolha dos vinhos e das bebidas para um evento de *banqueting/catering* é particularmente delicada: de fato, o cliente individual ou um número restrito de pessoas tomam decisões para um grupo muito mais amplo, portanto, com uma escolha baseada exclusivamente no próprio gosto pessoal e que corre o risco de ser muito restritiva ou de não levar suficientemente em conta a variedade de gostos.

Por isso, o papel e a capacidade do *sommelier* e do gerente do evento são fundamentais: cabe a eles oferecer o conselho certo que leve em consideração a maior parte dos convidados, intermediando e se esforçando para que o cliente evite, se for possível, exclusões drásticas (tipo "nada de vinhos espumantes" ou "nada de vinhos tintos"), já que o gosto de um indivíduo dificilmente encontra correspondência entre todos os participantes do evento; ou que não insista em combinações equivocadas como "espumante seco com a sobremesa", já que o bom gosto, além das regras já conhecidas e aplicadas em todas as refeições, pede que se combine a sobremesa com um vinho doce. Em alguns casos, quem organiza o evento pode tentar "impor", embora com cortesia e gentileza, uma certa combinação e até mesmo chegar a oferecer algum vinho voluntariamente, para evitar erros grosseiros. De fato, o perigo é que os convidados não atribuam o erro a quem escolheu os vinhos, e sim diretamente à entidade organizadora, o que poderá acarretar um dano considerável à imagem da empresa. Ao mesmo tempo, é preciso saber mostrar uma boa flexibilidade na satisfação das exigências personalizadas em termos de dieta, gosto e religião. De fato, não faltam os pedidos de menus inteiramente vegetarianos combinados com vinhos de produção ecológica ou de menus compostos de comida *kosher*, com os quais deve ser servido, como é óbvio, vinho igualmente *kosher*.

Como estabelecer os custos de vinho e bebidas

Também ao analisar os custos do vinho e das bebidas, é muito importante levar em consideração o tipo do evento: um coquetel ou bufê terá consumos e custos diferentes dos custos de um banquete. O consumo de vinhos e bebidas varia também segundo a idade dos convidados e a sua nacionalidade. Nos países anglo-saxões, por exemplo, calcula-se geralmente para um serviço de *banqueting/catering* destinado a um banquete clássico que o vinho incidirá no custo total de alimentos e bebidas com não mais de 20%. A situação é diferente quando são consideradas todas as bebidas servidas: o seu custo representa 30-40% do custo total do serviço.

Uma avaliação cuidadosa do custo das bebidas, baseada em uma boa gestão da adega.

O Bar Canova, Villa d'Este.

À diferença do que ocorre com os vinhos, é bastante raro que um cliente comunique solicitações específicas acerca das aguardentes e das bebidas não alcoólicas, exceto alguns coquetéis especiais ou pessoais a serem realizados com certo tipo de ingredientes. Portanto, o *sommelier* pode elaborar uma carta de aguardentes e bebidas que contenha produtos tanto de *top brand* (marcas de prestígio) como alternativas menos caras, e decidir com o cliente quais utilizar para o serviço de bar, com base em um orçamento.

Muito importante, por sua vez, é definir os custos com base na modalidade do serviço, que pode ser de quatro tipos:
– *open bar* ou bar gratuito;
– *cash bar* ou serviço com pagamento individual;
– *combination bar*, uma terceira via que combina o primeiro e o segundo tipo;
– *limited consumption bar*, uma fórmula que prevê um limite de consumo.

O *open bar* é um serviço oferecido pelo cliente aos seus convidados que dá a possibilidade de consumir todas as bebidas que eles desejarem. Em alguns casos, um patrocinador pode intervir, arcando com as despesas, ou, no caso de um produtor, colocando à disposição os seus próprios vinhos, aguardentes ou bebidas. Por exemplo, uma adega pode disponibilizar certo número de garrafas de espumante para os coquetéis oferecidos para a inauguração de uma exposição. Desse modo, ela obtém o benefício de divulgar sua imagem e de entrar em contato com uma série de potenciais clientes. Se o evento prevê, por sua vez, a presença de um *cash bar*, os convidados devem adquirir individualmente as bebidas que desejam consumir. A aquisição pode acontecer diretamente no balcão do bar ou em um caixa especificamente criado, de modo a evitar que o *barman* manuseie o dinheiro. Essa segunda opção é preferível por motivos higiênicos.

O serviço de *combination bar* possibilita que o cliente ofereça aos convidados certo número de bebidas, por exemplo, as duas primeiras, e que os convidados paguem as seguintes. É ideal para os clientes que têm um limite de orçamento, mas não desejam restringir as opções de bebidas disponíveis. A escolha da fórmula do serviço *limited consumption bar* prevê que o cliente estabeleça o limite da sua despesa: assim que o valor combinado for alcançado, o bar não pode mais servir bebidas, a não ser que os convidados estejam dispostos a pagar individualmente ou que o cliente decida destinar um valor adicional a esse serviço.

Para a contabilização do custo do serviço, o *sommelier* e o cliente têm à sua disposição diversas opções:
– custo por bebida;
– custo por garrafa;
– custo por pessoa;
– custo por horário;
– custo por horário em combinação com custo por pessoa;
– custo por *forfait*.

Se o cliente escolher o *custo por bebida*, o preço deve ser estabelecido de modo a cobrir todas as despesas do serviço. O método de pagamento pode ser duplo: os convidados pagam individualmente cada bebida consumida, como no caso do *cash bar*, ou, assim que as bebidas consumidas forem contabilizadas no fim do evento, o cliente paga o seu custo total. Se o cliente desejar reduzir o preço das bebidas para os convidados, o *sommelier*, juntamente com o gerente do evento, pode decidir manter os custos das bebidas e das aguardentes separados dos demais, como os custos com os funcionários do bar, do aluguel dos copos, do material de serviço, do eventual caixa e da locação do local. Dessa maneira, os convidados pagam somente o custo das bebidas. Para simplificar os cálculos, o *sommelier* pode propor ao cliente pagar uma quota fixa que cubra em parte o custo das bebidas. Por exemplo, se o total for de 5 euros, o cliente paga 2 euros, e a bebida custa ao convidado somente 3 euros. Outra possibilidade é aplicar um custo escalonado: o cliente paga as primeiras 500 bebidas a 4 euros cada e depois 5 euros para cada uma das seguintes.

Uma fórmula aplicada com grande frequência é a do *custo por garrafa*: é o método mais comum de contabilizar os custos no caso do vinho servido durante um banquete. Nesta modalidade, o *sommelier* ou o chefe do bar fará a contagem das garrafas antes e depois do serviço, para determinar quantas delas foram usadas. Algumas empresas cobram do cliente todas as garrafas abertas, também se não forem consumidas. Em alguns casos, durante uma convenção, se um cliente tiver contratado vários serviços da mesma empresa, as bebidas e as aguardentes não consumidas (e de embalagem não aberta) no primeiro evento serão servidas nas próximas ocasiões.

O *custo por pessoa* é normalmente aplicado se o cliente escolher a opção do *open bar*. Já que, nesse caso, o controle prévio do consumo é bastante reduzido, o custo por pessoa será bastante alto para garantir lucros. Pode-se incluir aí não só o consumo de vinhos e outras bebidas, mas também de comida, aperitivos, etc., servidos com elas; esse custo deve estar alinhado, obviamente, com o nível das comidas e bebidas servidas: aguardentes de primeira escolha e alimentos dispendiosos como caviar, camarão e salmão acarretarão um custo mais alto, assim como um horário prolongado para a abertura do bar.

O *custo por horário* baseia-se em parâmetros semelhantes aos do custo por pessoa, com uma diferença: aplicam-se os custos em regime de escala. Por exemplo, para um evento organizado para 150 pessoas, o cliente pagará pela primeira hora 2.500 euros e pela segunda, 2.000 euros. Já que os convidados geralmente consomem o maior número de bebidas na primeira hora, poderá se obter em todo caso uma boa margem de lucro. Esse tipo de cálculo dos custos, porém, pressupõe uma ideia exata de quantos convidados participarão do evento. Caso contrário, os consumos poderão ser muito maiores do que previsto. Portanto, a empresa de *banqueting/catering* deve exigir do cliente o fornecimento de um número máximo de participantes. Outra possibilidade é aplicar o *custo por horário* em combinação com o *custo por pessoa*, cobrando do cliente, por exemplo, 25 euros por pessoa pela primeira hora, 20 euros pela segunda, e assim por diante. Esse modo satisfaz as necessidades de um cliente que prefira receber uma quota fixa e as necessidades da empresa de *banqueting/ catering* que, assim, mantém o controle dos consumos.

Uma última opção é o *forfait*. O conceito é o mesmo do custo por pessoa, porém, neste caso, o cliente pagará um valor preestabelecido pela cobertura do serviço. O custo depende do número dos participantes do evento e do nível das bebidas e aguardentes selecionadas pelo cliente. Essa fórmula é vantajosa porque permite ao cliente saber antes do evento exatamente quanto gastará, sem temer ultrapassar seu orçamento e sem precisar esperar a contagem da consumação. Se forem servidos vinhos muito prestigiados e caros, o consumo é calculado, obviamente, de acordo com a garrafa.

O orçamento para a aquisição das bebidas

Estabelecer um orçamento para a aquisição das bebidas é particularmente útil para o *sommelier*: sua relação com a gerência será facilitada porque partirá de um documento escrito e com objetivos claros. Caso o proprietário se ocupe pessoalmente das aquisições, estabelecer um orçamento para esse departamento será útil na programação econômica geral da empresa. O orçamento facilitará também as comparações entre as atividades ao longo de vários anos. É essencial realizar constantemente controles e avaliações das operações empresariais, para verificar se tudo procede segundo a programação e para que os resultados obtidos correspondam aos objetivos preestabelecidos.

Existem diversas formas de orçamento:
- o *orçamento econômico*, acerca da programação e do controle de produção e venda;
- o *orçamento dos investimentos*, relativo ao estado dos investimentos atuais e dos novos que serão iniciados durante o período sucessivo;
- o *orçamento financeiro*, para determinar e controlar, em relação aos dois anteriores, a necessidade financeira do respectivo período e as modalidades para satisfazê-la;
- o *orçamento dos abastecimentos*, que deve compreender tanto as previsões de despesas com as matérias-primas, os alimentos e as bebidas, como as despesas com a produção dos serviços, como na adega e no bar. É elaborado com base na estimativa da presença de clientes, dividida por tipo de serviço pedido (banquetes, coquetéis, jantares de trabalho, recepções de casamento, etc.), para depois estabelecer o orçamento das aquisições para a adega. Com a formulação desse orçamento parcial poderão ser determinados as quantidades e os custos das garrafas que serão servidas, levando em consideração os estoques iniciais e finais, segundo o inventário do ano anterior, além dos capitais necessárias para a gestão da área das bebidas.

Estados Unidos e Itália: diferenças de consumo

A previsão dos consumos é importante, porque dela pode depender também a escolha dos vinhos. O *sommelier* e o gerente de evento comparam o número de garrafas que serão consumidas, segundo a previsão, com o orçamento do cliente, para estabelecer em qual faixa de preço se encaixam os vinhos que poderão ser propostos na fase da definição do menu e das bebidas.

Portanto, no caso de empresas recentemente abertas, o *sommelier* deve elaborar um plano financeiro que contenha a determinação da quota de capital que será investido na aquisição dos vinhos, e no caso de empresas já ativas, a quota para a manutenção da mesma carta de vinhos, obviamente levando em conta as vendas do ano anterior. Diante da natureza sempre diferente dos serviços de *banqueting/catering*, estabelecer o orçamento com base nos eventos do ano precedente pode ser uma tarefa delicada e complexa.

Levando em consideração o evento individual, há uma série de parâmetros que ajudam a definir as aquisições. Nos países anglo-saxões, por exemplo, o consumo médio previsto para um serviço de banquete é de meia garrafa por pessoa. Ao número total, o *sommelier* acrescenta sempre 10%, para garantir qualquer consumo extra. Uma pesquisa realizada nos Estados Unidos por Joseph E. Seagram & Sons Inc. (o maior produtor de bebidas alcoólicas do país) forneceu alguns valores de referência para os consumos médios de vinho. Para um evento ou bufê de 100 pessoas, espera-se que a metade consuma cerca de três cálices de vinho. Considerando que uma garrafa de 750 ml serve cerca de cinco taças de vinho, serão necessárias ao menos 30 garrafas. A pesquisa indica também que, delas, 25 deverão ser de vinho branco e de espumante e somente cinco de vinho tinto. De fato, nos Estados Unidos, para cada duas garrafas de vinho tinto consomem-se dez de vinho branco e vinho espumante. Como valor de referência – sempre nos países anglo-saxões – considera-se que o consumo de vinho e de cerveja aumenta se os convidados são jovens, enquanto tende a diminuir se as pessoas pertencem a uma faixa de idade mais madura. Neste caso, porém, é previsto um aumento do consumo de coquetéis e de aguardentes.

Durante as festas, principalmente no Natal e em jantares de aniversário ou de formatura (que recebem maior destaque nos países anglo-saxões), as pessoas estão mais propensas a beberem consideravelmente mais do que na média, alcançando, em muitos casos, especialmente se os clientes forem mais jovens, a quantidade de uma ou até mesmo mais garrafas de vinho por pessoa. Essa medida é facilmente alcançada quando o evento prevê uma recepção demorada em que é servido vinho espumante ou champanhe.

A média de consumo de vinho é levemente diferente na Itália, onde se considera que, no âmbito de um banquete, uma garrafa serve, em média, quatro pessoas e o custo do vinho representa cerca de 10% dos custos totais.

Também para o consumo de aguardentes e outras bebidas (aqui sempre entendidas como bebidas alcoólicas tipo *drinks*) existem parâmetros de referência comumente aplicados aos serviços de coquetéis. Considera-se que cada convidado consome três bebidas, a saber, duas na primeira hora de serviço e uma na segunda. Além disso, estima-se que um homem consome duas bebidas, enquanto, no mesmo período, uma mulher não consome mais de uma e meia. No entanto, sempre é preciso levar em consideração que o tipo do evento condiciona os consumos. Por exemplo, os convidados de um banquete consumirão menos bebidas depois do final da refeição do que um grupo de pessoas convidadas para um bufê. No caso de eventos particularmente numerosos, o consumo de bebidas tende a diminuir. Num evento composto principal ou exclusivamente de homens, os consumos serão mais altos em comparação com uma ocasião equivalente com mulheres. Outro elemento a considerar é o tamanho dos copos: taças muito grandes induzem a um consumo maior.

O LUCRO LIGADO ÀS BEBIDAS

Para obter lucros é necessário saber adquirir bem, sem desperdícios, e organizar um giro rápido do estoque. A bebida é um item interessante para o lucro de uma empresa de *banqueting/catering*: de fato, enquanto a comida contribui para o lucro com cerca de 60%, no caso das bebidas, essa porcentagem pode subir até 80%.

A relação entre alimento e bebida é chamada de *mix* de alimentos e bebidas, e o faturamento gerado em conjunto é definido como uma relação de 60 × 40 ou 70 × 30. Isso significa que o custo direto da comida é de 60-70% e o das bebidas incide nos custos totais somente com 30-40%. Se acrescentarmos a esse dado o fato de que, geralmente, as bebidas geram lucros maiores, é óbvio que essa relação resulta muito interessante.

As bebidas se dividem em bebidas alcoólicas e bebidas não alcoólicas. Entre as primeiras estão os vinhos, as cervejas e as aguardentes como uísque, rum, vodca, gin e tequila. Entre as últimas temos as águas minerais, os sucos de fruta, as bebidas sem álcool e os coquetéis sem álcool.

As bebidas sem álcool, sobretudo quando se trata de coquetéis, possuem um potencial muito elevado na geração dos lucros: de fato, o consumidor percebe a importância de um coquetel com frutas como muito elevada e, considerando só o custo das frutas, a margem de lucro é muito mais alta.[3]

No mercado italiano, o custo dos vinhos para os serviços de *banqueting/catering* vai geralmente de 7 a 30 euros por garrafa e, em regra, o aumento aplicado é de 100%, sempre no caso de vinhos de fácil consumo, tomados em volumes bastante elevados. Quando se trata de vinhos muito conhecidos e comumente presentes no mercado, e dos quais se sabe facilmente o preço, pode ser difícil para o *sommelier* levar o cliente a entender a diferença entre o custo da garrafa tal como no comércio e o custo no ambiente do evento, que inclui também o serviço.

A respeito das aguardentes, o preço final para o cliente pode ser definido partindo das margens de lucro que a empresa pretende obter. Se o objetivo é obter 50%, o aumento deverá ser de 100%. Se, por exemplo, uma garrafa de uísque tem um custo de 15 euros, para chegar a uma margem de lucro de 50%, ela deverá ser vendida por 30 euros. Considerando que uma garrafa (70-75 cl) serve doze doses, o custo por coquetel será de 2,50 euros (preço que, multiplicado por 12, resulta em 30 euros).

[3] Um estudo realizado nos Estados Unidos indica o seguinte: se o preço de uma vodca Martini é de US$ 4,50 e a porcentagem de incidência sobre o custo direto do produto é de 18%, um daiquiri com morango pode ser vendido por US$ 5,50; com um custo direto de apenas 10%, a contribuição para o lucro da primeira bebida é de US$ 3,69 e da segunda, de US$ 4,95.

O "direito de rolha" Com o termo *corkage fee* designa-se o costume de levar para um evento uma ou mais garrafas de vinho ou de outras bebidas compradas em um lugar diferente, pagando à empresa de *banqueting/catering* uma taxa ou ainda uma certa soma para o serviço. Inicialmente praticado sobretudo na Califórnia, a prática do "direito de rolha" (*corkage fee*) é hoje bastante comum na Austrália e na Nova Zelândia, enquanto é ainda pouco frequente na Itália. Em inglês é também chamada de BYOB, sigla para *bring your own bottle* (traga sua própria garrafa). Certos clientes podem escolher essa opção para economizar gastos na aquisição das bebidas.

Tal possibilidade permite, além disso, a colecionadores e *connoisseurs* combinar garrafas de particular prestígio, não presentes na carta do restaurante ou da empresa escolhida, com os pratos servidos durante o almoço ou o jantar. Nesse caso, o *sommelier* optará por aplicar o "direito de rolha", geralmente calculado com base no trabalho solicitado para a gestão das bebidas trazidas pelo cliente.

As operações necessárias para gerir essas variantes podem ser múltiplas: receber as garrafas, guardá-las em ambientes adequados, levá-las a uma determinada temperatura e, em alguns casos, organizar um balcão específico para seu serviço. Quando se acrescentam os custos da disponibilização dos copos e de sua lavagem, do gelo eventualmente necessário e de todas as outras atividades para um correto serviço da bebida em questão, o "direito de rolha" será, por consequência, maior.

Como regra geral, o "direito de rolha" é calculado subtraindo o custo de aquisição de uma garrafa de um distribuidor do custo da mesma garrafa aplicado pela empresa ao cliente final. A diferença deve ser suficiente para cobrir os custos do serviço. Como alternativa costuma-se acrescentar um preço fixo para cada garrafa servida.

O uso do computador para a gestão da adega

O *sommelier* é o responsável pela adega. Portanto, deve garantir que as garrafas sejam conservadas da melhor maneira. Se as bebidas devem ser fornecidas pelo organizador do evento, cabe a ele dispensar uma atenção particular ao modo como são conservadas antes de serem servidas. Particularmente os vinhos devem ser depositados em adegas adequadas a acolhê-los, em temperatura e umidade constantes, levando em consideração que se trata de garrafas que terão um consumo bastante veloz.

As operações acima descritas e muitas outras tornam-se mais simples e rápidas quando se utiliza um computador, ferramenta que surgiu no setor da gastronomia apenas recentemente. Com o seu uso é possível registrar as encomendas e as chegadas de vinhos ou de outras bebidas com todos os dados respectivos, como o nome do vinho, do produtor, a *vintage*, o preço de aquisição, o desconto praticado pelo fornecedor e a modalidade de pagamento, as saídas e a contagem das garrafas restantes.

O computador pode dar informações rápidas também a respeito do estoque da adega, eventuais vinhos em via de esgotamento ou outros disponíveis, registrando simultaneamente as solicitações dos clientes e administrando os dados para elaborar estatísticas e previsões acerca das preferências dos consumidores.

O controle e a gestão das garrafas de vinho e de outras bebidas na adega, os inventários de todas as garrafas presentes na empresa e, sobretudo, o balanço de fim de ano podem ser realizados com programas personalizados conforme as necessidades individuais, capazes de garantir a atualização em tempo real de cada movimentação, assim como, eventualmente, analisar os custos gerados pelas garrafas vendidas e discriminar a incidência dos diferentes vinhos na determinação da soma total.

A informática é fundamental para a gestão da adega.

O cálculo das garrafas a adquirir Como calcular a quantidade de garrafas necessárias para um determinado evento? Para um banquete de 100 convidados, convém acrescentar 10%, ou seja, prevenir-se para 110 pessoas.

Considerando um consumo médio de 2,5 cálices de vinho por pessoa, deve-se adquirir vinho para 275 cálices (110 × 2,5); assim, se uma garrafa de 750 ml serve aproximadamente 5 cálices, serão necessárias 55 garrafas. Eis o cálculo para chegar a esse resultado:

- divide-se o conteúdo de uma garrafa pelo conteúdo médio de uma taça (148 ml):* desse modo, obtém-se o número de cálices que podem ser servidos: 750 ml / 148 ml = 5,07 cálices;
- divide-se o número dos cálices totais previstos para o evento pelo número de cálices servidos por uma garrafa (exemplo anterior). O resultado dará o número das garrafas necessárias: 275 cálices / 5,07 = 54,24 garrafas de 750 ml (o número é arredondado para cima, para 55).

Levando em conta um possível desperdício do conteúdo, por erro ou porque alguma garrafa azedou, convém encomendar 57 garrafas de 750 ml. De fato, é sempre melhor levar para o lugar do evento um número maior de garrafas de vinhos, aguardentes e bebidas não alcoólicas, a fim de não esgotar reservas, algo que causaria grande constrangimento e dano à imagem do evento. Alguns fornecedores, porém, entregam somente vinhos em embalagens que contêm um número específico de garrafas e não aceitam vender somente o número necessário. Nesses casos será importantíssima a capacidade do *sommelier* de gerir as relações com os fornecedores, de modo a alcançar um acordo caso o vinho excedente tenha que ser devolvido. Em regra, um distribuidor não aceitará retirar algumas poucas garrafas, mas pode estar disposto a aceitar de volta embalagens inteiras e talvez substituir as garrafas excedentes por um vinho escolhido para um dado evento com outras etiquetas comumente utilizadas pela empresa de *banqueting/catering*. Caso contrário, será necessário cobrar do cliente as embalagens excedentes, eventualmente entregando-lhe as garrafas.

Em casos extremos, a empresa de *banqueting/catering* pode decidir, segundo acordo prévio com o cliente, encomendar certo número de garrafas e, se não forem suficientes, servir um vinho diferente, evitando, dessa forma, a gestão das devoluções.

148 ml é a quantidade média servida nos Estados Unidos. De qualquer maneira, a fórmula pode ser usada também com outras quantidades.

TRANSPORTE E CONSERVAÇÃO DAS BEBIDAS E SEU EQUIPAMENTO

Não há nada mais frustrante para o *sommelier* do que perceber que as suas escolhas cuidadosas foram anuladas por um transporte malfeito, uma estocagem inapropriada ou um erro organizatório que impede que as bebidas sejam servidas na temperatura correta. As fases interessantes e recompensadoras de estudo, degustação e seleção não devem ofuscar as tarefas mais prosaicas ligadas à necessidade de fazer as garrafas chegarem às mesas de tal modo que possam oferecer o melhor de si. Enquanto a questão pode parecer estreitamente ligada ao *catering off-premise*, também dentro de uma estrutura única, as possibilidades de romper a cadeia de atenção e cuidado são múltiplas. Basta pensar, por exemplo, em caixas de vinho branco levadas da adega para a área da piscina, para um coquetel na primeira noite: se o carregador se distrair em decorrência de outra demanda ou se os funcionários do serviço estiverem temporariamente ausentes, pode ocorrer com facilidade que aquelas caixas fiquem expostas ao sol até que, finalmente, alguém cuide delas.

A organização de banquetes e o serviço de *catering* exigem certamente funcionários qualificados, que saibam atender e satisfazer com paciência às solicitações da clientela, inclusive daquela mais exigente. Para melhor assegurar a realização correta e segura dos eventos, o gerente, o *maître* responsável pelo serviço e o *sommelier* deverão cuidar dos detalhes mais ínfimos também nas fases organizatórias, tendo presentes as estruturas disponíveis dentro dos locais, sejam eles castelos ou museus, parques ou hotéis.

O transporte das bebidas

Quando o evento é organizado num local *off-premise*, é lógico que as bebidas precisam ser transportadas. Essa operação deverá ser organizada com o máximo cuidado, para que não cause danos, tanto às garrafas como a seu conteúdo. Atenção particular será dispensada ao vinho, muito delicado e precioso: as garrafas de vinho devem ser mantidas e transportadas nas mesmas condições em que foram entregues pelo produtor. O ideal é deixá-las nas caixas ou nos demais recipientes originais e na mesma posição em que chegaram à empresa de *banqueting/catering*.

Se a viagem para chegar ao destino final das garrafas for muito longa, todas as bebidas – vinho, água, etc. – deverão ser transportadas em caminhões/camionetas com câmaras de refrigeração, aptas a manterem a temperatura ideal. Além disso, deve-se ter o cuidado de levá-las ao local do evento um dia antes da data em que serão servidas, de modo que tenham tempo necessário para repousar.

A temperatura certa para a conservação dos vinhos

Chegando ao local do evento, as garrafas de vinho tinto, que será servido em temperatura ambiente, devem ser acomodadas em locais que garantam a temperatura certa. As garrafas de vinho branco e de espumantes passarão para os ambientes mais frescos. Se isso não for possível, os organizadores devem utilizar seus próprios caminhões frigoríficos tanto para o transporte como para manter as garrafas na temperatura correta no local do serviço.

Como alternativa, é possível recorrer às pequenas adegas móveis, que podem complementar o uso da adega de estocagem. Elas mantêm os vinhos na temperatura correta e são facilmente transportáveis. No mercado existem modelos com capacidades que variam do mínimo de 12 garrafas até o máximo de 200, assim como há adegas móveis que oferecem até cinco faixas de temperatura, para conservar da melhor maneira possível vinhos brancos, tintos, champanhes, espumantes e outros. As adegas móveis podem ser colocadas no salão do evento ou em um local contíguo.

Não se deve confundir as temperaturas de conservação das bebidas com as temperaturas do seu serviço. É exatamente a diferença entre as duas que merece a atenção particular do *sommelier*, que deve fazer uma análise cuidadosa da cronometragem dos eventos em que atua. Nas páginas 396-397 são apresentadas, detalhadamente, as temperaturas de serviço corretas dos vários tipos de vinhos, cervejas, destilados, aguardentes, cachaças e digestivos.

Os copos

Como escolher e utilizar os copos

Ao *sommelier* (juntamente com o *event manager*) cabe também a tarefa de selecionar os copos usados nos serviços. Para um serviço otimizado, eles devem ser de cinco tipos: um *tumbler* – copo sem haste – para a água, uma taça para vinho branco, uma taça tipo bordelês para os tintos, uma *flute* para os espumantes e uma "tulipa", isto é, uma taça mais convexa no centro e mais estreita no topo, para os vinhos de sobremesa.

Copos e cálices de cristal valorizam o serviço das bebidas.

Seguem algumas sugestões para escolher as taças ideais para os vinhos que serão servidos:

- Em linhas gerais, os vinhos brancos frescos e aromáticos desenvolvem melhor seu potencial em uma taça em forma de tulipa, apta a liberar imediatamente os perfumes neles contidos;
- Para os brancos estruturados que passaram por um período de amadurecimento no barril de madeira, a taça ideal é de dimensões maiores e muito aberta;
- Também os tintos têm necessidade de uma taça diferente, segundo o envelhecimento e a estrutura: menos bojuda para os vinhos jovens e frutados, muito ampla no cálice e com paredes alongadas para os vinhos nobres e envelhecidos, que devem conseguir rolar no cálice com facilidade para liberar seu buquê e favorecer a percepção dos aromas sutis de animais, temperos, fumo, tartufo e chocolate, típicos dos grandes vinhos que passaram por uma transformação inicial significativa dos seus componentes organoléticos;
- Para os espumantes secos e os champanhes *brut*, a taça ideal é a *flute*: graças às paredes alongadas e mais ou menos estreitas, oferece a forma ideal para liberar e permitir saborear as bolhinhas finas que caracterizam estes vinhos;
- Para os vinhos doces e os vinhos licorosos, usam-se taças um pouco menores, em forma de tulipa ou de copo alongado e estreito na borda, com um tamanho que fica entre o das taças de vinho branco e o das utilizadas para a grapa e os destilados de vinho;
- Para os vinhos aromáticos doces espumantes ou não espumantes, por sua vez, é mais indicado o uso de um copo;
- Para a cerveja usa-se geralmente um copo arredondado no centro e mais estreito na região da borda, a fim de favorecer a produção de espuma e a captação dos aromas;
- Para as aguardentes brancas, as taças são pequenas, adequadas também para digestivos e aguardentes doces derivadas de frutas ou aromatizadas com ervas;
- Para as aguardentes não envelhecidas no barril de madeira, servidas com gelo e misturadas com bebidas com gás e não alcoólicas, o ideal é o copo tipo *tumbler*, isto é, em forma cilíndrica e sem haste;
- Para as aguardentes de longo envelhecimento no barril de madeira é mais adequado o *ballon* ou "Napoleão", a saber, uma taça larga e bojuda perto da haste, ou as taças clássicas de tulipa alongadas, utilizadas para tomar conhaque e uísque.

Geralmente, uma empresa de *banqueting/catering* dispõe de diversas linhas de copos e taças, apropriadas aos vários tipos de serviços, e de louças que, por sua vez, são escolhidas segundo o estilo do evento e do local. Por exemplo, as taças muito clássicas acompanham uma *mise-en-place* concebida para uma mansão oitocentista, com talheres e bandejas de prata, enquanto taças de linha minimalista são adequadas para acompanhar talheres de aço e bandejas de vidro, em um ambiente moderno. Além disso, há os copos e as taças para o *open bar*, que possuem formas diversas, conforme o tipo de coquetel, como os vários tipos de *tumbler*, a taça para coquetéis, os copos *old fashioned*, os copos para *long drinks*, etc.

Obviamente são possíveis muitas combinações, que devem harmonizar com a decoração geral do evento – a qual, em muitos casos, é confiada aos cuidados de cenografistas profissionais que se ocupam também dos centros de mesa, das toalhas, das flores e das nuances de cores.

O transporte dos copos

Para transportar os copos da forma mais correta possível, convém usar recipientes especiais de plástico, laváveis e higienizáveis, cobrindo-os com um filme plástico para proteger o conteúdo de poeira. Os mesmos recipientes são depois utilizados para a lavagem dos copos, porque se ajustam às dimensões do lava-louças. Já que copos quebram facilmente, a organização do evento deve prever para cada serviço o envio de copos em número superior ao do número de participantes: a quantidade vai de a partir de uma caixa para pequenos grupos até o dobro do número de convidados em caso de eventos grandes.

A *mise-en-place*

A expressão francesa *mise-en-place* indica a preparação de todo o material necessário para um serviço correto. É uma importante operação que deve ser realizada antes da chegada dos clientes: de fato, se for executada com cuidado, garante um serviço fluido e harmônico. A preparação dos balcões e das mesas de serviço permite ao garçom, por exemplo, ter facilmente à disposição o material necessário para o serviço, sem precisar se afastar do seu posto. Para levar os copos até as mesas, recomenda-se o uso de uma bandeja. Também é possível levá-los na mão, mas somente na ausência dos comensais, porque se trata de uma operação ruidosa e pouco elegante. Na mesa, os copos podem ser dispostos de vários modos. Eis um exemplo clássico:

- Se forem previstos três copos, a taça para o vinho tinto fica acima da ponta da faca, em uma distância de cerca de 1 cm; o copo para a água e a taça para o vinho branco são colocados na diagonal, ou seja, um pouco acima e um pouco abaixo da taça do vinho tinto.
- A eventual *flûte* é colocada diagonalmente, acima do copo para a água.
- Se forem utilizados mais de quatro copos ou taças, os que já foram usados são retirados para deixar espaço para copos e taças limpos.

É indispensável que os copos e as taças estejam sempre perfeitamente limpos, sem resíduos de calcários ou de fiapos do pano de linho ou de algodão usado para o enxugamento e para "repassá-los" antes de iniciar o serviço. Essa última operação pode ser efetuada pelo *sommelier* ou pelos garçons.

Retirada, lavagem e arrumação

"Retirada" refere-se ao ato de recolher da mesa os copos usados pelo convidado e não mais necessários. Se o aperitivo for servido à mesa, os copos vazios são retirados antes do início da refeição ou imediatamente antes de verter o vinho. Se for servida uma entrada acompanhada de vinho branco, a respectiva taça é deixada na mesa até o serviço do vinho tinto. A taça do vinho tinto permanece sobre a mesa até o momento de servir o vinho da sobremesa, o café ou as aguardentes. O último copo a ser retirado é o para água, que deve permanecer na mesa até o convidado se levantar. Taças são colocadas ou retiradas segurando-as sempre pela haste e usando uma bandeja segurada na mão esquerda para retirá-las e colocá-las.

Assim que forem retirados das mesas, os copos ficam aos cuidados de funcionários que os lavam, se isso for previsto na organização do serviço de *banqueting/catering*. Na ausência dessas pessoas, serão os *sommeliers* e os garçons que os reorganizam nos recipientes específicos para o transporte.

À esquerda, a correta *mise-en-place* de taças e copos para vários tipos de vinho e água.

Cestas para a lavagem e a estocagem dos cristais.

A lavagem – sempre efetuada no local da empresa de *banqueting/catering* na volta do serviço – pode ser feita por meio de um lava-copo específico. No entanto, para copos e taças de cristal, que são particularmente delicados, é sempre aconselhável efetuar a lavagem à mão, com água muito quente e sem detergente, para garantir uma maior delicadeza no tratamento e para não danificar a superfície do copo. Neste caso, depois de ter depositado as taças de cabeça para baixo para escorrer em um pano de prato macio, de algodão ou de cânhamo, procede-se ao enxugamento com um pano de linho ou meio linho branco. Para evitar riscos de quebra, é recomendável segurar a taça no cálice e jamais na haste.

Se for usado o lava-louças, por sua vez, é importante garantir que os copos não se toquem. Após o ciclo de lavagem, é preciso abrir a porta imediatamente, porque a exposição prolongada às temperaturas altas e à umidade pode danificar o brilho dos cristais. Uma vez enxutos, os copos são recolocados em um local onde não ficarão impregnados de algum odor desagradável: é para isso que todos os copos e taças devem ser controlados e eventualmente repassados com um guardanapo/pano antes de serem colocados novamente na mesa. De qualquer maneira, é bom evitar colocá-los em uma superfície de cristal, porque o contato de cristal com cristal pode provocar danos. É melhor utilizar tábuas de madeira ou de materiais refratários.

As garrafas vazias

É preciso lembrar que as garrafas e latas vazias, assim como todo o material descartável, devem ser descartadas corretamente. Para eventos de *banqueting* realizados na própria estrutura, é essencial que todos os funcionários estejam previamente informados dos protocolos que a empresa estabeleceu para a disposição dos resíduos e a eventual reciclagem de materiais como vidro, plástico, papel e latas. A severidade das multas para a disposição não correta pode variar de um lugar para outro e também ao longo do tempo, em decorrência de possíveis mudanças de diretrizes administrativas, mas não são esses os fatores que devem orientar uma empresa séria na escolha de seu programa. No caso de eventos *off-premise*, a questão torna-se mais delicada. Quem deposita resíduos fora das lixeiras (mesmo cheias) ou ignora a separação correta dos materiais recicláveis pode ser responsabilizado também a distância. É bom lembrar que o logotipo ou qualquer outra possibilidade de identificação, na forma de guardanapos de papel, copos de plástico personalizados, cardápios ou pequenos acessórios que acabam no lixo fornece às autoridades locais os elementos necessários para aplicar à sede da empresa as devidas multas pela disposição não correta dos resíduos. Certamente não é o melhor cartão de visita para uma empresa que pretende repetir o serviço.

Os resíduos devem ser imediatamente separados e afastados, antes de tudo por motivos de higiene. Além disso, acumulá-los até o momento em que possam ser dispostos de modo ordenado é certamente antiestético. E, finalmente, preservar recursos naturais por meio de programas de reciclagem significa também controlar os custos, uma prática que nenhum empresário circunspecto pode se permitir ignorar.

Os acessórios para o serviço

O *sommelier* deve ter à sua disposição alguns instrumentos específicos que lhe permitem enfatizar algumas fases do serviço, sobretudo quando são efetuados *caterings* em casas privadas e para um número restrito de convidados. Estão entre eles:
– a taça de degustação;
– o saca-rolhas;
– o cesto porta-garrafa;
– as jarras para verter as bebidas;
– os baldes para resfriar os vinhos brancos e os espumantes.

Acessórios para o serviço do vinho.

Durante um serviço de *banqueting/catering* com grande número de comensais, o *sommelier* geralmente não utiliza esses instrumentos diante do cliente, como ocorre em um restaurante, exceto no caso de eventos para pequenos grupos, nos quais é possível desenvolver todos os serviços na mesa, se assim for pedido.

No caso de banquetes, como já vimos, as garrafas são desarrolhadas antes de serem colocadas nas mesas de serviço. O mesmo se aplica aos serviços com bufê, em que os vinhos são dispostos em mesas ou ilhas específicas: cabe sempre ao *sommelier* verificar o "estado de conservação e saúde" de todas as garrafas desarrolhadas, para não servir vinho de garrafas estragadas (sabor e odor da rolha, de mofo, etc.). A ferramenta absolutamente indispensável é o saca-rolhas, disponível em diversos modelos. O mais difundido e utilizado, com alavanca única, é constituído de uma espiral metálica dotada de um cabinho no qual está encaixada uma pequena faca para cortar a cápsula em torno do gargalo da garrafa.

Também os baldes são muito úteis para conservar, à temperatura certa e por toda a duração do serviço, os vinhos brancos, os espumantes e os vinhos *rosé*. Segundo o estilo do equipamento e o nível do evento, podem ser de aço, de alumínio ou de prata; são colocados em um prato de sobremesa com guardanapo de papel e enchidos de água e cubos de gelo. Não são jamais colocados nas mesas dos comensais, e sim em suportes específicos, localizados em pontos estratégicos para o serviço e, de qualquer maneira, não muito distantes das mesas. Em certas ocasiões são utilizadas *glacettes* isotérmicas que podem também ser colocadas diretamente na mesa.

O serviço das bebidas Um bom serviço de salão é de fundamental importância para o sucesso de um evento e para a plena satisfação do cliente. Desde o momento da acolhida até a saída dos convidados, o serviço deve se caracterizar pela hospitalidade, cordialidade e o máximo de atenção e cuidado com os detalhes. É por isso que, em uma empresa eficiente de *banqueting/catering*, todo o pessoal que compõe a equipe de salão deve ser constituído por profissionais (entre eles o *sommelier*) que operam dentro de uma organização hierárquica com um chefe responsável e de acordo com o modelo de figuras profissionais de máxima confiabilidade e competência.

O papel do *sommelier*

Também no mundo do *banqueting/catering*, o *sommelier* é uma figura de grande profissionalismo e experiência: além de gerir a adega e a aquisição das bebidas, como já destacamos, deve ter condições de aconselhar as melhores combinações entre comida e vinho, bem como atuar corretamente ao servir as bebidas nas mesas dos comensais. Aos garçons, por sua vez, cabe organizar e preparar o salão e as mesas, cuidando de sua funcionalidade e estética. Na ausência de um *sommelier*, eles deverão se ocupar também diretamente do serviço das bebidas. A sua tarefa principal é, entretanto, desenvolver um serviço correto dos alimentos, em interação com todos os outros profissionais envolvidos, em particular com o *maître* quando o *sommelier* não está presente, para receber as instruções necessárias relativas ao serviço.

O próprio *sommelier*, embora possua uma autonomia bastante elevada, deve se empenhar para alcançar os objetivos gerais estabelecidos pela gerência empresarial e trabalhar em constante interação com outros profissionais, entre eles:

- O ***food & beverage manager***, para as ordens de aquisição; é a figura que cuida da organização, gestão e coordenação de todas as atividades vinculadas à gastronomia no âmbito dos recursos econômicos, serviços e funcionários;

Uma adega de estocagem clássica.

O *drop stop* O *drop stop* (corta-gotas) é um dispositivo de metal tratado (e que, portanto, não transmite sabores desagradáveis), muito flexível: enrolado em si mesmo de modo a formar um cilindro, a terça parte dele é inserida no gargalo da garrafa, enquanto os outros dois terços permanecem fora, formando uma espécie de bico corta-gotas. Geralmente, esse pequeno instrumento não é usado nos restaurantes, mas permite ao *sommelier* desenvolver um serviço perfeito por ocasião de concursos enológicos, bufês e banquetes, evitando que gotas de vinho caiam na mesa, manchando as toalhas. Em alguns países são muito utilizados, porque não dispõem de pessoal qualificado. Onde há *sommeliers*, geralmente se realiza o serviço das bebidas de modo tradicional e sem a utilização do corta-gotas, considerado muito útil, mas esteticamente pouco agradável.

- O *event manager*, a quem cabe a coordenação entre os departamentos de cozinha, salão, restaurante e bar, e que, além disso, é o responsável pelo serviço de fornecimento de banquetes, recepções e almoços de trabalho, em qualidade de *promoter* e produtor;
- O *maître*, o responsável por todo o salão, que ordena e dirige o serviço e mantém contato com os clientes, assegurando que tudo proceda para o melhor atendimento.

O *sommelier* e o *maître* consultam o **chef de cozinha** para a definição dos vinhos a serem propostos aos clientes, segundo os menus. Para desenvolver seu papel da melhor maneira possível, o *sommelier* deve conhecer, além das bebidas, também todas as práticas de serviço e ter uma competência técnica aprofundada da análise sensorial, bem como da enologia nacional e internacional. Além disso, deve possuir algumas qualidades atitudinais e outras características indispensáveis, entre elas:
- Sensibilidade palato-olfativa, destreza, agilidade e bom gosto estético;
- Conhecimento suficiente das principais línguas estrangeiras;
- Capacidade organizatória e gerencial, fundamental para a gestão do serviço das bebidas no salão;
- Dons comunicativos e relacionais, para poder interagir com os clientes e os funcionários;
- Atitudes adequadas para transmitir orientações e exercer um papel de liderança a fim de desenvolver a difícil tarefa de articular o pessoal de salão, inclusive o envolvimento e a atuação dos *commis*, sobretudo quando o número dos comensais for elevado.

Algumas atividades do *sommelier* não são de contato direto com os clientes e concernem à:
- Escolha e aquisição das bebidas, em função do(s) menu(s);
- Coordenação da preparação dos caminhões frigoríficos e do material necessário para o transporte e o serviço de vinhos e bebidas (copos, baldes, guardanapos, bandejas, etc.);
- Gestão do pessoal de apoio confiado a ele (*commis* e/ou garçons de vinhos), com a atribuição de tarefas a cada um deles, a definição de normas de conduta e a eventual programação dos turnos de trabalho.

A degustação: fase essencial para controlar o estado de conservação e eventuais imperfeições.

Por fim, durante o desenvolvimento de um serviço de *banqueting/catering*, o *sommelier* deve observar o fluxo de saída dos pratos da cozinha, de modo que o serviço de bebidas para as mesas tenha o máximo de sintonia e fluidez.

Os colaboradores do *sommelier*

O pessoal de salão de um restaurante é tradicionalmente chamado de **equipe (ou brigada) de salão**, expressão que compreende também os profissionais que atuam no local de um evento de *catering*. Neste caso, o *sommelier* pode dispor de um grupo de *commis*, assistentes confiáveis em ocasião de almoços e outros eventos particulares nos quais vinho e comida são protagonistas.

O "**adegueiro**", por sua vez, não está diretamente envolvido com a equipe profissional de salão, mas pode oferecer um grande apoio ao *sommelier*, trabalhando em estreito contato com ele e se ocupando particularmente da carga e descarga das bebidas no local da empresa de *catering*.

Antes do início de um evento, os eventuais *sommeliers* que compõem a equipe de serviço devem estar a postos nos horários e modos indicados pelo gerente de evento ou pelo *maître*, colocando-se à sua disposição para receber as instruções necessárias.

O distintivo da Associação Italiana de Sommeliers Profissionais (ASPI).

Antes de tudo, devem:

– tomar conhecimento do menu e dos vinhos que combinam com ele;
– verificar as corretas temperaturas de serviço de todas as bebidas;
– desarrolhar as garrafas e degustar os vinhos, para evitar servir os que apresentam o odor/sabor característico de vinhos estragados;
– prever a correta *mise-en-place* das mesas com copos, baldes, *glacette*, bandejas e tudo que for necessário.

Durante o serviço, cabe ao *sommelier* servir vinhos, água e outras eventuais bebidas, com base nas indicações recebidas, providenciar a retirada e a substituição de copos e taças, se previsto pelo protocolo de serviço, manter-se sempre à disposição dos comensais, do chefe de serviço (*maître*) e do *sommelier*-chefe, retirar os copos das mesas no fim do serviço, bem como arrumar o escritório ou outros locais utilizados para o serviço.

O uniforme O *sommelier*, salvo indicações diferentes, usa em geral um uniforme clássico, muito difundido e adotado praticamente no mundo inteiro, composto de calça preta (ou saia preta para mulheres), sapatos e meias pretas, camisa branca, gravata-borboleta preta, avental preto e jaqueta tipo *spencer* preta sem botões. No verão ou quando o evento acontece em ambientes superaquecidos, pode-se usar uma versão mais leve das mesmas peças.

O profissional deve sempre levar consigo o saca-rolhas e uma pequena toalha de serviço. O enfeite mais cobiçado do uniforme, orgulho de todo *sommelier*, é o broche afixado na lapela esquerda do *spencer*. Trata-se do símbolo da associação à qual pertence e que exibe alguns instrumentos de trabalho em miniatura, por exemplo, o *taste-vin* ou taça de degustação, o saca-rolhas ou, em alguns casos, também um cacho de uvas.

O *briefing* com os *sommeliers*, garçons e cozinheiros

Organizar o banquete ou o evento de *catering* de modo preciso, antes e durante o serviço, é uma condição essencial para o seu perfeito sucesso. A organização preliminar é a mais importante: uma vez iniciado o serviço, os ritmos de trabalho são tão velozes e intensos que dificilmente permitirão improvisar. Criar uma *checklist* cuidadosa será de grande utilidade, sobretudo para quem está ainda no início de suas experiências profissionais. No caso de serviços fora da empresa, é fundamental que a pessoa responsável pela inspeção pré-evento inclua no seu relatório as notas informativas para o *sommelier* acerca dos espaços e/ou equipamentos disponíveis para a conservação das bebidas no local do evento. Com o tempo, a verificação da *checklist* passará a ser um exercício tão automático que sua versão escrita se tornará quase supérflua. Contudo, seja ela uma lista material ou mental, sua verificação jamais pode ser negligenciada. Esse momento prevê várias fases:

– o controle do equipamento, que deve ser perfeitamente limpo e íntegro;
– a preparação das mesas e a respectiva *mise-en-place*;
– a preparação dos bufês, se previstos;
– a preparação dos bares ou dos pontos de serviço das bebidas.

Para tanto, antes do início de um serviço, cabe aos *sommeliers* ou aos garçons responsáveis pelas bebidas colocar em espaços frigoríficos os vinhos que devem ser servidos frios e as garrafas de água, desarrolhar uma parte das garrafas de vinho para acelerar o serviço (jamais, porém, os espumantes, a saber, vinhos espumantes, espumantes em geral, champanhes – que, por razões óbvias em decorrência da pressão atmosférica do CO_2, são desarrolhados imediatamente antes do serviço) e preparar tudo que for necessário para o serviço dos aperitivos, digestivos e do café.

O *briefing* pré-evento com os *sommeliers* e o pessoal de salão.

Frequentemente, banquetes envolvem uma quantidade elevada de funcionários, e cada um deve ser devidamente informado a respeito de tudo o que concerne ao serviço. Portanto, após as fases de preparação, o *maître* e o *chef* de cozinha convocam as equipes de salão e de cozinha e lhes explicam o menu do dia, o tipo de serviço solicitado para os diferentes pratos e a conduta adequada durante uma possível pausa entre um prato e outro (em caso de um eventual discurso previsto ou por outros motivos).

Em comparação com o trabalho normal em um restaurante, um banquete prevê um número maior de comensais e de garçons. Antes do início do serviço, o *maître* estabelece a posição das mesas, define o serviço dos pratos em sintonia com o *chef* e o serviço dos vinhos, articulado com o *sommelier*, e ainda organiza o eventual serviço de pratos especiais. Além disso, decide quais as mesas e os comensais que terão prioridade no serviço e informa isso a todo o pessoal. O *maître* e o *sommelier* atribuem aos garçons e seus respectivos *commis* as tarefas e verificam se seus uniformes estão em ordem.

Para facilitar o desenvolvimento do serviço, o *maître* pode elaborar um esquema no qual são elencados todos os detalhes e afixá-lo em um quadro específico ou mural. Esse instrumento é útil para ele mesmo ou para um ou mais encarregados, por exemplo, o chefe de serviço dos garçons, pois permite informar e orientar o pessoal, mas serve também para o próprio pessoal, que pode encontrar nele, de modo rápido e autônomo, respostas para dúvidas e perguntas acerca do andamento do serviço. Quando todos os comensais estiverem sentados, inicia-se, a um sinal do *maître* ou do *sommelier*, o serviço de bebidas, começando pela água e depois servindo o vinho, com base nas regras de precedência: no caso de banquetes de caráter "privado" ou informal, são servidas primeiramente as damas, os cavalheiros e os comensais sentados à mesa de homenagem e, se presentes, também os prelados.

No caso de serviços e almoços oficiais, o *sommelier* deve respeitar escrupulosamente a ordem de precedência estabelecida para a ocasião pelo Cerimonial de Estado. Os funcionários do serviço nas mesas devem retirar o mais rápido possível as taças dos clientes que não tomam vinho, para evitar que estes precisem declinar repetidas vezes a oferta de uma bebida indesejada.

Controles rigorosos na fase de desarrolhar as garrafas de vinho.

Preparação das garrafas, desarrolhamento e degustação

Nos banquetes e bufês, todas as garrafas são desarrolhadas entre uma e meia hora antes do início do evento. Para desarrolhar as garrafas corretamente, corta-se a cápsula abaixo do anel (a parte mais grossa) do gargalo, eventualmente no meio dele, mas jamais acima. Cabe depois ao *sommelier* assegurar que o vinho não apresente imperfeições, verificando a eventual presença de odores desagradáveis por meio da rolha, que pode indicar estragos, defeitos derivados da atuação de fermentos ou enzimas, causados pela oxidação ou ocasionados pela conservação da garrafa em locais de temperaturas elevadas. A capacidade de controlar com um gesto rápido o estado de saúde de uma garrafa é essencial em situações nas quais um número elevado de garrafas deve ser preparado para o serviço em um período restrito. Para isso é importante que a pessoa que realiza o controle seja um profissional preparado e treinado para utilizar os próprios sentidos como ferramentas de trabalho.

Quando há centenas de garrafas de vinho, é necessário degustar todas?

Os pareceres variam, mas o bom senso pode ajudar a encontrar uma solução. Para os vinhos com rolha de cortiça (por razões óbvias, são excluídos os vinhos com rolha de plástico, silicone ou vidro), servidos diariamente, o teste da rolha é suficiente. No entanto, para vinhos servidos com menor frequência é aconselhável verter uma porção de vinho em um copo e degustá-lo. Essa operação torna-se indispensável para um vinho de longo amadurecimento na garrafa e que pode ser bom para o nariz, mas decepcionante na boca. Seja como for, quando as garrafas a serem preparadas são tantas, uma boa regra é tirar a cápsula e extrair somente dois terços da rolha de cortiça (a rolha não deve sair do gargalo da garrafa). Apenas alguns minutos antes de iniciar o serviço, o *sommelier* tirará as rolhas, verificando com o olfato que não apresentem maus odores e, em caso de dúvida, procederá também à degustação do vinho.

A temperatura certa do serviço de bebidas

A temperatura do serviço de bebidas deve ser a mais adequada para cada um dos tipos, pois somente desse modo são valorizadas as melhores características de cada produto.

O vinho

Enquanto os vinhos brancos devem ser servidos a temperaturas mais baixas, para realçar suas características de frescor conferidas pela acidez, os tintos têm necessidade de uma temperatura mais elevada para atenuar os elementos de tanino responsáveis pela sensação de adstringência, criar um equilíbrio gustativo entre as sensações suaves (álcool + açúcares residuais) e as sensações duras (acidez + tanino) e liberar o buquê completamente. Para rebaixar rapidamente a temperatura de uma garrafa de vinho, ela pode ser imersa em um balde com muita água e gelo. Para acelerar o resfriamento do vinho ainda mais, pode-se acrescentar sal à água: sua presença abaixa o ponto de congelamento e permite alcançar uma temperatura mais baixa em menos tempo.

Resfriamento das garrafas com gelo triturado.

No mercado existem também redutores de temperatura específicos: neste caso, bastarão poucos segundos para levar a garrafa à temperatura desejada. Para aumentar a temperatura, no brevíssimo tempo à disposição antes do início do serviço, pode-se agir de duas formas: verter o vinho em uma jarra aquecida – se jarras estiverem previstas no material preparado para o serviço – ou envolver a garrafa por poucos minutos em uma toalha molhada em água morna. No entanto, não se deve jamais imergir a garrafa em água em ebulição ou colocá-la próxima a fontes de calor: a mudança de temperatura muito repentina danificaria irreversivelmente os perfumes e o sabor do vinho.

Bebida	Temperatura
Espumantes *brut* método clássico	8 a 10 °C
Espumantes aromáticos doces	6 a 8 °C
Brancos secos jovens, encorpados, adocicados ou produtos de colheita tardia	9 a 11 °C
Rosé	10 a 12 °C
Tintos novos	14 a 16 °C
Tintos jovens leves e pouco tânicos	15 a 17 °C
Tintos estruturados	18 a 20 °C
Tintos tânicos e/ou amadurecidos em barris	18 a 22 °C

As cervejas

Muitos acreditam, equivocadamente, que a cerveja é servida a uma temperatura muito baixa. Na realidade, em geral, o frio acaba com os aromas e a fragrância, além de anestesiar as papilas do paladar. A temperatura de serviço deve aumentar segundo a densidade, corposidade e o teor alcoólico da cerveja.

Bebida	Temperatura
Pilsner	7 a 8 °C
Bitter ale	8 a 11 °C
Trappista	14 a 16 °C
Abbazia	12 a 14 °C
Lambic	10 a 12 °C
Lager	8 a 10 °C
Duplo malte	10 a 12 °C
Stout	10 a 12 °C
Altbier	10 a 12 °C

Os destilados, as aguardentes, as cachaças e os digestivos

No fim da refeição, todas as aguardentes longamente envelhecidas, como conhaque, *brandy*, calvados, rum, *armagnac*, *marc* e uísque, são servidas nos copos tradicionais em forma de tulipa ou de *balloon* e jamais esquentados por meio de uma chama. As aguardentes que não passaram pelo envelhecimento em barril de madeira podem ser servidas com gelo ou com adição de bebidas com gás.

A maior parte das aguardentes brancas, como a vodca, pode ser servida muito fria, mas não gelada, em taças *balloon* de dimensões médias.

Os destilados de frutas e as grapas são oferecidos tradicionalmente sem qualquer adição, em copos ou taças de volumes reduzidos ou, como ocorre com frequência cada vez maior, em taças *balloon*.

A tequila é servida em copos tipo *tumbler*, acompanhada de sal e cravinhos de limão.

As aguardentes doces são mais agradáveis se tomadas puras e frias (4 a 6 °C), mas são também apreciadas com gelo; as aguardentes e os amargos consumidos como digestivos devem ser tomados puros e à temperatura ambiente (18 °C).

Ao servir as aguardentes, deve-se cuidar para não colocar os dedos nas bordas das taças, segurando-as e entregando-as pela haste ou pela base.

Bebida	Temperatura
Aguardentes brancas à base de frutas, grapa, rum agrícola	8 a 10 °C
Vodca, tequila, cachaça, *akvavit*	4 a 6 °C
Aguardentes à base de ervas aromáticas e/ou especiarias	14 a 16 °C
Amargos	15 a 17 °C
Whiskey bourbon e *whisky blended* (também com gelo)	6 a 8 °C
Brandy, conhaque, *armagnac*, uísque, calvados, rum, *marc* e grapa envelhecidos	18 a 20 °C

As temperaturas em torno de 14 a 16 °C são alcançadas geralmente esfriando a taça ou o copo com gelo; temperaturas em torno de 2 a 6 °C, colocando a garrafa em espaços frigoríficos; e temperaturas entre 16 a 18 °C, simplesmente mantendo a garrafa em temperatura ambiente em um lugar não particularmente quente.

O café

O café expresso e o café comum são consumidos em uma temperatura aproximada de 65 a 67 °C e, em todo caso, a quantidade ideal de 20-25 ml não deve jamais superar dois terços da xícara clássica que, segurada no pires, é servida diante do cliente.

Um bom serviço prevê que o expresso seja apresentado com um chocolate que case bem com o sabor do café e acompanhado tanto por uma pequena jarra de leite quente como por um copo de água.

Até pouco tempo atrás, oferecer um bom café expresso nos serviços de *banqueting/catering* parecia ser uma utopia. Frequentemente, no caso de eventos com centenas de pessoas, os expressos eram preparados com antecedência em grandes recipientes de café e depois servidos e levados até a mesa diretamente na xícara, ou oferecidos aos comensais em uma cafeteira, depois de dispor na mesa a xícara sobre seu pires e com o açúcar.

Felizmente, hoje existem outras soluções, embora ainda não muito difundidas, que podem satisfazer muito bem as exigências de um bom serviço de café expresso para um número pequeno de comensais, mas também para um número considerável. Trata-se das *cápsulas de café*, disponíveis em vários tipos de sabor. Elas podem ser preparadas em poucos minutos, utilizando as respectivas máquinas de café, colocadas à disposição das empresas de *banqueting/catering* por algumas grandes empresas produtoras, para garantir, por um serviço rápido, a conservação da integridade máxima dos perfumes e sabores do produto, bem como a sua temperatura otimizada de consumo que, de outra forma, se perderiam em poucos segundos.

O serviço das bebidas

O serviço do vinho é o ato conclusivo com o qual o *sommelier* deve proporcionar ao cliente as melhores condições para saborear o vinho e os pratos escolhidos. No entanto, ele está a serviço dos clientes não somente no que diz respeito ao vinho, mas a cada bebida; portanto, também para servir água, cerveja, aguardentes, cachaças, etc. e deverá, para cada uma dessas bebidas, seguir o correto protocolo de serviço.

O **vinho** deve ser servido, sem exceção, antes dos pratos acompanhados por ele, e da seguinte maneira:
– com a etiqueta da garrafa voltada para o cliente, de tal modo que esteja claramente visível;
– enchendo somente dois terços dos cálices;
– posicionando-se, sempre que possível, à direita do comensais, indicação que vale de modo geral para o serviço de todas as bebidas.

Os vinhos espumantes são servidos na *flute*, taça que permite apreciar visualmente as bolhinhas, bem como deixar emergir os delicados perfumes do vinho. Para os vinhos aromáticos espumantes, como o Asti DOCG, pode-se usar a taça de espumante.
O **espumante** é vertido com calma, porque forma muita espuma que pode transbordar da taça. Para evitar esse inconveniente, é necessário vertê-lo lentamente ou em dois momentos brevíssimos, vertendo uma primeira quantidade e esperando alguns segundos para que a espuma se desfaça, antes de proceder com uma segunda quantidade. A retirada das taças do primeiro vinho é efetuada imediatamente depois do serviço do segundo, e assim por diante (em alguns casos, porém, pede-se para não retirar as taças antes do término do serviço, para não importunar demais os comensais e para efetuar um serviço mais rápido). A última taça de vinho é retirada da mesa imediatamente depois de servir o café; se ainda houver vinho nela, é de bom-tom pedir ao cliente a licença para retirá-la.

Como já dissemos, a **água** é a primeira bebida a ser servida e a última a ser tirada da mesa: somente quando o cliente tiver se levantado definitivamente. Eis como servi-la:
– a uma temperatura entre 8 e 12 °C;
– segurando a garrafa na parte inferior e de tal modo que a etiqueta esteja visível para os comensais;
– enchendo somente três quartos do copo;
– colocando a garrafa de volta na mesa de serviço e/ou no balde ou na *glacette* se for necessário para a manutenção da sua temperatura, onde deve permanecer à disposição do cliente até o fim do serviço.

As regras para o serviço da **cerveja** preveem inclinar o copo levemente, de modo que a cerveja escorra ao longo da parede. Assim que metade dele estiver cheia, endireita-se o copo e se segue com o serviço, afastando a garrafa lentamente para formar um belo colarinho de espuma que protege o sabor e conserva todos os aromas da bebida.

Para o serviço de **aguardentes, digestivos e cachaças**, utiliza-se uma bandeja ou um carrinho com as garrafas e os copos adequadamente predispostos.

Como gerir eventuais reclamações do cliente

Também para uma empresa de *banqueting/catering*, conquistar um novo cliente custa muito mais investimento em comunicação, pessoal de contato, dias de trabalho, etc. do que reter um cliente já fidelizado. Em comparação, mesmo quando se exigem tempo e desempenho, a lida com um cliente insatisfeito é muito menos onerosa, também porque, com o tempo, os clientes fidelizados tornam-se verdadeiros parceiros com os quais as empresas podem desenvolver inovações e/ou maiores margens de lucro, além de conquistar novos serviços. Cabe ao *sommelier* e ao emprego de seus dons profissionais e intuitivos resolver todos os problemas que o cliente possa levantar acerca dos vinhos ou do serviço das bebidas no salão. Saber fazê-lo de modo eficaz significa evitar que o cliente permaneça insatisfeito. Se, por exemplo, um comensal manifestar que o vinho não é de seu agrado, é preciso substituir a garrafa (e a taça) sem hesitação, para comunicar a sua disponibilidade de resolver a eventual demanda.

O CONSUMO RESPONSÁVEL DE BEBIDAS ALCOÓLICAS

A Sentença de Cassação nº 42248, de 8 de julho de 2004, tornou definitivas, na Itália, as multas severas para atos que disponibilizam bebidas alcoólicas a pessoas em evidente estado de embriaguez. Tais multas são aplicáveis mesmo se não tiver sido o gerente ou diretor responsável do estabelecimento a servir a pessoa em tal condição (ver o boxe *O parecer legal*, na p. 402). Quem opera na área de *banqueting* e *catering* encontra-se em uma posição delicada, por vários motivos:

- É frequentemente envolvido em eventos de longa duração (como casamentos), nos quais o consumo de álcool pode se estender por várias horas;
- É provável que tenha de lidar com um grande número de convidados, o que torna difícil ficar prontamente informado sobre o comportamento de cada pessoa;
- Em locais de grandes dimensões não é presumível que os convidados estejam sempre sob controle visual.

Um chefe prevenido se assegurará de que todo o pessoal destacado para o serviço tenha frequentado um curso de sensibilização sobre o consumo responsável de bebidas alcoólicas. Essa preparação ajudará não somente a identificar pessoas que representam risco, como também a desenvolver técnicas eficazes para dissuadir aquelas propensas a beber demasiadamente. Além de tomar essas precauções, é necessário estabelecer procedimentos claros (convém que seja por escrito) para abordar um convidado alcoolizado ou embriagado, de modo que todos saibam como agir.

O pessoal deve entender que também esse aspecto será controlado. Além de registrar, em contrato, que cada funcionário está obrigado a observar as leis que dizem respeito ao serviço das bebidas alcoólicas, o funcionário deverá saber que não será tolerado quem se apresentar ao trabalho sob a influência de álcool e que seu consumo é proibido durante as horas de trabalho.

Seguem algumas sugestões, seja para o pessoal de serviço, seja para a própria gerência, que abrangem desde a maneira de identificar o problema até formulações verbais adequadas para lidar com pessoas alteradas:

- Assegurar-se de ter pessoal suficiente para eventos com grande número de participantes, pois convém ter mais "olhos" para identificar potenciais problemas;
- Garçons e principalmente *barmen* devem ter uma boa sensibilidade para o ritmo dos consumos. Em eventos com muitos convidados e que contam com vários pontos de serviço de bebidas, isso será um desafio, mas certamente os profissionais

perceberão um convidado que se apresenta ao bar frequentemente ou alguém que venha várias vezes em um breve período;

- Desacelerar o serviço deliberadamente se o consumo se tornar muito alto;
- Observar se o consumo de álcool influencia a conduta do convidado: a pessoa se torna mais exuberante ou mais emotiva, perde o fio da conversa, demonstra problemas de equilíbrio ou de coordenação motora, parece estar com sono? São todos sinais de alarme;
- Ter sensibilidade para o efeito do tempo quando parece ter chegado o momento de se negar a servir mais álcool a alguém: o nível de álcool no sangue pode continuar a aumentar ainda depois que a pessoa para de beber, pois o corpo continua a absorver o álcool já ingerido;
- Evitar que o momento do aperitivo se prolongue, e não servir bebidas alcoólicas sem acompanhá-las de comida. Aperitivos fritos ou de alto teor de gorduras ajudam a reduzir a quantidade de álcool absorvido;
- Fazer com que todos os convidados saibam que também estão disponíveis bebidas não alcoólicas e apresentá-las de modo atraente;
- Encorajar o consumo do café e também da sobremesa. A cafeína e as gorduras aceleram a absorção do álcool, e o rito sinaliza ao convidado que o evento está chegando ao fim e que ele deverá enfrentar a volta para casa;
- Em eventos como casamentos, com presença de um grande número de familiares, solicitar de modo discreto a ajuda do cliente, informando-se sobre a eventual presença de um convidado que possa precisar de atenção especial. O cliente também poderá ser informado com discrição se houver alguém que tenda a beber demasiadamente, para assim poder mantê-lo sob certo controle;
- Responder prontamente a membros da equipe que tenham identificado um convidado que demonstre sinais de embriaguez;
- Depois de ter avaliado a situação, é aconselhável informar o cliente de que a empresa se vê obrigada a tomar medidas acerca de um convidado. Desse modo, tem-se certeza de que ninguém agiu precipitadamente ou sem o conhecimento do cliente;
- Fazer com que o profissional que aborda a pessoa alterada seja uma figura de evidente autoridade, de preferência o *event manager* ou o dono da empresa. É aconselhável contar com o apoio de um membro da equipe ou do pessoal de segurança, para o caso de eventuais complicações;
- Ao se negar a servir alguém, deve-se estar decidido, olhar no rosto da pessoa; evitar, se possível, uma conversa diante de outros convidados para limitar o constrangimento e usar uma linguagem que não expresse juízos. Evitar dizer "Não posso servir outro vinho ao senhor porque está embriagado". É melhor utilizar frases como "Sinto muito, mas já lhe servi o que me é permitido" ou "Sinto muito, mas poderei perder a minha licença se servir mais ao senhor";
- Não dar ao convidado alterado a oportunidade de retrucar, negociar ou proferir ameaças. O melhor é deixar a área imediatamente depois de ter pronunciado o veto e assegurar-se de que toda a equipe de salão esteja informada de que não deverá servir mais álcool àquela pessoa;
- Na infeliz hipótese de que seja necessário solicitar que a pessoa alterada deixe o evento, é preciso esforçar-se ao máximo para evitar que dirija seu carro: chamar um táxi, assegurar-se de que seja acompanhada por outro convidado ou até mesmo por um membro da equipe de segurança. Legalmente, a pessoa não pode ser retida, e se tiver conseguido pegar o carro e deixar o evento, convém avisar as autoridades;

- No caso de um clima litigioso agudo, um gerente prevenido redigirá um relato sobre o ocorrido, imediatamente, enquanto os detalhes ainda estiverem claros. O relato deve incluir a data e a hora em que o fato ocorreu, as medidas tomadas, os nomes das testemunhas e qualquer outro detalhe que lhe pareça significativo para o caso de, futuramente, ter que depor sobre o sucedido. O documento serve também para reforçar a imagem de uma empresa profissional, que toma todas as medidas necessárias para evitar que incidentes dessa espécie possam se repetir.

O PARECER LEGAL

Em matéria de álcool, a legislação italiana prevê somente a proibição de servir bebidas alcoólicas a menores de 16 anos, mas não a proibição de vendê-las. Trata-se do conteúdo do artigo 689 c.p. que reza: "*O operador de uma taberna ou de outro espaço público de alimentos ou de bebidas, que serve, em um lugar público ou aberto ao público, bebidas alcoólicas a um menor de dezesseis anos, ou a uma pessoa que evidencia sinais de doença mental ou que se encontra em manifestas condições de deficiência psíquica por causa de outra enfermidade, é punido com detenção de até um ano. Se o fato resultar em embriaguez, a pena é aumentada. A condenação resulta na suspensão da licença*".

Também o artigo 691 c.p., intitulado "Serviço de bebidas alcoólicas a pessoas em estado de manifesta embriaguez", prevê a detenção de três meses até um ano para quem serve bebidas alcoólicas a uma pessoa em estado de manifesta embriaguez. Além disso, estabelece que a condenação resultará na suspensão da licença se o culpado for o operador de uma taberna ou de outro espaço público de comida ou bebidas.

A legislação é inequívoca a respeito da questão e não prevê derrogações, visto que se trata de disposições acerca da proteção de um interesse público de forte impacto social.

Isso foi demonstrado pela Sentença de Cassação n. 42248, de 8 de julho de 2004, que, aplicando de modo extremamente rigoroso as disposições dos artigo 688 e 691 c.p., confirmou a sentença do juiz de paz que puniu com uma sanção monetária de 517 euros, bem como com a sanção acessória do fechamento do estabelecimento comercial, um homem que não era o dono do estabelecimento, mas simplesmente seu substituto temporário e improvisado, que havia servido álcool a um cliente manifestamente embriagado.

Portanto, a resposta emitida pela Suprema Corte acerca de um tema de tamanha delicadeza como o abuso de álcool é de extremo rigor na aplicação das multas. De fato, nos motivos da decisão, a sentença afirma explicitamente:

1. que, para a aplicação da suspensão, não é necessário que o culpado seja também o operador do estabelecimento público;
2. que cada um que substitui, mesmo que temporariamente, o dono de um estabelecimento aceita as obrigações e, por consequência, as responsabilidades.

Na hipótese de atividades de *banqueting* desenvolvidas por um restaurante, um laboratório gastronômico ou um hotel nos seus próprios locais, essas atividades podem ser consideradas secundárias e acessórias em relação à atividade principal; portanto, não precisam de autorizações ou licenças particulares que não sejam aquelas já obtidas para o atendimento e a produção de alimentos e bebidas.

No que diz respeito à responsabilidade específica no serviço de bebidas alcoólicas, o gestor do restaurante, do laboratório ou do hotel responderá:

- de modo direto (inclusive a sanção monetária prevista, bem como a suspensão da licença), caso tenha sido ele mesmo quem serviu bebidas em transgressão da lei;
- de modo indireto (somente com o consequente fechamento do estabelecimento comercial, conforme previsto na lei), se um funcionário ou qualquer outra pessoa tiver transgredido a lei (como demonstra a sentença acima citada).
- Em todos os casos em que o gestor fornece o serviço de bebidas alcoólicas, deverá se considerar obrigado a exercer a tarefa de supervisionar o serviço correto por parte de cada um no local aberto ao público (ou ainda no local onde funciona o bar, mas que é simultaneamente reservado para uma festa).

Se o local for somente alugado e as eventuais atividades de entretenimento e gastronomia forem completamente gerenciadas em regime privado, a obrigação da supervisão, bem como a responsabilidade pelo serviço de bebidas alcoólicas, caberá diretamente ao organizador privado, exonerando o gestor do local (que desempenhará o papel de mero locador) de qualquer obrigação de controle.

Do ponto de vista das autorizações e licenças necessárias, não existe uma legislação italiana que regule a matéria e regulamente a atividade de serviço de álcool de modo uniforme em todo o território nacional.

Em aplicação dos artigos 117 e 118 da Constituição, o regulamento das atividades de serviço de alimentos e bebidas é de competência regional. Portanto, cabe a cada região a tarefa de regulamentar a matéria.

A título de exemplificação indica-se abaixo como o assunto foi regulamentado pela Região da Lombardia, enfatizando, porém, o quanto podem divergir as regulamentações adotadas em outras Regiões da Itália.

A Lei Regional nº 30, de 24 de dezembro de 2003, regula as atividades de serviço de alimentos e bebidas nos territórios da Região da Lombardia.

O âmbito de aplicação da lei, conforme definido no artigo 2, compreende as atividades de serviço ao público de alimentos e bebidas (entre as quais estão incluídas explicitamente as bebidas alcoólicas de qualquer teor de álcool, nos limites previstos pela autorização sanitária específica – artigo 3, inciso 1) com consumo dos produtos adquiridos no local, isto é, nas dependências do estabelecimento ou em um espaço aberto ao público anexado para tal fim.

Ao lado dessa norma, que é efetivamente básica e a mais comum, a lei indica a possibilidade de aplicar, outrossim, normas em questões relacionadas a:

- **atividades de serviço de alimentos e bebidas desenvolvidas no domicílio do consumidor** (artigo 2, inciso 1, letra b), compreendendo como tal a organização, no domicílio do consumidor, de uma atividade de serviço de alimentos e de bebidas voltada exclusivamente para o consumidor, os seus familiares e as pessoas por ele convidadas, e compreendendo por domicílio do consumidor não só a residência privada, mas também o local em que ele se encontra por motivos de trabalho ou de estudo ou para a realização de conferências, congressos ou cerimônias;
- **atividades de serviços de alimentos e bebidas realizadas em locais não abertos ao público** (artigo 2, inciso 1, letra c), compreendendo como tal a atividade desenvolvida pelos refeitórios de empresas ou pelos espaços anexos a empresas, administrações, entidades e escolas,

bem como a atividade desenvolvida sob formato exclusivo no domicílio do consumidor. É evidente que, ao fazer referência explícita a esses dois tipos de atividade, a intenção é estender as disposições dessa lei também para a área previamente definida por contratos de *catering*.

A seguir, a Lei nº 30/2003 prevê a competência das prefeituras de estabelecer, em conformidade com as diretrizes determinadas pela Junta Regional, os critérios para a emissão das licenças dos exercícios de serviço de alimentos e bebidas ao público, mas discrimina ainda que a regulamentação regional *de quo* não se aplica à emissão das licenças relativas às atividades de serviço de alimentos e bebidas realizadas, entre outros, nos refeitórios de empresas e nos espaços anexos a empresas, administrações, entidades e escolas, nos quais o serviço é efetuado exclusivamente para os próprios funcionários e estudantes, bem como no domicílio do consumidor (artigo 8, inciso quarto, letras c e d). Portanto, nesses âmbitos, a emissão das licenças não é sujeita às diretrizes estabelecidas pela região, de modo que as prefeituras podem regulamentá-la livremente.

A Lei nº 30/2003 da Região da Lombardia não é aplicável às atividades de *catering* desenvolvidas no próprio hotel ou nas estruturas gastronômicas em geral, visto que ela, no artigo 21, exclui a aplicabilidade a:

- atividades de serviço de alimentos e bebidas efetuadas no sentido da regulamentação da Lei nº 135, de 29 de março de 2001 (reforma da legislação nacional do turismo), limitado às pessoas alojadas, aos seus convidados e às pessoas que estão hospedadas na estrutura hoteleira por ocasião de eventos e conferências organizados. No âmbito de tais atividades, como discrimina a lei, a execução do serviço é efetuada meramente com base em princípios morais e profissionais, indicados nos artigos 5 e 6;
- atividades de serviço de alimentos e bebidas efetuadas no sentido da regulamentação da Lei nº 96, de 20 de fevereiro de 2006 (regulamentação do agroturismo) e da norma regional vigente em matéria de agroturismo;
- atividades de serviço de alimentos e bebidas efetuadas da parte de círculos privados (Decreto nº 235 do Presidente da República de 4 de abril de 2001).

Advogados Giuseppe Navone – Studio *Rapio Giambellini* – *Milão*

O local do evento

A evolução dos costumes

O convidado é flexível

O termo inglês *location* (emprestado do mundo cinematográfico, em português "localização") foi adotado pelo setor de *banqueting/catering* exatamente por ser o mais adequado para descrever os lugares heterogêneos que se tornaram locais ideais para a realização de eventos. Não há mais ninguém que estranhe ouvir falar de um desfile realizado em uma fábrica abandonada, de uma recepção de casamento em uma praia ou do lançamento de um novo dispositivo eletrônico em um museu de ciência.

A referência ao cinema não é por acaso; há profundas mudanças nos costumes e, consequentemente, nos perfis dos clientes e de seus convidados. As empresas que souberam acompanhar as tendências, evoluindo em sintonia com o mercado, foram sensíveis principalmente aos seguintes fatores:

- **Um crescente bem-estar tem mudado a aproximação da comida.** Isso não significa que a comida tenha sido relegada ao segundo lugar, e sim que, em uma época em que o convidado típico desconhece a fome, ele certamente estará mais sensível à sua apresentação, à novidade e ao crescente caráter de espetáculo dos vários aspectos do serviço do que à abundância dos pratos em si. Já que não está unicamente interessado em se saciar, o convidado deve ser estimulado.

- **Houve uma mudança na dieta dos italianos.** O próprio bem-estar, a mídia, o turismo e a imigração têm facilitado uma abertura rumo à cultura gastronômica de outros países, enquanto a globalização do mercado permite reproduzir em casa pratos saboreados anteriormente apenas em viagens. A maior sensibilidade pelo vínculo entre a dieta e a saúde fez surgir outras exigências; por exemplo, a necessidade de incluir dietas especiais (celíacas, vegetarianas, etc.) e solicitações de alimentos mais leves.

- **O ritmo da vida cotidiana mudou.** O ritmo acelerado nos torna inquietos. Para muitas pessoas, a ideia de passar várias horas sentadas à mesa, esperando uma longa sucessão de pratos, parece antes uma condenação do que um prazer. A criação das *action stations* (ponto de churrasco, ponto de fritura, etc.) tem contribuído para aumentar o caráter de espetáculo dos eventos, mas também permite ao convidado ser flexível e interagir com o pessoal de maneiras outrora impensáveis.

- **O conceito de formalidade foi alterado.** Grupos de convidados são fortemente condicionados pelos ambientes em que se encontram. Não é de se admirar que, ao transferir um jantar de um salão de restaurante para, por exemplo, uma praia, mudem também os comportamentos dos convidados. Em consequência, também o estilo do serviço deve mudar e seguir as tendências.

- **O setor do *business*.** A refeição compartilhada é, por antonomásia, aquilo que distingue eventos importantes. No entanto, é a própria definição de evento importante que tem mudado profundamente. Certamente se comemoram hoje em dia casamentos, formaturas ou batismos, mas também o lançamento de um novo perfume ou de um iate, ou a pré-estreia de um filme. O mundo dos negócios cooptou o poder da comensalidade e apresenta assim novos desafios com protocolos diferentes.

- **A tecnologia é determinante para a competitividade.** O sistema de vácuo, o navegador para o caminhão, o programa de análise do *food cost*: nenhuma dessas tecnologias em si é essencial, mas quem as possui pode eliminar tempos gastos na cozinha, integrar facilmente um motorista novo ou responder prontamente a uma mudança no orçamento.

Living station, Molino Stucky Hilton.

Voltando para a comparação com a cinematografia, a tendência atual privilegia a *location* onde o cliente pode exercitar o seu papel de produtor, atribuindo ao diretor (*wedding planner*, *event manager*) a tarefa de realizar o seu sonho.

A cenografia, a dinamicidade do serviço e a qualidade da cozinha devem estar em ampla sintonia, para assegurar uma produção de alto nível. No entanto, o convidado, cada vez mais protagonista do evento em vez de simples figurante, não possui uma cópia do roteiro. Para que o convidado "ativo" não se transforme em uma espécie de bomba ambulante, o gerente de *banqueting/catering* deve ficar cada vez mais atento à necessidade de orientar o cliente/produtor na escolha da *location* mais apropriada para o seu evento.

Situações de *banqueting* (*on site*, no local da empresa) e *catering* (*off site*, fora do local da empresa) podem claramente apresentar problemáticas muito diversificadas. Cada vez que a cozinha se torna ambulante e a empresa deve se deslocar de sua base operativa, multiplicam-se as possibilidades de equívocos, esquecimentos e imprevistos. Prever todos os casos possíveis não é a finalidade deste livro, inclusive porque constantes modificações das normas e da legislação que dizem respeito ao setor tornam impossível qualquer tentativa de ser exaustivo. Em vez disso, oferecemos algumas linhas gerais que visam ajudar a considerar atentamente os diferentes elementos que, no seu conjunto, constituem um local (*location*). É preciso criar o costume de realizar a verificação não somente na perspectiva de quem opera em uma determinada estrutura, mas também com os olhos do cliente e do convidado que viverão o evento de um ponto de vista completamente diferente.

Banqueting

Elementos a serem analisados nos espaços da própria empresa

"Com a ajuda de um gráfico conseguimos recriar os nossos espaços usados para Convenções & Banquetes, em forma tridimensional. Podemos enviar imagens por e-mail ou organizar apresentações para os nossos maiores clientes durante as suas visitas ao local. Assim, eles ficam envolvidos desde o primeiro momento: é como se a gente estivesse olhando, virtualmente, para dentro de todos os salões e espaços. Podemos simular a disposição das mesas para os bufês, as cadeiras, os monitores e as telas, mostrando os espaços necessários e disponíveis para o evento. Dificilmente o cliente se esquecerá de uma apresentação tão bem articulada."
Marco, conference & banqueting manager,
Molino Stucky Hilton

As grandes estruturas, como hotéis e centros de convenções, dispõem de salões de diversas dimensões para poderem satisfazer certa gama de exigências ou para acomodar vários eventos simultâneos. Hoje não é incomum encontrar também estruturas de dimensões mais modestas que contam com paredes móveis para poder dividir, se necessário, o local principal em várias áreas de dimensões reduzidas. Essa flexibilidade representa uma vantagem em todos os sentidos e será útil para o gerente de *banqueting* que procura assessorar o cliente na avaliação de opções importantes que não pertencem à sua área de competência (como o número de pessoas que podem ficar comodamente em um espaço de determinado tamanho). O gerente deve fazer de tudo para comunicar ao cliente que há fatores bem além da aparência dos espaços que deveriam ser levados em conta ao tomar uma decisão, para evitar mal-entendidos desagradáveis. É fácil que o cliente se deixe levar por um panorama, pelo mobiliário ou pela própria fantasia, e é tarefa do gerente de *banqueting* reconduzi-lo à realidade. Também os organizadores de eventos, em tentativas de mostrar sua habilidade de satisfazer cada capricho do cliente, frequentemente devem ser levados de volta para o chão da realidade. É certo que, querendo, se consegue fazer tudo, mas as questões econômicas devem ser explicitadas desde o início.

Felizmente, a tecnologia fornece várias soluções que permitem oferecer ao cliente uma visão muito precisa de um determinado espaço usado para um evento.

A criação de um arquivo fotográfico digital dos equipamentos mais práticos e/ou de maior utilidade permitirá ao gerente de evento oferecer aos clientes subsídios

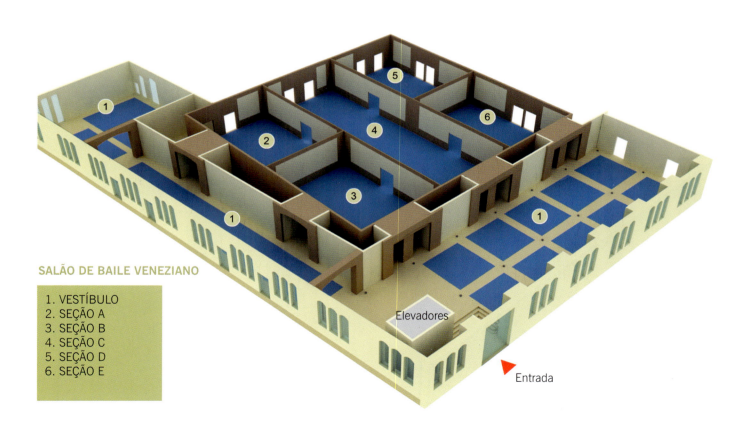

SALÃO DE BAILE VENEZIANO

1. VESTÍBULO
2. SEÇÃO A
3. SEÇÃO B
4. SEÇÃO C
5. SEÇÃO D
6. SEÇÃO E

visuais imediatos. Dando um passo a mais, existem vários tipos de *software* adequados para criar simulações tridimensionais de salas, jardins, etc. e para inserir o cliente virtualmente nas várias áreas. Várias categorias de profissionais fazem uso desses instrumentos. Particularmente as agências *web* preparam, com o apoio de fotografias e gráficos, verdadeiras viagens virtuais, propondo aos clientes (proprietários de estruturas hoteleiras, etc.) instrumentos alternativos de *marketing* pela internet.

Portanto, o cliente se torna partícipe da sua escolha e é ouvido com atenção, na busca de entender as suas exigências, mas sem ser considerado um simples consumidor passivo dos serviços oferecidos pela empresa. Ao contrário, é entendido como parceiro indispensável para o sucesso do evento, consciente de que a oferta que lhe é proposta é algo sob medida e não um produto de série igual a tantos outros.

Nesse contexto, quem realmente pode contar com uma maior criatividade e fantasia deve aproveitá-las ao máximo para oferecer o próprio valor adicional ao sucesso da empresa.

Layout geral dos espaços destinados aos eventos

> *"Gerir a saída dos pratos para os vários salões de reunião e os diversos* outlets (pontos secundários de saída) *pode ser muito complexo, sobretudo para os pontos que ficam mais distantes da minha cozinha principal. Felizmente, conseguimos resolver as diversas questões com carrinhos térmicos e carrinhos porta-pratos, e foi essencial fazer um estudo aprofundado dos percursos utilizáveis e ágeis o suficiente para as operações de transporte."*
> *Franco,* chef *executivo, Molino Stucky Hilton*

- Uma planta em escala, que indica inclusive a altura do teto, será um elemento fundamental para esclarecer numerosas pequenas dúvidas, particularmente quando se inicia a operação em uma estrutura nova. Cópias dela (ou versões digitais em PDF) serão úteis para os *event planners*, floristas e colaboradores técnicos que terão a possibilidade de otimizar o planejamento de suas respectivas intervenções, baseando-as em dados confiáveis.

- As normas de segurança fornecem indicações claras acerca do número de pessoas que podem ocupar um espaço de determinada metragem, destinado a recepções ou refeições. A fórmula do evento (coquetel em pé, bufê, jantar à mesa), a disposição e forma das mesas, a dimensão dos enfeites, a presença de mesas de bufê, pontos interativos de preparação de alimentos, áreas de bebidas, espaços destinados à dança, etc. podem modificar, de ocasião em ocasião, a capacidade em termos operacionais. É essencial conhecer os limites das várias configurações.

- Espaços longos e estreitos são desconfortáveis, sobretudo nos casos em que se prevê um coquetel em que muitas pessoas deverão se encontrar e interagir, porque tendem a levar à formação de grupos na entrada ou na área do bar. Além disso, em um espaço nessa forma, é difícil criar um ponto focal. A utilização dos equipamentos audiovisuais ficará limitada, e um eventual estrado ou pódio deverá ser colocado no centro do lado comprido, para assegurar o máximo de visibilidade.

- É preciso garantir que existam áreas livres adequadas em torno das entradas e saídas, particularmente perto de saídas de emergência.

- A distância entre a cozinha e o salão é importante. Ela não só influencia nos tempos de serviço, como também nos tipos de pratos que podem ser oferecidos sem comprometer sua qualidade.

Layout das mesas

Disposição para o bufê: a localização das mesas de serviço pode influenciar o consumo. Uma mesa retangular encostada numa parede é acessível somente de três lados. O consumo é claramente limitado pela sua posição. Por outro lado, uma mesa redonda no centro de um espaço pode parecer o palco perfeito para apresentações luxuosas, mas não induz à formação de uma fila regular. Os convidados terão que comprimir-se para chegar até as diversas bandejas e prestar muita atenção ao se retirarem da multidão com o prato na mão. Alguns desistirão e outros causarão colisões. As áreas de passagem (com largura mínima de 120 cm) deverão ser concebidas de tal modo que permaneçam assim e não se "encolham" com o decorrer do evento.

Convém lembrar que algo que parece evidente para quem trabalha em uma empresa do ramo não o é necessariamente para o convidado, e cabe à equipe de salão criar subsídios que sejam imediatamente compreensíveis a todos os participantes.

Disposição de espaços e mesas para os comensais: em linhas gerais, calcula-se cerca de 1,00 m² por convidado no caso de mesas retangulares e cerca de 1,20 m² por convidado no caso de mesas redondas. Trata-se de dimensões mínimas, destinadas para serviços gastronômicos um tanto genéricos. O ideal seria reservar para cada convidado 1,50 m², sobretudo no caso de grandes eventos que incluam um entretenimento musical ou dançante. O cálculo pressupõe o uso de cadeiras de dimensões padrão, ou seja, com um assento em dimensões de cerca de 50 × 50 cm. As áreas de passagem entre as mesas individuais deverão ter uma largura de, pelo menos, 1,50 m para garantir a passagem de equipamentos de serviço e um bom nível de conforto para os convidados. No caso de grandes eventos é preferível criar outras áreas, separadas dos corredores auxiliares, de dimensões mais largas, para facilitar o fluxo. Além disso, as mesas deverão ficar a uma distância de, no mínimo, 1,30 m das paredes. (Para outras informações sobre a disposição das mesas, cf. página 440).

Na ocasião de grandes eventos com mesas e lugares previamente atribuídos, e se não for previsto que os convidados sejam acompanhados até os seus respectivos lugares, é fundamental disponibilizar esquemas que indiquem claramente a disposição das mesas. O sistema adotado para organizar a informação (números, cores, nomes de fantasia) é menos importante do que a clareza com a qual é exposto. Não há um lugar fixo que seja, de antemão, mais indicado para afixar um gráfico. As prioridades são a síntese e a legibilidade. Para evitar um possível congestionamento dos convidados perto dos esquemas dispostos em expositores próximos à entrada do salão, quando o número de participantes for realmente muito grande, convém preparar cópias individuais que podem ser incluídas no programa do evento.

Oferecer o máximo conforto visual, sonoro e ambiental deve ser o fator prioritário na projeção da preparação dos espaços, e a habilidade de quem interpreta esse papel deve ser excelente, porque o resultado contribuirá para a valorização dos eventos.

Visibilidade
- Colunas podem representar um problema, pois tendem a dividir o ambiente e bloqueiam a visão, não somente para os participantes, mas também para os fotógrafos. Em um evento que contém um bufê, o efeito é menos grave, porque as mesas de serviço podem ser montadas de modo a minimizar o efeito redutor desses obstáculos. As mesas de serviço podem também ser dispostas em torno de algumas colunas, com o efeito de cercá-las. Não é uma solução ideal (porque torna difícil dirigir o fluxo dos movimentos), mas sempre será uma segunda opção.
- O pódio ou a mesa principal não deve jamais ser colocado demasiadamente próximo à entrada ou às saídas de serviço. O movimento das pessoas poderia perturbar um orador ou os convidados de honra. Além disso, quando são previstos aparelhos audiovisuais, é importante que sejam colocados de tal modo que eventuais pessoas atrasadas não sejam obrigadas a passar na frente do vídeo para chegar a seus lugares.

Sonorização
- Além de corresponderem a diversas normas de segurança, os revestimentos dos espaços (tapetes, cortinas, material das paredes e do teto) podem contribuir consideravelmente para a absorção dos ruídos. São elementos que devem ser avaliados

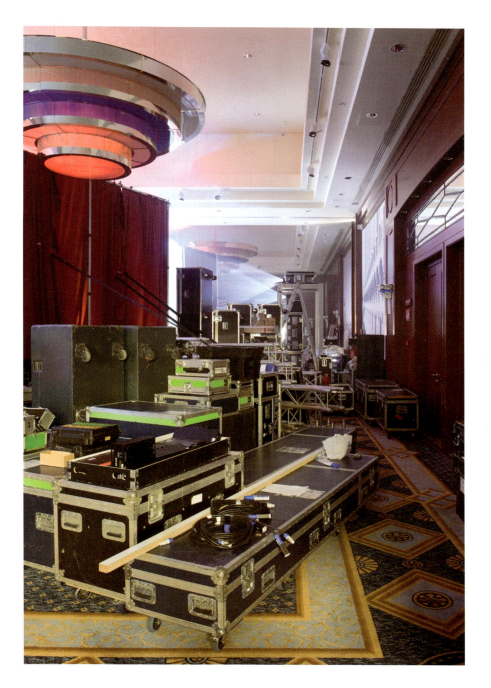

com cuidado. Um tapete pode parecer desconfortável em muitos aspectos, mas pode contribuir de modo decisivo para a redução do ruído em uma sala cheia de pessoas. Em geral, as superfícies duras e lisas possuem um efeito amplificador, enquanto as suaves absorvem as ondas sonoras.

Se o espaço tiver que acomodar também um conjunto musical, é fundamental que o aspecto sonoro seja avaliado por profissionais. Além disso, nos locais grandes e divisíveis por paredes móveis será necessário dedicar atenção particular à difusão do som e dos ruídos. O aspecto "modular", tão interessante e convincente no papel, deve ser útil também na prática.

- É igualmente importante avaliar o barulho proveniente de fontes externas. Ruídos produzidos na cozinha, nos corredores, nos serviços e no estacionamento devem ser filtrados. É fundamental que não interfiram nos sistemas audiovisuais. Além disso, salas de grandes dimensões podem apresentar áreas às quais o som chega de forma reduzida ou desconfigurada.

Sistemas audiovisuais

- Os sistemas audiovisuais e computadorizados, indispensáveis em reuniões de negócios, estão hoje praticamente em todos os lugares. Diante da rápida evolução da tecnologia, recorrer a um profissional na seleção das instalações é a opção mais sensata. Ainda mais importante será contratar um plano adequado para a atualização de programas, bem como poder contar com um serviço de assistência técnica.
- Plantas e desenhos técnicos que ilustram o número, a localização e os tipos das conexões elétricas e telefônicas são essenciais, assim como os detalhes da potência elétrica para cada ponto de conexão ou tomada e os tipos de equipamento que podem ser conectados.
- Empresas que desejam captar o segmento de mercado destinado a congressos e reuniões de negócios não podem deixar de implementar um sistema centralizado para a conexão à rede sem fio (*wireless*) para a utilização da internet ou outros serviços.

- Valer-se de um consultor audiovisual pode parecer uma despesa supérflua, mas é importante que os locais selecionados para eventos ofereçam uma difusão sonora adequada. O nível do ruído e a possibilidade de ouvir e ver claramente são fatores essenciais no planejamento de espaços usados na hotelaria.
- Quando é previsto um conjunto musical (ou ainda música gravada), é importante que os instrumentos de difusão sonora não estejam posicionados próximos demais a uma parte dos comensais. Garantir que o som chegue até a última mesa não significa tornar impossíveis as conversas dos participantes mais próximos à fonte sonora.

Iluminação

Uma iluminação adequada garante a segurança e condiciona psicologicamente a aproximação dos convidados ao consumo da comida. Vários estudos já mostraram que também as cores podem influenciar os consumos: tons escuros tendem a reprimir o apetite, enquanto tons claros e luzes acesas o estimulam.[1]

Fontes de iluminação bem posicionadas podem pôr em relevo elementos atrativos e também esconder eventuais imperfeições. A escolha das instalações para as áreas de bufê é particularmente importante: alguns filtros podem melhorar o aspecto da comida, evitando reflexos indesejados da prataria, dos vidros ou também das toalhas de mesa.

---

[1] Shock, P. J.; Stefanelli, J. M. *On-Premise Catering: Hotels, Conventions & Conference Centers and Clubs*. Nova York: John Wiley & Sons, 2001.

De modo geral, é essencial que a luz ambiental seja regulável (em circuitos independentes) para poder adequá-la à atmosfera do evento – um banquete de casamento terá certamente uma atmosfera diferente daquela de uma convenção de cardiologistas! Um sistema de iluminação flexível e programável é certamente mais custoso, mas permitirá ambientações mais espetaculares. Cresce cada vez mais o número de eventos como premiações ou apresentações de novos produtos que dão grande valor a efeitos luminosos de impacto. A luz ambiental proveniente das portas e janelas ou da área de serviço não deve interferir nas apresentações audiovisuais. Nesse contexto, deve-se garantir que o espaço apresente um sistema adequado de cortinas ou rolôs para evitar o problema.

Temperatura

Na página 264 foi abordada amplamente a atenção particular a ser dedicada à gestão correta do microclima, entendido como o conjunto de fatores térmicos, higrométricos e de composição físico-química do ar, nos ambientes usados na gastronomia e na hotelaria, bem como no tratamento dos alimentos.

Presumindo que um perfeito sistema de climatização e tratamento do ar garante o pleno respeito a exigências de saúde, segurança e bem-estar, em caso de adequações de instalações existentes ou de condições inadequadas, convém lembrar os aspectos que seguem.

- O pessoal que atua nos espaços destinados a banquetes e refeições deve ser orientado a não colocar o bolo de casamento, composições florais, esculturas de gelo, etc. em pontos críticos.
- Será necessário propor soluções técnicas que reduzam a um mínimo as eventuais dificuldades quando, no decorrer de um evento, a temperatura começar a subir gradativamente, à medida que o salão fica lotado, durante o serviço de pratos quentes ou quando os convidados começam a dançar.
- Será necessário pensar em cortinas ou proteções térmicas quando há muitas janelas que possam contribuir para oscilações notáveis, particularmente no verão, quando criam um efeito estufa.
- Vale a pena lembrar que os homens tendem a preferir um ambiente mais fresco que as mulheres. Nas ocasiões em que um sexo predomina sobre o outro, a direção pode se adaptar correspondentemente.

Odores

- A cozinha deve estar equipada com um adequado sistema de aspiração e tratamento de ar, em condições de enfrentar todas as problemáticas que giram em torno da correta gestão do ar, para que não surjam dificuldades como os odores associados à cocção, que poderão migrar para o salão. Também quando a cocção é prevista em um ambiente externo (churrasco, pontos de fritura, etc.), é importante posicionar os diferentes pontos de cocção estrategicamente, de modo que fumaças e vapores não invadam os espaços dos comensais.
- Ainda no contexto de eventos em áreas externas, também a proximidade do estacionamento pode criar problemas. Nada prejudica tanto o efeito bucólico como o odor de motores. Se jardins e terraços são um ponto forte entre os espaços de uma estrutura, devem ficar bem separados dos locais de contaminação do olfato.
- Convém evitar centros de mesa com arranjos de flores de perfumes penetrantes. Eles não só podem ser desagradáveis a alguns convidados, mas certamente interferirão também na apreciação organolética da comida e do vinho, assim como ocorre com o uso de perfumes muito penetrantes por funcionários de salão.

"O mundo muda rapidamente, e precisamos nos cuidar para não ficarmos reféns, e sim sermos agentes das mudanças. Para os nossos almoços de casamento decidimos, este ano, oferecer espaços inéditos ao ar livre. Em setembro e outubro temos uma grande demanda neste sentido, e pensamos em disponibilizar os nossos vinhedos. Os cachos de uva estarão em plena maturação, as mesas serão preparadas entre as fileiras das vinhas, e os garçons estarão vestidos com trajes tradicionais da nossa região. É um verdadeiro espetáculo dentro da festa!"
Mauro, gerente de um local de agroturismo

Ambientes externos

- É preciso assegurar-se de que as passagens dos espaços internos para os externos estejam claramente indicadas. Um convidado distraído ou absorto em uma conversa pode correr o risco de esbarrar em uma janela grande ou em portas de vidro. Convém lembrar que a mudança da luz ao longo do dia pode tornar difuso um espaço na penumbra que estava perfeitamente iluminado ao meio-dia. Geralmente, colocar vasos de plantas ou flores é suficiente para evitar colisões.
- Escadas e degraus devem ser preventivamente sinalizados, além de iluminados e equipados de dispositivos antiderrapantes. Os pequenos desníveis são particularmente desagradáveis para pessoas de óculos bifocais, idosas, crianças e mulheres com salto alto.
- Em caso de oscilações nas condições climáticas, tudo que não estiver bem preso voará, inclusive em pouquíssimo tempo. Além das precauções óbvias em torno de objetos de grandes dimensões, potencialmente muito perigosos, por exemplo, toldos e *ombrelones*, convém lembrar que também as toalhas podem voar e criar desastres em poucos segundos. Um bufê maravilhoso de *finger food* com numerosos elementos meticulosamente dispostos pode ser demolido pela bainha de uma toalha ao vento. A própria toalha ficará manchada de molhos e guarnições e, com os convidados chegando, certamente não será fácil deixar tudo novamente impecável em pouco tempo. Os pequenos pesos pendurados, inventados justamente para evitar esse problema, são o exemplo perfeito do detalhe que não deve ser desprezado.
- Uma articulação cuidadosa com os jardineiros será fundamental para evitar que instalações de irrigação automatizadas possam disparar quando há eventos acontecendo nos espaços verdes. Além de contribuir para uma impressão de ordem geral, gramados de corte bem curto conferem estabilidade às mesas e são menos propensos a atraírem moscas ou outros insetos. Se estes se tornarem muito irritantes, devem-se programar tratamentos preventivos algumas horas antes dos eventos.
- Abelhas e marimbondos são particularmente atraídos por alimentos e cores vivas. Para preparações em ambientes externos é importante que, até a chegada dos convidados, por precaução, a comida seja coberta por tampas ou filmes. As abelhas podem ser enganadas e desviadas para tigelas com uma mistura de mel e cerveja em partes iguais. A desvantagem é que acabarão se afogando nessa espécie de elixir e que as tigelas devem ser prontamente removidas e trocadas para evitar a visão desagradável do seu conteúdo.
- Eventuais trabalhos de manutenção de piscinas devem ser evitados nas proximidades de eventos. O odor dos produtos químicos utilizados para certos tipos de sistemas de limpeza pode ser desagradável em associação com o consumo da comida ou do vinho.

Na gastronomia moderna, uma grande flexibilidade na mudança do uso das estruturas à disposição é fundamental, assim como nas empresas de pequenas dimensões. É preciso avaliar com engenhosidade e criatividade as reais potencialidades dos espaços disponíveis para procurar soluções alternativas, saber constantemente renovar e reinventar, analisando o potencial de áreas nunca antes utilizadas ou consideradas inadequadas para refeições. Além disso, realizar de tempos em tempos uma inversão dos papéis será muito instrutivo. Esse tipo de teste, por mais artificial que possa parecer, desvendará aspectos da própria estrutura que os integrantes dificilmente conseguiriam imaginar se não os vissem pessoalmente. Quem está mergulhado no seu trabalho, corre o risco de desenvolver, com o tempo, uma visão muito restrita e seletiva. Colocar-se no lugar do convidado é também uma lição de *marketing*. Será que um futuro cliente pode se tornar uma fonte de publicidade negativa?

Catering
Adequação dos locais e logística dos deslocamentos

Uma empresa de sucesso estará em dia com os delicados mecanismos de *marketing*, oferta, trabalho de equipe e controle dos custos. Uma empresa de grande sucesso, por sua vez, será medida não somente pela articulação perfeita desses elementos, mas também pela eficiência que demonstra no plano organizacional e, sobretudo, pela capacidade de se adaptar e de reagir aos imprevistos. Se o banquete pode ser comparado ao teatro, o *catering* se assemelha mais ao espetáculo do equilibrista (sem rede). O fator "tempo" assume uma importância diferente quando o trajeto não é mais tão simples como aquele feito da cozinha para o salão, mas da base operativa para o lugar do evento. O ingrediente-chave esquecido, o forno demasiadamente potente para a rede elétrica, o bolo de casamento que não passa pelas portas da mansão histórica: tudo isso são pecados de omissão. Problemas como esses representam erros típicos que são facilmente evitáveis por meio de inspeções mais cuidadosas ou controles cruzados na fase preparatória. E são as soluções para contratempos de origens bem diversas – causados pelo mau tempo, por um acidente de trânsito ou pelo filho do proprietário que, com uma bola, manda para o espaço 450 pedaços de *finger food* – que fazem a diferença entre os grandes profissionais e os que somente se julgam grandes.

Locais cada vez mais surpreendentes e logisticamente complicados são comuns hoje em dia. Empresas novas, ansiosas de ganhar renome, podem ser estimuladas por um determinado fator de dificuldade. Também quem vive na segurança dos sucessos já alcançados pode ceder à tentação de querer fazer o impossível (faz parte do orgulho profissional). O importante é conhecer seus limites. É infinitamente melhor obter um sucesso de 100% com um programa um pouco menos espetacular do que chegar aos 80% de satisfação com uma coisa estupeficante, porque, no último caso, o cliente não se lembrará da porcentagem alta dos detalhes que deram certo, e sim daqueles 20% que não o deixaram contente. Se um projeto não oferecer todos os elementos para garantir um serviço tranquilo, é melhor não se deixar persuadir.

Requisitos fundamentais

Diante da proposta de operar em um novo local, o *caterer* prevenido fará uma análise cuidadosa para determinar, em termos gerais, até que ponto o local é adequado, mas também para verificar até que ponto as próprias necessidades e os níveis de equipamento o são. O potencial cliente, o *wedding planner*, o gerente ambicioso que quer organizar uma festa inesquecível: todos eles têm prioridades que não são as do *caterer*. Nem sequer os relatos de outros profissionais devem ser considerados inteiramente confiáveis. A primeira regra fundamental é basear-se em informações colhidas e verificadas pessoalmente (ou pela própria equipe). Em cada lugar novo, é útil fazer-se uma série de perguntas:

- Do ponto de vista da segurança, o local é adequado para todos, ou seja, tanto para os convidados como para a equipe de *catering*? Exigiria uma cobertura adicional de seguro?
- Há custos adicionais vinculados ao uso do espaço? O local precisa de licenças da prefeitura, da secretaria de cultura, dos bombeiros ou de outras autoridades? Temos tempo e pessoal suficientes para nos dedicar a essas questões práticas burocráticas?
- O local apresenta restrições em termos de horários de entrega ou de nível de ruído?

- Oferece uma solução para o caso de mau tempo?
- É adequado para todas as fases do evento previsto, em termos de espaço disponível (serviço de alimentos e bebidas, apresentações audiovisuais, entretenimento)?
- Possui instalações higiênicas adequadas e/ou pode acomodar soluções temporárias?
- É acessível para os veículos de serviço?
- Há um estacionamento adequado para o número previsto de convidados? É suficientemente iluminado?
- As instalações de água, gás e luz são suficientes e correspondem às normas? No caso de compartilhar o sistema elétrico com outros fornecedores (*disc jockey*, *entertainers*), ele será suficiente?
- A cozinha, se houver, é adequada? Caso contrário, os equipamentos necessários podem chegar sem dificuldade aos espaços reservados ao funcionamento da cozinha?
- Existe a possibilidade de contaminação por insetos ou animais nocivos?
- Na Itália temos o privilégio de dispor de muitas mansões (*palazzi*) históricas nas quais os eventos podem ser realizados. Elas são de atmosfera singular, mas, ao mesmo tempo, podem apresentar muitas restrições (que o cliente nem sequer imagina), sobretudo acerca das instalações elétricas ou da presença de chamas abertas. Já que as normas são também sujeitas a mudanças, convém atualizar seus arquivos periodicamente, mesmo quando se conhece bem uma estrutura, para evitar surpresas desagradáveis.

Inspeção pré-evento

A seguir apresentamos algumas linhas gerais sobre as informações que devem ser colhidas durante uma inspeção cuidadosa de qualquer lugar proposto para um evento. Essas informações podem ser anotadas em fichários de papel, mas o ideal é salvá-las sob forma eletrônica para simplificar e agilizar as fases sucessivas de trabalho, desde as encomendas até o cálculo dos custos. Atenção, porém: a informatização (o uso do computador) na elaboração das fichas pode dar origem a uma categoria muito irritante de erros. A função de "copiar e colar" é certamente cômoda, mas não deve se tornar algo automático. Cada inspeção deve iniciar com uma ficha totalmente em branco. Pouco importa se muitos dados (quanto aos próprios equipamentos, por exemplo) se repetem de uma ocasião para a próxima. O aspecto fundamental é que também questões de rotina sejam avaliadas com cuidado em cada nova situação.

Para a pessoa responsável pela inspeção poderá ser útil levar consigo o seguinte material:
- notas derivadas de reuniões anteriores com o cliente e/ou o gerente do local proposto para o evento;
- fita métrica e outros instrumentos de medição;
- máquina fotográfica digital;
- ficha de inspeção, pré-impressa ou como arquivo de computador portátil.

Além de fornecer a oportunidade de avaliar o local pessoalmente, a inspeção pré-evento é a ocasião ideal para conhecer as pessoas responsáveis pela interação com a própria empresa: gestores, pessoal de manutenção, de limpeza, dos espaços verdes, etc. Essas pessoas podem se tornar uma mina de informações práticas, e cultivar a sua disponibilidade pode se revelar uma estratégia vencedora. Se os elevadores não funcionam ou a equipe de preparação não consegue chegar aos espaços previstos, é melhor saber com antecedência quem poderia ser de ajuda, para não precisar descobrir esse detalhe no dia do evento. O jardineiro poderá substituir aquele vaso de gerânios que nosso motorista destruiu em uma manobra de ré equivocada. Os funcionários da segurança poderão zelar devidamente por nossos equipamentos alugados até o momento da sua retirada, e aquele mordomo que parecia pouco simpático poderá manter o cão da família longe do nosso *finger food*.

INSPEÇÃO ANTES DO EVENTO

Inspeção nº _____ Data _____ Pessoa encarregada _____

CLIENTE _____ Pessoa de contato _____
Endereço _____
Tel. _____ Cel. _____ Fax _____ E-mail _____

LOCAL _____ Pessoa de contato _____
Endereço _____
Tel. _____ Fax _____ E-mail _____

ESPAÇOS DISPONÍVEIS
Internos _____ Externos _____
m^2 _____ m^2 _____
Iluminação _____
Área de carga/descarga _____
Observações _____

ENERGIA
Gás _____
Eletricidade _____
Água quente _____ Fria _____
Iluminação _____
Área das mesas _____ m^2 _____
Área do conjunto do DJ _____ m^2 _____
Pista de dança _____ m^2 _____

EQUIPAMENTO PRESENTE
Cozinha _____
Área de preparação _____
Pias _____
Refrigeração _____
Ultracongeladores _____
Congeladores _____
Planos de cocção _____
Fornos _____
Micro-ondas _____
Grelhadores/Churrasqueiras internos _____ Externos _____
Lava-louças _____

ÁREA DE SERVIÇO
Área das bebidas _____
Refrigeração _____
Equipamento disponível _____

INSPEÇÃO ANTES DO EVENTO

EQUIPAMENTO DE COZINHA EM FALTA
Item | Fornecedor | Entrega | Custo

EQUIPAMENTO DE SERVIÇO EM FALTA
Item | Fornecedor | Entrega | Custo

ESTRUTURA ELÉTRICA   Presente _____ Alugar _____
Dimensões _____
Piso _____
Ventiladores/Aquecedores _____

ENFEITES/MÓVEIS | Fornecedor | Entrega | Custo
Flores/Plantas _____
Mesas/Cadeiras _____
Toalhas de mesa/Capas de cadeiras _____
Louças _____
Audiovisuais _____
Cabides _____
Outros _____

ENTRETENIMENTO
Número de artistas _____
Horário do ensaio _____
Horário da apresentação _____
Espaço necessário _____ nos bastidores _____ apresentação _____
Pessoa de contato _____
Tel. _____ Fax _____ E-mail _____

FOOD & BEVERAGE
Menu proposto _____
Tipo de serviço _____

PESSOAL
Maître / Diretor de salão _____
Sommelier _____
Garçons _____
Barman _____

419   *CATERING*

INSPEÇÃO ANTES DO EVENTO

AUTORIZAÇÕES / LICENÇAS

QUESTÕES DE SEGURO

ESTACIONAMENTO _____ Hóspedes _____ *Valet* _____ nº de vagas _____
Empresa contratada _____
Responsável _____ Cel. _____
Observações _____

INSTALAÇÕES HIGIÊNICAS
Número _____
Homens _____ Mulheres _____ Localização _____
Portadores de necessidades especiais _____
Observações _____

SEGURANÇA/EMERGÊNCIA
Da casa _____ Contratado _____
Número de funcionários _____ Pessoa de contato _____
Tel. _____ Fax _____ Cel. _____
Posto de pronto-socorro _____
Ambulância _____
Nº de saídas de emergência _____
Localização _____
Inspeção _____

PLANO PARA MAU TEMPO

OUTRAS ANOTAÇÕES

Alguns aspectos da inspeção pré-evento merecem atenção particular.

Entregas e retiradas

Estabelecer o ponto exato para as entregas e para todas as operações de descarga e recarga pode parecer à primeira vista excessivamente detalhista, mas há bons motivos para ser exigente quanto a esse "detalhe". O *caterer* vive uma espécie de eterna contagem regressiva, e vários são os fatores que contribuem a corroer aquelas margens de erro que todos os profissionais se concedem. Buscar mesas, cadeiras, toalhas de mesa e pratos entregues nos depósitos subterrâneos do museu quando a recepção acontecerá no *roof garden* (jardim da cobertura) não é um contratempo, é um erro grosseiro perfeitamente evitável. Durante a inspeção pré-evento, o *caterer* deve decidir onde descarregar e guardar tudo que for necessário, sobretudo o material que virá de outros fornecedores em regime de aluguel.

É desejável que os fornecedores externos cheguem muito antes do *caterer* e sua equipe. Devem ter certeza de encontrar um lugar seguro para deixar o equipamento solicitado, bem como uma pessoa encarregada do controle do material e da assinatura do documento de entrega. Ao mesmo tempo, devem deixá-lo onde será efetivamente usado. No fim da festa, o material deverá ser guardado em um lugar onde não atrapalhe, até o momento da sua retirada. Se não for possível estabelecer um lugar seguro, deverá ser negociada uma retirada num horário específico; um tipo de acordo que frequentemente representa um custo adicional. Portanto, trata-se de uma informação da qual se deve dispor quando se elabora o orçamento, e não apenas depois da assinatura do contrato.

Espaço operativo

Quando o local não possui uma cozinha ou nos casos em que a cozinha existente se revela inadequada para o serviço solicitado, a cozinha operativa, montada pela empresa de *catering*, é necessariamente uma solução de meio-termo. Entende-se por "cozinha operativa" toda a área destinada à preparação, cocção e montagem dos pratos, mais os espaços anexos para guardar tudo que for necessário para essas operações, bem como para o depósito dos pratos usados e os resíduos. As cozinhas improvisadas, que são na maioria das vezes de dimensões reduzidas e mal ventiladas (ou ainda demasiadamente expostas), podem apresentar verdadeiros desafios. Ao decidir onde se deve posicionar esse centro operacional, é importante considerar vários fatores:

- O espaço é iluminado o bastante?
- Representa uma base estável para guardar com segurança todo o equipamento?
- Oferece conexões seguras às redes elétrica e hidráulica? Caso contrário, possui espaço suficiente para geradores ou caminhões com equipamentos?
- É protegido da vista dos convidados?
- É protegido em caso de mau tempo?
- É facilmente acessível para os veículos de entrega?
- Permite ao pessoal de serviço agir de modo fluido, ou há elementos (escadas, passagens estreitas) que podem desacelerar o seu trabalho?

Em casos em que seja necessário criar a área da cozinha ao ar livre, protegida por lonas estendidas ou estruturas semelhantes, é importante que também esse espaço esteja dotado de chão estável, luz suficiente e ventilação adequada, com delimitações laterais equipadas de partes transparentes para arejar e iluminar, que serão úteis tanto em condições de mau tempo como para proteger o ambiente de riscos higiênicos.

Por outro lado, nos locais que oferecem uma cozinha e os equipamentos adequados para o evento programado, é importante verificar as condições e estabelecer as responsabilidades:

- Tudo que está presente pode ser considerado à disposição?
- No caso de perdas ou danos, quem responde?
- A quem compete a limpeza e a higienização do equipamento utilizado?
- Está claro como os resíduos serão descartados?

Esclarecer esses pontos é particularmente importante quando se opera em casas privadas. No embalo do entusiasmo com o evento que está programando, o cliente tende a ser generoso na fase do planejamento, para se revelar muito mais rígido assim que se deparar com pessoas estranhas atuando na sua cozinha. As empresas que trabalham nesses ambientes perceberão que é útil tomar algumas precauções (cf. o boxe), além de contratar coberturas de seguro suplementares. Igualmente importante é a sensibilização dos funcionários acerca dos comportamentos mais adequados quando são "convidados" em uma cozinha alheia.

Medidas preventivas para a atuação em casas privadas Com toda probabilidade, a presença da empresa não se limitará à cozinha. Sobretudo nas fases de carga e descarga será necessário passar por outras partes da casa para chegar aos principais lugares de trabalho. É uma boa regra proteger pisos e/ou tapetes e carpetes com passadeiras de materiais robustos, para evitar riscar o parquete ou danificar outras superfícies delicadas. Quem transporta fardos e caixas deverá ter o mesmo cuidado, no sentido de não arranhar as paredes e as ombreiras das portas.

A cozinha pode apresentar materiais delicados que devem ser protegidos. Panelas e bandejas quentes não devem ser colocadas diretamente nas superfícies de apoio, as quais podem ser de mármore ou de material poroso e facilmente absorver o óleo e outros líquidos, deixando marcas antiestéticas.

Cuidado também com o chão. Aqui se aplicam as mesmas medidas preventivas, a respeito de eventuais respingos de óleo, alimentos caídos, etc. Se estiver combinado utilizar equipamentos e pratos do proprietário, é importante lembrar que, raramente, o material destinado ao uso doméstico é tão robusto como o material destinado ao uso profissional.

Em ambientes externos é preciso definir as áreas destinadas ao uso pela empresa. É importante que as atividades de descarga e carga não danifiquem gramados e canteiros e que a posição do bar ou de eventuais áreas de serviço e apoio não deixe sinais após o término do trabalho.

Atenção aos veículos de serviço. Bater de ré em um toldo ou perder óleo em um caminho de acesso deve ser definitivamente evitado.

Água

É preciso identificar todos os pontos de acesso à rede hidráulica, estabelecer se a água disponível é potável e anotar se serão necessárias mangueiras ou recipientes para levar água até os vários pontos de utilização. Nos casos em que não houver água no lugar do evento, será importante fazer um cálculo cuidadoso da quantidade que deve ser levada para suprir todas as necessidades da cozinha e do serviço. Visto que a água é pesada e também volumosa, a necessidade de levá-la pode criar problemas de espaço nos veículos de transporte. É importante considerar esse fator no cálculo dos custos.

Energia

É difícil encontrar um *caterer* que jamais tenha enfrentado problemas relacionados à disponibilidade de energia para seus equipamentos. Para a maioria das empresas, integrar um eletricista na própria equipe é talvez pretender demais, mas um funcionário com bons conhecimentos nessa área se mostrará muito útil. Quando se calcula que um forno profissional de dimensões modestas precisa de cerca de 15.000 watts, um plano de indução outros 3.000 watts por zona, um refrigerador cerca de

600/800 watts e um simples eletrodoméstico como um *cutter* ou uma batedeira de imersão, 400 a 800 watts, com frequência o problema de energia insuficiente deverá ser enfrentado, particularmente em casas privadas ou mansões históricas. E não se deve esquecer a necessidade de iluminar o espaço de trabalho.

Um erro comum é considerar-se a única empresa no local que terá necessidade de energia. Conjuntos musicais, fotógrafos e *entertainers* precisam dela, assim como cinegrafistas e outros técnicos envolvidos no espetáculo. Até mesmo os fogos de artifício são gerenciados por computador. Por isso é importante estar informado sobre todos os profissionais envolvidos.

É fundamental que, para cada evento, esteja prevista uma pessoa concretamente responsável pelas questões da energia elétrica e que essa figura conheça em detalhes não apenas as marcas dos equipamentos que serão empregados, mas também saiba como são conectados. Além disso, quando o quadro geral parece oferecer energia suficiente, resta sempre a questão da potência que cada circuito pode suportar. Encontrar-se em uma sala com duas tomadas e seis máquinas que precisam ser ligadas é sempre um problema, mesmo se uma mansão antiga pudesse suprir sem problema a demanda de energia. A maioria dos edifícios modernos utiliza somente certa parte da potência para a qual foram projetados. É possível conseguir um acesso ampliado por meio de um quadro elétrico de distribuição, mas, por motivos óbvios de segurança, esse tipo de intervenção deve ser realizado somente por um eletricista. Também em ambientes externos é possível conectar-se à rede elétrica mediante um quadro elétrico de distribuição combinado com tomadas, mas é sempre e exclusivamente o profissional especializado que é autorizado a manipulá-lo.

Vale a pena, porém, descobrir se o escritório técnico do local pode vir ao encontro das necessidades do *caterer*. Se for o caso, a responsabilidade pela utilização correta da rede elétrica passa para quem contratou o evento. A situação deve ser avaliada com atenção: uma conexão temporária a uma rede existente será certamente menos custosa do que a locação de um ou mais geradores. Aliás, geradores são as ferramentas de trabalho clássicas com as quais ninguém se preocupa até o momento em que precisam ser usados. Planejar um programa de controle e manutenção regular (como para os extintores) é essencial. Nada é mais frustrante (e menos profissional) do que descobrir no último instante que um equipamento-chave está com defeito.

Visto que chamas abertas são proibidas em prédios históricos e em muitas outras estruturas que, por consequência, não dispõem de uma cozinha interna a operar com equipamentos a gás, os discos elétricos ou os de indução representam uma solução mais prática. A última opção oferece a vantagem de um consumo energético reduzido, combinado com a redução do calor emitido ao ambiente, um fator importante para quem se encontra frequentemente obrigado a operar em espaços restritos.

Licenças

Para a questão espinhosa das variações na legislação de região para outra região, e sobretudo de prefeitura para outra prefeitura, a resposta mais cuidadosa é: evitar qualquer suposição. Aquilo que é permitido em Milão pode ser proibido em Placência, ainda que esteja a menos de 70 km. Estar encarregado de fornecer um lanche no gabinete do prefeito não significa necessariamente que os veículos da empresa possam ter acesso ao centro histórico sem as devidas licenças. O corpo de bombeiros, a vigilância sanitária, a Associação das Belas-Artes, a secretaria de trânsito: todos podem levantar objeções. O serviço de bebidas alcoólicas, o barulho gerado por conjuntos musicais ou convidados alegres, o estacionamento dos carros, o acesso a calçadões por veículos de serviço: todas são questões *normais* associadas a festas, sejam elas

grandes ou pequenas, mas também todas estão sujeitas a regulamentos diferentes conforme o lugar do evento. Particularmente nos casos em que o local pode ser caracterizado como "incomum", será prudente fazer uma verificação cuidadosa antes de assumir compromissos.

Cronometragem

Os tempos técnicos de montagem e desmontagem devem ser calculados com muita atenção. Funcionários novos e locais utilizados pela primeira vez necessitam de mais tempo em ambas as fases. Locais abertos ao público (como museus) ou estruturas que hospedam eventos simultâneos ou na sequência (como mansões históricas) podem apresentar períodos muito restritos nos quais o *caterer* pode operar. É fundamental saber quanto tempo será efetivamente necessário para as fases críticas de pré e pós-evento. No fim de uma noitada, muitas estruturas exigem a remoção total dos equipamentos. Se acrescentarmos o fato de que o acesso aos elevadores e às portas de serviço pode ser limitado, o *caterer* pode se ver obrigado a empregar pessoal extra para obedecer às regras da casa. Essa medida representará custos adicionais que devem constar no orçamento.

Plano para o mau tempo

Um elemento essencial de qualquer inspeção pré-evento para recepções em ambientes externos é a identificação de um espaço alternativo no caso de mau tempo. Em alguns casos, estruturas estendidas tipo toldos podem ser uma solução válida, mas representam certamente um custo adicional (também se não forem utilizados). Os tempos técnicos para a sua montagem (e desmontagem), bem como o pessoal a quem essas funções são atribuídas são elementos de certo peso em um orçamento.

Para o caso de chuva deve-se combinar com o cliente não somente para *onde* transferir a área destinada ao serviço de alimentos e bebidas, mas também *quando* efetuar a transferência. A cronometragem é o fator vital. Embora o cliente tenda a querer protelar a decisão até o último instante, ele deve entender que os tempos técnicos necessitam de um plano de atuação que permita à empresa de *catering* desenvolver seu trabalho sem estorvos desnecessários. O plano mau tempo é combinado, em todos os seus detalhes, no momento da elaboração do contrato.

Comunicação interna

Se a equipe destacada para um evento não for chegar ao seu local nos veículos da empresa, todos devem ser devidamente informados do endereço exato e receber indicações claras para o caminho que devem tomar (inclusive os tempos de duração). Além disso, é importante que saibam onde poderão estacionar. Também o horário exato em que devem se apresentar precisa fazer parte dessa comunicação preliminar, assim como dois números de telefone para avisar contratempos ou emergências: um celular de um responsável e um número alternativo para o caso de que o primeiro não esteja imediatamente comunicável. É uma boa regra organizar-se de tal modo que ao menos uma pessoa permaneça na base da empresa. Dessa maneira haverá uma conexão imediata na infeliz hipótese de se precisar, às pressas, resolver problemas com algo esquecido, quebrado ou defeituoso.

Organizar-se para os deslocamentos

Reunir as fontes de informação

Tanto no caso de um evento em um local novo como em uma estrutura já conhecida, passar para a fase operativa exige uma articulação de informações provenientes de várias fontes. O **contrato** oferece as confirmações do número de convidados, do menu combinado, do estilo do serviço, dos enfeites e da presença (ou não) de serviços adicionais (música, vídeo, etc.). A **BEO** (*banqueting event order* ou ordem de serviço) contém essas mesmas informações de forma esquemática e permite ao departamento de cozinha elaborar a lista de encomendas para os alimentos. **A inspeção pré-evento** recolhe os dados necessários para determinar quais equipamentos devem ser levados ao local do evento, se a empresa dispõe desse material ou se será necessário recorrer a empresas especializadas que os alugam.

Principalmente nos casos em que o evento ocorrerá em um lugar com uma estrutura desprovida de um salão ou de uma cozinha, é necessário elaborar um **croqui** que indique onde essas áreas serão criadas. Para eventos com menos de 80/100 convidados, um simples desenho pode ser suficiente. Para eventos de dimensões maiores, uma pequena planta em escala é fundamental. Também neste caso, a informática veio para simplificar a tarefa. É possível encontrar no mercado um grande leque de programas que permitem criar plantas fundamentais, sem precisar recorrer a profissionais. Elas devem indicar as posições de:
- cozinha;
- bar, bufê e eventuais estações ativas (estação de frituras, de churrasco, etc.);
- mesas de serviço para o pessoal de salão;
- áreas usadas como vestiários para a equipe;
- pista de dança, palco, espaços para músicos ou DJ;
- espaço reservado ao coquetel;
- mesas dos convidados;
- (para casamentos) mesa do bolo de casamento, mesa de doces e eventuais mesas reservadas;
- (para eventos no âmbito do *business*) mesas de credenciamento e/ou *check-in*, espaço para expor produtos, mesas para amostras e folhetos, etc., mesas para oradores ou pódio, área dos equipamentos audiovisuais.

Interface com o mundo do aluguel – fichário

As motivações para a crescente tendência no setor de *catering* de alugar equipamentos em vez de adquiri-los foram examinadas no capítulo 6, "*Stewarding*". A proliferação de empresas *full-service*, cujos serviços vão desde o fornecimento (de pratos, toalhas de mesa, mesas, cadeiras, etc.) até a lavagem e reposição dos objetos fornecidos, indica que o setor está se orientando claramente para esses modelos de organização. Ao evitar uma série de problemas ligados aos bens de propriedade, porém, o *caterer* ficará um pouco menos independente, e o seu sucesso estará muito atrelado às relações criadas com esses fornecedores. A pontualidade, organização e seriedade deles terão um forte impacto sobre o próprio trabalho.

Cada empresa que aluga equipamentos possui as suas próprias modalidades. À primeira vista pode parecer conveniente "adotá-las" para o uso interno, mas isso poderá criar confusão se o *caterer* precisar se articular com várias empresas. Inevitavelmente, cada uma delas apresentará os equipamentos à sua própria maneira, com códigos e nomes diferentes. Seria mais indicado criar uma lista e habituar a equipe a um estilo único na apresentação das informações ligadas aos aluguéis. A memória visual tende a se fixar e, com o tempo, será mais fácil para todos encontrar rapidamente aquilo que se procura na ficha criada de caso em caso.

Uma ficha detalhada que inclui as dimensões, as cores e os modelos dos vários artigos que podem ser alugados é a única que se revelará verdadeiramente útil. Na sua elaboração, deve-se incluir tudo que não será fornecido pelo próprio *caterer*. Criar um documento que contenha, definitivamente, tudo sem exceção é uma tentativa impossível. O elenco estará em constante evolução, crescerá com a experiência da própria empresa e jamais ficará completo. Por esse motivo é importante redigi-lo em um programa que permita uma fácil atualização. Esse documento não precisa ser belo, mas deve ser ágil e adequado ao próprio modo de "pensar os eventos". Imprimir várias cópias ajudará a verificar a completude do fornecimento no momento da entrega. Anomalias e/ou danos devem ser indicados no momento em que ocorrem, porque, uma vez que o evento tiver iniciado, ninguém se lembrará desses detalhes. Um fornecedor confiável terá um protocolo para substituições urgentes. A própria ficha será útil como *checklist* para a reposição do material.

A seguir oferecemos sugestões para os vários elementos que devem ser incluídos nesse documento.

As categorias de mercadorias são indicadas em grandes linhas. Um excerto da área das louças apresentado abaixo é exemplar para o nível de detalhamento desejável.

Componentes nas fichas de aluguel

Dados referentes à transação individual

Número progressivo

Data da ordem

Nome do fornecedor/empresa de aluguel

Nome do contato

Telefone do contato

Código de confirmação da ordem

Data do evento

Nome do cliente

Endereço para entrega

   Observações ligadas a este ponto

Data e hora da entrega

   Observações ligadas a este ponto

Data e hora da retirada

Categorias de mercadorias

Mesas

Cadeiras

Toalhas de mesa

Louças

- ☐ Xícara s/p 09/k 1598 branco
- ☐ Pires 09 caráter branco
- ☐ Xícara caldo 2 m. 28/k 1598 branco

Talheres

Copos

Louças de serviço e/ou outros apoios de apresentação

Equipamento de cozinha

Estruturas suspensas ou estendidas (toldos, coberturas, marquesinhas)

Diversos (pista de dança, pedestais, geradores, etc.)

- ☐ Xícara s/p 09/k 1598 branco
- ☐ Pires 09 caráter branco
- ☐ Xícara caldo 2 m. 28/k 1598 branco
- ☐ Pires 18/22/25/28/30 caráter
- ☐ Xícara s/p 18/k 1598 branco
- ☐ Pires 18/22/25/28/30 caráter
- ☐ Prato raso 16 caráter branco
- ☐ Prato raso 29 caráter branco
- ☐ Prato raso 32 caráter branco
- ☐ Prato raso 21 caráter branco
- ☐ Prato fundo 24 caráter branco
- ☐ Prato principal 29 caráter branco
- ☐ Açucareira10 898/1298 branco
- ☐ Prato negativo quadrado 45 *event* branco
- ☐ Prato raso oval 22 sign. branco
- ☐ Prato raso oval 27 sign. branco
- ☐ Prato raso oval 31 sign. branco
- ☐ Prato raso 20 *event* branco
- ☐ Prato raso 23 *event* branco
- ☐ Prato positivo oval 29 *event* branco
- ☐ Prato negativo quadrado 32 *event* branco
- ☐ Prato raso 28 *event* branco
- ☐ Prato raso 20 *event* branco
- ☐ Prato raso 32 *event* branco
- ☐ Prato fundo oval 25 sign. branco
- ☐ Prato fundo oval 18 sign. branco
- ☐ Travessa quadrada 30 sign. branco
- ☐ Travessa oval 32 sign. branco

A "ficha-mestre" do carregamento

Também neste caso, a melhor estratégia é criar o seu próprio fichário. Controles repetidos, ou ainda uma verificação executada por várias pessoas, são úteis para evitar esquecimentos ou erros de contagens. É óbvio que muitas categorias de mercadoria presentes nas fichas de aluguel vão se repetir na ficha-mestre do carregamento, visto que os transportes mistos (levando bens de aluguel e bens de propriedade) são os mais comuns. Entre tantos outros objetos necessários, destacamos:

- mesas e cadeiras;
- pratos, copos, talheres;
- panelas e utensílios de cozinha;
- fornos, discos elétricos ou outros instrumentos de cocção;
- recipientes térmicos com gelo;
- bebidas variadas e todo o necessário para o bar;
- bandejas e tábuas de vidro, ardósia, mármore, etc. e todos os materiais ligados à apresentação dos bufês, de *finger food*, doces ou sobremesas;
- chaleiras, máquinas para o café;

além de:

- alimentos necessários para as montagens dos pratos no local do evento;
- pratos parcial ou inteiramente pré-montados;

e não esquecer:

- caixa de ferramentas (chaves de fenda, alicates, martelo, etc.);
- papel alumínio, filme plástico, papel de cozinha;
- extintores;
- *kit* de primeiros socorros;
- panos de prato e panos diversos;
- vassouras, pás, um mínimo de produtos de limpeza;
- sacos para a coleta seletiva dos resíduos;
- carrinhos para facilitar a descarga no local do evento.

Cada ficha deve incluir um cabeçalho ou título (cf. o exemplo abaixo) que reúne os dados fundamentais acerca do evento específico, além de informações ligadas à cronometragem e às pessoas diretamente responsáveis pela operação de carregamento. Grande parte do documento será destinada a tudo que for necessário. Quanto mais específico e detalhado o elenco, tanto menor será a possibilidade de confundir itens ou de esquecê-los totalmente. Uma lista bem elaborada permitirá também a um funcionário novo entender imediatamente o que levar. A possibilidade de encontrá-lo rapidamente é outro ponto crítico. Depósitos e salas bem

Nome do evento _____
Data _____ Horário _____
Endereço do evento _____
Nome do cliente _____
Pessoa de contato _____
Tel. _____ Celular _____
Veículos usados _____
Horário da carga _____
Horário da partida _____
Carga aos cuidados de _____

organizados, com todo o seu conteúdo claramente etiquetado, distinguem as empresas de *catering* (ou *banqueting*) mais eficientes. Além disso, quando a disposição dos itens na lista corresponde à organização do depósito, será possível reduzir o tempo destinado à retirada dos materiais necessários. Por exemplo, se os pratos empilhados nas prateleiras estiverem dispostos em filas, criando seções, a lista do carregamento deve reproduzir a disposição física de tal modo que se possa encontrar todo o material na primeira seção da prateleira também na primeira seção da lista, e assim por diante.

Quanto maior o evento, mais comprida será a lista e mais tempo será necessário para a fase de carregamento. Sua criação não é algo que possa ser feito em poucos minutos e em cima da hora. Ao contrário, a lista deverá ser criada muito antes da data do evento, para que a empresa possa se articular devidamente com as empresas do aluguel. Tanto a redação da ficha como a seleção efetiva do material exigem certa minúcia, e será melhor confiar essa tarefa delicada a funcionários dotados de boa concentração e reservar-lhes tempos realistas para desenvolverem o trabalho.

Empresas que atendem a vários eventos simultaneamente desenvolveram diferentes sistemas para evitar confusões e simplificar a fase de montagem: algumas atribuem equipes de pessoas diferentes a eventos diferentes, outras aplicam adesivos coloridos para indicar, por exemplo, que tudo que está marcado em vermelho é destinado ao evento A, e tudo em azul, ao evento B, etc.

Um sistema muito eficaz prevê atribuir códigos de barra a todos os artigos do inventário (e afixá-los nas prateleiras, como nos supermercados). Desse modo, à medida que o pessoal retira os itens, é possível "eliminar" o material retirado mediante o uso de leitores óticos específicos. Os dados transferidos para um computador serão utilizados para gerar uma ficha final impressa que também pode ser controlada, eliminando os itens encontrados. A ficha-mestre eletrônica cria uma rastreabilidade dos movimentos dos itens individuais e claramente possui grandes vantagens. Antes de tudo, permite fazer análises mais aprofundadas da própria atividade: quantificar, por exemplo, quantas vezes ao ano se utiliza algum equipamento específico ou confrontar os movimentos entre os bens de propriedade e os bens de aluguel.

Embalagem e carregamento

As regras fundamentais que dizem respeito à segurança dos funcionários, bem como o bom senso, orientam para a utilização de carrinhos de várias dimensões (também do tipo usado em supermercados) para retirar o material do depósito e levá-lo até os veículos de transporte. O importante é evitar levantar pesos excessivos (no máximo 30 kg para os homens e 20 kg para as mulheres) ou executar os movimentos de carga e descarga de modo equivocado.

À medida que os artigos são localizados, os mais pesados e volumosos devem ser colocados na parte inferior dos veículos. Os menos pesados e volumosos devem ser reunidos em um só lugar para depois serem embalados e colocados dentro de recipientes maiores. O momento do carregamento oferece novamente uma oportunidade para identificar o material danificado. Nada que se mostre defeituoso deve chegar aos veículos destinados ao transporte para um evento.

Em geral, há dois conceitos fundamentais que devem ser considerados e segundo os quais cada empresa desenvolverá o sistema mais adequado para os seus equipamentos, meios de transporte e número de funcionários disponíveis para o trabalho:

- Os primeiros objetos carregados serão os últimos a serem descarregados no lugar do evento. É importante desenvolver um raciocínio com relação à ordem em que os diversos componentes do carregamento servirão quando chegarem ao destino.

Levantar e deslocar o objeto mentalmente, antes de fazê-lo fisicamente: verificar se ainda terá uma boa visão depois de ter levantado a carga; controlar se o trajeto está livre, se o chão não está escorregadio e assegurar-se de que haja um ponto de apoio adequado para o objeto que será deslocado. Posicionar-se próximo ao objeto, dobrar as pernas (e não o tronco), tomar o objeto firmemente com as duas mãos e não somente com os dedos. Levantar o peso lentamente, evitando movimentos bruscos. Para depositar o objeto, inverter o procedimento, abaixando-se com as pernas, se necessário, sem dobrar o tronco.

No caso de eventos de grandes dimensões, que preveem áreas bem distintas para várias funções (bar, bufê, cozinha), o material destinado às áreas individuais deve ser agrupado de modo a reduzir o número de viagens para distribuir tudo que for necessário no momento da descarga.

- Tudo que pode se deslocar ou movimentar durante o trajeto estará facilmente sujeito a danos. A carga deve ser arrumada de tal maneira que os componentes individuais não possam se deslocar durante a viagem, e tal cuidado deve incluir a possibilidade de freadas bruscas, terrenos acidentados e desníveis em encostas. Poderá ser útil forrar o fundo dos veículos com material antiderrapante e/ou cobrir eventuais cantos com faixas de borracha espumosa adesiva. Cordas elásticas dotadas de ganchos são igualmente úteis para fixar caixas ou outros recipientes dentro dos veículos.

A respeito da embalagem, novos materiais e ideias acerca do *packaging* tornaram menos árdua a tarefa de preparar as louças. Hoje existem recipientes robustos com interiores moduláveis que podem acomodar todos os tipos de pratos, bandejas, xícaras e copos. Facilmente empilháveis e disponíveis em uma grande gama de cores, os recipientes podem ser também uma ajuda válida na organização do carregamento. É importante aproveitar todos os espaços vazios. Objetos pequenos são inseridos dentro de objetos maiores. Reciclagens e reutilizações não devem ser menosprezadas. Conservar a embalagem original de equipamentos importantes ou também de eletrodomésticos pequenos, com todo aquele isopor perfeitamente modelado, é uma estratégia vencedora. Já que as embalagens foram desenhadas, em princípio, para proteger os artigos durante a sua viagem do ponto de venda para o consumidor, podem continuar a desenvolver essa função também durante transportes posteriores.

Atenção para as diferenças de temperaturas entre os vários elementos da carga. As placas de vidro não endurecido, frequentemente utilizadas para a apresentação de *finger food*, quebram com facilidade quando expostas a mudanças bruscas de temperatura. Também objetos normalmente não considerados frágeis podem se revelar delicados em determinadas circunstâncias. Velas, por exemplo, podem derreter ou se deformar em várias horas de viagem com temperaturas altas.

Todos os alimentos devem ser transportados em recipientes fechados, respeitando as temperaturas de segurança prescritas pelas normas higiênico-sanitárias e os princípios do HACCP. Alimentos frios devem ser transportados em caminhões refrigerados ou selados dentro de recipientes térmicos aptos a manter a temperatura de segurança para todo o tempo necessário até a utilização e/ou o serviço. Alimentos quentes devem ser preservados a 60 °C em recipientes térmicos ou em caixas isotérmicas específicas. Quando possível, convém carregar os alimentos nos mesmos recipientes que serão utilizados para a cocção. Formas e bandejas prontas a serem colocadas nos fornos economizam espaço e tempo.

Entrega e descarga

Os veículos de transporte representam a empresa não menos que o mais belo folheto, constituindo um importante instrumento de *marketing*, e isso não somente porque ostentam o nome da empresa em letras mais ou menos gigantescas. Querendo ou não, todo mundo faz associações mentais: caminhões perfeitamente em ordem e limpos comunicam que também a cozinha da empresa é assim. A comida mais deliciosa perderá seu valor visual se for descarregada de veículos sujos ou de mau funcionamento. Os veículos devem estar à altura da imagem que a empresa deseja projetar. Também os motoristas representam a empresa, e os clientes não ficarão indiferentes ao seu aspecto nem ao seu comportamento. Certamente não há necessidade de um uniforme propriamente dito, mas eles devem ostentar um bom visual, em especial quanto à barba e ao cabelo, e usar roupas limpas, apropriadas para o seu trabalho. Muitas empresas investem em camisas polo ou camisetas personalizadas para tornar reconhecível todo o pessoal que se apresenta no local do evento nas fases dos preparativos e da retirada. A cortesia não é algo opcional. No caso de empresas que oferecem serviços em casas particulares, o motorista é frequentemente a primeira pessoa que se apresenta no lugar do evento, e o seu comportamento será considerado representativo para toda a empresa.

Equipar os veículos com navegadores via satélite não é obrigatório, mas é sem dúvida uma prudência útil, sobretudo para quem é acostumado a atuar a longas distâncias de sua base operacional. Desse modo, o transporte não dependerá do conhecimento particular de um membro da equipe, mas pode ser confiado, em caso de emergência, também a outro funcionário. Visto que a tecnologia tende a nos abandonar sempre no momento menos propício, a presença do navegador não é uma desculpa para viajar desprovido de mapas e/ou indicações escritas acerca do trajeto. Ver-se obrigado a extenuantes telefonemas por celular para contornar uma falha técnica é uma experiência que, definitivamente, deverá ser evitada.

O tempo de viagem deve ser calculado cuidadosamente, porque poucas coisas possuem tanto poder de comprometer um serviço inteiro como um atraso geral em relação ao cronograma. Empresas prevenidas calculam amplas margens, às vezes até o dobro do tempo que deveria ser necessário. Todas as variáveis precisam ser consideradas: tempo, trânsito, eventuais obras no percurso ou eventos extraordinários (se houver um encontro de alpinistas, a semana da moda ou o festival de cinema na cidade de destino, será importante sabê-lo antes de programar a viagem). A frota de veículos deve estar sujeita a um programa regular de manutenção. Não obstante, antes de cada viagem, os motoristas deverão executar controles preventivos dos pneus, freios, luzes, limpadores de para-brisa, etc., assim como o fazem os motoristas de veículos mais pesados. Conforme a lei italiana, caminhões devem estar equipados com um *kit* de emergência de trânsito, e não seria supérfluo incluir um guarda-chuva, um *kit* de primeiros socorros, uma caixa de material útil geral, dinheiro para despesas de rotina, um telefone celular e a ficha-mestre da carga. Também as empresas mais bem preparadas estão sujeitas a imprevistos. Elas se distinguem por ter um plano B, definido com antecedência: é essencial ter fácil acesso aos contatos de empresas especializadas em aluguel de veículos semelhantes aos próprios (inclusive caminhões refrigerados).

Ao chegarem a seu destino, os caminhões devem ser descarregados o quanto antes. É essencial fornecer ao pessoal designado ao trabalho instruções escritas sobre o programa previsto em cada evento. Com o tempo, a rotina será consolidada, e esse subsídio poderá se reduzir também a uma espécie de código, mas devem-se evitar tempos ociosos em que a equipe de entrega espera instruções. Desde o momento da carga deve-se considerar que todos participam de uma espécie de contagem regressiva: paradas desnecessárias consomem um tempo precioso nas fases operativas. A ficha-mestre de carga deverá conter as indicações específicas acerca da descarga, e o croqui das várias áreas de cocção, de serviço, etc., criado na fase de preparação, será particularmente útil neste momento. Os encarregados devem poder entender imediatamente onde serão deixados os componentes individuais da carga. A não ser que se trate de eventos de dimensões verdadeiramente gigantescas, é melhor confiar a descarga a um grupo restrito de pessoas e não a toda a equipe de serviço. A participação de muitas pessoas corre o risco de ter um efeito dispersivo e de fugir do controle dos melhores planos organizativos. No caso ideal, o número de vezes que cada elemento individual é deslocado deve ser reduzido a um mínimo, ou seja, devem-se encontrar os caminhos mais diretos até o destino final. Alimentos e equipamentos em grande número deverão ser depositados o mais próximo possível de seus pontos de emprego. É útil estabelecer também lugares-padrão para alguns equipamentos gerais, de modo que cada pessoa que precise de algo saiba onde procurar, sem precisar pedir ajuda. As operações de descarga e preparação se tornarão fluidas somente se forem baseadas em sistemas repetíveis.

Recarregamento e volta à base

Somente quando toda a comida estiver servida, será possível pensar na fase da desmontagem (*break-down*), mas uma equipe verdadeiramente afinada e eficiente saberá executar algumas operações de limpeza e reorganização enquanto o evento ainda estiver em curso. Os pratos já utilizados e recolhidos serão acomodados nas cestas prontas para a volta (ou para a retirada pela empresa locadora). Garrafas, papel e plástico terão encontrado os seus recipientes diferenciados e estarão em *stand-by* para seu correto descarte como materiais recicláveis. Assim que o evento tiver terminado, as operações de reorganização podem prosseguir rapidamente, mas é melhor esperar até que a maior parte dos equipamentos esteja embalada antes de iniciar a recarga dos veículos. Como na chegada, os objetos mais pesados e volumosos devem ficar na parte inferior, e tudo deve ser acomodado de modo seguro e firme. Também no trajeto de volta para a base, danos devem ser evitados.

A maioria das empresas estabelece que os veículos sejam descarregados e limpos imediatamente após seu retorno, que a ficha de carga seja checada para estabelecer se todos os equipamentos voltaram e se todos os itens foram devolvidos imediatamente para seus devidos lugares.

A análise pós-evento (para uma abordagem detalhada, veja o capítulo "Terminou a festa", na página 484) deve se tornar parte integrante da rotina. Essa etapa pode esperar até o dia seguinte, mas não deve ser protelada para depois dele. É melhor repassar o evento antes que os detalhes fujam da memória das pessoas diretamente envolvidas.

Entrando em cena

Franco Luise

Cada evento é um clipe comercial

Chegou o momento de realizar o evento, de juntar os componentes individuais que devem harmonizar perfeitamente entre si para garantir uma interpretação fluente dos desejos do cliente. Tudo que foi discutido, vendido e programado, agora deve ser consolidado. Já realçamos as semelhanças com o mundo do espetáculo no capítulo "O local do evento", na página 404, e neste ponto, elas se tornarão ainda mais pertinentes. Os eventos de *banqueting/catering* desenvolvem-se em tempo real, ao vivo, e seguem inclusive uma espécie de roteiro (a *banqueting event order* – BEO), no entanto, como certos teatros de vanguarda, é preciso prever a participação da plateia. Assegurar-se de que ela não reescreva a peça durante a apresentação é a tarefa do diretor (*event manager*), cuja competência e firmeza devem ser proporcionais à sua invisibilidade. Em um salão criteriosamente preparado, os convidados encontrarão imediatamente a mesa e facilmente um lugar para deixar copos vazios. Poderão se mover sem dificuldade em torno do bufê, corretamente montado, e serão servidos por pessoal cordial e não estressado. Além disso, algumas condutas dos convidados serão orientadas mediante escolhas logísticas perspicazes. Ser obrigado a explicar repetidas vezes onde fica o bar sinaliza que ele foi montado em um local equivocado. A "estreia" deverá ser impecável, já que não haverá possibilidade de repetição, não somente por causa do vínculo contratual que liga o cliente e a empresa, mas também porque representa um investimento publicitário. Cada evento deve ser visto também como uma apresentação a muitos novos clientes em potencial. É um clipe comercial da empresa, mesmo que sua duração seja muito superior ao "minuto" costumeiro. Por motivo de educação, dificilmente alguém que vive o papel de convidado expressará seu desgosto ao gastrônomo ou à empresa organizadora do evento, já que não foi ele quem pagou pelo serviço. Contudo, a mesma pessoa não hesitará em verbalizar sua crítica diante de outros, e a proliferação de comentários poderá se tornar desastrosa. Quando acrescentamos a esse fato as distorções inevitáveis que as impressões individuais sofrerão, é evidente que um simples atraso ou um mínimo de desserviço possam se transformar em uma catástrofe, em cada narração sucessiva.

Vale a pena refletir. As empresas de *banqueting/catering* já aceitam filosoficamente a ideia de que, para encontrar novos clientes, é necessário fazer novos investimentos. Os custos gerados por feiras, folhetos e páginas de internet já "fazem parte do pacote". Será que não convém considerar também o próprio evento como mais um instrumento de venda, potencialmente muito mais eficaz?

Expectativas: a comunicação é essencial

Antes de passar do ponto de não retorno, ou seja, o momento em que a cortina se abre, é útil lembrar também que o nível de satisfação do cliente está vinculado às suas expectativas. Mais concretamente, o nível de satisfação percebida, seja com a oferta gastronômica, seja com o serviço, é a função de um conjunto de fatores: idade, nível cultural, estado de ânimo no momento do evento, comparação com o evento do ano anterior, etc. Se as expectativas do cliente (e dos seus convidados) são superadas (também se, objetivamente, não eram realistas), o voto será positivo. Paradoxalmente, se as expectativas são apenas satisfeitas, o resultado, ainda que não possa ser definido como negativo, será mediano da mesma maneira. Quem se lembrará do simples fato de que a comida foi suficiente? Para tornar o evento inesquecível em um sentido positivo, a empresa deverá fazer de tudo para entender as expectativas do cliente. A maior parte das decepções no campo da gastronomia e hotelaria pode ser explicada por uma comunicação ausente ou insuficiente entre as duas partes envolvidas. Se o cliente solicitar um *sushi* bar, pensando no imenso fascínio que lhe causou a destreza dos *chefs* na sua última viagem a Tóquio e depois encontrar não uma apresentação "animada", mas somente bandejas de *sushi* já preparadas, ele ficará decepcionado. É certo que ele não deixou clara sua própria visão, mas quando a pessoa que lhe vendeu o banquete não pensou em lhe perguntar o que entende pelo termo "*sushi* bar", é mais do que natural que haja um desencontro entre os conceitos.

O gastrônomo de banqueteria ou o *caterer* que acredita que o nível da proposta gastronômica seja o aspecto mais importante da sua atividade ficará rapidamente sem clientes, mesmo se a oferta dos pratos for verdadeiramente excelente. Afinal, ele não considerou o fato de que, para muitos convidados, não é a comida que interessa. Eles vieram para uma festa, para aquele conjunto ambíguo de fatores que constitui uma interação satisfatória com outras pessoas. Satisfazer essa incógnita exige dons adicionais. O serviço deverá ser percebido não somente como eficiente, mas também como sincero e espontâneo.

Um serviço de alta qualidade distingue-se por uma boa atenção aos detalhes: o convidado escandinavo, tão fascinado por uma fruta cítrica, ficará entusiasmado quando, na despedida, for presenteado com uma laranja que acaba de ser colhida. Um cliente inclinado a contratar outro evento o será ainda mais quando descobrir que foram preservadas notas detalhadas acerca das suas preferências. Muitas vezes, pessoas atarefadas apreciarão muito mais quem lhes possibilitar economizar tempo do que dinheiro.

Briefing (comunicação de instruções)

A fim de respeitar o horário combinado, o evento deve estar completamente montado cerca de uma hora antes da chegada dos convidados. Isso garante à equipe certa pausa para se refrescar e se trocar antes de se apresentar ao *briefing*. Durante essa reunião, o *event manager* fornecerá instruções precisas sobre o desenvolvimento do evento e verificará se cada membro da equipe está ciente de suas tarefas. Em caso de operação em espaços alheios, especificará os locais dos serviços e as saídas de emergência. Apresentará o menu e avisará o pessoal de salão sobre eventuais mudanças de última hora. O gerente de evento deverá ressaltar a presença de portadores de necessidades especiais, de pessoas com alergias ou que precisam de um menu diferente. Se o evento prevê protocolos particulares de segurança, eles precisam ser discutidos. Este breve encontro informativo deve incluir também informações sobre as motivações do evento (o que se celebra, qual o produto que se apresenta). Por fim, será o momento ideal para distribuir cartões de visita, de modo que o pessoal de salão possa fornecer uma referência imediata a qualquer convidado que expresse seu interesse na empresa.

Animar a equipe para dar "o melhor de si" certamente não é nada de supérfluo. Expressar gratidão pelo desempenho e pela cortesia dispensada aos convidados enfatiza o fato de que essas qualidades são valorizadas pela direção. Assim que a reunião terminar, os membros da equipe se apresentarão em seus postos de trabalho, e o gerente de evento realizará uma última inspeção dos equipamentos. Se o cliente chegar com alguma antecedência, será possível afirmar-lhe que tudo está se desenvolvendo conforme programado. Também é tarefa do gerente de evento verificar se o evento está ocorrendo segundo o cronograma estabelecido. Ele terá o cuidado de desacelerar ou acelerar o serviço de acordo com as necessidades e cuidará da sintonia entre os departamentos. "Os melhores observam, antecipam, estabelecem as prioridades e agem. Devem ser capazes de realizar várias tarefas simultaneamente, mantendo uma perspectiva destacada e, também em situações de emergência, não se mostrarão jamais agitados diante do cliente."[1]

[1] Hansen, B. & Thomas, C. *Off Premise Catering Management.* Nova York: Wiley, 2005.

O espaço do evento e a sua preparação

Espaço por pessoa

Normalmente, o conforto está ligado ao espaço pessoal, aquela "camada" de vazio que nos circunda e que nos faz sentir à vontade. Seu tamanho varia segundo a idade e o sexo das pessoas (mulheres e pessoas idosas sentem-se mais seguras com um pouco mais de distância interpessoal), mas pode também ser influenciado por fatores culturais. Para a maioria das pessoas, uma multidão apertada é desagradável, e é essencial que haja um conceito claro sobre a relação correta entre o espaço à disposição e o número de pessoas que deve ser acomodado. A tabela que segue abaixo evidencia as diferenças, também conforme o tipo de evento.

Evento	m² por pessoa
Coquetéis/recepções em pé	2
Coquetéis/recepções com algumas possibilidades de assentos	2,5
Conferência/reunião com assentos em estilo de auditório	2
Banquete (mesas retangulares)	2,5
Banquete (mesas redondas de 10 pessoas)	3
Banquete (mesas redondas de 6, 8 ou 12 pessoas)	4
Pista de dança	1-2
Palco	3,5

Em caso de utilização de estruturas suspensas ou estendidas, as medidas padrão preveem as seguintes possibilidades:

Área em m²	Número de pessoas	Evento
25	47 pessoas	pessoas em pé
	33 pessoas	pessoas sentadas, bufê
	25 pessoas	pessoas sentadas, jantar
38	65 pessoas	pessoas em pé
	56 pessoas	pessoas sentadas, bufê
	40 pessoas	pessoas sentadas, jantar
60	107 pessoas	pessoas em pé
	92 pessoas	pessoas sentadas, bufê
	64 pessoas	pessoas sentadas, jantar
90	193 pessoas	pessoas em pé
	133 pessoas	pessoas sentadas, bufê
	107 pessoas	pessoas sentadas, jantar
150	353 pessoas	pessoas em pé
	282 pessoas	pessoas sentadas, bufê
	242 pessoas	pessoas sentadas, jantar

Como já comentamos, as áreas de passagem entre as diferentes mesas devem ter uma largura mínima de 1,50 m, e a distância das cadeiras do muro deve ser de 1,30 m. Em caso de eventos com um elevado número de participantes, as mesas serão agrupadas em seções, que estarão divididas por corredores de cerca de 2 m de largura, para permitir ao

pessoal de serviço uma passagem fácil e simultânea em duas direções. Em todo caso, será importante que as pessoas encarregadas da preparação tenham noções fundamentais das diretrizes do corpo de bombeiros quanto aos espaços de passagem em locais públicos.

Ao estabelecer a área destinada à atuação dos convidados, é preciso fazer algumas perguntas sobre o movimento deles em termos de espaço e de tempo, para facilitar depois decisões sobre a localização dos vários pontos estratégicos:

- Onde será o ponto de chegada dos convidados?
- Chegarão todos mais ou menos juntos ou em pequenos grupos ao longo de certo tempo estabelecido?
- Qual o tipo do serviço previsto?
- O evento prevê um discurso? Quando? Antes, durante ou depois do serviço à mesa?
- Entre os convidados, há portadores de necessidades especiais? Cadeiras de rodas precisam de mais espaço para serem manobradas.
- Para onde remeter eventuais fumantes? É importante que a passagem para o local externo mais acessível não obstrua o serviço em curso.

A preparação da *location* ou do salão onde ocorrerá o evento deverá respeitar não somente as solicitações do cliente, mas também as normas sanitárias e de higiene, bem como o tipo do serviço e da comida que será servido. A seguir, apresentamos um panorama das áreas principais e de algumas situações bem definidas.

Área de recepção

Nas proximidades da entrada deverão ser colocados uma eventual chapelaria, uma mesa de inscrição/credenciamento e/ou um quadro indicando os lugares atribuídos. Em caso de mau tempo, será essencial prever porta-guarda-chuvas para evitar que o chão molhado se torne escorregadio. Para eventos que precisam de inscrição, é importante que o número de pessoal destacado para a tarefa seja proporcional ao número dos convidados, para evitar a formação de longas filas que bloqueariam a entrada. Além disso, uma espera logo no início de um evento causaria entre os convidados um mau humor que poderia durar horas.

Área de bebidas

Os pontos de bebida devem ser situados em áreas facilmente visíveis para os convidados que acabam de chegar, mas não tão próximos à entrada que possam bloqueá-la no caso de chegadas mais ou menos simultâneas. A preparação de pontos de *self-service* para bebidas não alcoólicas obedece à lógica dos bufês: tudo deve ser imediatamente visível, bem identificado e regularmente controlado.

Uma área de bebida com presença de uma pessoa para o serviço deve contar com um espaço mínimo de 14-15 m², mas o ideal seria o dobro. O espaço debaixo das mesas, devidamente encoberto, pode ser aproveitado para estocar gelo, reservas de bebidas não alcoólicas, cervejas, etc. Se considerarmos, porém, também a área de movimento dentro do bar, com espaço efetivamente necessário para colocar um número generoso de garrafas, uma área de 50 m² não seria nenhum exagero.

Em caso de eventos com um grande número de convidados, será essencial estabelecer mais pontos destinados ao serviço das bebidas. Uma utilização mais eficiente do espaço pode ser obtida montando-os em duplas. Dois bares que dividem um único espaço de depósito interno, mas que estão voltados para lados opostos da sala, reduzirão o espaço geral necessário para esses tipos de serviço.

Área de entretenimento

Para conjuntos musicais convém calcular um espaço de 3 m² para cada músico, com exceção do baterista que terá necessidade do dobro. Um piano ou um teclado eletrônico precisa de um espaço de cerca de 10 m² e um piano de cauda, de 30 m². Se os músicos forem se apresentar sobre um estrado, a área a ser reservada precisa de mais espaço ainda e também de uma pequena escada para garantir um acesso seguro. Atenção aos detalhes: o desnível deverá ser sinalizado com faixas fosforescentes, e um corrimão poderá ser aconselhável. Se alguém tropeçar ou cair, as primeiras verificações para atribuir responsabilidades serão sobre a disposição correta do estrado. Se houver a presença de um DJ, será importante colher dados exatos sobre o espaço necessário para os seus equipamentos. Na maioria das vezes, essas informações estarão contidas no contrato.

Mesas de homenagem e mesas para conferências

Mesas de homenagem retangulares que preveem a colocação de cadeiras somente de um lado não são muito práticas em espaços restritos, mas no caso de conferências representam com frequência a única solução possível. Quando precisam ser colocadas sobre estrados, o espaço necessário será o dobro, já que se deverá garantir uma área adequada de passagem por trás das cadeiras e também instalar uma pequena escada de acesso. Obviamente, valem as mesmas precauções explicitadas antes, na seção "Área de entretenimento", no que diz respeito a questões de segurança. Em geral calculam-se pelo menos 60 cm de espaço por pessoa. Uma mesa de homenagem que deve acomodar doze pessoas, além de um leitoril em suas proximidades, deverá ter ao menos 8 m de comprimento.

Quando é solicitada uma mesa destacada para conferências que iniciarão depois do serviço da comida, será necessário predispor as mesas atribuídas aos principais conferencistas na sua proximidade. Desse modo, essas pessoas poderão desfrutar do momento convivial sem se sentirem observadas. Também convém lembrar que, por questão de etiqueta, costume ou protocolo, certas pessoas não se sentirão à vontade ao se alimentar sobre estrados e em posições destacadas em relação aos outros convidados. Para conferências, as figuras abaixo apresentadas mostram alguns exemplos da disposição de mesas e do número de pessoas que podem ser acomodadas, utilizando móveis de dimensões padrão.

Exemplos de disposição de mesas para conferências.

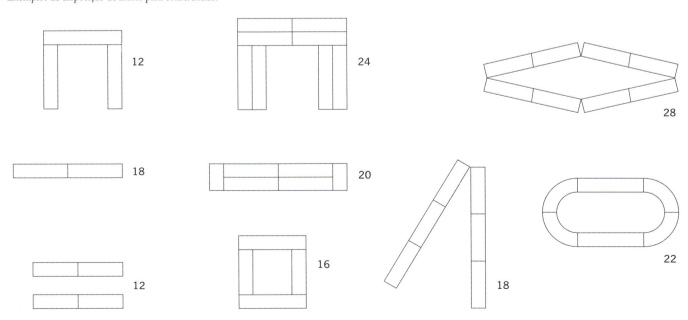

Mesas de recolhimento

Os pontos de apoio para recolher copos vazios, bem como pratos e guardanapos abandonados, devem ser colocados de modo estratégico. Podem ser utilizadas grandes bandejas, empilhadas em suportes adequados e posicionados em uma parede ou nas proximidades das áreas de bebida. É preciso calcular um espaço de cerca de 1,5 m² para cada estação dessa espécie. O seu número poderá ser reduzido se os garçons circularem com frequência e estiverem muito atentos a objetos que podem ser recolhidos. Ter a situação sob controle é essencial. Poucas coisas contribuem tanto para criar a impressão de deterioração como pratos usados que ficam à vista. Pior ainda é o seu abandono em lugares inteiramente inapropriados, como floreiras ou parapeitos de janelas. Tais comportamentos indicam claramente que as mesas de recolhimento são insuficientes.

Bufês

Os bufês são muito flexíveis e podem ser incorporados em muitos tipos diferentes de eventos. Em eventos formais, a tendência é reservá-los para o momento do aperitivo ou da sobremesa. *Finger food* e doces são particularmente adequados para eventos com decorações cênicas, e as últimas tendências registram um aumento de bufês temáticos e *living stations* (*sushi* bar, *candy* bar, ponto de fritura, ponto de churrasco, etc.). Esses tipos de equipamento deixam o convidado mais livre para circular e frequentemente transformam o *chef* em uma espécie de animador. Podem também oferecer uma solução adequada para destacar uma especialidade local. Um queijeiro que prepara as mozarelas ao vivo ou um especialista em ostras que abre esses frutos do mar na frente dos comensais provocam certo maravilhamento e contribuem para que os convidados criem a impressão de estarem participando de um evento muito particular e personalizado.

O número de mesas necessárias e a sua disposição dependem de vários fatores. As figuras no alto da página seguinte mostram algumas possibilidades de *layout*, mas antes de escolher a configuração convém considerar:

– o número de comensais: uma linha de bufê é suficiente para cerca de 100 pessoas. Se o número dos convidados for superior, será necessário criar outras áreas, multiplicando as linhas para favorecer o afluxo da parte dos convidados e também o reabastecimento dos pratos;
– o tempo à disposição para o serviço: um tempo breve exige um bufê mais rico de pratos, portanto, mais espaçoso, para poder servir o maior número possível de pessoas em pouco tempo. A exceção é o primeiro café da manhã – aqui será mais viável servir mais de 100 pessoas a partir de uma única linha de bufê, porque dificilmente todas as pessoas se apresentarão na mesma hora;
– o tipo de menu: o número dos pratos determinará o tamanho e o número das mesas necessárias;
– a quantidade e o volume dos enfeites: esculturas de gelo, candelabros e arranjos florais são muito cenográficos, mas tiram o espaço dos pratos;
– os equipamentos e funcionários necessários: com base no menu, deve-se calcular o espaço necessário para acomodar réchauds ou estufas (*chafing dishes*), pontos de corte ou outras *living stations*.

Um número crescente de clientes solicita a presença de um *chef* que realize não somente o corte das carnes, mas que também cozinhe e trate as carnes durante os bufês. A sua posição deverá considerar o fluxo dos convidados e também as normas de segurança (atenção a chamas abertas, vapores potencialmente nocivos, nuvens de fumaça, etc.). O departamento de cozinha terá que ficar atento aos tipos de prato que podem ser propostos nesses pontos: devem-se evitar preparações que precisem de cocção demorada, resultando, assim, na permanência prolongada dos convidados

Candy bar, Villa d'Este.

Exemplos de disposição de mesas para o bufê.

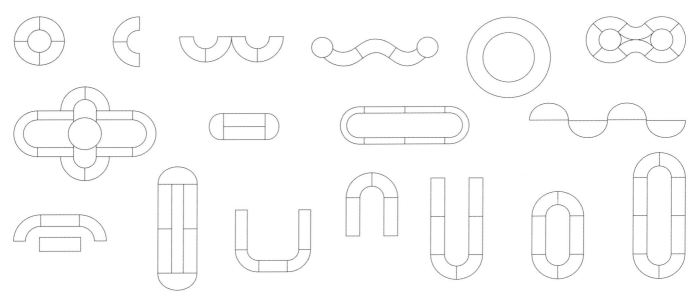

Sushi bar, Villa d'Este.

junto ao *chef*. Esses equipamentos precisam de uma *mise-en-place* muito cuidadosa e da possibilidade de efetuar uma pré-cocção para agilizar a finalização dos pratos.

A localização do bufê deverá valorizar ao máximo o trabalho da equipe de cozinha, bem como permitir uma passagem agradável e fácil dos clientes durante o serviço. Cada prato deverá ser montado de modo que seja visível e acessível não só para o convidado que se serve, como também para os garçons e cozinheiros que deverão realizar a substituição rápida de pratos vazios. A distância da cozinha é importante.

O bufê não deve jamais ser colocado próximo à pista de dança, aos músicos ou ao local do DJ.

Bufês previstos em áreas externas devem ser montados em uma área fresca e bem protegida dos raios solares. Calcular certo espaço de movimento em torno dos bufês ajudará na fluidez do tráfego e dará uma melhor impressão do conjunto. Um bufê acessível de dois lados agiliza os tempos de serviço. Atenção às proporções: um bufê com comprimento de mais de 5 m deve ser mais largo (solução: colocar duas mesas retangulares lado a lado). Desse modo, os pratos apresentados terão mais espaço e se evitará a desagradável "sensação de bandejão". Para informações mais detalhadas sobre as apresentações dos pratos nas mesas do bufê, conferir as páginas 450 e 453.

Os prós e os contras do bufê

O contratempo mais óbvio em relação aos bufês, sobretudo os que preveem um número elevado de convidados, é a eventualidade de que muitas pessoas já terão terminado de comer enquanto outras ainda estarão se servindo. Isso submeterá o evento a fases temporais divergentes, que tornarão mais difícil articular a programação de fases sucessivas ao momento convivial (apresentações, premiações, espetáculos, etc.). Alguns clientes nutrem a ilusão de que bufês são mais fáceis de organizar e realizar do que o serviço na mesa e, em consequência, acreditam que deveriam ter preços mais contidos. Quem opera na área sabe que os bufês, ainda que permitam certa economia no custo dos funcionários, apresentam custos elevados. Exigem uma boa variedade de pratos para garantir uma apresentação de efeito, e não há nenhuma possibilidade de controlar o tamanho das porções, de modo que é preciso preparar o reabastecimento para todos. Além disso, caso não seja consumida, por motivos óbvios de higiene, a comida exposta que sobrar deve ser eliminada.

Há certos truques que permitem influenciar a conduta de quem se serve no bufê e, consequentemente, controlar os custos:
– colocar no início os elementos de custo mais baixo, como pães e saladas. Dessa maneira, os pratos dos convidados já estarão parcialmente ocupados quando chegarem aos pratos mais caros;
– repensar o porcionamento de certos alimentos, particularmente nos casos em que são oferecidos vários alimentos da mesma categoria (carnes, peixes);
– empregar pratos menores ou com uma determinada proporção entre a borda e o espaço utilizável;
– utilizar recipientes que podem conter no máximo 25-30 porções e reenchê-los com maior frequência. As pessoas tendem a pegar porções menores de pratos de serviço menores. Além disso, vale lembrar que somente as primeiras pessoas que se servem conseguem apreciar os pratos perfeitamente decorados antes de seu porcionamento;
– aproveitar as *living stations* também desde o ponto de vista psicológico: dificilmente as pessoas exagerarão nas porções quando sabem que estão sendo observadas.

De modo geral, a montagem de pontos de bebida, bufê e *living station* na sala ou na área prevista para o serviço deve prever amplos espaços entre eles para facilitar o fluxo das pessoas.

As mesas dos convidados

Ao contrário do que ocorre em restaurantes ou hotéis, nos quais um departamento de *stewarding* ou uma equipe de montagem/desmontagem cuida da disposição de mesas e cadeiras, as atividades de *catering* empregam frequentemente as mesmas pessoas para essa fase de preparação e também para a fase posterior do serviço. Quem supervisiona esses movimentos deve se assegurar de que as mesas redondas sejam roladas, uma por uma, na posição correta e, por motivos de segurança, com as pernas do lado oposto do corpo da pessoa que as manuseia. Aconselhamos o uso de luvas protetoras não somente por motivos de segurança, mas também por motivos estéticos: mais tarde, as mesmas mãos estarão à vista na fase do serviço. Quando há pisos delicados ou terrenos molhados, será necessário levantar as mesas para fazê-las chegar até a posição prevista. No interesse da eficiência é importante realizar o menor número possível de deslocamentos. Por isso, desenhar previamente um diagrama que mostre

a posição de todas as mesas facilitará essa fase do trabalho. Finalmente, será importante verificar que as pernas sejam bloqueadas assim que a mesa estiver posicionada.

O que determinará os pratos, talheres e copos que serão usados é o menu, e também o tema do evento poderá influenciar na preparação das mesas individuais. É útil montar primeiro um *couvert* completo, inclusive eventuais decorações, como modelo para toda a equipe de preparação. Seu trabalho será facilitado se as cadeiras forem colocadas apenas depois. As toalhas e os guardanapos serão manuseados com mãos rigorosamente limpas, e é preciso ter muito cuidado para não arrastar as orlas das toalhas pelo chão na fase do transporte ou durante a preparação. Assim que as toalhas estiverem colocadas e devidamente endireitadas, todos poderão usar facilmente as linhas de suas dobras como orientação para o correto posicionamento dos *couverts*. Nesse caso, os primeiros pratos serão colocados sobre a dobra central, e os próximos em distâncias iguais. Um método alternativo, útil para mesas redondas de 12 comensais, consiste em imaginá-las como um relógio com seus quadrantes. As primeiras facas serão colocadas na posição de seis e doze horas, e as demais nas posições dos outros números.

No caso ideal, os arranjos florais para o centro da mesa serão colocados imediatamente depois da colocação da toalha. Dessa maneira é possível perceber logo quanto espaço realmente ocupam. Além disso, se forem pesados, a pessoa que os manuseia não precisará se preocupar com os *couverts* e poderá se concentrar em sua tarefa delicada de posicionar esses elementos corretamente. Igualmente convém assegurar-se de que os suportes não estejam molhados. Muitas vezes basta acomodar um guardanapo debaixo do recipiente para evitar qualquer inconveniente.

Para não perder tempo nessa fase da preparação, é uma boa estratégia atribuir os distintos elementos a diferentes pessoas. Ou seja, uma pessoa colocará todas as facas, outra, os garfos, e assim em diante. Dessa forma não será necessário separar com antecedência pratos e talheres em grupos de 8, 10 ou 12. Apenas quando as mesas estiverem preparadas, convém colocar as cadeiras, com o devido cuidado de aproximar os assentos da mesa sem enrugar a toalha.

Ao usar velas, um auxiliar da equipe de preparação terá a tarefa específica de se assegurar de que elas, depois de acesas, não queimem elementos decorativos nem os cardápios. Estes últimos devem aparecer bem no final. Dessa maneira é menos provável que sua tinta fresca suje as toalhas e, se for necessário realizar uma mudança de última hora, não será necessário retirá-los e reimprimi-los.

447 O ESPAÇO DO EVENTO E A SUA PREPARAÇÃO

A apresentação da comida

Uma apresentação cuidadosa é sinal do devido respeito não somente pela comida, mas também pelo convidado. O tempo investido para dispor tudo de modo ordenado e harmonioso dará um resultado que sem dúvida será percebido. Os breves apontamentos que seguem abordam temas tanto estéticos como práticos e são oferecidos como orientações que não pretendem ser exaustivas.

Coffee break: a disposição das mesas nas quais serão colocados os alimentos, pratos, talheres, guardanapos e eventuais máquinas de café e de água quente para os chás deverá dar conta do número dos comensais, bem como da quantidade e do tipo da oferta gastronômica. É importante que inclusive a comida mais simples seja apresentada de modo atraente, dispondo as bandejas não em linhas retas, e sim alternando-as segundo as diferentes medidas. Este detalhe dará maior espaço e realce à oferta, valorizando-a da melhor maneira possível e criando um movimento entre os diversos pratos. Alternar as cores dos pratos é sempre uma boa ideia. Também nas propostas temáticas é agradável evidenciar as nuanças de uma mesma tonalidade.

Se não forem previstos arranjos florais, é possível acrescentar certo destaque visual aproveitando do tema "café e chá". Por exemplo, as mesas poderiam ser decoradas com punhados de grãos de café, ou as bandejas poderiam ser colocadas conforme as características das caixinhas das misturas de chá. Também cafeteiras e chaleiras servem como complementos de decoração. Quando os *coffee breaks* são montados em espaços ao ar livre, é permitido ousar com apresentações em cores mais vivas. Objetos e produtos extrovertidos e originais devem ser valorizados sem medo e apresentados nas mesas decoradas com fantasia, ao lado de elementos que lembrem o fio condutor ou o tema principal do respectivo *coffee break*. Uma boa regra geral para tudo isso é: jamais amontoar os elementos, mas dispô-los sempre com nitidez.

Tartufo de pistache e coco, Molino Stucky Hilton.

Coquetéis: constituem uma oportunidade ideal para apresentar o estilo próprio da empresa. Visto que frequentemente precedem outra oferta gastronômica, convém lembrar a importância da primeira impressão que eles podem criar. A gastronomia moderna exige uma maior criatividade também acerca da oferta culinária combinada com os coquetéis. No passado, pode ter sido suficiente servir alguns canapés, mas hoje em dia deve-se procurar algo bem original e que se aproxime mais de um pequeno prato do que de um salgadinho. Dessa maneira, nasceu com o termo *finger food* uma nova fórmula de oferta gastronômica: pequenas criações que podem ser seguradas com as pontas dos dedos ou com uma seleção de talheres limitados. Enquanto a sua apresentação oferece ao cliente uma visão atrativa, para o serviço ela esconde algumas armadilhas:

- A oferta deve ser variada e incluir tanto preparações frias como quentes. Devem-se selecionar sempre recipientes que tenham uma base estável e que não possam cair. Por exemplo, um espetinho de camarão que é colocado dentro de um copo vazio quase certamente o fará cair para o lado do maior peso. Portanto, o copo deverá ser estabilizado com uma pequena sopa à base de verduras para garantir o equilíbrio.

À direita: Alcachofras e queijo *scamorza* defumado, Fazenda Montalbano.

- Serviço em bandejas: a bandeja deve ser grande o bastante para poder acomodar de quatro a cinco variedades de *finger food*, mas deverá ser também manobrável pelo garçom. É preciso evitar absolutamente bandejas pesadas ou muito grandes. Convém fornecer ao lado dos alimentos um local onde colocar os talheres necessários para poder consumir os pratos. Ao dispor elementos de *finger food* em bandejas, faça sempre um teste de estabilidade, movendo a bandeja para cima e para baixo, para a direita e para a esquerda, simulando assim o que pode acontecer durante o transporte pelos garçons. Se os alimentos se movimentarem muito ou estiverem pouco estáveis, é permitido colocar uma toalha debaixo dos pratos, de modo a reduzir os problemas.

- Os clientes não podem comer um *finger food* acomodado em um pequeno recipiente e beber uma *flute* de espumante simultaneamente! É preciso organizar planos de apoio, por exemplo, *standing tables*, ou seja, mesas altas, redondas ou quadradas, sobre as quais os clientes, em pé, possam apoiar a comida ou a taça, para saborearem ou a comida ou a bebida.

Coquetel *Dinnatoire* (ou reforçado): cada vez mais clientes pedem aquele tipo de serviço no qual se acrescenta a uma oferta de *finger food* um ou mais pratos quentes para prolongar a duração dos coquetéis, tornando-os um bufê de almoço ou jantar. Com esse tipo de serviço deverá ser combinado, geralmente, uma oferta de pequenas tentações doces, ou seja, de *finger food* doces, que farão a vez da sobremesa para completar o evento. É uma fórmula muito apreciada por um público jovem, porque permite que os comensais se movam livremente e conversem com mais pessoas.

Bufê: a disposição dos pratos nas mesas do bufê e o seu embelezamento representam uma oportunidade para o *chef* mostrar o seu estilo próprio, bem como para apresentar os dons artísticos individuais dos membros da equipe. Certa corrente de pensamento propõe a presença de esculturas vegetais, de manteiga ou de gelo (*pièce*), as quais complementam os pratos oferecidos. Esses elementos, necessariamente de dimensões grandes, são indicados quando o espaço à disposição é realmente muito amplo. Para que possam ser apreciados, devem ser visíveis na íntegra, e sua visão não deve ficar comprometida por outros elementos. Além disso, é essencial que estejam em sintonia com o ambiente e com o caráter do evento. Casas históricas e eventos formais acolhem esses elementos decorativos com mais naturalidade do que casas modernas ou eventos de caráter mais informal. De qualquer maneira, os objetos mais solicitados são aqueles com os quais o *chef* consegue adequar o seu estilo pessoal ao ambiente em que o evento terá lugar e ao contexto em que as suas criações serão vistas pelos convidados.

Hoje, devido à natureza heterogênea dos locais dos eventos, há uma tendência de se adotar nas apresentações uma filosofia que concentre a atenção na própria oferta gastronômica e no seu frescor. Entende-se por frescor também certo desprendimento dos estilos favoritos no passado. Esculturas majestosas, bandejas imponentes e toalhas de mesa pesadas têm cedido espaço a uma renovada apreciação de elementos florais e pequenos suportes com objetos únicos, talvez apoiados em mesas de vidro sem toalhas. A transparência é frequentemente vista como um fator valorizador, capaz de produzir um efeito ótico notável que envolve o consumo das propostas gastronômicas. Além disso, lembramos a economia financeira substancial ao dispensar a lavagem de toalhas. Para empresas que adotam esse estilo de apresentação, é um detalhe que não deve ser desprezado, sobretudo nas realidades que contam com volumes de negócios consideráveis. Também não se deve esquecer a necessidade de utilizar estrados e tábuas de diferentes níveis: eles criam no bufê certos movimentos e uma harmonia de perspectiva no impacto ótico que o cliente experimentará ao entrar no salão.

Esculturas de gelo, Villa d'Este.

Voltando-nos para o tema complexo da sequência correta na disposição dos pratos, podemos afirmar, para todos os efeitos, que a lógica tende a ser a mesma de um menu servido, a saber, seguir uma ordem bem nítida na colocação dos diversos pratos, fazendo com que o cliente, ao entrar no salão, encontre primeiro as preparações frias, as saladas simples ou compostas e as entradas, e depois continue para os primeiros pratos, os pratos principais acomodados sobre *réchauds* ou em estufas especializadas (*chafing dishes*) ou preparados nas *living stations*, até terminar com as sobremesas. É essencial que o cliente sinta que as escolhas lhe são facilitadas, que o seu percurso é aconselhado para poder aproveitar as propostas oferecidas da melhor maneira possível. Algumas empresas consideram útil deixar os pratos quentes inteiramente separados, em um bufê exclusivamente destinado a eles, para poder reservar o espaço na frente da entrada para os pratos frios, que são mais cenográficos.

Uma disposição criativa e adequada dos pratos em um bufê oferece uma visão agradável aos clientes e o perfeito *flash* cenográfico que os predispõe para degustar os pratos preparados. Para evitar erros, convém observar os aspectos que seguem.

- Antes de dispor os alimentos nas bandejas, considerar as suas dimensões, esboçando um diagrama hipotético das suas proporções de diagonal, comprimento e largura. Esse recurso facilitará o posicionamento dos alimentos, sobretudo quando se pretende colocar também uma *pièce* importante.
- Considerar o tamanho e o formato das bandejas em relação ao número dos comensais e ao tipo de alimento que deverão conter. Uma bandeja pequena poderá dar a impressão de estar sobrecarregada, enquanto uma quantidade pequena de alimentos se perderá se for acomodada em uma bandeja grande demais.
- Considerar a utilização de bandejas de prata somente se a sua superfície ficar protegida por uma camada de gelatina neutra sobre a qual se podem colocar os alimentos.
- Utilizar para as preparações que contenham ovos somente bandejas de cerâmica, devido à sua tendência de rápida oxidação no contato com metais. Eventuais bandejas estragadas deverão ser eliminadas.
- Usar bandejas de madeira somente se estiverem tratadas com substâncias atóxicas que não provocam reações nos alimentos.
- Usar somente decorações comestíveis.
- Evitar a colocação de alimentos sobre bases úmidas, como maionese. É importante que os clientes possam retirar os alimentos com facilidade. No caso de produtos fatiados, convém dispor as fatias lado a lado, assegurando-se de que o sentido favoreça o cliente que se serve, e colocando-as em intervalos regulares e precisos. As fatias servidas deverão ser somente das melhores partes do produto. Por exemplo, o presunto deverá ser apresentado com pouca gordura, e o mesmo se aplica às carnes assadas.
- Se a opção for apresentar na íntegra, sobre bandejas, produtos importantes e muito cobiçados, como *pièces* (por exemplo, salmões ou lagostas), eles devem ser considerados como destinados ao serviço em um segundo momento, depois de ter acabado o respectivo produto porcionado. De qualquer maneira, deverá haver o cuidado de colocá-los numa posição que permita ao garçom ou ao cozinheiro cortá-los ou porcioná-los com agilidade.
- O bufê não deverá jamais ser sobrecarregado de decorações e apresentar um uso excessivo de molhos ou gelatinas que possam prejudicar a evidência dos sabores das matérias-primas.
- Os alimentos são cobertos com filme plástico e conservados em espaços frigoríficos até a colocação nas mesas. Um ambiente com um número elevado de pessoas tende a esquentar, e as preparações correm o risco de se deteriorar. Convém considerar no máximo 1h30 para os alimentos colocados nos bufês, para evitar a criação de bactérias danosas.

Cronometragem

Um gerente de evento prevenido terá presente não somente a agenda e o cronograma do cliente (decisivo para calcular o pessoal de serviço necessário), mas também os da própria estrutura. Sobretudo quando a agenda prever eventos simultâneos ou sucessivos, ele deverá monitorar todas as fases operativas (inclusive as de limpeza e reorganização dos espaços) para evitar que o trabalho de uma equipe obstrua ou atrase o de outra. O objetivo é manter uma constante "marcha para a frente", uma fluidez que evita tanto situações de ociosidade como de hiperatividade. É essencial que esteja informado acerca dos tempos previstos para discursos, apresentações, premiações e sessões fotográficas, bem como sobre eventuais contratempos que envolvem convidados de homenagem ou outras figuras-chave, para poder assegurar que a cozinha e o salão trabalhem em sintonia com a realidade. Eventos com um grande número de convidados precisam de atenção particular para assegurar que, durante as fases de serviço, todo o salão obedeça à mesma linha de tempo. É possível que nem todo o pessoal de serviço tenha o mesmo ritmo ou o mesmo nível de experiência. Ao atribuir as tarefas, será importante procurar certo meio-termo que considere esses aspectos.

Para eventos em que o fator tempo é essencial, o ritmo do serviço pode ser acelerado com a adição de pessoal extra, mas essa opção terá certamente repercussões nos custos. Assessorar bem o cliente na escolha do menu é outra estratégia para reduzir os tempos de serviço. Por exemplo, o *roll-in buffet* (bufê sobre rodas, introduzido em determinado momento do evento), retratado nas páginas 472-473, representa uma solução criativa para problemas de tempo apertado, impostos em muitas reuniões de negócios.

A finalidade deste livro não é descrever os procedimentos específicos do serviço. Não obstante, entender como deverá ser conduzida a "direção do espetáculo" é substancial. Para a estimativa dos pratos e da cronometragem calculam-se, em geral, entre 20 e 30 minutos para servir, consumir e retirar cada prato sucessivo. A maior parte das refeições pode ser servida em um espaço de tempo que varia entre 60 e 90 minutos. Ceias ou jantares formais, que apresentam um número de pratos elevado ou exigem uma atenção particular no serviço, podem aumentar essa duração. Em geral, os convidados apreciam uma pausa de 8-10 minutos entre um prato e outro, mas ficam inquietos se esta se prolongar ou se ficarem sentados à mesa por mais de duas horas. Um convidado informado sobre os tempos previstos para cada fase do evento ficará mais relaxado e propenso a colaborar, e, dessa maneira, também a atuação do pessoal de serviço será beneficiada. Colocar cardápios individuais nas mesas é útil não somente para listar os alimentos servidos, mas também porque o número de pratos oferece ao convidado uma indicação sobre a duração do evento. Esse mesmo subsídio pode ser transformado em uma espécie de programa se o evento prever diferentes intervenções ou entretenimentos. Desse modo, ativa-se no subconsciente do convidado um mecanismo que ajusta as expectativas temporais às informações recebidas. Uma pessoa poderia decidir sair para fumar durante o discurso, outra poderia programar sua saída antes da sobremesa, mas o aspecto importante é que todos se sintam no controle de seu próprio tempo.

É a comunicação, ainda que às vezes indireta, que permite a cada um dos convidados criar o seu próprio final feliz.

Molino Stucky Hilton, Veneza
Business banqueting *na Laguna* – chef *executivo Franco Luise*

O hotel Molino Stucky Hilton de Veneza nasceu da restauração de uma das arquiteturas industriais mais notáveis da cidade, na Isola della Giudecca. Construído na virada do século XIX para o século XX, sobre as ruínas da igreja e do convento anexo de San Biagio e Cataldo, é considerado um dos moinhos mais belos da Itália.

O primeiro projeto do Molino Stucky foi encomendado em 1884 pelo industrial veneziano Giovanni Stucky ao arquiteto alemão Ernst Wullekopf, que desenhou um edifício funcional de tijolos vermelhos. Desde então, seguiram-se constantes ampliações, até o complexo chegar a incluir também silos e uma fábrica de pastas, cobrindo uma área de mais de 30 mil m², na qual se produziam aproximadamente 50 toneladas de farinha por dia.

A atividade era intensa e próspera, sobretudo graças à tecnologia de ponta instalada no Molino. Utilizando um mecanismo físico que aproveitava as quedas do alto, era possível transferir os grãos de trigo diretamente dos navios para as máquinas que os processavam. O funcionamento envolvia 1,5 mil operários que trabalhavam sem interrupção; portanto, significava uma contribuição considerável para a economia da cidade de Veneza. Os conflitos mundiais, bem como os impactos da concorrência no continente e do assassinato de Giovanni Stucky, deram início ao lento declínio que levou o Molino Stucky a encerrar suas atividades em 1955, fechando assim um capítulo de fracassos e sucessos que o tinha destacado ao longo de sua atividade.

A preservação do nome e da arquitetura deve-se ao desejo explícito de manter viva a memória histórica e, como o próprio Giovanni Stucky teria desejado, de estabelecer uma relação com a cidade.

A extensão, a estrutura e os tetos altos dos edifícios que acomodaram o refeitório da fábrica e a produção de pastas mostraram-se particularmente indicados para receber o Centro de Congressos, destinado a se tornar o maior polo de convenções da Laguna. Os espaços, originalmente desenhados para acolher de maneira funcional um afluxo de milhares de operários, acolhem hoje milhares de congressistas.

A potencialidade estrutural do edifício permite servir coquetéis, *coffee breaks* temáticos e banquetes, utilizando como ambientação as áreas mais belas do hotel e oferecendo ao *chef* de cozinha a possibilidade de expressar a sua criatividade ao máximo. A importância de garantir menus baseados na tradição local oferece a oportunidade de aproveitar prioritariamente as delícias frescas do Mercado de Rialto.

No entanto, o maior segredo da oferta gastronômica de Franco Luise, *chef* executivo do Molino Stucky Hilton, é o equilíbrio certeiro entre tradição e inovação. Pratos de raiz veneziana, reinterpretados em chave criativa, valorizam o sabor de cada um dos ingredientes.

Briefing sobre o menu.

Sunrise coffee break

A oferta gastronômica deve ser idealizada pensando no espaço em que será apresentada, criando uma harmonia perfeita com o ambiente em que será servida.

Os espaços externos prestam-se a decorações em cores vivas que acentuam o frescor de todas as propostas. Para dar conta de um grupo reunido para uma intensa jornada de trabalho, a área da piscina é o lugar ideal para preparar um *coffee break* energizante que inclui frutas frescas, um *crumble* de maçã, um pãozinho com Nutella®, uma torta inglesa com frutas, biscoitos escoceses amanteigados, café, chá e suco de maçã. A escolha de uma área associada ao relaxamento e ao tempo de lazer como *location* de um *coffee break* associado ao setor de *business* não é casual. Dessa maneira, o hotel pode levar um segmento importante da clientela a conhecer outra faceta da sua estrutura.

Piscina na cobertura do Molino Stucky Hilton.

Morning coffee break

Outro tipo de *coffee break* matutino com propostas mais substanciosas como *muffins* de chocolate, *brownies* de nozes, *New York cheesecake* e suco de groselha pode ser apresentado dentro de um grande *lobby*, sobre uma mesa preparada para receber os clientes na sua chegada, antes de uma reunião, ou como intervalo no meio da manhã, para conceder uma pausa aos trabalhos da reunião. Para as estruturas que os oferecem, os *coffee breaks* são muito indicados como cartões de visita, já que podem ser montados em muitos pontos diferentes, levando, portanto, os clientes a ver e avaliar os diversos ambientes gastronômicos e hoteleiros da empresa organizadora.

Lobby Campiello.

Thematic coffee break – chocolate

Os *coffee breaks* temáticos são um recurso importante, pois permitem desfrutar ao máximo das primícias de cada estação e oferecem ao *chef* uma bela oportunidade de mostrar o seu talento. Pode-se oferecer um *coffee break* temático à base de chocolate, apresentado nos balcões do bar, como complemento original do mobiliário, com: pudins de chocolate *fondant*, musse de chocolate e páprica, barrinhas de chocolate, espuma de chocolate branco e bolo de chocolate.

O Rialto Bar como moldura perfeita para *coffee breaks* temáticos.

Thematic coffee break – **morango**

Um *coffee break* temático à base de morango pode ser preparado dentro de um salão importante ou de uma suíte presidencial, constituindo uma pausa elegante em qualquer evento. Neste caso, é possível preparar: tortinhas de morango, frapê de morango, mini-*fraisiers* e morangos marinados à menta.

Cores e sabores na suíte presidencial.

Thematic coffee break – peixe

Eis o exemplo de um *coffee break* temático à base de peixe. Organizado ao ar livre, aproveitando os jardins do hotel, oferece aos participantes de uma reunião e aos outros clientes do setor empresarial uma maneira de desfrutar do estupendo panorama e um momento de respirar em meio aos compromissos. As propostas incluem torta de peixe, frapê de peixe, peixe Melba, tortinhas e bocadinhos de peixe.

Recipientes de diferentes formas e jogos de apresentação.

469 BUSINESS BANQUETING NA LAGUNA

Bufê de sanduíche

Um espaço ao ar livre é perfeito para um almoço rápido com um bufê de sanduíches e pãezinhos compostos de *piadina* com presunto de Parma, pão sírio com mozarela e verduras grelhadas, minibaguetes recheados de presunto cozido e queijos, *croissant* com Camembert, sanduíche de rosbife com molho de rábano, pão brioche com peru de ervas e bacon, pão de centeio com salmão defumado e endro, *club sandwich*, pão de cereais com camarão ao molho de coquetel, refrigerantes, água e sucos, café e chá.

Vidro, cerâmica, tijolos, bambu: materiais diferentes para decorações de grande efeito.

471 BUSINESS BANQUETING NA LAGUNA

Bufê para almoço de trabalho

Para o *chef* de cozinha, reuniões de trabalho representam sempre um desafio: a rapidez do serviço não deve prejudicar uma boa escolha de pratos e um padrão de qualidade elevado. O *roll-in buffet* representa uma solução otimizada: trata-se de um bufê móvel que entra no salão da reunião, pronto para atender em um piscar de olhos as exigências dos participantes *gourmets*, com uma seleção composta de *carpaccio micuit* com crocante de ervas, *fettuccine* ao molho de lagostim, corvina com molho à *matriciana* e *zabaione* de sabores mediterrâneos.

Roll-in buffet: alimento em movimento.

Bufê de almoço

Os bufês representam a maior faixa de vendas dentro da oferta gastronômica destinada a congressos. Já não podem ser preparados na forma clássica. Hoje, privilegia-se a individualidade do produto e a possibilidade de manter os pratos a uma temperatura de serviço controlada. Por esse motivo usam-se grandes vitrines refrigeradas para produtos como seleções de saladas e condimentos, saladas de frutos do mar, cuscuz de camarão com pequenas verduras, peixe-galo à *carlina*, linguado ao molho *saor*, *vitello tonnato*, aspargo verde ao molho mimosa, salada *niçoise*, torta *caprese*, musse de dois chocolates, *crostatine* de frutas frescas, etc. Os pratos quentes, por sua vez, como macarrão tipo *fusilli* salteado com camarão e abobrinha, serão conservados sobre *réchauds* especiais (*chafing dishes*).

O bufê com preservação da temperatura correta.

Coquetel presidencial

Nos jantares importantes não se pode esquecer o papel dos coquetéis, um momento convivial que permite ao *chef* exibir sua fantasia. Nada de clássico, nada que lembre os canapés, e sim pratos em miniatura, servidos sobre bandejas por um garçom especializado: lagostim em crosta de berinjela, *gazpacho* de melão e tomate com atum refogado, *parmigiana* de verduras, lula em sua tinta e rolinhos de carne com cogumelos *porcini*.

Guloseimas presidenciais.

478 MOLINO STUCKY HILTON, VENEZA

Coquetel

Com a sua vista extraordinária, o Skyline Bar é a moldura ideal para um coquetel elegante. Uma ampla seleção de *finger food* é apresentada com grande efeito sobre suportes transparentes colocados nos balcões de mármore preto do bar. Ao cair da tarde, essa localização verdadeiramente singular cria para o cliente a impressão de ter toda a laguna aos seus pés. Uma vista dessa magnitude pede propostas especiais: espuma de queijo com pimenta rosa e verde, espetinhos de mozarela e abobrinha grelhada, *vichyssoise* com caviar, espetinhos de camarão e alecrim envolvidos com presunto, lagostins com azeite e limão, vieiras com citrinos, lagosta com tartufo preto, bacalhau na manteiga, *gazpacho*, caixinhas com frituras mistas, molho *saor* com anchovas, saladas de caranguejo e camarões em pasta *kataifi*.

Um rico *happy hour* no Skyline Bar.

481 BUSINESS BANQUETING NA LAGUNA

Terminou a festa

Franco Luise

Estratégias para um bom encerramento

Quando o evento chega ao seu fim, os clientes, aos poucos, levantam das mesas e deixam os salões que, pouco antes, ressoavam de conversas e risadas. O pessoal de serviço permanece ali, olhando para aquilo que uma vez fora uma série de perfeitas *mise-en-place* preparadas nas mesas: aglomerados de taças e copos meio vazios misturam-se com pratos de sobremesa usados e guardanapos amontoados a esmo. Assim se inicia o trabalho fatigante da arrumação e reorganização dos locais e materiais. Pilhas de pratos ao lado de lava-louças, bem como caçarolas e frigideiras deixadas de molho predominam nos cenários das cozinhas.

Desmontagem e análise pós-evento

A retirada dos objetos e a desmontagem do salão não deverão jamais começar sem uma ordem explícita dada pelo responsável de salão. No caso de bufês, quando a maior parte dos clientes já tiver se servido, eventuais repetições da oferta gastronômica podem ser discretamente recolhidas, pois, de qualquer maneira, sempre haverá o cuidado de substituir pratos que acabaram. Em eventos que contam somente com um bufê, é preferível deixar tudo à disposição até que o último convidado tenha terminado de comer. Também nessa situação, geralmente é recomendável verificar com o cliente ou com o organizador do evento se os objetos que estão sobre as mesas podem ser recolhidos.

Quando se utiliza *réchauds* tipo *chafing dishes* será importante apagar as chamas aquecedoras com muito cuidado, observando as normas de segurança. Ao se tratar de eventos com certo número de participantes, deverá se organizar um espaço suficiente na cozinha para receber os pratos e as bandejas que voltam dos bufês, bem como um espaço onde ficarão empilhados à espera de serem limpos e lavados pelo departamento de *stewarding*. Quanto mais amplos os eventos, tanto mais se deverá pensar em organizar diferentes pontos de apoio e empilhamento de pratos, taças, copos e recipientes usados. A previsão dessas "áreas de estacionamento" permitirá o fluxo regular das operações de limpeza pós-evento, assim como uma correta disposição do material, evitando danos e estragos. É útil que o departamento de *stewarding* designe uma pessoa especificamente encarregada para facilitar essas operações. Ela deve articular, na altura do *passe* da área de lavagem, uma eliminação e disposição correta dos alimentos deixados nos pratos, e também o armazenamento diferenciado de talheres, pratos e copos. Na cozinha, o responsável de turno deverá garantir que os alimentos que voltam dos bufês sejam eliminados e não reutilizados, já que se trata de alimentos que, geralmente, ficam nas mesas por pelo menos duas horas e podem estar contaminados por bactérias, etc. No caso de eventos com um menu fixo, providenciará que nada fique nos fogões e fornos e que eventuais molhos ou condimentos reaproveitáveis sejam rebaixados na temperatura.

As mesas utilizadas serão esvaziadas e limpas, e se houver pranchas móveis, elas serão retiradas e guardadas nos depósitos. Em empresas maiores, uma *equipe* de desmontagem providenciará a remoção de todo o material e a arrumação dos locais, inclusive sua limpeza completa. Para operações de *catering*, as fases de recarga e volta para a base são abordadas detalhadamente nas páginas 434-435.

Por fim, deverá ser organizada uma revisão pós-evento para identificar os problemas mais específicos que precisem de atenção particular, discutindo as melhorias futuramente necessárias. Os envolvidos devem avaliar os pontos que seguem, sempre na perspectiva de um futuro crescimento profissional.

- O tempo para preparar o evento foi suficiente?
- As informações necessárias chegaram em tempo hábil a todos os departamentos envolvidos?
- A equipe foi suficiente, qualitativa e quantitativamente?
- A comida foi suficiente, qualitativa e quantitativamente?
- O fornecimento do material e do equipamento foi correto?
- Os serviços correlacionados (entretenimento, decorações florais, estacionamento, segurança, etc.) estavam à altura?
- Ocorreram problemas inesperados?

Colher o *feedback* do cliente

Enquanto o pessoal operativo está ocupado com a desmontagem e a limpeza do salão e sua reorganização, um encarregado deverá se ocupar do cliente ou de quem organizou o evento, para colher e registrar as suas impressões e concretizar os procedimentos para o pagamento final. Todos os comentários deverão ser recebidos e eventualmente registrados em um documento escrito. Independentemente do tamanho da empresa em que se opera, há certas perguntas-chave que podem ser feitas ao cliente, facilitando uma análise completa e sincera das suas impressões.

Algumas empresas preparam fichas com as perguntas mais importantes com relação aos diversos departamentos e/ou serviços e seus aspectos estratégicos para o evento, para captar o nível de satisfação do cliente.

Nome do Evento: _____ Data: _____

Nossa empresa está constantemente comprometida com a melhoria da qualidade dos serviços prestados aos nossos convidados. Por isso, ficaríamos muitíssimo gratos se o(a) senhor(a) pudesse dedicar alguns minutos ao preenchimento da avaliação que segue, a qual nos permitirá ter uma noção imediata de sua satisfação.

Nome e sobrenome do cliente: _____

Telefone/Fax: _____

E-mail: _____

Endereço: _____

INDICAR O GRAU DE SATISFAÇÃO

1.

Muito satisfeito	Satisfeito	Indeciso	Insatisfeito	Muito insatisfeito
1	2	3	4	5

ORGANIZAÇÃO DO EVENTO

Satisfação das expectativas

Prontidão e eficiência na oferta

Comentários:

_____
_____
_____
_____

SALAS DE REUNIÃO

Conforto e atmosfera

Preparações e decorações

Equipamentos técnicos

Limpeza

Comentários:

_____
_____
_____

	😀	🙂	😐	🙁	☹️

O NOSSO PESSOAL

Pessoal de salão					
Pessoal do departamento gastronômico					
Equipe de organização					
Avaliação geral					
Disponibilidade					
Cortesia					

Comentários:

_____

_____

_____

_____

SERVIÇOS GASTRONÔMICOS

Qualidade da comida e das bebidas					
Variedade da oferta					
Qualidade dos *coffee breaks*					
Qualidade do almoço					
Qualidade do jantar					
Qualidade das festas					

Comentários:

_____

_____

_____

_____

2. Do que gostou?

_____

_____

_____

3. Do que não gostou?

_____

_____

_____

4. Em sua opinião, o que deveríamos melhorar?

_____

_____

_____

_____

Essa avaliação ajuda a dar rastreabilidade às impressões do cliente. Deve ser compilada recolhendo suas respostas e depois utilizada para compartilhar o conteúdo com todos os chefes de departamento envolvidos no evento. É um documento fundamental em que a empresa pode basear futuras pesquisas para melhorar os pontos mais fracos evidenciados.

Também em empresas de pequeno e médio porte, nas quais a relação entre cliente e organizador será menos articulada, é aconselhável utilizar os mesmos métodos de pesquisa e análise sobre a própria oferta.

A gestão das reclamações

A energia investida para alcançar o sucesso de um evento às vezes não é suficiente. Errar é humano. De fato, o produto gastronômico não é outro que o resultado da atuação de várias pessoas que podem se encontrar em circunstâncias adversas ao desempenho de suas funções. Nesses casos, o cliente, em vez de parabenizar a empresa, poderá se queixar, transmitindo que sua satisfação não foi completa. É fundamental estabelecer um procedimento para gerir as queixas, um protocolo a ser aplicado em todas as suas fases:

Escutar atentamente os comentários do cliente, mantendo o contado visual e tendo o cuidado de não interromper a sua fala, mantendo sempre uma atitude correta e cordial, possivelmente em um lugar separado onde todos possam se sentir em perfeita tranquilidade. É preciso levar o cliente a entender que o seu problema foi compreendido.

Desculpar-se pelo ocorrido e **agradecer** ao cliente pelo seu *feedback*.

Informar imediatamente o responsável do departamento mais envolvido nas reclamações do cliente. Dar seguimento (*follow-up*) aos comentários do cliente, procurando resolver o problema assim que possível. Nos casos mais graves, é recomendável prever um reembolso parcial ou total do evento e enviar uma carta de desculpas ao cliente.

Melhorar sempre!

Os comentários recolhidos dos clientes, sejam eles positivos ou negativos, serão gerenciados de modo inteligente, colocando-os à disposição das pessoas mais envolvidas e submetendo-os à catalogação e a análises estatísticas. Desse modo, os responsáveis pelos pareceres negativos poderão estudar como modificar a sua atuação, e a direção terá condições de avaliar os custos vinculados.

Assim se encaminha, portanto, a conclusão de um percurso que iniciou com as pesquisas abordadas no capítulo "*Marketing*" e que encontra o seu objetivo ideal na avaliação daquilo que entrementes foi feito, focalizando em todas as diferentes lacunas. As operações ligadas ao *banqueting* e ao *catering* nada mais são do que uma constante busca de aperfeiçoamento, um movimento perpétuo entre a análise do próprio produto e a satisfação do cliente. Se, idealmente, a organização do evento deve iniciar com uma reunião entre todos os responsáveis, que ponha em evidência todos os métodos e estratégias para se chegar ao melhor resultado possível, a conclusão certa será uma última reunião para avaliar o nível de satisfação da clientela.

Índice remissivo

A
adega 365-366, 374
água 422
aguardentes 363, 397, 398
águas minerais 359-360, 398
akvavit 363, 397
alergias 78-81
almoço de trabalho 45, 46, 47
aluguel 309-311, 426-427
  fichas 428
ambiente 264-268
  externo 415
análise
  da clientela 24, 27
  da concorrência 24
  organoléticas 359
  pós-evento 486
  SWOT [FFOA] 24-26, 28
aquisições (*purchasing*) 184
  bebida 365, 370
área de preparações 199-208
  de carnes 203-204
  de confeitaria 208-220
  de frutas e legumes 207-208
  de peixes 201-203
  de pratos frios 220
armagnac 363, 397
ASPI 9, 390
atmosfera modificada (MAP [PAM]) 200, 230, 232
audiovisuais 412

B
balança de mesa 204, 220, 232
banqueting event order (BEO) 9, 102-105, 184, 185, 301, 314, 426, 438
banqueting kit 9, 29, 32, 33, 34, 77, 81, 318, 366
  de casamento 63-70
  detalhes gráficos 82-83
  divulgação 83
  vinhos 73-76
bar
  cash 368, 369
  combination 368-369
  open 368, 380
batedeira planetária 210
bebidas (*beverage*)
  área 259, 442
  cost 365-370
  lucro 373
  orçamento 370
  serviço 386, 398
  transporte 375, 377
bebidas alcoólicas, consumo responsável 400-403
Boccaccio 13
Braglia, Paolo 277, 283, 287, 291
brandy 363, 396, 397
breakfast (café da manhã)
  american 36
  continental 35
briefing (comunicação de instruções) 185, 391, 439
Bruegel, Pieter (O Velho) 13, 14
brunch 33, 35, 36, 37, 38
bufê 444-446, 450-453
  de almoço 49-51, 472, 476
  de jantar 49-51
  de sanduíches 48, 470
  para almoço de trabalho 47, 472

C
café 363, 397
Caliari, Paolo (O Veronese) 13
calvados 66, 121, 363, 396, 397
câmara frigorífica a temperatura positiva 218, 222, 232
carga e descarga 431-435
Carlos Magno 13
Carracci, Annibale 13
carrinhos
  de serviço 203, 204, 208, 246, 253
  porta-bandejas 220, 245
  porta-pratos 226
  porta-recipientes 224
carta de vinhos 358
cerveja 360, 398
  temperatura de serviço 396
champanhe 360, 380, 391
chef/chefe
  de confeitaria 160-161
  de *cuisine* 150-151
  de partida 156-157
  de *rang* (de fila) 146, 170-171
  demi chef de confeitaria 162-163
  demi chef de partida 147, 158-159
  dos pratos frios 146
  entremetier 146
  garde manger 146
  saucier 146
  sous-chef 152-153
  tournant 146
chef executivo 150-151
coaching 175-176
cocção
  bloco central 235
  discos de 236
  elementos de 235
  instalação de 214
  layout de área 233-246
  métodos de 233-234
  vertical 214
coffee break 41-43, 448, 461, 462, 464, 466, 469
combinação
  vinho e água 359-360
  vinho e comida 356
commis
  de confeitaria 164-165
  de cozinha 147, 158-159
  de *rang* (de fila) 146
comunicação interna 425
confeitaria 208-219
congelamento rápido 230
conhaque 363, 397
contratar 138-145
contratos 84-101
controle de mercadorias 196-198
conversas individuais 179
copos e taças
  escolha 378, 380
  lavagem 258, 383, 384
  mise-en-place 383
  transporte 383
coquetéis 52, 63, 64, 448-449, 478, 480
corta-verduras 208
cozinha 182, 186-269
  área de acomadação e distribuição 247-249
  área de cocção 233-246

área de confeitaria 208-220
área de lavagem 251-258
área de preparações 199-208, 220-226
área de rebaixamento e vácuo 226-232
área de recebimento 196-199
área integrativa para *catering* 261
dimensionamento 190
fluxos operativos e layout 191
cozinhador de massas 236
cozinhadora de creme 217
crachás de alimentos (*food labeling*) 78, 81
cronometragem 425, 454
cutter 204, 212, 223

D
De Giuseppe, Raffaele 271, 279, 280, 284, 287, 289
desaceleradoras de fermentação 219
descascadora ou descasca-batatas 207
destilados 363, 396
dietas especiais 81
digestivos 363, 397, 398
direito de rolha 373
drop stop (corta-gotas) 387

E
easy storage 298-307
embalagens 431-433
embutidora manual 204
energia 422-423
esfriamento rápido 230
espumante 360, 380, 391, 398
estocagem de mercadorias 196-198, 220
Euronorm 210
expectativas 438-439

F
fatiadora 204, 223
feedback 487-489
ficha de carregamento 430-431
ficha técnica 322, 335
finger food 52
folhadora 212
food cost 9, 34, 318-325
formação dos funcionários 174-180
forno
  de confeitaria 212
  de gastronorma 244
  misto 242
frigideira 236, 238
fritadeira 236-239
fry top 236, 238, 239

G
Gallio, Tolomeo 108
garçom 170-171
gastronorm 201, 214
geladeira/congelador 201
  de fermentação 219
  de temperatura negativa 246
  de temperatura positiva 203, 207, 218, 222, 232, 245
gelo 224, 365
gerenciamento doméstico (*housekeeping*) 184
Gerente do serviço de *banqueting* (*Banqueting service manager*) 168-169
gestão da adega 374
gráfica 185
grapa 363, 397
grelhador 241

H
HACCP 20, 151, 153, 155, 157, 159, 161, 163, 165, 167, 169, 191, 198, 263-264
higiene e segurança 256, 263-264

I
iluminação 412-413
indução 237-238, 241
inspeção pré-evento 426
  módulo 418-420
  requisitos fundamentais 416-417
intolerâncias alimentares 78-81

J
jantares 55-56
  de gala 55-56
  temáticos 58
job descriptions (perfil de tarefas) 145, 150-171

L
lavabo modular 203, 207, 219, 223, 246
lavagem
  da área 251-258
  máquinas 253, 256
lavatório 203, 207, 220, 223, 232
lava-verduras automático 207
layout
  das mesas dos comensais 409-410
  do bufê 444-445
  do espaço do evento 409, 440
licenças 423
lixeiras com rodas 203, 204, 208, 220, 226, 246
locação de equipamentos 309-311
Luise, Franco 9, 22, 136, 296, 313, 436, 456, 458, 484

M
manual dos funcionários 174
manutenção 184
marc 397
Marchi, Alberto 298
market list (lista de compras) 314-315
marketing 24-31
  estratégia 28
  implementação e verificação 29
  mix 26, 27
  plano 24
Masseria (Fazenda) Montalbano 9, 270-295
Matarrese, Vito 9, 186
mau tempo 425
meios próprios 260, 433
mentoring 175-176
menu 34, 35-76
  engineering 326-329
  planner 32, 33
mesa de homenagem 443
mesa de recolhimento 444
mesa de trabalho
  modular 203, 219
  refrigerada 201, 222, 246
  superfície plana 207, 222, 232, 249
mesa dos convidados 446-447
mesa para conferências 443
mexedora para sorvete 217-218
misturadora 210-211
moedor de carne 203
Molino Stucky Hilton 9, 456-483
Montagnani, Marco 341
multiskilling 172

N
novas fronteiras tecnológicas 250

O
odores 414
organograma 146-147

P
Pareto, Vilfredo (Princípio de) 328
Parolari, Luciano 106, 111, 112, 117
pasteurizadora 217-218
perfil de tarefas (*job descriptions*) 145, 150-171
Petrônio 13
plano de cocção 214
Platão 13
preços (comparação) 330-331
preparação e distribuição 247
preservador 247
purchasing (aquisições) 184

Q
Quagliarella, Andrea 337, 344, 347, 348

R
Randi, Elisabetta 12
rebaixamento 226-232, 335
recebimento de mercadorias 196-198
receitas diárias 324-325
reclamações 490
recrutamento 145
recursos humanos 185
refinador 211
regeneração 334-335
regenerador 247
relações interdepartamentais 182-185
resíduo fixo 359
resíduos 269, 384-385
retirada e desmontagem 486
reunião de departamento 180
reunião interdepartamental 180
roll-in buffet 472
rum 363, 397

S
salão 182, 298
sommelier
  briefing (comunicação de instruções) 391
  colaboradores 388
  papel 386
  uniforme 391
sonorização 410-411
sous-chef 152-153
sous-chef executivo 152-153
steward 168-169
steward chefe 166-167
Stucky, Giovanni 458

T
tábua de cortar 204, 208, 226
talheres 203, 208
temperaturas ambientes 414
tequila 397
treinamento 175-178
ultracongelador ou resfriador rápido 214, 227, 229-230

V
Vaccarini, Giuseppe 9, 354
vácuo
  área 226-230
  máquina 230
Vantadori, Emilio 126, 130, 132
vegetariano 60
verificação da média 33
vermute 363
Villa d'Este 9, 106-135, 340
Villa La Massa 9, 336-353
vinho
  acessórios para o serviço 385
  banqueting kit 73-76
  carta 358
  degustação 393
  desarrolho 393
  serviço 398
  taças 380
  temperatura de conservação 378
  temperatura de serviço 395-396
visibilidade 410
vodca 363, 397
Voltaire 176

W
Whiskey/Whisky
  single malt 363
  whiskey bourbon 363, 397
  whisky blended 363, 397

As fotografias deste livro são de Stefano Scatà, com exceção de:
pp. 227, 243 (no pé da página, à esquerda), 244 (no pé da página), 245: Archivio Lainox
p. 236: Archivio Ambach
p. 243 (no alto da página): Vivenda, Centro de cottura – Cologno Monzese, MI – Studiverde
pp. 265, 266: Vito Matarrese
p. 300: Archivio Medagliani
pp. 303-307: Archivio Comatec
pp. 260, 360, 378, 382, 388, 390, 392, 393 (no alto da página): Franco Bolzoni

Bibliografia

BASKETTE, Michael. *The Chef Manager*. Upper Saddle River: Prentice Hall, 2001.

BECK, Heinz *et al. Arte e scienza del servizo*. Lodi: Bibliotheca Culinaria, 2004.

CLARK, Paul. *Lessons in Excellence from Charlie Trotter*. Berkeley: Ten Speed Press, 1999.

HANSEN, Bill & THOMAS, Chris. *Off-Premise Catering Management*. Nova York: John Wiley & Sons, 2005.

LAWLER, Edmund & TROTTER, Charlie. *Lessons in Service from Charlie Trotter*. Berkeley: Ten Speed Press, 2001

LeBRUTO, Stephen M.; QUAIN, William J. & ASHLEY, Albert A. "Menu Engineering: a Model Including Labor". Em: *FIU Hospitality Review*, vol. 13, n. 1. Ithaca, 1995.

LOMAN SCANLON, Nancy. *Catering Management*. Nova York: John Wiley & Sons, 2007.

LUISE, Franco. *Food Cost: calcolare in cucina*. Lodi: Bibliotheca Culinaria, 2006.

McVETY, Paul J.; WARE, Bradley J. & LÉVESQUE, Claudette. *Fundamentals of Menu Planning*. Nova York: John Wiley & Sons, 2001.

MIESSMER, Andreas. *The Buffet: a Handbook for Professionals – How to Plan, Organise and Prepare Cold Buffets*. Stuttgart: Matthaes, 2001.

SHOCK, Patti J. & STEFANELLI, John M. *On-premise Catering. Hotels, Convention & Conference Centers and Clubs*. Nova York: John Wiley & Sons, 2001.

WITHERSPOON, Kimberly & FRIEDMAN, Andrew (org.). *Don't Try This at Home: Culinary Catastrophes from the World's Greatest Chefs*. Nova York: Bloomsbury, 2005.

Sobre os autores

Raffaele De Giuseppe – *Chef* executivo do Relais Masseria Montalbano em Ostuni (Província de Bari, Itália), é um profundo conhecedor e intérprete inovador dos perfumes e das cores da Apúlia, sem deixar de cultivar a perspectiva internacional: foi membro da Equipe Nacional de Arte Culinária da Federação Italiana de *Chefs* de Cozinha e é membro da ordem internacional Les Disciples d'Auguste Escoffier.

Franco Luise – Após anos de experiência na Europa e nos Estados Unidos, trabalhou em alguns dos templos mais sagrados da alta hospitalidade: Cipriani em Veneza, Palace em St. Moritz, Lapa Palace em Lisboa, Hotel Caruso em Ravello. Hoje é *chef* executivo no Molino Stucky Hilton de Veneza. Ao longo dos anos, uma constante pesquisa o levou a aprofundar os aspectos administrativos da cozinha e do ambiente de A&B, graças a cursos de especialização na Cornell University (EUA) e na École Hôtelière (Suíça).

Vito Matarrese – Há 25 anos ocupa-se de tecnologias inovadoras aplicadas aos "grandes sistemas" da cozinha profissional. Com a mesma paixão de antigamente e de longa trajetória no território e setor em que atua, hoje é o diretor das escolhas estratégicas da Matarrese Srl. O profundo conhecimento e a experiência amadurecida no setor permitem-lhe realizar pessoalmente atividades de consultoria especializada.

Luciano Parolari – Depois de atuações no Savoy de Londres e no Palace de St. Moritz, tem desenvolvido a maior parte de sua carreira em Villa d'Este, onde ocupa o cargo de *chef* executivo desde 1978. Muito apreciado pela clientela internacional, levou a cozinha italiana para os Estados Unidos, Austrália, Europa e Oriente Médio. Em 1999, seu livro dedicado ao risoto ganhou o Gourmand World Cookbook Award.

Andrea Quagliarella – Com raízes no mundo do *catering* na Apúlia, onde nasceu, construiu sua carreira nos grandes hotéis da Europa, entre eles o Royal Hotel em San Remo, o Kulm em St. Moritz e o Villa d'Este. Desde meados dos anos 1990, é *chef* executivo em Villa La Massa.

Giuseppe Vaccarini – *Sommelier* profissional desde 1972, foi eleito o melhor *sommelier* do mundo em 1978. Consultor de importantes empresas do setor alimentar e autor de numerosas publicações editadas na Itália e no exterior no âmbito A&B, foi presidente da ASI (Association de la Sommellerie Internationale), onde hoje ocupa o cargo de diretor delegado. É diretor do Clube dos Sommeliers Profissionais, e em 2007 fundou a ASPI (Associação Italiana de Sommeliers Profissionais).

Agradecimentos

Quero agradecer a Mario Ferraro, Stefano Squecco, Pippo Bavarese, Katharina Schlaipfer, à minha equipe de cozinha, a Alberto Marchi e sua equipe, Nicole Boffelli, Samuele Annibali, Lello Zerbini, e ao pessoal dos departamentos *Food* & *Beverage* e *Conference* & *Events* que me foram de grande ajuda ao longo de todo o meu trabalho.

Franco Luise

Um cordial agradecimento a Mara Cappelletti, por sua valiosa colaboração.

Giuseppe Vaccarini

O presente livro é o resultado de uma odisseia de dois anos, de uma viagem empreendida com um grupo de profissionais unidos por uma grande paixão pelo seu trabalho.
Como todas as viagens que valem a pena serem contadas, também esta foi marcada por tempestades e confusões, descobertas e satisfações. Contentes com a boa acolhida da publicação realizada, podemos afirmar que são muitas as pessoas que facilitaram o nosso percurso. Estendemos os nossos cordiais agradecimentos a:

Giorgio Annovazzi, Fiorenza Auriemma, Lorenzo Benetello, Franco Bolzoni, Nicla e Paolo Braglia, Mariangela Candela, Sonia Cervi, Antonella Chiesa, Antonella Da Ros, Luisa Fernanda Diaz, Massimo Giussani, Marco Montagnani, Natale Rusconi, Emilio Vantadori, Ivana Versetti e Danilo Zucchetti.

Um agradecimento particular a Eugenio Medagliani da Alberghiera Medagliani e Carlo Scalabrini da Comatec, fornecedores de preciosos conselhos e imagens.

Obrigado a Franco Luise, Giuseppe Vaccarini, Vito Matarrese, Raffaele De Giuseppe, Luciano Parolari e Andrea Quagliarella. Foi a *expertise* de vocês que nos guiou.

Com o seu estilo inconfundível, o fotógrafo Stefano Scatà conseguiu retratar não somente quatro lugares de grande fascínio, como também as tantas figuras que operam nos bastidores para conferir a esta realidade o grande profissionalismo que é a sua característica mais saliente. Ver com os seus olhos foi um privilégio.

Por fim, obrigado a Olivier Maupas e Nathan Vicari que conferiram uma forma gráfica coerente a uma babel de vozes, imagens, números e ideias. Só podemos dizer que, sem eles, este livro jamais teria nascido.

O organizador